OS TRIBUNAIS DE CONTAS E A NOVA LEI DE PROTEÇÃO DE DADOS PESSOAIS

UMA ANÁLISE ACERCA DA FUNÇÃO DOS TRIBUNAIS DE CONTAS E SUA RELAÇÃO COM A PROTEÇÃO DE DADOS

MOISES MACIEL

Lauro Ishikawa
Prefácio

OS TRIBUNAIS DE CONTAS E A NOVA LEI DE PROTEÇÃO DE DADOS PESSOAIS

UMA ANÁLISE ACERCA DA FUNÇÃO DOS TRIBUNAIS DE CONTAS E SUA RELAÇÃO COM A PROTEÇÃO DE DADOS

Belo Horizonte

FÓRUM

CONHECIMENTO JURÍDICO

2021

© 2021 Editora Fórum Ltda.

É proibida a reprodução total ou parcial desta obra, por qualquer meio eletrônico, inclusive por processos xerográficos, sem autorização expressa do Editor.

Conselho Editorial

Adilson Abreu Dallari
Alécia Paolucci Nogueira Bicalho
Alexandre Coutinho Pagliarini
André Ramos Tavares
Carlos Ayres Britto
Carlos Mário da Silva Velloso
Cármen Lúcia Antunes Rocha
Cesar Augusto Guimarães Pereira
Clovis Beznos
Cristiana Fortini
Dinorá Adelaide Musetti Grotti
Diogo de Figueiredo Moreira Neto (in memoriam)
Egon Bockmann Moreira
Emerson Gabardo
Fabrício Motta
Fernando Rossi
Flávio Henrique Unes Pereira

Floriano de Azevedo Marques Neto
Gustavo Justino de Oliveira
Inês Virgínia Prado Soares
Jorge Ulisses Jacoby Fernandes
Juarez Freitas
Luciano Ferraz
Lúcio Delfino
Marcia Carla Pereira Ribeiro
Márcio Cammarosano
Marcos Ehrhardt Jr.
Maria Sylvia Zanella Di Pietro
Ney José de Freitas
Oswaldo Othon de Pontes Saraiva Filho
Paulo Modesto
Romeu Felipe Bacellar Filho
Sérgio Guerra
Walber de Moura Agra

FÓRUM
CONHECIMENTO JURÍDICO

Luís Cláudio Rodrigues Ferreira
Presidente e Editor

Coordenação editorial: Leonardo Eustáquio Siqueira Araújo
Aline Sobreira de Oliveira

Av. Afonso Pena, 2770 – 15º andar – Savassi – CEP 30130-012
Belo Horizonte – Minas Gerais – Tel.: (31) 2121.4900 / 2121.4949
www.editoraforum.com.br – editoraforum@editoraforum.com.br

Técnica. Empenho. Zelo. Esses foram alguns dos cuidados aplicados na edição desta obra. No entanto, podem ocorrer erros de impressão, digitação ou mesmo restar alguma dúvida conceitual. Caso se constate algo assim, solicitamos a gentileza de nos comunicar através do e-mail editorial@editoraforum.com.br para que possamos esclarecer, no que couber. A sua contribuição é muito importante para mantermos a excelência editorial. A Editora Fórum agradece a sua contribuição.

Dados Internacionais de Catalogação na Publicação (CIP) de acordo com a AACR2

M152t   Maciel, Moises

Os Tribunais de Contas e a nova Lei de Proteção de Dados Pessoais: uma análise acerca da função dos Tribunais de Contas e sua relação com a proteção de dados / Moises Maciel.– Belo Horizonte : Fórum, 2021.

306p.
ISBN: 978-65-5518-157-9

1. Direito Administrativo. 2. Direito Municipal. 3. Direito Constitucional. I. Título.

CDD 341.3
CDU 342.9

Elaborado por Daniela Lopes Duarte - CRB-6/3500

Informação bibliográfica deste livro, conforme a NBR 6023:2018 da Associação Brasileira de Normas Técnicas (ABNT):

MACIEL, Moises. Os Tribunais de Contas e a nova Lei de Proteção de Dados Pessoais: uma análise acerca da função dos Tribunais de Contas e sua relação com a proteção de dados. Belo Horizonte: Fórum, 2021. ISBN 978-65-5518-157-9.

À mulher da minha vida, Márcia Maciel, pelo apoio incondicional em todos os momentos, principalmente nos de incerteza, muito comuns para quem tenta trilhar novos caminhos. Sem você, nenhuma conquista valeria a pena.

Aos meus pais Manoel Maciel e Hermecelina Maciel (*in memoriam*), que dignamente me apresentaram a importância da família e o caminho da dignidade e persistência na busca pelo conhecimento.

AGRADECIMENTOS

A palavra de Deus nos ensina que:

> *O Senhor é a minha força e o meu escudo; nele o meu coração confia, e dele recebo ajuda. Meu coração exulta de alegria, e com o meu cântico lhe darei graças. (Sl 28:7)*

Com o coração, portanto, repleto de gratidão a Deus, em primeiro lugar, pelo seu cuidado e proteção, por me guiar e iluminar e por me fortalecer "com a força do Seu poder" (Ef 6:10), me proporcionando forças e tranquilidade para seguir em frente, sem desanimar diante dos diversos obstáculos que se apresentaram. Agradeço, ainda, a todos os que colaboraram, mesmo que indiretamente, para que essa obra restasse concluída.

À minha amada família, presente de Deus em minha vida, expresso a minha eterna gratidão: Márcia, minha querida e amada esposa; e nossa abençoada herança: Davi e Manuelle, pela compreensão, apoio e amor dedicados.

Ao professor Lauro Ishikawa, que escreveu o prefácio deste livro, pelo incentivo e empenho e pela disponibilidade em me atender, orientar e dividir suas ideias e ensinamentos, sempre.

Agradeço, ainda, aos meus colegas do TCE/MT, na pessoa do Conselheiro Guilherme Maluf e Domingos Campos Neto, bem como ao Dr. Alisson Carvalho de Alencar, Procurador-geral de contas, pelo relevante apoio.

Por fim, agradeço a toda a equipe do gabinete substituto pelo ambiente de harmonia, pelas orações e pelo comprometimento durante a elaboração deste trabalho.

LISTA DE ABREVIATURAS E SIGLAS

ACP	Ação Civil Pública
ADI	Ação Direta de Inconstitucionalidade
ADIN	Ação Direta de Inconstitucionalidade
ADIs	Ações Diretas de Inconstitucionalidade
ADPF	Ação de Descumprimento de Preceito Fundamental
AEPD	Autoridade Europeia de Proteção de Dados
AGU	Advocacia-Geral da União
AIPD	Avaliação de Impacto na Proteção de Dados
ANATEL	Agência Nacional de Telecomunicações
ANCINE	Agência Nacional do Cinema
ANPD	Autoridade Nacional de Proteção de dados
BCP	Business Continuity Plan
BNDES	Banco Nacional de Desenvolvimento Econômico e Social
BVerfG	Tribunal Constitucional Federal Alemão
CAE	Comissão de Assuntos Econômicos
CBC	Cadastro Base do Cidadão
CC	Código Civil
CCGD	Comitê Central de Governança de Dados
CDC	Código de Defesa do Consumidor
CEO	*Chief Executive Officer*
CEPD	Comitê Europeu de Proteção de Dados
CF/88	Constituição Federal de 1988
CGU	Controladoria-Geral da União
CIA	*Central Intelligence Agency*
CIPFA	*Chartered Institute of Public Finance and Accountancy*
CNJ	Conselho Nacional de Justiça
CNMP	Conselho Nacional do Ministério Público
COPCEX	Comissão de Auditoria de Operações de Crédito Externos
COSO	*Committee of Sponsoring Organizations of the Treadway Commission*
COVID-19	Coronavirus Disease 2019
CPF	Cadastro de Pessoa Física
CRFB	Constituição da República Federativa do Brasil

CTIR Gov2	Centro de Tratamento e Resposta a Incidentes Cibernéticos de Governo
DNA	deoxyribonucleic acid
DOU	Diário Oficial da União
DPO	*Data Protection Officer*
DRP	*Disaster Recovery Plan*
DUDH	Declaração Universal dos Direitos Humanos
ECAlab	Equipe Laboratorial Interdisciplinar de Inovação
ECGI	*European Corporate Governance Institute*
ECPA	Lei de Privacidade de Comunicações Eletrônicas
EDPB	Conselho Europeu de Proteção de Dados
EFS	Entidades de Fiscalização Superiores
EUA	Estados Unidos da América
FCRA	*Fair Credit Reporting Act*
FEBRATEL	Federação Brasileira de Telecomunicações
FGTS	Fundo de Garantia do Tempo de Serviço
FMI	Fundo Monetário Internacional
FTC	*Federal Trade Commission*
G7	Sete países mais ricos e influentes do mundo
HIPAA	Lei de Portabilidade e Responsabilidade do Seguro de Saúde
IAA	*Institute of Internal Auditors*
IBGC	Instituto Brasileiro de Governança Corporativa
IBGE	Instituto Brasileiro de Geografia e Estatística
IBM	*International Business Machines*
INCOSAI	Entidades Fiscalizadoras Superiores
INSS	Instituto Nacional do Seguro Social
INTOSAI	Organização Internacional das Instituições Superiores de Auditoria
IPEN	*Internet Privacy Engineering Network*
ISACA	*Information Systems Auditand Control Association*
ISSAI	Normas Internacionais das Entidades Fiscalizadoras Superiores
LAI	Lei de Acesso à Informação
LC	Lei Complementar
LGPD	Lei Geral de Proteção de Dados Pessoais
LIL	Lei de Informática e Liberdades
LPC	Lei de Proteção Cibernética
LPD	*LaLey de Protección de Datos de Austria*
LRD	Lei para República Digital
LRF	Lei de Responsabilidade Fiscal
MCTIC	Ministério da Ciência, Tecnologia, Inovação e Comunicação

ME	Ministério da Economia
MEC	Ministério da Educação
MF	Ministério da Fazenda
MJ	Ministério da Justiça
MP	Ministério do Planejamento
NAGS	Normas de Auditoria Governamental
OAB	Ordem dos Advogados do Brasil
OCDE	Organização para a Cooperação e Desenvolvimento Econômico
ONG	Organização Não Governamental
OPM	*Office for Public Management*
PCdoB	Partido Comunista do Brasil
PE	Parlamento Europeu
PEC	Proposta de Emenda Constitucional
PF	Polícia Federal
PL	Projeto de Lei
PLC	Projeto de Lei Complementar
PLS	Projeto de Lei do Senado
PPC	Partido Comunista da China
PROCON	Programa de Proteção e Defesa do Consumidor
PROMOEX	Programa de Modernização do Controle Externo dos Estados e Municípios Brasileiros
PSB	Partido Socialista Brasileiro
PSDB	Partido da Social Democracia Brasileira
PSOL	Partido do Socialismo e Liberdade
RBEPD	*Reglamento Básico Europeo de Protección de Datos*
Rede Gov.Br	Rede Nacional de Governo Digital
RFB	Receita Federal do Brasil
RGPD	Regulamento Geral de Proteção de Dados
SAIs	Entidades de Fiscalização Superiores
SEFTI	Secretaria de Fiscalização de Tecnologia da Informação
SEME	Secretaria Especial de Modernização do Estado
SEPROG	Secretaria de Fiscalização e Avaliação de Programas de Governo
SERPRO	Serviço Federal de Processamento de Dados
SGPR	Secretaria Geral da Presidência da República
SOL	Sistema Online de Licitação
STF	Supremo Tribunal Federal
STJ	Superior Tribunal de Justiça
STPC	Secretária de Transparência e Prevenção da Corrupção
TCE	Tribunal de Contas do Estado

TCU	Tribunal de Contas da União
TEPCO	*Tokyo Eletric Power Company Holdings Inc*
TI	Tecnologia de Informação
TINA	Rede de Tecnologia e Inovação para a Auditoria
TJ	Tribunal de Justiça
TRF	Tribunal Regional Federal
UE	União Europeia
US-CERT	*United States Computer Emergency Readiness Team*
UTIs	Unidades de Tratamento Intensivo
WEC	*Website Evidence Collector*
WEF	Fórum Econômico Mundial

SUMÁRIO

PREFÁCIO..17

INTRODUÇÃO..21

CAPÍTULO 1

1.1   A governança pública no Brasil..25

1.2   Abordagem Histórica da Concepção de Governança no Setor Público..25

1.3   Conceitos Fundamentais Básicos..30

1.4   A Governança Pública e a Administração Pública..................36

1.5   A Governança e o controle..41

1.6   O Controle Externo na Constituição Federal e o papel dos Tribunais de Contas..49

CAPÍTULO 2

2.1   A evolução tecnológica e a sua repercussão jurídico/social no Brasil..69

2.2   Aspectos históricos relevantes da regulação da proteção de dados no Brasil..75

2.3   Paradigmas e fundamentos que nortearam a proteção de dados.....85

2.4   A democratização do saber e a liberdade de informação – o binômio necessidade/proporcionalidade para o acesso à informação..86

2.5   Os pilares da segurança da informação....................................89

2.6   A governança de dados e sua importância estratégica frente à LGPD...90

2.7   Os custos do vazamento de dados e os mecanismos de mitigação..95

CAPÍTULO 3

3.1   A nova Lei Geral de Proteção de Dados Pessoais do Brasil – a resposta brasileira aos avanços tecnológicos........................105

3.2	Definições de termos e conceitos básicos da nova Lei Geral de Proteção de Dados Pessoais	106
3.2.1	Dado Pessoal	106
3.2.2	Tratamento	111
3.2.3	Agentes de tratamento	111
3.2.4	O encarregado	112
3.2.5	Autoridade Nacional de Proteção de Dados (ANPD)	112
3.2.6	Compartilhamento	114
3.2.7	Anonimização e pseudonimização	115
3.2.8	Interoperabilidade	117
3.2.9	Bloqueio e eliminação de dados	118
3.2.10	Relatório de impacto à proteção de dados pessoais	119
3.3	Os Direitos dos titulares dos dados pessoais	119
3.4	Princípios que regem a proteção de dados pessoais de acordo com a nova Lei	125
3.4.1	Princípio da finalidade	126
3.4.2	Princípio da adequação	126
3.4.3	Princípio da necessidade	126
3.4.4	Princípio do livre acesso	127
3.4.5	Princípio da qualidade dos dados	127
3.4.6	Princípio da transparência	128
3.4.7	Princípio da segurança	128
3.4.8	Princípio da prevenção e princípio por padrão	128
3.4.9	Princípio da não discriminação	129
3.4.10	Princípio da responsabilização e Prestação de Contas	130
3.5	As bases legais para o tratamento de dados	131
3.5.1	Fornecimento de consentimento	131
3.5.2	Cumprimento de obrigação legal ou regulatória	132
3.5.3	Pela Administração Pública	132
3.5.4	Para realização de estudos por Órgãos de pesquisa	133
3.5.5	Quando necessário para execução de contrato	133
3.5.6	Para interesses legítimos do controlador	133
3.6	Hipóteses de não incidência da LGPD	135
3.6.1	Dados pessoais tratados por pessoas naturais para fins exclusivamente particulares e não econômicos	135
3.6.2	Dados pessoais tratados para fins jornalísticos ou artísticos	137
3.6.3	Dados pessoais tratados para fins acadêmicos	137

3.6.4 Dados pessoais tratados para fins de segurança pública, defesa nacional, segurança do Estado e atividades de investigação e repressão de infrações penais 137

3.6.5 Dados pessoais provenientes de fora do território nacional, sem comunicação ou compartilhamento com empresas brasileiras 138

3.7 Da responsabilização e do ressarcimento pelos danos causados 138

3.8 Do término do tratamento de dados 139

CAPÍTULO 4

4.1 A proteção aos dados pessoais no Brasil 141

4.2 A PEC nº 17/19 e a proteção de dados como Direito Fundamental 142

4.3 Os Direitos Fundamentais e a Constituição da República Federativa do Brasil 145

4.3.1 O Direito à fraternidade 150

4.3.2 O Constitucionalismo Digital 155

4.3.3 Os Direitos Fundamentais e os Dados Pessoais 159

4.3.4 O Direito à autodeterminação informativa e o consentimento livre, expresso e informado 163

4.4 Os mecanismos processuais para a tutela da privacidade e dos dados pessoais como Direitos Fundamentais 170

4.5 A proteção dos dados no Estado de Exceção 177

4.5.1 O Estado de Exceção previsto na Constituição 182

4.5.2 O Estado de Exceção e a histórica crise sanitária internacional decorrente da COVID-19 184

4.5.3 A Proteção dos Dados, o Estado de Exceção e a Medida Provisória nº 959/2020 189

CAPÍTULO 5

5.1 O impacto da nova Lei geral de proteção de dados pessoais na Administração Pública 199

5.2 O tratamento dos dados pelos órgãos da Administração Pública em cumprimento à LGPD 201

5.3 A responsabilidade dos agentes públicos no tratamento dos dados pessoais – *Accountability* 212

5.3.1 Estratégias para formular regras de boas práticas e de governança 216

5.4 O *enforcement* da Lei Geral de Proteção de Dados Pessoais brasileira – a LGPD 221

5.5 O *Big data* como instrumento de fiscalização 225

5.6   Os impactos da LGPD no exercício do controle externo e o direito fundamental ao bom governo 227

5.6.1   O poder/dever de fiscalização e o cumprimento da LGPD.............229

5.7   A tecnologia do *Blockchain*, a LGPD e o futuro do tratamento de dados pela Administração Pública 231

CAPÍTULO 6

6.1   Caminhos possíveis para a proteção de dados: uma análise comparada de experiências legislativas internacionais 245

6.2   A União Europeia e a proteção de dados: o regulamento geral e os países sob sua Égide 247

6.3   O *Common Law* e a proteção da intimidade: os Estados Unidos da América e os Tribunais 250

6.4   A Federação Russa: um modelo protecionista para a regulação de dados 254

6.5   A China: a proteção de dados em um Estado Tecnológico............257

6.6   A evolução da proteção de dados em Israel 259

6.7   Os impactos da proteção de dados nos órgãos e instituições superiores de fiscalização 264

6.7.1   A autoridade Europeia para a proteção de dados (AEPD).............266

6.7.2   O Comitê Europeu para a Proteção de Dados...........................272

6.7.3   A proteção de dados e o Tribunal de Contas Europeu.....................272

6.7.4   A privacidade de dados na INTOSAI...277

CONSIDERAÇÕES FINAIS 285

REFERÊNCIAS 291

PREFÁCIO

Com o foco em estabelecer diretrizes claras e mandatórias rumo à privacidade e à segurança, o panorama global contemporâneo evidencia o surgimento de tendências regulatórias especialmente em face do entendimento da necessidade de implantação de políticas públicas e institucionais sobre a coleta e o uso de dados, levando à atualização da configuração dos sistemas jurídicos de inúmeros países.

Ademais do caminhar já avançado do debate em outras soberanias e em diplomas de organismos internacionais, no Brasil, após oito anos de debates e alterações enunciativas, em 2018, o presidente Michel Temer sancionou a Lei nº 13.709, denominada de Lei Geral de Proteção de Dados do Brasil (LGPD).

Na presente obra, Moises Maciel demonstra o seu vasto conhecimento sobre o tema da LGPD, na contextualização da proteção de dados e sua relação com os Tribunais de Contas – TC's –, investigando a sua importância para o país. E vai além.

O criterioso trabalho investigativo do Autor é demonstrado ao verificar, no presente livro, o amplo espectro de problemáticas tratadas sobre o assunto. De maneira clara e didática, Moises Maciel inicia tratando da Governança no Setor Público e a relevância e papel dos Tribunais de Contas nessa seara.

Aborda a evolução tecnológica contemporânea, sem precedentes na história, sob o viés da regulação, dos fundamentos e pilares, dos custos incidentes e do espectro democrático-normativo referentes à proteção de dados, conferindo especial ênfase ao cenário brasileiro.

Como afirma o Autor, se por um lado vislumbramos a ânsia pelo compartilhamento da vida privada, ou, talvez, de uma "vida privada", por meio da exposição pelas redes sociais e pelo uso progressivo de dados pessoais, ao mesmo tempo há a luta pelo direito de ver respeitada a intimidade e a privacidade: "um paradoxo que a tecnologia ajudou se não a construir, ao menos a fortalecer".

Moises Maciel enfrenta a questão da proteção de dados à luz dos direitos humanos e fundamentais, correlacionando-a à história jurídico-normativa dessa proteção no cenário pátrio e internacional e promovendo um estudo pioneiro e integral sobre a sua repercussão jurídica e social no Brasil.

Além disso, o Autor não deixa de abordar esse tema sob o instituto do estado de exceção, fazendo também um recorte de pesquisa sobre os tempos de COVID-19, necessário aos trabalhos mais inovadores como o que se apresenta aqui ao leitor de construções científicas, de fato embasadas numa análise histórica e atual, dotada de imprescindível valor tanto acadêmico quanto prático.

Segue o Autor apresentando o alcance da LGPD no que se refere ao tratamento de dados pessoais realizado pelos órgãos da Administração Pública e seus diversos agentes e envolvidos, abordando a *accountability* dos agentes públicos e cotejando algumas estratégias para formular regras de boas práticas e de Governança, além do *enforcement* da própria LGPD e a utilização, de forma eficaz, do fluxo de informações em rede, através do *big data*, proporcionando o aprimoramento e o filtro dos dados que circulam em massa e constantemente, bem como no que diz respeito ao seu armazenamento e gerenciamento.

A utilização da tecnologia vem rompendo paradigmas e alterando as relações sociais, empresariais, governamentais, no concerto das Nações, reclamando uma ordem jurídica em ambientes de criação livre, porém muito eficaz. A abordagem sobre a tecnologia do *Blockchain* é um dos exemplos e o tema, assim como a LGPD, vem chamando a atenção no ambiente jurídico.

A obra traz uma análise comparativa da normativa pátria em cotejo com experiências legislativas internacionais, demonstrando a intenção de promover o rigor científico da matéria ao trazer exemplos de outras soberanias do mundo.

Destarte, ao dispor, no decorrer de toda a obra, sobre a importância dos Tribunais de Contas em relação à proteção de dados, arguindo que, de fato, tais órgãos estão compreendidos, ademais, de funções judicantes, sancionadora, consultiva, informativa, corretiva, normativa e de ouvidoria, o Autor prende a atenção do leitor pela coerência textual e argumentativa, em matéria de premente estudo em nosso país.

Moises Maciel conduz um trabalho de relevância ímpar para o estudioso do Direito e das mais variadas áreas afins ao tema, de maneira cuidadosa e com rigor científico para uma construção investigativa necessária aos nossos tempos.

Honrado com a lembrança de participar de tão importante obra jurídica, frise-se, pela segunda vez – a primeira, prefaciando a obra "Tribunais de Contas e o Direito Fundamental ao Bom Governo" (Belo

Horizonte: Fórum, 2019) –, reconhece-se a envergadura intelectual de Moises Maciel por parte deste subscritor. Excelente leitura!

Lauro Ishikawa
Doutor e mestre em Direito das Relações Sociais pela Pontifícia Universidade Católica de São Paulo (PUCSP); Pós-doutor pela Universidade de Salamanca, Espanha; Professor da graduação em Direito; Professor e coordenador adjunto do Programa de Pós-graduação *stricto sensu* da Faculdade Autônoma de Direito (FADISP), São Paulo; Bolsista da Fundação Nacional de Desenvolvimento do Ensino Superior Particular (FUNADESP), Brasília; Advogado em São Paulo. *E-mail*: lauro.ishikawa@unialfa.com.br

INTRODUÇÃO

A tecnologia avança com imenso potencial (evolutivo ou destrutivo) exigindo que volvamos nosso olhar para os fatos que dia a dia vêm sendo transformados por esses avanços. E o direito não pode ficar inerte a todas essas transformações, tampouco a Administração Pública, mormente no que se refere ao exercício de sua função fiscalizadora e pedagógica, por meio do controle externo, cuja importância salta aos olhos quando o assunto é garantia de um bom governo.

Em obra anterior[1] ressaltamos que o bom governo consiste em um direito fundamental e que é papel dos Tribunais de Contas, no exercício de seu poder fiscalizatório constitucional, assegurar o fiel e bom cumprimento dos atos praticados pela Administração Pública, a fim de garantir a efetiva entrega de um bom governo.

Nesta obra temos o escopo de analisar como a evolução tecnológica impactou, impacta e ainda impactará o exercício dessa fiscalização.

A pergunta basilar é como a vigência de uma lei, cujo objetivo reside na proteção dos dados pessoais, irá interferir nos trabalhos realizados pela Administração Pública e, principalmente, no trabalho de fiscalização, orientação e monitoramento realizado pelos Tribunais de Contas, no exercício de controle externo?

Todavia, para falar de Tribunal de Contas e Administração Pública, cumpre, primeiramente, compreender em que consiste a Governança Pública e, ainda, o que é o Controle e, mais especificamente, em que consiste e qual o papel do Controle Externo que, no Brasil, é exercido pelo Poder Legislativo com auxílio técnico dos Tribunais de Contas.

Ato contínuo ingressamos na temática da tecnologia, de uma forma, inicialmente, apenas introdutória, por meio de breve análise da evolução tecnológica, a fim de compreender como os seus avanços vêm repercutindo na sociedade e na esfera jurídica brasileira. Mister se faz, neste caso, descortinar seus aspectos históricos para, assim, compreender seus paradigmas e fundamentos. No entanto, falar em evolução tecnológica importa em reconhecer a ideia de democratização do saber

---

[1] MACIEL, Moises. *Tribunais de Contas e o direito fundamental ao bom governo*. Belo Horizonte: Fórum, 2019.

e, ao seu lado, da liberdade de informação, temas que abordaremos nesta obra sob uma visão do binômio necessidade/proporcionalidade, no que se refere ao acesso à informação.

Realizadas as devidas análises a respeito da Governança e da Tecnologia, cumpre estreitar essa relação, buscando compreender melhor o que é e em que consiste uma nova espécie de Governança, fruto dos avanços tecnológicos: a Governança de Dados e sua importância no que concerne à proteção dos dados pessoais no tratamento, armazenamento, compartilhamento, enfim, no uso destes, a fim de evitar os tão temidos e prejudiciais vazamentos, motivo pelo qual encerramos este capítulo apresentando os custos de um vazamento de dados em contraponto com os necessários investimentos na Governança em busca de maior segurança dos dados a serem tratados. Quais os limites financeiros para se buscar melhores instrumentos que possam mitigar esses vazamentos? Atualmente, inúmeras têm sido as notícias de vazamento por todo o mundo. Como evitá-los ou, em último caso, como descobri-los com maior eficiência, a fim de evitar danos maiores?

Isso posto, cumpre conhecer melhor a nova Lei Geral de Proteção de Dados Pessoais (LGPD), os conceitos e definições que traz em seu bojo, os direitos dos titulares dos dados, os princípios e fundamentos legais, bem como as hipóteses em que ela não se aplica para, então, cientes do seu escopo, seus limites e da sua força, volver nosso olhar para a Proposta de Emenda Constitucional (PEC), nº 17 de 2019, que tem a finalidade de inserir a proteção de dados como Direito Fundamental na Constituição da República Federativa do Brasil (CRFB). Para tanto, apresentamos posicionamentos tanto no sentido de uma inclusão necessária e premente, quanto no sentido de inexistência desta necessidade, por entender que, pela própria natureza, a proteção dos dados já se encontra inserida no aspecto protetivo constitucional da intimidade e da privacidade e, portanto, já integra, via indireta, a categoria de Direito Fundamental. Será, isso, suficiente? Ou insta reservar, observando sua especificidade, uma proteção constitucional mais clara e singular?

Em meio à nossa pesquisa para a confecção desta obra, contudo, uma crise sanitária de abrangência internacional eclodiu. Uma virose com forte e funesto potencial se iniciou no continente asiático, transformando-se rapidamente em uma pandemia mundial.

A letalidade do Coronavírus Disease 2019 (COVID-19) e o modo pelo qual se espalhou acarretaram a tomada de medidas drásticas, por parte de governos, como decretações de estado de calamidade e medidas repressivas, em maior ou menor escala, a depender do país e dos efeitos causados pelo vírus, tais como a determinação do isolamento social, as quarentenas e, em alguns casos extremos, o *lockdown* (confinamento total da população).

Sob a argumentação de controle da transmissão viral, muitos governantes autorizaram o uso e o compartilhamento de dados pessoais para fins, no mínimo, questionáveis. Citamos, como exemplo, o fato de que, com o objetivo de monitorar quem, realmente, estaria cumprindo a ordem de quarentena, as concessionárias de telefonia móvel compartilharam dados de geolocalização dos seus próprios usuários com órgãos governamentais.

Reiteramos que o objetivo da ação estatal é, de certa forma, compreensível, todavia, entendemos que os meios utilizados são questionáveis, com base nos princípios da finalidade e da adequação, por exemplo.

Essas ações de governo, justificadas pela emergência sanitária, têm causado fortes impactos na economia global e, em meio a esse caos instaurado, os dados dos indivíduos nunca foram tão manipulados, tanto para fins benéficos quanto para fins escusos, fazendo saltar aos olhos a importância de uma regulamentação protetiva forte, eficaz e urgente.

A par disso, uma discussão a respeito da prorrogação da entrada em vigor da lei brasileira protetiva de dados teve início no Congresso Nacional, gerando ainda mais debates e culminando com a desistência da prorrogação e manutenção da entrada em vigor na data disposta no próprio texto legislativo.

Importa, contudo, salientar, que, em meio às discussões acerca do Projeto de Lei (PL) nº 1.179/2020 (proposto pelo Senador Antônio Anastasia), a Medida Provisória nº 959/2000 determinou a prorrogação da entrada em vigor da LGPD e, além disso, outros PL, com o mesmo objeto, encontram-se em tramitação no Congresso Nacional, pelo que, entendemos que outras mudanças poderão advir no que concerne a *vacatio legis* da LGPD brasileira.

Em meio a toda essa crise, entendemos que seria oportuno trazer à baila um tema de certa forma espinhoso, posto que afeta diretamente os direitos fundamentais: o Estado de Exceção. Vivemos um Estado de Exceção? Ele sempre existiu, mas não percebemos (transformando a exceção em aparente normalidade) ou ele insurgiu recentemente em decorrência da crise? Quais os efeitos do reconhecimento do Estado de Exceção e quais os impactos por ele gerados nos direitos, principalmente nos direitos fundamentais? Como fica a proteção de dados diante desta excepcionalidade?

Por fim, adentramos no capítulo que traz o objetivo desta obra e passamos a olhar para a proteção de dados e seu impacto no exercício das funções da Administração Pública, identificando a responsabilidade dos agentes públicos no tratamento desses dados pessoais, o uso do *big data* como importante instrumento de fiscalização, o *enforcement* da lei de proteção de dados e as repercussões que ela irá gerar no exercício do Controle realizado pelos Tribunais de Contas e, via de consequência, na entrega efetiva do Direito Fundamental ao bom governo.

Insta salientar, ainda, dois importantes assuntos que vêm sendo amplamente discutidos na academia, hodiernamente. O primeiro se refere ao surgimento do que vem sendo compreendido como nova categoria de constitucionalismo e que foi denominado de Constitucionalismo Digital. Ao seu lado, uma categoria de direitos nem tão nova assim (posto datar da Revolução Francesa), mas que voltou a ocupar o centro dos debates acadêmicos, que é o Direito à Fraternidade. Dois temas que acabam por influenciar todo o rol de direitos fundamentais e, como não poderia deixar de ser, a proteção de dados pessoais. Por esse motivo decidimos analisar as duas temáticas, ainda que periféricas, com vistas a uma compreensão mais aprofundada do assunto e de tudo o que com ele está relacionado.

Complementando, não poderíamos deixar de realizar uma análise do direito comparado e, para tanto, buscamos conhecer melhor como tem se dado a proteção de dados em países como os Estados Unidos da América (EUA), a Rússia, a China e, também, em Israel. Como não poderia deixar de ser, abordamos a regulamentação mais atuante até o presente momento e que tem provocado movimentações no sentido de adequação, em todo o mundo: o Regulamento Geral de Proteção de Dados (RGPD) da União Europeia (UE) e, com base neste tudo, considerando que o escopo da presente obra é analisar o impacto da norma protetiva de dados pessoais perante os órgãos fiscalizadores de contas, encerramos o nosso estudo observando as iniciativas, com vistas à proteção de dados, tomadas pelo Tribunal de Contas Europeu e pelas Entidades Fiscalizadoras Superiores (EFS).

CAPÍTULO 1

1.1 A governança pública no Brasil

Com o objetivo de analisar os impactos da evolução tecnológica no exercício fiscalizatório realizado pelos Tribunais de Contas por meio do controle externo, precisamos direcionar o nosso raciocínio para um delinear lógico e sequencial e, com este intento, mister se faz, antes mesmo de discorrer sobre a proteção de dados e seus efeitos, direcionar nosso olhar para a Governança, no sentido de compreender em que consiste ela consiste, especificamente a Governança Pública, a fim de analisar o papel dos Tribunais de Contas e a importância do exercício da parcela do controle externo por eles realizado.

Na busca por este propósito, o presente capítulo inaugura esta obra examinando a Governança a partir de sua origem histórica e sua concepção no setor público, para seguir conhecendo melhor os seus conceitos fundamentais, a fim de discorrer de modo mais assertivo a respeito não só da Governança, mas também da Administração Pública e do exercício do controle de modo geral, culminando no controle externo, consoante o disposto no texto constitucional e, consequentemente, no papel dos Tribunais de Contas no exercício desse controle.

A ideia deste capítulo é compreender o que é Governança, qual a sua origem, o seu objetivo e alcance, com o intuito de colocar um ponto final na confusão existente entre Governança, Governo e Governabilidade, de maneira a proporcionar uma melhor compreensão acerca do papel da Governança Pública e, consequentemente, do exercício dos controles, principalmente do controle externo, que é o foco de nossa pesquisa, no momento.

1.2 Abordagem Histórica da Concepção de Governança no Setor Público

Analisar a origem da Governança Pública importa, necessariamente, abordar a temática da Governança Corporativa que, por sua vez, vincula-se ao momento em que as organizações começaram a ser administradas por terceiros (que não seus proprietários), em decorrência da necessidade de regras estabelecidas, a fim de evitar conflitos de interesses entre os gestores e os proprietários das organizações.

Destarte, apesar de não ter se originado nesta época, o tema "Governança Corporativa" ganhou força com o intento de mitigar possíveis conflitos entre os proprietários das organizações e seus gestores, no exercício desta administração.

Berle e Means, responsáveis por um dos primeiros estudos acadêmicos relacionado a assuntos conexos à governança, aduziram que regular as organizações privadas também é papel do Estado e, com idêntico raciocínio, em 1934 foi criada, nos EUA, a *"Us Securitiesand Exchange Comission"*, uma organização responsável pela proteção dos investidores.

Apenas no início da década de 90, porém, impulsionado por diversas crises financeiras, o Banco da Inglaterra criou uma comissão para o desenvolvimento de um Código de melhores práticas de Governança corporativa, dando origem ao *"Cadbury Report"*.

Pouco mais adiante, em 1992, foi publicado o *Internalcontrol – integrated framework pelo Committee of Sponsoring Organizations of the Treadway Commission* (COSO), cujo objetivo era ajudar empresas e outras organizações a avaliar e aperfeiçoar seus sistemas de controle interno. Em 2002, a Lei *Sarbanes-Oxley*, nos Estados Unidos, foi publicada como resposta aos inúmeros escândalos corporativos ocorridos na época: em alguns casos, as demonstrações contábeis fraudulentas, validadas por pareceres emitidos por grandes empresas de auditoria, transformavam empréstimos em lucros.

Ainda em 2002 foi fundado o *European Corporate Governance Institute* (ECGI) e, dois anos mais tarde, o COSO publicou o documento intitulado *Enterprise risk management – integrated framework* que, até os dias atuais, é considerado referência no que se refere à gestão de riscos.[2]

Na sequência, diversos outros países se voltaram para a regulamentação do tema, despertados pela importância do tema governança e outros aspectos a ele relacionados e, hoje, o G7[3] e outras organizações como o Banco Mundial, o Fundo Monetário Internacional (FMI),

---

[2]   BRASIL. Tribunal de Contas da União. *Referencial Básico de governança aplicável a órgãos e entidades da administração pública.* Versão 2. Brasília: TCU, Secretaria de Planejamento, Governança e Gestão, 2014. p. 11-12.

[3]   O G7 é uma sigla que denomina os sete países mais ricos e influentes do mundo: Estados Unidos, Japão, Alemanha, Canadá, França, Itália e Reino Unido.

a Organização para a Cooperação e Desenvolvimento Econômico (OCDE) possuem a preocupação de impulsionar o desenvolvimento da governança.[4]

A doutrina salienta, inclusive, que dentre os motivos que acarretaram esse despertar das organizações (públicas e privadas) para a governança, podemos encontrar os inúmeros escândalos financeiros de empresas como a Enron, a *WorldCom*, a Parmalat e outras mais. E, no setor público, o clamor da sociedade em busca de uma gestão mais condizente com os seus interesses e necessidades e, mais próximo, no sentido de lhes possibilitar um acompanhamento transparente e, portanto, eficaz, dos atos praticados por seus gestores no trato da coisa pública.

Toda essa tendência pode ser vislumbrada na publicação por parte do *The Chartered Institute of Public Finance and Accountancy* (CIPFA) e do *Office for Public Management* (OPM) do Guia de padrões de boa governança para serviços públicos, que enfatizava, desde já, os princípios da eficiência e da eficácia.

Diversas outras organizações, como o Banco Mundial e o *Institute of Internal Auditors* (IAA), em busca de identificar as melhores condições para aprimorar a governança nas organizações públicas, chegaram à conclusão da necessidade de um comportamento transparente e responsável, com efetivo controle da corrupção, com a implementação de um código de conduta e com o fortalecimento dos valores éticos, além do envolvimento não apenas da administração, mas também de seus *stakeholders*.

O conceito de Governança, todavia, é recente, apesar de sua terminologia ser usada há tempos e isso se dá porque durante muitos anos as palavras "governo", "governabilidade" e "governança" foram usadas de maneira imprecisa e misturada, o que é passível de compreensão se formos analisar a origem etimológica de ambos os termos.

Provenientes do grego *kubernân*, que significa dirigir, guiar, orientar,[5] apenas na década de 80 é que a palavra "governança" passou a ter uma utilidade distinta, indicando algo a mais do que, propriamente, "governo" e mais próximo do que se compreende atualmente, ou seja, um instrumento para combater irregularidades, por meio de regras e

---

[4] ECGI. European Corporate Governance Institute. *Index of codes*, 2013. Disponível em: http://www.ecgi.org/codes/all_codes.php. Acesso em 21 mai. 2020.

[5] HOUAISS, Antônio; VILLAR, Mauro de Salles; FRANCO, Francisco Manuel de Mello. *Dicionário Houaiss da Língua Portuguesa*. Rio de Janeiro: Objetiva, 2007. p. 18.

princípios expressos e delineados que priorizam processos e negociações transparentes, com o incentivo da fiscalização por parte dos interessados.

Se formos buscar o uso da palavra *governança* ao longo dos tempos, encontraremos até mesmo na filosofia clássica, em obras como a República de Platão e a Política de Aristóteles, todavia, em todas essas reflexões, a "governança" é abordada como sinônimo de governo e não como atualmente é compreendida. Para Plattner, "o ponto de referência na reemergência do tema foi a publicação, em 1992, de um influente relatório do Banco Mundial intitulado 'Governança e Desenvolvimento'".[6]

No Brasil, o interesse pela temática seguiu o dos demais países e as iniciativas em busca de um incremento no que concerne à governança podem ser vistas não apenas no setor privado, mas também no público. Em 2001 foi publicado um panorama sobre a governança corporativa[7] e, neste mesmo ano, a Lei das Sociedades por Ações sofreu alterações por parte da Lei nº 10.303/01, com vistas à proteção do sócio minoritário, garantindo sua participação no controle da empresa e, logo no ano seguinte (2002), a Comissão de Valores Imobiliários publicou recomendações a respeito de governança.

Desta feita, apesar da expressão "governança corporativa" ser recente aqui entre nós, seus princípios podem ser vislumbrados já na Lei das Sociedades Anônimas (Lei nº 6.404 de 1976):

> Art. 116. (…)
> Parágrafo único – O acionista controlador deve usar o poder com o fim de fazer a companhia realizar o seu objeto e cumprir a sua função social, e tem deveres e responsabilidades para com os demais acionistas da empresa, os que nela trabalham e para com a comunidade em que atua, cujos direitos e interesses deve lealmente respeitar e atender.

Em 2004, o Instituto Brasileiro de Governança Corporativa (IBGC) publicou o Código das melhores práticas de Governança Corporativa, e, em 2009, lançou uma nova versão do mesmo, a qual apresenta os quatro princípios basilares da governança: a transparência, a equidade, a prestação de contas e a responsabilidade corporativa. Desenvolvido,

---

[6] PLATTNER, Marc F. Reflections on Governance. *Journal of Democracy*, v. 24, i. 4, p. 17-28, 2013. Disponível em: http://muse.jhu.edu/journals/jod/summary/v024/24.4.plattner. html. Acesso em 21 mai. 2020.

[7] MCKINSEY, C.; KORN/FERRY, I. *Panorama de Governança Corporativa no Brasil*. 2001. Disponível em: http://www.ecgi.org/codes/documents/kf_mck_governan.pdf. Acesso em 21 mai. 2020.

inicialmente, para as organizações empresariais, o código possui terminologias intencionalmente abrangentes, a fim de abarcar também o terceiro setor, as organizações estatais, bem como os órgãos e as fundações governamentais, dentre outras.

No que se refere ao setor público, as discussões a respeito da governança tiveram início um pouco mais tarde e, no Brasil, surgiram com a crise fiscal da década de 80 e a consequente busca por novos ajustes, tanto no campo econômico quanto na política internacional, com vistas ao fortalecimento do Estado na busca por sua maior eficiência.

Para Gomides e Silva, as discussões sobre governança se expandiram com a retração do Estado "promovida pelas políticas públicas neoliberais das últimas duas décadas, e [pela] evidente incapacidade das enfraquecidas instituições públicas em lidar eficientemente com os crescentes problemas urbanos".[8]

A Lei de Acesso à Informação (LAI) (n° 12.527 de 2011), a Lei de Conflito de Interesses (n° 12.813 de 2013), a Lei Anticorrupção (n° 12.846 de 2013) e a Lei das Estatais (n° 13.303 de 2016) são exemplos de normatizações que trouxeram, em seu bojo, aspectos próprios de governança, tais como a *accountability*, a transparência e as normas de conduta a serem observadas pelos agentes públicos.

O Tribunal de Contas da União (TCU), em uma cooperação com os órgãos centrais do governo, decidiu formular uma política de governança por meio da publicação de um ato normativo que pudesse estabelecer boas práticas de governança com vistas a conduzir, de maneira integrada e coerente, todas as diversas iniciativas de aprimoramento da governança. Em busca desse objetivo, uma equipe de técnicos da Casa Civil, do Ministério do Planejamento (MP), do Ministério da Fazenda (MF) e do Ministério da Transparência, bem como da Controladoria-Geral da União (CGU) elaborou, em 2017, o Decreto n° 9.203 e o PL n° 9.163 (atualmente apensado ao PL n° 4.083 de 2015, cuja ementa consiste em estabelecer normas e princípios para aprimorar a governança, a gestão de riscos e os controles internos das empresas públicas e das sociedades de economia mista, controladas pela União).

Para o TCU, deve-se entender por Governança, no setor público, o "conjunto de mecanismos de liderança, estratégia e controle postos em prática para *avaliar, direcionar e monitorar* a gestão, com vistas à

---

[8] GOMIDES, José Eduardo; SILVA, Ana Carolina. O surgimento da expressão "governance", governança e governança ambiental: um resgate histórico. *Revista de Ciências Gerenciais*, v. XIII, n. 18, 2009.

condução de políticas públicas e à prestação de serviços de interesse da sociedade".[9]

1.3 Conceitos Fundamentais Básicos

Pelo exposto, percebe-se que a governança, como mecanismo de aprimoramento, não é exclusiva do âmbito da Administração Pública. Vimos que o termo, proveniente do setor econômico, foi adaptado para se consolidar com a denominada governança pública que, por sua vez, não deve ser confundida com outros termos próprios do direito público, como por exemplo, governo ou governabilidade, conceitos que, embora correlatos, não são sinônimos de governança.

Então, vejamos, governo é termo do direito constitucional que tem como definição "(...) o poder ou autoridade do Estado".[10] Ele indica de que forma os indivíduos daquela sociedade se relacionam com a autoridade estatal e pode ser classificado em monarquia e república. Já governabilidade refere-se às condições e à forma como tal poder – monarquia ou república – é exercido.

Governança, por outro lado, provém de um contexto organizacional de entidades privadas. Nesse âmbito conceitua-se governança como um conjunto de normas e atividades que direcionam o *modus operandi* da empresa com a finalidade de efetivar determinados objetivos. O IBGC, assim define:

> Governança corporativa é o sistema pelo qual as empresas e demais organizações são dirigidas, monitoradas e incentivadas, envolvendo os relacionamentos entre sócios, conselho de administração, diretoria, órgãos de fiscalização e controle e demais partes interessadas.[11]

Nesta toada, as boas práticas de governança possibilitam que as corporações alcancem melhores resultados, tenham uma gestão mais eficiente e contribuam para o bem comum.

---

[9] BRASIL. Tribunal de Contas da União. *Referencial Básico de governança aplicável a órgãos e entidades da administração pública*. Versão 2. Brasília: TCU, Secretaria de Planejamento, Governança e Gestão, 2014. p. 5-6.

[10] MILESKI, Hélio Saul. *O controle da Gestão Pública*.3. ed. Belo Horizonte: Fórum, 2018. p. 36.

[11] BRASIL. Instituto Brasileiro de Governança Corporativa. *Código das melhores práticas de governança corporativa*. 5. ed. São Paulo: Instituto Brasileiro de Governança Corporativa – IBGC, 2015. p. 20.

A relevância do tema no âmbito corporativo é expressiva, de tal modo que há uma preocupação do instituto em publicar manuais e outros materiais visando orientar as corporações a adotarem boas práticas de governança, como o já citado "Código das Melhores Práticas de Gestão Corporativa".[12] No código mencionado, são definidas diversas práticas a serem adotadas pelos administradores da empresa como um todo, desde conselho de administração e diretores até o setor de controle.

Devido à utilidade e consequente importância enquanto mecanismo de desenvolvimento corporativo, o Banco Mundial usou tal termo em um relatório ainda na década de 1980, com a publicação do "Sub-Saharan África: From Crisis to Sustainable Growth".

Pouco depois, com a publicação do relatório "Governance and Development" (BANCO MUNDIAL, 1992), é aprimorado e expandido o conceito de governança, assim reformulado: "a maneira pela qual o poder é exercido na administração dos recursos econômicos e sociais do país, com vistas ao desenvolvimento". E no bojo dessa redefinição são apresentados três aspectos distintos de governança: (i) a forma de regime político; (ii) o processo pelo qual a autoridade é exercida na gestão dos recursos econômicos e sociais de um país, em prol do desenvolvimento; e (iii) a capacidade dos governos de conceber, formular e implementar políticas e exercer suas funções.[13]

Desde então, a governança pública passou a ser comum nos discursos desenvolvimentistas, como conceito de aparente importância, mas, por vezes, vago. De todo modo, a utilização do termo como mecanismo de desenvolvimento tornou-se usual, passando a ser frequentemente vinculado a propostas de gestão, transparência e efetividade.[14] Atualmente, diversos países têm reconhecido a necessidade de governança normativamente, dentre eles, o Brasil.

Em síntese,

---

[12] BRASIL. Instituto Brasileiro de Governança Corporativa. *Código das melhores práticas de governança corporativa*. 5. ed. São Paulo: Instituto Brasileiro de Governança Corporativa – IBGC, 2015. p. 21.

[13] BRASIL. Instituto Brasileiro de Governança Corporativa. *Código das melhores práticas de governança corporativa*. 5. ed. São Paulo: Instituto Brasileiro de Governança Corporativa – IBGC, 2015. p. 26.

[14] KISSLER, Leo; HEIDEMANN, Francisco G. Governança pública: novo modelo regulatória para as relações entre Estado, mercado e sociedade? *Revista de Administração Pública*, v. 40, n. 3, p. 479-499, 2006. p. 481.

Governança pública pode ser entendida como o sistema que determina o equilíbrio de poder entre os envolvidos – cidadãos, representantes eleitos (governantes), alta administração, gestores e colaboradores – com vistas a permitir que o bem comum prevaleça sobre os interesses de pessoas ou grupos.[15][16]

Com a abertura do mercado mundial, a estruturação de Estados de Direito e tantas outras modificações sociais e econômicas insurgem diversos questionamentos sobre como poderá conduzir-se politicamente, superar crises orçamentárias com o aumento da prestação de serviços e ainda garantir a legitimidade da Administração Pública. Um Estado de Direito?

A atratividade da governança pública reside na expectativa de que ela venha a oferecer respostas conceituais cientificamente fundamentadas para essas perguntas. Ver-se-á até que ponto essa expectativa se sustenta.[17]

Ou seja, os Estados modernos têm buscado, nos modelos de administração corporativa, diversas respostas para o aprimoramento de sua gestão. A experiência dessa adaptação dos Estados é interessante na medida em que a governança, agora governança pública, estabelece diversos princípios e diretrizes que convergem para a legitimação da Administração Pública e o bom governo. Mas isso é tema para o próximo tópico. Nos atenhamos, por ora, às conceituações, diretrizes e princípios do mecanismo para, então, entendermos o seu uso pela Administração Pública. Uma outra forma de conceituar governança é:

> Segundo a IFAC (2013), governança compreende a estrutura (administrativa, política, econômica, social, ambiental, legal e outras) posta em prática para garantir que os resultados pretendidos pelas partes interessadas sejam definidos e alcançados.[18]

---

[15] BRASIL. Tribunal de Contas da União. *Referencial Básico de governança aplicável a órgãos e entidades da administração pública*. Versão 2. Brasília: TCU, Secretaria de Planejamento, Governança e Gestão, 2014. p. 17.

[16] MATIAS-PEREIRA, J. *Governança no setor público*. São Paulo: Atlas, 2010.

[17] KISSLER, Leo; HEIDEMANN, Francisco G. Governança pública: novo modelo regulatória para as relações entre Estado, mercado e sociedade? *Revista de Administração Pública*, v. 40, n. 3, p. 479-499, 2006. p. 481.

[18] BRASIL. Tribunal de Contas da União. *Referencial Básico de governança aplicável a órgãos e entidades da administração pública*. Versão 2. Brasília: TCU, Secretaria de Planejamento, Governança e Gestão, 2014. p. 17.

CAPÍTULO 1 | 33

Desse contexto, a governança propõe um caminho sistêmico de integração da sociedade civil, do Estado e do setor privado em busca de um desenvolvimento coordenado e a consequente resolução de questões sociais. Ademais,

[s]ob a ótica da ciência política, a governança pública está associada a uma mudança na gestão política. Trata-se de uma tendência para se recorrer cada vez mais à autogestão nos campos social, econômico e político, e a uma nova composição de formas de gestão daí decorrentes.[19]

Sendo assim, governança não se reduz a atividade estatal, mas tem impactos relevantes na forma de gestão do Estado como um todo. Ela requer um fortalecimento da legitimidade da Administração Pública, o que consequentemente requer o cumprimento de princípios constitucionais e ainda outros estabelecidos pelo próprio conceito.

Passemos à análise dos princípios que regem a governança pública. Alguns deles, como veremos, são semelhantes aos da governança corporativa, embora sua aplicação se dê de forma específica à Administração Pública. Inicialmente, cumpre mencionar que nas publicações do governo há duas linhas de princípios, uma que rege as políticas públicas e outra que rege os órgãos e entidades da Administração Pública. Particularmente, entendo que não há conflito entre os princípios explicitados, pelo contrário, há complementariedade. Mencione-se que, os princípios basilares da governança pública não devem consistir em rol exaustivo, de modo que, caso a caso, a Administração Pública adote diretrizes que balizem o melhor cumprimento do bom governo.

Os princípios podem ser definidos como: legitimidade, equidade, responsabilidade, eficiência, transparência, prestação de contas (*accountability*), probidade, capacidade de resposta, confiabilidade e melhoria regulatória. Cada um deles será aplicado conforme as peculiaridades de cada setor e atividade da Administração Pública, em maior ou menor medida.

Por legitimidade o TCU entende que se trata da análise de cumprimento da lei, mas, também, do atendimento ao interesse público em prol do bem comum.[20] Ou seja, não basta que se aplique a legalidade

---

[19] KISSLER, Leo; HEIDEMANN, Francisco G. Governança pública: novo modelo regulatória para as relações entre Estado, mercado e sociedade? *Revista de Administração Pública*, v. 40, n. 3, p. 479-499, 2006. p. 482.

[20] BRASIL. Tribunal de Contas da União. *Referencial Básico de governança aplicável a órgãos e entidades da administração pública*. Versão 2. Brasília: TCU, Secretaria de Planejamento, Governança e Gestão, 2014. p. 34.

estrita. Além disso, ao aplicar a lei, o administrador/servidor deve atender aos fins sociais que a lei pretende, deve prezar pelo bem social.

A equidade, por sua vez, guarda relação com o princípio da igualdade, pois consiste em "garantir as condições para que todos tenham acesso ao exercício de seus direitos cíveis, políticos e sociais".[21] Para isso, a Administração Pública deve prezar por meios de exercer direitos que possam ser acessíveis a qualquer cidadão.

Por sua vez, a responsabilidade – termo comum na governança corporativa – consiste no dever do agente público zelar para que o exercício de suas atividades seja legitimo e, portanto, contribua para o bom funcionamento do Estado. Deste modo, em regra, o agente responde pessoalmente pelos atos que pratica em nome da Administração Pública.

A eficiência é um princípio constitucional que rege a atividade pública como um todo e consiste em "fazer o que é preciso ser feito, com qualidade adequada [e] ao menor custo possível".[22] Assim, esse princípio é essencial para implementação de uma boa governança pública, não obstante deva ser aplicado independentemente dela, visto ser um mandamento constitucional.

O princípio da transparência é comum tanto na esfera privada quanto na pública, entretanto, na esfera pública, relaciona-se com o princípio constitucional da publicidade. É dever do Estado disponibilizar acesso a informações das atividades da Administração Pública e de sua organização, dando publicidade a seus atos de forma transparente. Deste modo, o princípio da transparência contribui para uma maior confiabilidade no setor público.

A prestação de contas, ou *accountability*, determina, como princípio de boa governança, que haja uma correta demonstração de gastos e movimentação de recursos no âmbito público. Esse princípio de governança está intrinsecamente ligado ao art. 70 da CF/88, o qual se define o exercício do controle externo e interno nos órgãos e o dever de prestação de contas.

A probidade é um princípio de boa governança e um dever legal de todo agente público. Consiste na obrigação de observar e cumprir as normas e procedimentos em busca da realização de um bom governo.

---

[21] BRASIL. Tribunal de Contas da União. *Referencial Básico de governança aplicável a órgãos e entidades da administração pública*. Versão 2. Brasília: TCU, Secretaria de Planejamento, Governança e Gestão, 2014. p. 34.

[22] BRASIL. Tribunal de Contas da União. *Referencial Básico de governança aplicável a órgãos e entidades da administração pública*. Versão 2. Brasília: TCU, Secretaria de Planejamento, Governança e Gestão, 2014. p. 34.

Para isso, exige-se zelo, do servidor, ao arrecadar e gerenciar bens públicos.

A capacidade de resposta é um princípio de governança destinado, *a priori*, às políticas públicas. Significa a busca da Administração Pública de "atender, de forma eficiente e eficaz, às necessidades dos cidadãos, inclusive antevendo interesses e antecipando aspirações".[23] Segundo a ONU, este é considerado um dos princípios mais relevantes da governança política.

A integridade também é um princípio de governança política. Representa o dever dos agentes públicos de buscar estar alinhado com os princípios e regras que regem a Administração Pública em prol do bem social. Entretanto, deve-se considerar que este princípio, para boa governança, não pode ser um inibidor da busca por caminhos mais eficientes de gestão.

> O conteúdo do princípio remete, portanto, à busca do difícil equilíbrio entre a punição de gestores que se valem da máquina pública para defender fins privados e ilícitos e a preservação do necessário espaço para que agentes movidos pelo espírito público possam buscar soluções inovadoras – e, eventualmente, mais arriscadas – para satisfazer os interesses da sociedade.[24]

Importante se faz, ainda, destacar o papel do controle para a efetividade desse princípio. Pois se de um lado o controle – interno e externo – é essencial para impedir desvios, por outro, devem ser adotados mecanismos que permitam a inovação estratégica da gestão.

A confiabilidade "representa a capacidade das instituições de minimizar as incertezas para os cidadãos nos ambientes econômico, social e político.[25] "Para isso, as instituições públicas devem se manter o mais íntegras e fiéis possíveis às diretrizes e procedimentos em prol da realização dos objetivos das políticas públicas e do bem comum.

Já a melhoria regulatória é princípio que visa à avaliação dos resultados alcançados e ao aprimoramento dos regulamentos e diretrizes. Para isso é necessário que outros princípios se efetivem (ex.:

---

[23] BRASIL. *Guia da política de governança pública*. Brasília: Casa Civil da Presidência da República, 2018. p. 40.

[24] BRASIL. *Guia da política de governança pública*. Brasília: Casa Civil da Presidência da República, 2018. p. 42.

[25] BRASIL. *Guia da política de governança pública*. Brasília: Casa Civil da Presidência da República, 2018. p. 47.

transparência) de modo que a boa governança possa ser implantada de forma contínua e efetiva.

Reformular o processo de construção de normas é fundamental para reduzir os custos associados à criação de obrigações para a sociedade. A regulação deve ser minimalista: não deve atingir nada além do necessário para garantir seus objetivos.[26]

Com isso, é preciso que as normas sejam bem elaboradas, e mais, que as instituições públicas estejam efetivamente buscando cumpri-las. Neste aspecto, o papel do controle é essencial na medida em que é um dos principais atores na fiscalização do cumprimento de normas. Todos esses princípios estão diretamente correlacionados com os princípios constitucionais que regem a Administração Pública. Eles visam a corroborar com a melhor gestão do Estado e com a efetivação dos Direitos Fundamentais. No próximo tópico aprofundaremos essa relação entre a Administração Pública e seus regramentos e a governança. Destaque-se: a boa governança é um caminho para a gestão pública e, por isso, foi incorporada em diversos países. Vejamos como esses princípios se materializam na Administração Pública e, em especial, no Brasil.

1.4 A Governança Pública e a Administração Pública

Deve-se compreender que a governança não é a gestão em si, de um Estado, para se compreender de que forma ela pode ser incorporada pela Administração Pública.

Para fins didáticos, pode-se afirmar, em linhas gerais, que a "governança condiciona a gestão", em variados níveis de leitura. (...) Mas a diferenciação em exame também pode assumir uma conotação mais operacional. De acordo com o Referencial de Governança aplicável a Órgãos e Entidades da Administração Pública, do TCU (2013), com efeito, "a gestão é inerente e integrada aos processos organizacionais, sendo responsável pelo manejo dos recursos e poderes colocados à disposição de órgãos e entidades para a consecução de seus objetivos, enquanto a governança provê direcionamento, monitora, supervisiona e avalia a atuação da gestão".[27]

---

[26] BRASIL. *Guia da política de governança pública*. Brasília: Casa Civil da Presidência da República, 2018. p. 48.

[27] BRASIL. Tribunal de Contas da União. *Referencial para avaliação de governança em políticas públicas*. Brasília: TCU, 2014. p. 36.

Ou seja, na Administração Pública a governança, preferencialmente a chamada boa governança, corresponde a um direcionamento para a melhoria da gestão pública. Mas, como observado no tópico anterior, a boa governança vai além disso, na medida em que possibilita um diálogo entre os diversos setores da sociedade em prol do bom governo.

No Brasil, especificamente, como já evidenciado, a governança foi introduzida por diversos mecanismos legais e se ampara em preceitos constitucionais. Ela é de tal modo relevante que o Senado Federal publicou, em 2017, uma coletânea denominada "Governança Pública: coletânea de legislação" sistematizando o amparo legal para a aplicação da governança na Administração Pública de forma direta.

Saliente-se que em diversos artigos da Constituição Federal de 1988 (CF/88) é possível amparar práticas de governança e estabelecer diálogos com os princípios mencionados. Senão vejamos:

> Art. 21. Compete à União:
> (...)
> IX – elaborar e executar planos nacionais e regionais de ordenação do território e de desenvolvimento econômico e social;

Elaborar e executar planos em busca de desenvolvimento pressupõe a necessidade de implementação de princípios de boa governança, tais como a capacidade de resposta. É essencial a um plano de desenvolvimento, que este responda de forma efetiva as necessidades dos cidadãos. Não obstante o fato de que, para uma boa execução e um bom plano, faz-se necessária a integridade, a confiabilidade, a transparência e a efetivação dos princípios que norteiam a prática da boa governança.

> Art. 37. A Administração Pública direta e indireta de qualquer dos Poderes da União, dos Estados, do Distrito Federal e dos Municípios obedecerá aos princípios de legalidade, impessoalidade, moralidade, publicidade e eficiência e, também, ao seguinte: (...)

De antemão, em relação ao art. 37, verifica-se que a boa governança compartilha de alguns princípios considerados norteadores da Administração Pública. A boa governança nesse aspecto se apresenta como um instrumento que define práticas em prol do cumprimento efetivo do que dispõe o artigo supracitado.

Interessante mencionar que a adoção de práticas de uma boa governança configura, por si só, o cumprimento dos princípios da Administração Pública, uma vez que são práticas estipuladas com amparo legal (princípio da legalidade), que visam a orientar o agente público a manter-se em obediência ao que estabelece a Carta Magna. Segundo o Decreto Federal n° 9.203, de 2017, para a Administração Pública brasileira:

> Art. 2° Para os efeitos do disposto neste Decreto, considera-se:
> I – governança pública – conjunto de mecanismos de liderança, estratégia e controle postos em prática para avaliar, direcionar e monitorar a gestão, com vistas à condução de políticas públicas e à prestação de serviços de interesse da sociedade;

A assembleia constituinte de 1988 buscou, de diversas formas, estabelecer as condições necessárias à governança pública, ao passo que todos os dispositivos legais que estejam relacionados, de algum modo, com a gestão e com a condução de políticas públicas, podem ser considerados parte da governança pública. Lembrando que, "governança, em políticas públicas, se refere aos arranjos institucionais que condicionam o modo pelo qual as políticas são formuladas, implementadas e avaliadas, em benefício da sociedade".[28]

Sendo assim, a governança pública permeia toda a Administração Pública, e a adoção de suas práticas, com vistas ao cumprimento de suas diretrizes e princípios, é essencial para que o Estado cumpra suas atribuições constitucionais. Ressalte-se que alguns dos princípios já mencionados foram reconhecidos pelo Decreto Federal supramencionado, *in verbis:*

> Art. 3° São princípios da governança pública:
> I – capacidade de resposta;
> II – integridade;
> III – confiabilidade;
> IV – melhoria regulatória;
> V – prestação de contas e responsabilidade; e
> VI – transparência.

---

[28] BRASIL. Tribunal de Contas da União. *Referencial para avaliação de governança em políticas públicas.* Brasília: TCU, 2014. p. 32.

Com o exposto, é possível verificar que diversos mecanismos de governança já vinham sendo utilizados. O termo veio para reunir e sistematizar, sob diretrizes e práticas, um mínimo essencial ao bom governo. Dentre essas diretrizes estão:

Art. 4º São diretrizes da governança pública:

I – direcionar ações para a busca de resultados para a sociedade, encontrando soluções tempestivas e inovadoras para lidar com a limitação de recursos e com as mudanças de prioridades;

II – promover a simplificação administrativa, a modernização da gestão pública e a integração dos serviços públicos, especialmente aqueles prestados por meio eletrônico;

III – monitorar o desempenho e avaliar a concepção, a implementação e os resultados das políticas e das ações prioritárias para assegurar que as diretrizes estratégicas sejam observadas;

IV – articular instituições e coordenar processos para melhorar a integração entre os diferentes níveis e esferas do setor público, com vistas a gerar, preservar e entregar valor público;

V – fazer incorporar padrões elevados de conduta pela alta administração para orientar o comportamento dos agentes públicos, em consonância com as funções e as atribuições de seus órgãos e de suas entidades;

VI – implementar controles internos fundamentados na gestão de risco, que privilegiará ações estratégicas de prevenção antes de processos sancionadores;

VII – avaliar as propostas de criação, expansão ou aperfeiçoamento de políticas públicas e de concessão de incentivos fiscais e aferir, sempre que possível, seus custos e benefícios;

VIII – manter processo decisório orientado pelas evidências, pela conformidade legal, pela qualidade regulatória, pela desburocratização e pelo apoio à participação da sociedade;

IX – editar e revisar atos normativos, pautando-se pelas boas práticas regulatórias e pela legitimidade, estabilidade e coerência do ordenamento jurídico e realizando consultas públicas sempre que conveniente;

X – definir formalmente as funções, as competências e as responsabilidades das estruturas e dos arranjos institucionais; e

XI – promover a comunicação aberta, voluntária e transparente das atividades e dos resultados da organização, de maneira a fortalecer o acesso público à informação.

Neste aspecto, a governança na Administração Pública busca, em síntese, efetivar, da maneira mais íntegra e transparente possível, uma gestão capaz de garantir direitos fundamentais. Não é uma tarefa fácil a um país com dimensões e pluralidade como o Brasil. No entanto, trata-se de tarefa que se impõe ao Estado a busca por legitimação social. É premente às instituições públicas brasileiras que recuperem a legitimação social, que construam um sistema considerado efetivo e eficiente.

> Portanto, uma atuação pública deslegitimada tende a gerar políticas e regras com um custo maior de implementação, já que a adesão voluntária fica comprometida. Isso afeta a confiança do cidadão na instituição e alimenta o ciclo vicioso de desconfiança recíproca, que fomenta a burocracia e a desconformidade.[29]

Assim, a busca por uma implementação da governança na Administração Pública está umbilicalmente ligada à legitimação do Estado brasileiro perante os cidadãos. Para isso é iminente que se estabeleçam mecanismos que cada vez mais inibam a adoção de práticas abusivas e/ou corruptas pelos agentes públicos, ou por aqueles que, ainda que da esfera privada, atuem com o patrimônio público.

Apesar do avanço nesses aspectos, ainda se faz necessário fortalecer a governança e isso impõe, também, que haja maior participação social na tomada de decisões. Mencione-se que a boa governança considera uma atuação integrada aquela que se dá entre as esferas pública, privada e a sociedade, em favor do bem comum.

É função da governança dar direcionamento estratégico; supervisionar a gestão; envolver as partes interessadas; gerenciar riscos e conflitos internos; auditar e avaliar o sistema de gestão e controle; e, por fim, promover o *accountability* e a transparência.[30] Dessas funções emerge a importância dos Tribunais de Contas para a efetiva governança pública, visto que, algumas dessas atribuições são fomentadas ou exercidas por meio do controle externo da Administração Pública.

Antes, porém, impende ressaltar que outra espécie de governança tem galgado espaço e importância nos tempos atuais e nos debates internacionais. Uma nova governança, emergente dos avanços tecnológicos e do exponencial aumento no uso de dados pessoais, cuja finalidade, portanto, reside no direcionamento e nas orientações para o correto manuseio desses dados, de forma ética, segura e em respeito aos direitos fundamentais da pessoa humana. Essa nova governança é

---

[29] BRASIL. *Guia da política de governança pública*. Brasília: Casa Civil da Presidência da República, 2018. p. 21.

[30] BRASIL. Tribunal de Contas da União. *Referencial para avaliação de governança em políticas públicas*. Brasília: TCU, 2014. p. 31.

a Governança de Dados, tema que abordaremos mais detalhadamente no capítulo dois, que discorre sobre a evolução tecnológica e sua repercussão jurídico/social no Brasil.

1.5 A Governança e o controle

No contexto desenvolvido, o controle externo tem estreita relação com a governança sob dois aspectos: o primeiro, decorre do fato de que, todos os órgãos e entidades da Administração Pública devem adotar práticas de boa governança em sua gestão, incluindo-se, as de controle. No entanto, há um segundo aspecto, em destaque na análise desta relação, que diz respeito à função do controle externo. Nesse aspecto, o controle externo emerge como atividade essencial para a efetiva implementação de práticas de boa governança. Ressalte-se que:

> A proposta de criação da política de governança se originou da cooperação dos órgãos centrais de governo com o Tribunal de Contas da União. Para o tribunal, era necessário editar um ato normativo que estabelecesse boas práticas de governança voltadas para a melhoria do desempenho de órgãos e entidades da Administração Pública federal direta e indireta, bem como dos demais Poderes na esfera federal, a partir de três linhas centrais: liderança, estratégia e controle.[31]

Desta feita, o interesse do TCU em implementar políticas de governança provém do papel pedagógico e fiscalizador do órgão e, assim, simetricamente, os demais Tribunais de Contas brasileiros.

Para compreender melhor a relação do controle com a governança pública, cumpre-nos apresentar, ainda que brevemente, em que se constitui o controle. Ademais, o papel do controle externo e, especificamente, dos Tribunais de Contas, será melhor aprofundado no tópico subsequente.

Inicialmente, cumpre entender melhor, qual processo de construção histórica deu cabo ao controle da Administração Pública brasileira. Como veremos, desde o princípio, o controle já era um mecanismo de efetivação da governança, embora ainda não sistematizado dessa forma.

Definir o exato momento no qual se iniciou a imprescindível tarefa de controle da atividade estatal não é missão fácil. Partiremos da perspectiva de que o controle, como concebido na modernidade, decorre

---

[31] BRASIL. *Guia da política de governança pública*. Brasília: Casa Civil da Presidência da República, 2018. p. 16.

da formação dos Estados de Direito, e se formou devido a necessidade de garantir a destinação correta do patrimônio público.[32] Assim, para o cumprimento de uma nova estrutura de direitos decorrentes do Estado moderno, emerge o poder-dever da Administração Pública de exercer determinadas funções na busca do bem social. Funções que têm um custo elevado.

> Portanto, a ação estatal envolve a administração do patrimônio público e a utilização dos dinheiros públicos, que são atos de poder político praticados pelo governo, cujo exercício está afeto às autoridades governamentais. A autoridade estatal, como expressão da ordem pública, é suprema e o seu poder tem como fim o bem-estar da sociedade.[33]

Entretanto, o mero reconhecimento de poderes-deveres não bastava para garantir a destinação e a gestão correta do patrimônio público. De modo que, pouco a pouco, o Estado foi se aprimorando para controlar a si mesmo e, atualmente, conta com diversos mecanismos técnicos e políticos para impedir abusos dos agentes públicos que exercem a função de gerência da máquina estatal, dentre esses, o controle.

> As democracias modernas dispõem de vários mecanismos de controle mútuo, baseados na constituição de instâncias relativamente autônomas, com poderes de revisão sobre a atuação de outras instituições. É o Estado controlando o Estado.[34]

A CF/88 segue esse modelo de democracia na qual há diversos mecanismos de controle, tanto internamente, no âmbito de cada poder, quanto de um poder sobre o outro. Sendo assim, o controle pode ser considerado o mecanismo mais expressivo para o cumprimento de um princípio da governança pública: a prestação de contas ou *accountability*, pois, por meio do exercício de controle, os órgãos e entes – da administração direta e indireta – podem prestar contas.

---

[32] CAMARGO, Bibiana Helena Freitas. Abordagem constitucional dos tribunais de contas: uma análise acerca da evolução de suas competências para alcance da avaliação qualitativa. *Revista Controle*, Fortaleza, v. 18, n.1, p. 342-376, jan./jun. 2020.

[33] MILESKI, Hélio Saul. *O controle da Gestão Pública*.3. ed. Belo Horizonte: Fórum, 2018. p. 169.

[34] MILESKI, Hélio Saul. *O controle da Gestão Pública*.3. ed. Belo Horizonte: Fórum, 2018. p. 170.

Cite-se:

> O desafio central da política de boa governança é a forma como a autoridade e o poder são alocados e exercidos na vida pública. (...) a desconfiança dos cidadãos em relação às suas lideranças políticas não é um fenômeno recente, dela já se ocupando os federalistas ao anunciarem que os homens não são governados por anjos e que, por isso, mecanismos de controle são imprescindíveis.[35]

Sendo assim, os mecanismos de controle emergem como principais meios para garantir que o patrimônio público seja usado para prover e efetivar direitos previstos em sede constitucional e infraconstitucional. A importância está em justamente possibilitar que os atos administrativos sejam revisados e, assim, efetivem-se os princípios da Administração Pública com as práticas de boa governança.

Dessa perspectiva podemos afirmar que o controle é um mecanismo de limitação e, também, de aperfeiçoamento da Administração Pública. Enquanto o aperfeiçoamento constitui uma finalidade primordial da governança, a importância de limites está em não permitir abusos, desvios de finalidade, gastos que excedam o interesse público na prestação de serviço social e, até, a corrupção dos agentes. Os limites são norteadores da atuação estatal, mas também são parâmetros para correções e sanções quando necessárias. Mencione-se que, ao rever seus atos, a administração tem a possibilidade de corrigi-los, de analisar impactos, de verificar o alcance e, consequentemente, de aprimorá-los, tanto em seu sentido formal, quanto em seu sentido material.

Essa imposição tem intrínseca relação com o Estado de Direito, pois esse modelo impõe o cumprimento do interesse público e, portanto, deve atender aos princípios estipulados em sede constitucional. Sendo assim, para que haja eficácia das determinações constitucionais e infraconstitucionais, é "imperativo o estabelecimento de condições que verifiquem, constatem e imponham o cumprimento da lei para o atendimento do interesse público, com a finalidade de ser evitado o abuso de poder".[36]

Nesse diapasão, o controle é inerente à configuração do Estado Moderno e, principalmente, a um modelo democrático. Ele é o mecanismo

---

[35] WILLEMAN, Marianna Montebello. *Accountability democrático e o desenho institucional dos Tribunais de Contas no Brasil*. Belo Horizonte: Fórum, 2017. p. 41.

[36] MILESKI, Hélio Saul. *O controle da Gestão Pública*. 3. ed. Belo Horizonte: Fórum, 2018. p. 170.

pelo qual os resultados das políticas de governança podem ser avaliados e, com isso, buscar soluções cada vez mais eficientes. Por exemplo, o controle e a verificação da efetividade do princípio da publicidade dos atos públicos possibilitam correções na esfera pública. Isso, consequentemente, melhora a participação social, com o objetivo de garantir que as decisões e os atos passem por um controle da sociedade. Desse modo, o controle – especialmente o externo – é de suma importância, ao passo que, "(…) em uma democracia, é basilar que os governantes respondam e prestem contas aos governados".[37]

Para essa prestação de contas, há diversos órgãos, competências e instrumentos que exercem a atividade de controle (controle interno, controle externo, controle social e controle jurisdicional) prevista em nossa Ordem Constitucional. Uma estrutura que tem grande importância para garantir a efetividade de direitos fundamentais.

Hely Lopes Meirelles define controle como sendo "(…) a faculdade de vigilância, orientação e correção que um Poder, órgão ou autoridade exerce sobre a conduta funcional de outro".[38] Ou seja, nessa concepção, o controle se resumiria às possibilidades constitucionais de revisão da atividade de um poder sobre o outro, em um sistema de *"Check and balances"*, ou no exercício do controle externo.

Por sua vez, Marcos Nóbrega assim aduz:

> Pode-se definir controle como uma série de regras administrativas e jurídicas que permitem a fiscalização da atividade administrativa e financeira, representando vetores interpretativos para a aplicação da legislação e a ação da administração e dos seus servidores.[39]

Seguindo esse conceito, fica ainda mais evidente a importância do controle, "(…) sendo sua finalidade assegurar que a Administração atue de acordo com os princípios que lhe são impostos pelo ordenamento jurídico".[40] O que significa, para o sistema jurídico brasileiro, atuar com legalidade, legitimidade, eficiência, economicidade e publicidade, para mencionar alguns dos princípios administrativos vigentes. Fica claro, com sua conceituação, que o controle é o mecanismo que fiscaliza as

---

[37] WILLEMAN, Marianna Montebello. *Accontability democrático e o desenho institucional dos Tribunais de Contas no Brasil*. Belo Horizonte: Fórum, 2017. p. 41.

[38] MEIRELLES, Hely Lopes. *Direito Administrativo Brasileiro*. 25. ed. São Paulo: Malheiros, 2000. p. 632.

[39] NÓBREGA, Marcos. *Os Tribunais de Contas e o controle dos programas sociais*. Belo Horizonte: Fórum, 2011. p. 57.

[40] MILESKI, Hélio Saul. *O controle da Gestão Pública*. 3. ed. Belo Horizonte: Fórum, 2018. p. 171.

atividades da Administração Pública e, portanto, revela-se essencial para políticas de governança que tenham capacidade de resposta e possam ser íntegras, confiáveis e legítimas.

Assim sendo, a Administração Pública, no exercício do controle, tem como finalidade conciliar planejamento, organização, comando e coordenação; fiscalizar a correta aplicação das normas; detectar erros ou falhas, evitando possíveis repetições; determinar correções; aplicar sanções e punições dos responsáveis, quando necessário; e propor caminhos de aprimoramento da atividade administrativa em questão. Destaque-se a proximidade das finalidades do controle com as diretrizes de governança já mencionadas, previstas no Decreto nº 9.203/2017. Cite-se, como exemplo, o dever de direcionar ações, monitorar desempenhos, implementar controles internos e avaliar políticas públicas.

Para isso, a Administração Pública brasileira se organizou em tipos de controle e definiu competências – já em sede constitucional – para o exercício direcionado e efetivo do controle. Existem vários tipos de controle, cada um com sua especificidade. De modo que, a depender do tipo e da competência, haverá uma finalidade específica dentro da finalidade geral: efetivar a prestação e a garantia de direitos fundamentais.

No que tange às formas ou espécies previstas na legislação brasileira, diversas são as classificações doutrinárias apresentadas. A principal delas diferencia controle externo e interno – ambas componentes de um sistema de boa governança –, já que, "boas práticas de governança não são receitas universais e atemporais, devendo ser constantemente reexaminadas, ainda que já tenham se provado exitosas".[41]

No controle interno, a administração que emitiu o ato realiza o controle, por meio do poder hierárquico. É comum, nos entes e poderes federativos, que internamente se criem setores ou instâncias responsáveis pela revisão dos atos. Como exemplo, cite-se as corregedorias, as instâncias de recurso de decisões administrativas ou conselhos de fiscalização. O controle interno tem poderes para:

> (...) verificar a regularidade e a legalidade de seus próprios atos, no sentido de se ater aos princípios da legalidade e da supremacia do

---

[41] BRASIL. *Guia da política de governança pública*. Brasília: Casa Civil da Presidência da República, 2018. p. 23.

interesse público, em que, se inclui, inclusive, avaliação de conveniência administrativa do ato praticado.[42]

O sistema de controle interno tem suas bases legais na própria CF/88 (art. 74), podendo ser efetuado de ofício ou mediante provocação dos interessados. Cite-se algumas de suas competências:

Art. 74. Os Poderes Legislativo, Executivo e Judiciário manterão, de forma integrada, sistema de controle interno com a finalidade de:
I – avaliar o cumprimento das metas previstas no plano plurianual, a execução dos programas de governo e dos orçamentos da União;
II – comprovar a legalidade e avaliar os resultados, quanto à eficácia e eficiência, da gestão orçamentária, financeira e patrimonial nos órgãos e entidades da administração federal, bem como da aplicação de recursos públicos por entidades de direito privado;
III – exercer o controle das operações de crédito, avais e garantias, bem como dos direitos e haveres da União;
IV – apoiar o controle externo no exercício de sua missão institucional.
§1º Os responsáveis pelo controle interno, ao tomarem conhecimento de qualquer irregularidade ou ilegalidade, dela darão ciência ao Tribunal de Contas da União, sob pena de responsabilidade solidária.
§2º Qualquer cidadão, partido político, associação ou sindicato é parte legítima para, na forma da lei, denunciar irregularidades ou ilegalidades perante o Tribunal de Contas da União.

Desta feita, o controle interno tem como finalidade auxiliar o poder público a alcançar seus objetivos de governo, visando a mitigar qualquer espécie de malversação do patrimônio público, desvio ou desperdício daquilo que pertence à sociedade, de forma que, o controle pode e deve ser exercido *ex officio*, quando constatadas ilegalidades ou esvaziamento da conveniência do ato.[43] Do ponto de vista da política de governança,

as instâncias internas de apoio à governança realizam a comunicação entre partes interessadas internas e externas à administração, bem como auditorias internas que avaliam e monitoram riscos e controles internos, comunicando quaisquer disfunções identificadas à alta administração.

---

[42] MILESKI, Hélio Saul. *O controle da Gestão Pública*. 3. ed. Belo Horizonte: Fórum, 2018. p. 174.
[43] DI PIETRO, Maria Sylvia Zanella. *Direito Administrativo*. 30. ed. Rio de Janeiro: Forense, 2017. p. 973.

Exemplos típicos dessas estruturas são a ouvidoria, a auditoria interna, o conselho fiscal, as comissões e os comitês.[44]

Por meio de um eficaz controle interno, portanto, é possível prevenir, detectar e corrigir irregularidades no planejamento e na administração do patrimônio público. Assim, considerando sua importância, o *controle* interno não deve se restringir a uma simples contadoria com fins de certificar a confiabilidade dos lançamentos contábeis. É preciso eficiência e técnica no exercício dessa espécie de controle.

Desse modo, ressaltamos a importância do controle por parte da sociedade (controle social), com um nível de cobrança mais elevado, bem como da observância da *accountability*, controles que poderão contribuir para a obtenção de um controle *interno* mais efetivo. Dessa forma, é preciso salientar que um controle *interno* frágil demandará, necessariamente, um maior esforço por parte do controle *externo*. Por outro lado, um controle interno que de fato corrobore para as práticas de governança contribuem para o controle externo efetivo.

O controle *externo* abrange os aspectos contábil, financeiro, orçamentário, operacional e patrimonial e tem sua fundamentação legal nos arts. 70 e 71 da Constituição da República e nos arts. 81 e 82 da Lei n° 4.320/64.

As instâncias externas de governança são responsáveis pela fiscalização, pelo controle e pela regulação, desempenhando importante papel para promoção da governança das organizações públicas. São autônomas e independentes, não estando vinculadas apenas a uma organização. Exemplos típicos dessas estruturas são o Congresso Nacional e o Tribunal de Contas da União.[45]

Trata-se de papel que advém da própria Carta Magna e é baseado nos princípios que norteiam o federalismo. Em nosso modelo de Estado Federal, é tradição adotar o princípio da teoria dos freios e contrapesos (*checkand balance*), proveniente do constitucionalismo norte-americano. Nesse princípio, os três poderes da República, independentes e harmônicos entre si, poderão e deverão exercer um controle sobre o outro. Com esse sistema, mantém-se a harmonia entre

---

[44] BRASIL. Tribunal de Contas da União. *Referencial para avaliação de governança em políticas públicas*. Brasília: TCU, 2014. p. 29.

[45] BRASIL. Tribunal de Contas da União. *Referencial para avaliação de governança em políticas públicas*. Brasília: TCU, 2014. p. 29.

os poderes e, ao mesmo tempo, vedam-se excessos que possam vir a ser praticados por quaisquer desses poderes.

O controle externo baseia-se na legitimidade e na legalidade dos atos praticados, de modo que sua função basilar consiste em garantir que a Administração Pública aja em busca de priorizar os interesses da coletividade. Em outras palavras, compete a ele verificar se os órgãos e entidades sob sua alçada estão alinhados com os princípios e diretrizes da boa governança pública.

Como se dá com o controle interno, o controle externo pode ser exercido de ofício ou mediante provocação dos interessados. Acerca disso, Diógenes Gasparini[46] afirma que o controle externo, obviamente, não exclui o controle interno, de modo que ambos coexistem, na busca de somar esforços para garantir uma aplicabilidade justa dos recursos financeiros do Estado e a correta observância dos direitos fundamentais do cidadão na sociedade em que se encontra inserido.

Assim sendo, os controles externo e interno devem trabalhar em conjunto, de forma harmônica e coesa, razão pela qual encontramos previsão legal indicando que, sendo encontradas irregularidade no controle interno, tais irregularidades deverão ser informadas ao órgão do controle externo para que este possa tomar as medidas que entender cabíveis. "Não é difícil concluir que essas falhas impedem que os objetivos que justificam esse tipo de prática sejam atingidos, acarretando desperdício de recursos públicos".[47]

O controle da Administração Pública é mecanismo essencial para a manutenção de um Estado democrático de direito. Sua finalidade está intrinsecamente ligada à governança pública, uma vez que, por meio dos resultados da fiscalização, é possível que se elaborem práticas mais condizentes com a realidade dos órgãos e as necessidades sociais.[48] Ademais, em seu papel pedagógico, o controle externo tem função primordial na governança pública. Tal papel ficará melhor explicitado no próximo tópico, em que aprofundaremos sua atividade.

Tanto o controle externo, quanto o controle interno visam ao aprimoramento dos atos públicos por meio de diretrizes, de fiscalização e, caso necessário, de revisão dos atos. Em casos específicos, a verificação

---

[46] GASPARINI, Diógenes. *Direito Administrativo*. 13. ed. rev. e atual. São Paulo: Saraiva, 2008. p. 965.

[47] BRASIL. *Guia da política de governança pública*. Brasília: Casa Civil da Presidência da República, 2018. p. 27.

[48] BRASIL. *Guia da política de governança pública*. Brasília: Casa Civil da Presidência da República, 2018. p. 30.

de atos que contrariam as diretrizes e normas pode incorrer em sanções. Ou seja, o controle *lato sensu* compreende diversos mecanismos dos Estados contemporâneos, que garantem uma gestão mais eficaz e podem incidir sob entes públicos ou privados. Este último, quando produz atos que, de alguma forma, afetam o patrimônio público.

Com tudo isso, fica claro que a eficácia do controle é primordial para a efetividade da governança pública. Ademais, pode-se afirmar que o principal papel do controle externo exercido pelos Tribunais de Contas é direcionado à efetividade das práticas de governança pública. Isso decorre do exercício das competências do Órgão técnico de controle externo, que detém atribuições fiscalizatórias, orientativas e consultivas, com objetivo de fomentar a boa Administração Pública.

Por fim, insta mencionar que a governança pública preza pela integralização dos órgãos e entidades, ou seja, por uma atividade conjunta e contínua em prol da prestação e garantia de direitos fundamentais e do bom governo. Entretanto, alguns órgãos, pelas atribuições constitucionais que lhes são designadas, têm papel de destaque na busca dessa integralização entre os entes, dentre esses está o Tribunal de Contas.

O tópico seguinte visa a estudar e a verificar o porquê deste destaque e quais as atribuições constitucionais desses tribunais, que lhes qualifica a orientar e a fiscalizar o cumprimento dos princípios, diretrizes e procedimentos de boa governança tão essenciais ao aprimoramento da Administração Pública.

1.6 O Controle Externo na Constituição Federal e o papel dos Tribunais de Contas

No que concerne ao exercício do controle, portanto, importa ainda ressaltar que desde 1789, com a Declaração de Direitos do Homem e do Cidadão, a sociedade possui, formalizado e expresso (art. 15),[49] o seu direito de acesso às contas públicas. Em relação aos órgãos de controle, sua origem é ainda mais remota, desde o surgimento dos Estados. Todavia, apenas na Grécia antiga e em Roma, é que as

---

[49] UNIVERSIDADE DE SÃO PAULO (USP). Declaração de direitos do homem e do cidadão, 26 de agosto de 1789. Art. 15:A sociedade tem o direito de pedir contas a todo agente público pela sua administração. *In: Biblioteca Virtual de Direitos Humanos.* Disponível em: http://www.direitoshumanos.usp.br/index.php/Documentos-anteriores-%C3%A0-cria%C3%A7%C3%A3o-da-Sociedade-das-Na%C3%A7%C3%B5es-at%C3%A9-1919/declaracao-de-direitos-do-homem-e-do-cidadao-1789.html Acesso em 21 mai. 2020.

atividades fiscalizadoras, realizadas pelo Estado, começaram a ser institucionalizadas.

No Brasil, as primeiras manifestações de Controle das Contas Públicas ocorreram em 1680, quando a Coroa Portuguesa criou as Juntas das Fazendas das Capitanias e a Junta da Fazenda do Rio de Janeiro. Com a Independência do Brasil (1822) e a criação da Constituição Monárquica (1824) foi determinada a criação de um Tribunal denominado de Tesouro Nacional, porém, este sistema não foi implantado. Após a Proclamação da República (1889), durante o governo provisório do Marechal Deodoro da Fonseca, sob orientação do Ministro da Fazenda, Ruy Barbosa, foi promulgado o Decreto nº 966-A, de 01 de novembro de 1890, criando o TCU. O Tribunal foi definitivamente institucionalizado pela Constituição de 1891, mas sua instalação só ocorreu em janeiro de 1893.

Originária do latim *roulum*, que indicava o rol de contribuintes em que se buscava verificar a operação do arrecadador, a expressão *controle* foi tema dos estudos do doutrinador Seabra Fagundes, em 1967,[50] e é definida, atualmente, como "uma série de regras administrativas e jurídicas que permitem a fiscalização da atividade administrativa e financeira, representando vetores interpretativos para a aplicação da legislação e a ação da administração e dos seus servidores".[51]

Trata-se, como bem assevera o referido autor, de um dos pontos sensíveis para um Estado ágil e transparente. E, essa é a razão pela qual muito se tem discutido a esse respeito em diversos países, tendo em vista, também, o fato de que o controle tem sido reconhecido como instrumento com potencial de provocar o desenvolvimento de novos mecanismos e ferramentas de avaliação de políticas públicas e, consequentemente, da análise qualitativa da aplicação de recursos públicos.

Os mecanismos de controle, portanto, são criados com o escopo de garantir a transparência e a confiabilidade necessárias aos atos praticados pela Administração Pública, por meio do acesso à informação cada vez mais rápido e facilitado aos cidadãos, de maneira a lhes permitir a certificação do justo e correto uso dos recursos públicos.

Mister se faz reiterar, neste ponto, que o controle pode ser classificado em controle de legalidade (ou de legitimidade) e controle de mérito, já se a análise se der em relação à origem ou à posição estrutural

---

[50] FAGUNDES, M. Seabra. *O controle dos atos administrativos pelo poder judiciário*. 4. ed. Rio de Janeiro: Ed. Forense, 1967.

[51] NÓBREGA, Marcos. *Os Tribunais de Contas e o controle dos programas sociais*. Belo Horizonte: Fórum, 2011. p. 57.

do órgão controlador, a classificação do controle pode consistir, por sua vez, em controle interno e controle externo. Consoante o disposto no art. 70 da CF/88, bem como nos arts. 81 e 82 da Lei nº 4.320 de 1964, o controle (interno e externo) abrange os aspectos contábil, financeiro, orçamentário, operacional e patrimonial da administração direta e indireta, quanto à legalidade, legitimidade, economicidade, aplicação das subvenções e renúncia de receitas.

Contudo, quando se fala em um controle realizado por órgão estranho à administração responsável pelo ato controlado, estamos diante do controle externo que, no Brasil, está a cargo do Congresso Nacional, por determinação expressa no art. 71, da Constituição da República, a ser exercido, necessariamente, com o auxílio do TCU.

Trata-se de um controle técnico que se baseia nos princípios que norteiam a Administração Pública, com vistas a corrigir desvios e a otimizar a aplicação dos recursos públicos e, como tal, baseia-se na legitimidade dos atos e, excepcionalmente, na sua legalidade, de maneira que podemos afirmar que a sua função basilar consiste em assegurar a ação, por parte da Administração Pública, no sentido de priorizar os interesses da coletividade, atuando, majoritariamente, na fiscalização dos atos administrativos e, apenas excepcionalmente, na anulação de atos e na punição dos responsáveis.

Cumpre ressaltar que a atuação desses Tribunais não se limita a aspectos legais e financeiros, mas alcança, também, a atividade exercida pelos demais órgãos públicos da Administração, no exercício de suas atividades-fim, como se dá na avaliação das políticas públicas.

Por oportuno, reiteramos o disposto no art. 71 da CRFB, que, em seu inciso IV determina:

> Art. 71. O controle externo, a cargo do Congresso Nacional, será exercido com o auxílio do Tribunal de Contas da União, ao qual compete:
> (...)
> IV – realizar, por iniciativa própria da Câmara dos Deputados, do Senado Federal, de Comissão técnica ou de inquérito, inspeções e auditorias de natureza contábil, financeira, orçamentária, *operacional* e patrimonial, nas unidades administrativas dos Poderes Legislativo, Executivo e Judiciário, e demais entidades referidas no inciso II; (Grifo nosso).

Pouco mais à frente, o legislador estende para os Tribunais de Contas Estaduais as devidas atribuições naquilo que lhes competir (art. 75 CF/88).

Neste aspecto importa perceber que não compete ao Tribunal de Contas somente avaliar se os gastos públicos se encontram em conformidade com a lei, mas também analisar os critérios pertinentes à economia, certificando-se de que tais gastos vêm ao encontro dos anseios da coletividade, além de avaliar a qualidade do produto ou serviço disponibilizado aos usuários.

Por óbvio, como bem salientam Edilberto Carlos Pontes Lima e Gleison Mendonça Diniz,[52] que não se fala em substituição do poder discricionário do gestor público (o órgão de controle deve apenas buscar impedir o desgoverno, nunca governar), mas de observância não apenas da fundamentação relacionada à lei que embasa e autoriza a despesa, como, ainda, ao alcance dos objetivos que visem ao interesse coletivo. Sem falar na observância dos meios adequados para sua consecução, com vistas a justificar a sua economicidade.

Compete, portanto, aos Tribunais de Contas, através das auditorias operacionais, avaliar se esses preceitos legais vêm sendo devidamente observados. Atribuição, esta, que encontra a devida correspondência no Manual de Auditoria e Desempenho do Tribunal de Contas Europeu:

> A performance audit is an independent, objective and reliable examination of whether undertakings, systems, operations, programmes, activities or organizations are operating in accordance with the principles of economy, efficiency and effectiveness, and whether there is room for improvement.[53]

No Brasil, o TCU foi pioneiro, na década de 80, ao realizar auditorias operacionais seguindo a tendência internacional, em busca de melhor avaliar os resultados obtidos pelas políticas públicas implementadas. Todavia, a auditoria de desempenho (como é conhecida atualmente) teve sua origem na década de 70, na Europa, seguido pela

---

[52] DINIZ, Gleison Mendonça; LIMA, Edilberto Carlos Pontes. Avaliação de políticas públicas pelos Tribunais de Contas: Fundamentos, Práticas e a Experiência Nacional e Internacional. *In*: SACHSIDA, Adolfo (Org.). *Políticas públicas*: avaliando mais de meio trilhão de reais em gastos públicos. Brasília, 2018. Disponível em: https://www.ipea.gov.br/portal/index.php?option=com_content&view=article&id=34343&Itemid=433. Acesso em 08 jun. 2020.

[53] UNIÃO EUROPEIA. *Manual de Auditoria e Desempenho*. 2015. p. 7. Disponível em: https://www.eca.europa.eu/Lists/ECADocuments/PERF_AUDIT_MANUAL/PERF_AUDIT_MANUAL_P.PDF. Acesso em 08 jun. 2020: "Uma auditoria de desempenho é um exame independente, objetivo e confiável de se empresas, sistemas, operações, programas, atividades ou organizações estão operando de acordo com os princípios de economia, eficiência e eficácia e se há espaço para melhorias". (Tradução livre).

CAPÍTULO 1 | 53

Austrália e América do Norte, nas décadas seguintes, buscando avaliar a eficiência dos gastos para alcançar melhores resultados.[54]

Conhecida nos países de cultura anglo-saxã como *performance auditing* ou auditoria de desempenho; nos países latinos como *auditoria de gestión* (auditoria de gestão); e no Tribunal de Contas Europeu como "auditoria de resultado", no Brasil, essa espécie de auditoria recebe o nome de "auditoria operacional" e foi adotada pelo TCU para definir os trabalhos com escopo de melhoria das operações auditadas.

Um fator que muito contribuiu para a difusão dessa espécie de auditoria, nos Tribunais de Contas Estaduais e Municipais brasileiros, foi o processo de reestruturação implementado pelo Programa de Modernização do Controle Externo dos Estados e Municípios Brasileiros (PROMOEX), que teve início com a crise financeira de 1997 e 1998 e acarretou no pedido de financiamento ao FMI. Coube, então, primeiramente, ao Congresso Nacional, a elaboração de uma lei que pudesse garantir o equilíbrio das contas públicas, dando origem à Lei de Responsabilidade Fiscal (LRF) (LC nº 101 de 2000) e, via de consequência, aos Tribunais de Contas brasileiros, o dever de fiscalizar os parâmetros nela contidos, ensejando a necessidade de sua modernização tecnológica e reestruturação interna, provenientes dessa valorização de sua função fiscalizatória. Desse contexto surgiu o PROMOEX, cujo foco residia na redução da desigualdade social.[55]

Em definição apresentada pelo TCU, a auditoria operacional consiste "no exame independente e objetivo da economicidade, eficiência e efetividade de organizações, programas e atividades governamentais, com a finalidade de promover o aperfeiçoamento da gestão pública".[56]

Neste aspecto importa verificar que economicidade e eficiência são conceitos que se relacionam, visto que para alcançar a economicidade, torna-se necessário observar se os custos foram menores e, portanto, se houve eficiência em relação aos meios empreendidos. De tal maneira que

---

[54] LONSDALE, Jeremy. Introduction. 2011. *In*: WILKINS, Peter; LING, Tom (Eds.). Performance auditing: contributing to accountability in democratic government. Cheltenham, England: Edward Elgar, 2011.p. 1-21. *apud* FLEISCHMANN, Roberto Silveira. Auditoria operacional: uma nova classificação para os resultados de seus monitoramentos. *Rev. Adm. Pública*, Rio de Janeiro, v. 53, n. 1, p. 23-44, fev. 2019. Disponível em: https://www.scielo.br/scielo.php?pid=S003476122019000100023&script=sci_arttext#B20. Acesso em 08 jun. 2020.

[55] LOUREIRO, Maria Rita; TEIXEIRA, Marco Antônio Carvalho; MORAES, Tiago Cacique. Democratização e reforma do Estado: o desenvolvimento institucional dos tribunais de contas no Brasil recente. *Revista de Administração Pública*, n. 43(4), p. 739-772, 2009.

[56] BRASIL. Tribunal de Contas da União. *Manual de auditoria operacional*. 3. ed. Brasília: TCU, Secretaria de Fiscalização e Avaliação de Programas de Governo (SEPROG), 2010. p. 11.

a análise depreende não apenas o procedimento de contratação, mas, também (reiteramos), a verificação se a escolha foi a mais adequada.

Assim, a auditoria verifica se os objetivos estavam bem definidos, com produtos e resultados passíveis de serem efetivados, se os meios empregados foram adequados, se foram devidamente considerados os fatores externos, e se não houve influência de elementos não esperados, de modo a se alcançar as devidas evidências da eficácia e da efetividade das ações e programas, objetos da auditoria. Assim:

> As quatro dimensões da auditoria operacional buscam, portanto, medir se os objetivos de política são alcançados de acordo com os meios planejados, e se tais meios foram os de menor custo entre os existentes, bem como se alcançaram tais objetivos no menor tempo possível.[57]

Por fim, se percebe que a auditoria operacional não se limita a expor os problemas, mas busca, ainda, apresentar recomendações à procura de melhorias das políticas públicas. Importa, contudo, observar, que essas recomendações possuem um caráter mandamental, tendo em vista que o seu não cumprimento requer justificativa plausível por parte dos responsáveis pelas políticas públicas, sob pena de responsabilização.

Dessa forma as auditorias operacionais muito têm contribuído, ao logo desses anos, para o melhor desempenho das instituições, no que concerne a tomada de decisões, a redução de custos, a supervisão (ou mesmo o início) de ações corretivas, enfim, o avanço expressivo da governança pública. Por esse motivo dedicamos a ela uma atenção especial neste capítulo.

No que se refere ao controle externo, é importante esclarecer, ainda que seja exercido de ofício ou por provocação dos interessados, de modo algum ele anula a ação do controle interno, devendo atuar paralelamente a este, de maneira harmônica e coesa, de tal modo que se forem encontradas irregularidades pelos agentes do controle interno, estas deverão ser informadas ao órgão do controle externo, a fim de que sejam tomadas as medidas cabíveis, sob pena de responsabilização solidária do controlador omisso.

---

[57] DINIZ, Gleison Mendonça; LIMA, Edilberto Carlos Pontes. Avaliação de políticas públicas pelos Tribunais de Contas: Fundamentos, Práticas e a Experiência Nacional e Internacional. *In*: SACHSIDA, Adolfo (Org.). *Políticas públicas*: avaliando mais de meio trilhão de reais em gastos públicos. Brasília, 2018. Disponível em: https://www.ipea.gov.br/portal/index.php?option=com_content&view=article&id=34343&Itemid=433. Acesso em 08 jun. 2020.

As cortes de Contas brasileiras são instituições de extração eminentemente constitucional, porque da CF/88 extraem sua função e suas competências. Trata-se de tribunais *"sui generis"* porque, além de julgar contas e aplicar sanções, também são órgãos de fiscalização e controle que têm o dever de agir de ofício, não estando sob a obediência do princípio da inércia da jurisdição.

Para fins de esclarecimento doutrinário, vale ressaltar que a CF/88, em seu art. 44, afirma que o Poder Legislativo é exercido pelo Congresso Nacional, que se compõem da Câmara dos Deputados e do Senado Federal. Nesse sentido podemos afirmar que o TCU não é órgão do Congresso Nacional, logo, não pertence ao Poder Legislativo.

É de se destacar que alguns diplomas legais, como por exemplo, a própria CF/88, a LRF, as Leis Orçamentárias, e outras leis de entes subnacionais, posicionam, topograficamente, os Tribunais de Contas próximo ao Poder Legislativo, deixando claro (aos hermeneutas) que apesar de chamados "Tribunais", eles também não integram a estrutura do Poder Judiciário.

Não sem razão, Rui Barbosa, à época, Ministro da Fazenda e mentor político da criação destes tribunais especializados, se referiu aos mesmos, na exposição de motivos do Decreto nº 966-A/1890 (que instituiu os Tribunais de Contas no Brasil), como um *"corpo de magistratura intermediária* à administração e à legislatura" (Grifo nosso).[58]

O professor Ives Gandra afirma que os Tribunais de Contas são os grandes protetores da sociedade contra o que ele denomina de "trens da alegria", quais sejam: os grandes desperdícios e privilégios autoconcedidos que, sem a devida fiscalização por parte destes órgãos técnicos, sofreriam um preocupante e considerável aumento, razão

---

[58] BARBOSA, Rui. Exposição de Motivos de Rui Barbosa sobre a Criação do TCU. *Revista do TCU*. Disponível em: http://revista.tcu.gov.br/ojs/index.php/RTCU/article/view/1113/1171 Acesso em 13 jun. 2018. Obs.: O TCU surgiu em 1890, por meio do Decreto nº 966-A, de iniciativa do então Ministro da Fazenda, Rui Barbosa, que, em sua exposição de motivos, defendia a ideia de "um corpo de magistratura intermediária à administração e à legislatura que, colocado em posição autônoma com atribuições de revisão e julgamento, cercado de garantias contra quaisquer ameaças, possa exercer as suas funções vitais no organismo constitucional (...) Convém levantar, entre o Poder que autoriza periodicamente a despesa e o Poder que quotidianamente a executa, um mediador independente, auxiliar de um e de outro, que, comunicando com a legislatura e intervindo na administração, seja não só vigia, como a mão *forte da primeira sobre a segunda, obstando* a perpetração das infrações orçamentárias por veto oportuno aos atos do Executivo, que direta ou indireta[mente], próxima ou remotamente, discrepem da linha rigorosa das leis das finanças".

pela qual defende que a democracia brasileira depende da atuação dos Tribunais de Contas.[59]

Para Rui Barbosa, "a moral, a liberdade e o Estado de Direito" são valores cujo preço não comporta estimação, necessitando, portanto, de preservação, ainda que "em detrimento de qualquer força". Esses ideais podem ser facilmente vislumbrados na Constituição de 1988, mormente no que se refere à função preventiva dos Tribunais de Contas. A moral e a honradez constituíram as principais bandeiras desse ilustre jurista, marcando, inclusive, sua trajetória política.

A primeira Constituição a prever e a regulamentar o Tribunal de Contas no Brasil foi a Constituição de 1891, que, em seu art. 89, conferia a este órgão a competência para liquidação e análise da legalidade das contas da receita e da despesa, antes de elas serem prestadas ao Congresso Nacional.

A atual Constituição da República trouxe o fortalecimento dos Tribunais de Contas. Fortalecimento, este, visível desde a sua forma de composição, prevista no art. 73, segundo o qual os seus Ministros possuirão as mesmas garantias, prerrogativas, impedimentos, vencimentos e vantagens dos Ministros do Superior Tribunal de Justiça (STJ) (§3º). E, ainda, em seu §4º, determina que os auditores (também denominados Ministros Substitutos), quando em substituição aos Ministros, terão as mesmas garantias e impedimentos destes e, ainda, quando estiverem no exercício das demais atribuições da judicatura, terão as mesmas garantias e impedimentos de um juiz de Tribunal Regional Federal (TRF). Tem-se, portanto, que a regra posta na Constituição é clara e nos permite afirmar que os magistrados de contas (Ministros e Ministros Substitutos) são juízes de Tribunal (superior ou segunda instância) que exercem judicatura plena, proferindo decisões monocráticas ou colegiadas, consoante a forma expressa no seu Regimento Interno e em observância ao desenho constitucional. Assim se manifesta Francisco Cavalcanti:

> O art. 73, do texto constitucional, ao estabelecer que dois terços dos membros do TCU seriam indicados pelo Congresso Nacional, enquanto o Presidente da República indica apenas um terço, sendo que dois, alternadamente, entre membros do Ministério Público junto ao Tribunal e auditores, e apenas um membro em princípio estranho ao TCU,

---

[59] MARTINS, Ives Gandra da Silva. *Roteiro para uma Constituição*. Rio de Janeiro: Ed. Forense, 1987.

CAPÍTULO 1 | 57

fortaleceu a Corte, em tese, assegurando-lhe maior autonomia em relação ao Executivo.[60]

No sentido de não dar margem a possíveis dúvidas quanto ao texto constitucional supra mencionado, o Supremo Tribunal Federal (STF) editou e aprovou a Súmula nº 42, em sessão plenária realizada em 13 de dezembro de 1963, na qual determinou que: "é legítima a equiparação de juízes do Tribunal de Contas, em direitos e garantias, aos membros do Poder Judiciário".[61]

Feitas as devidas considerações, fica fácil perceber que o legislador tinha como preocupação maior garantir que os magistrados dos Tribunais de Contas pudessem exercer tão importantes (e impactantes) funções controladoras, com dignidade e imparcialidade.

Ainda não é demais recordar que essas garantias, previstas no ordenamento jurídico, são de duas ordens: institucionais (também chamadas de orgânicas) e funcionais (ou subjetivas), sendo que as garantias institucionais referem-se à organização e aos serviços auxiliares, à elaboração do regimento interno, ao provimento dos cargos (bem como à criação e extinção dos mesmos), à concessão de férias e de licença aos seus membros e servidores, bem como à fixação dos respectivos vencimentos, além das que se referem à formação e composição do Tribunal. Já as garantias subjetivas, ou funcionais, são as que buscam assegurar a independência dos membros do Tribunal, no que se refere aos demais poderes que compõem a Federação, quais sejam: a vitaliciedade, a inamovibilidade e a irredutibilidade de vencimentos.

Neste sentido, citamos o posicionamento apresentado na obra "Comentários à Constituição do Brasil", de J. J. Gomes Canotilho, Gilmar Ferreira Mendes, Ingo Wolfgang Sarlet e Lênio Luiz Streck, mediante a coordenação executiva de Léo Ferreira Leoncy:

> Portanto, a composição do Tribunal de Contas é uma garantia constitucional de natureza orgânica, cuja formação só pode ocorrer consoante os critérios fixados constitucionalmente, como um dos fatores de autonomia e independência constitucional, por isso não se sujeitando a juízos de conveniência e oportunidade de qualquer dos Poderes do

---

[60] CAVALCANTI, Francisco de Queiroz Bezerra. Da necessidade de aperfeiçoamento do controle judicial sobre a atuação dos Tribunais de Contas visando a assegurar a efetividade do sistema. *Revista do TCU*, Brasília, v. 1, n. 108, p.7-18, jan./abr. 2007. Quadrimestral, p. 9.

[61] BRASIL. Supremo Tribunal Federal. *Súmula nº 42*. Disponível em: http://www.stf.jus.br/portal/jurisprudencia/menuSumarioSumulas.asp?sumula=2143 Acesso em 04 jul. 2018.

Estado. A forma constitucional determinada deve ser seguida à risca e não pode, independentemente da justificativa – confiança, competência, importância, etc. –, ser modificada, uma vez que se trata de norma constitucional representativa da autonomia e independência do órgão controlador.[62]

No tocante às funções exercidas pelos Tribunais de Contas, cumpre destacar, preliminarmente, que a Constituição da República de 1988 consagrou uma simetria aos entes da federação, de modo a se aferir que a competência entre os Tribunais de Contas da União e os dos Estados, além daqueles que possuem Tribunais de Contas do(s) Município(s), deve observar essa similaridade, sem, logicamente, descurar de suas peculiaridades e determinações especiais, consoante o expresso no art. 71.

Segundo consta no texto constitucional, o Tribunal de Contas é um Tribunal político-administrativo que partilha necessariamente a função de controle externo com o Poder Legislativo. Ressalto que a função legislativa é a atividade principal do Poder Legislativo, ao passo que a função precípua do Tribunal de Contas é o controle externo da Administração Pública.

Neste sentido, cumpre, pois, observar, que os Tribunais de Contas possuem *competências* constitucionais e legais que fornecem poderes legitimadores para o exercício da missão institucional do controle externo. Por conseguinte, temos a competência *fiscalizadora* que consiste na realização de inspeção e auditorias em órgãos e entes da administração direta e indireta, a fim de examinar a legalidade, a aplicação das transferências de recursos entre os órgãos, o endividamento público, o cumprimento da LRF, bem como as licitações e demais atos administrativos. No exercício da competência fiscalizadora, o Tribunal de Contas atuará sobre alocação de recursos humanos e materiais, buscando avaliar a administração dos recursos públicos. Para tanto, necessitará fazer uso de instrumentos como o levantamento, a auditoria, a inspeção e o acompanhamento.

Já a competência *judicante*, por sua vez, é muitas vezes confundida com função jurisdicional, que é exclusiva do Poder Judiciário, mas, na verdade, se refere à competência prevista no art. 71 da nossa Lei maior, que determina que cabe ao TCU o julgamento das contas dos

---

[62] MILESKI, Hélio Saul. Comentário ao artigo 73. *In*: CANOTILHO, José Joaquim Gomes; MENDES, Gilmar Ferreira; SARLET, Ingo Wolfgang (Coords.). *Comentários à Constituição do Brasil*. São Paulo: Saraiva/Almedina, 2013. p. 1173.

administradores e demais responsáveis por dinheiro, bens e valores públicos, a fim de analisar a sua validade, a sua regularidade formal e material, bem como de verificar se está atendendo aos fins públicos determinados pela lei.

Em síntese, os Tribunais de Contas julgam as contas de forma objetiva, aplicando diretamente ao fato a técnica jurídica (fato e agentes x normas constitucionais e legais). O processo de contas observa necessariamente o contraditório e a ampla defesa. As decisões possuem trânsito em julgado definitivo quanto ao mérito das avaliações que as Cortes de Contas fazem incidir sobre a gestão financeira, orçamentária, patrimonial, contábil e operacional do Poder Público.

No que concerne ao exercício da jurisdição pelos Tribunais de Contas, o tema ainda é polêmico, todavia, o posicionamento da Suprema Corte tem se manifestado no sentido de reconhecer uma ampliação da esfera de competência dos Tribunais de Contas:

> Com a superveniência da nova Constituição, ampliou-se, de modo extremamente significativo, a esfera de competência dos Tribunais de Contas, os quais, distanciados do modelo inicial consagrado na Constituição republicana de 1891, foram investidos de poderes mais amplos, que ensejam, agora, a fiscalização contábil, financeira, orçamentária, operacional e patrimonial das pessoas estatais e das entidades e órgãos de sua administração direta e indireta.[63]

Neste caso, o ministro Celso de Mello, relator deste acórdão, entendeu que:

> Nesse contexto, o regime de controle externo, institucionalizado pelo novo ordenamento constitucional, propicia, em função da própria *competência fiscalizadora* outorgada ao Tribunal de Contas da União, o exercício, por esse órgão estatal, de todos os poderes que se revelem inerentes e necessários à plena consecução dos fins que lhe foram cometidos.[64] (Grifo nosso).

No mesmo sentido, o posicionamento do ministro Marco Aurélio:

> Nota-se, mediante leitura dos incs. I e II do art. 71 em comento, a existência de tratamento diferenciado, consideradas as contas do Chefe do Poder Executivo da União e dos administradores em geral. Dá-se,

---

[63] BRASIL. Supremo Tribunal Federal. *MS n° 5.490*, DJU 25.09.58.
[64] BRASIL. Supremo Tribunal Federal. *MS n° 5.490*, DJU 25.09.58.

sob tal ângulo, nítida dualidade de competência, ante a atuação do Tribunal de Contas. Este aprecia as contas prestadas pelo Presidente da República e, em relação a elas, limita-se a exarar parecer, não chegando, portanto, a emitir julgamento. Já em relação às contas dos administradores e demais responsáveis por dinheiros, bens e valores públicos da administração direta e indireta, incluídas as fundações e sociedades instituídas e mantidas pelo Poder Público Federal, e às contas daqueles que deram causa à perda, extravio ou outra irregularidade de que resulte prejuízo para o erário, a atuação do Tribunal de Contas não se faz apenas no campo opinativo. Extravasa-o, para alcançar o do julgamento. Isto está evidenciado não só pelo emprego, nos dois incisos, de verbos distintos – apreciar e julgar – como também pelo desdobramento da matéria, explicitando-se, quanto às contas do Presidente da República, que o exame se faz 'mediante parecer prévio' a ser emitido, como exsurge com clareza solar, pelo Tribunal de Contas.[65]

Mais recentemente, em decisão publicada no dia 14 de maio de 2020, em um caso que vem tramitando na Suprema Corte desde 2008, referente a registro de admissão de pessoal, o Plenário entendeu que as decisões dos *Tribunais de Contas não possuem caráter meramente opinativo, mas mandamental.*

Em seu voto, o ministro Edson Fachin se manifestou no sentido de que, "[n]o complexo feixe de atribuições fixadas ao controle externo, a competência desempenhada pelo Tribunal de Contas não é, necessariamente, a de mero auxiliar do Poder Legislativo" e, neste sentido, concluiu que a Câmara Municipal não pode desautorizar ato do Tribunal de Contas em relação a registro de admissão de pessoal, pois, se assim fosse, estar-se-ia reconhecendo uma subordinação da competência técnica das Cortes de Contas ao Poder Legislativo, que, por sua vez, também é por elas fiscalizado. E com este pensamento, que se coaduna perfeitamente com a autonomia e independência asseguradas pela Constituição da República aos Tribunais de Contas, o Plenário do Supremo fixou a tese (de repercussão geral), segundo a qual "a competência técnica do Tribunal de Contas do Estado (TCE), ao negar registro de admissão de pessoal, não se subordina à revisão pelo Poder Legislativo respectivo".[66]

No que se refere à competência *sancionadora*, trata-se de função imprescindível para garantir a eficácia de suas decisões, posto que, sem

---

[65] BRASIL. Supremo Tribunal Federal. *RE nº 132.747*, DJU 07.12.95. p. 42.610.

[66] BRASIL. Supremo Tribunal Federal. *RE nº 576.920*, DJE nº 119 de 14.05.2020. Rel. Min. Edson Fachin.

elas, todo o sistema de controle restaria vazio de sentido por ausência de elementos que pudessem impor, ao administrador público, as determinações do Tribunal. Consistem, as mesmas, em sanções com vistas a coibir possíveis irregularidades e, ainda, possibilitar o ressarcimento ao erário, na busca por evitar maiores prejuízos ao patrimônio público.

O exercício da competência *consultiva*, por sua vez, tem sido uma das relevantes atribuições complementares dos Tribunais de Contas, por meio da qual este órgão esclarece dúvidas dos gestores a respeito de normas e procedimentos referentes à fiscalização contábil, financeira, orçamentária, operacional e patrimonial. A resposta à consulta, cumpre salientar, possui caráter normativo e constitui prejulgamento da tese, mas não do fato concreto.

A competência *informativa* dos Tribunais de Contas é exercida por meio de envio de informações ao Poder Legislativo, no que tange às fiscalizações realizadas, pertinentes ao resultado de inspeções e auditorias por parte do TCU, bem como ao envio de alertas especificados pela LRF (Lei Complementar – LC n° 100/00) e, ainda, a atualização de dados importantes, que constem nas páginas da internet do órgão de contas, na busca por fornecer as informações necessárias para instrumentalizar o exercício do controle social.

Os Tribunais de Contas exercem, também, uma competência *corretiva*, conforme se depreende do texto expresso no art. 71 da Constituição da República, segundo o qual, havendo irregularidade ou ilegalidade nos atos de gestão de quaisquer órgãos ou entidades públicas, caberá aos Tribunais de Contas, fixar prazo para o efetivo cumprimento da lei, podendo, inclusive, determinar a sustação do ato impugnado. Essas decisões possuem, inclusive, força de título executivo, apesar da execução não competir a estes Tribunais, e sim, às entidades públicas que restarem beneficiadas por elas, por meio de suas procuradorias ou advocacias. Neste aspecto, entendemos, ainda, que, em havendo inércia das procuradorias, compete ao Ministério Público de Contas, representando o Ministério Público comum, a observância deste poder-dever, tendo em vista a indisponibilidade e a irrenunciabilidade dos interesses da coletividade.

No exercício da competência *normativa*, decorrente do poder regulamentar, conforme previsto na Lei Orgânica, os Tribunais de Contas expedem instruções a atos normativos, sobre matéria de sua competência, de cumprimento obrigatório, sob pena de responsabilização do infrator.

A competência de *ouvidoria*, por sua vez, é a que incumbe o recebimento de denúncias e representações concernentes a irregularidades ou ilegalidades que lhes forem comunicadas por meio do exercício do controle interno, pelas demais autoridades e, até mesmo, pelo cidadão (no exercício do controle social). Essa função encontra-se devidamente prevista no art. 74, §2° da Constituição da República.

Por fim, mas não menos importante, possuem, os Tribunais de Contas, uma competência *pedagógica*, mediante a criação de Escolas de Contas Públicas, centros de capacitação, aperfeiçoamento e treinamento, que coordenam ações ligadas à capacitação continuada dos servidores e fiscalizados.

Além disso, o STF já havia reconhecido, por meio da Súmula n° 347, que os Tribunais de Contas possuem, também, competência para apreciar a constitucionalidade de leis e atos do Poder Público, razão pela qual muitos afirmam que as atribuições dos Tribunais de Contas ultrapassam as discussões sobre a legalidade no controle financeiro e orçamentário, além do contábil, operacional e patrimonial. É certo, contudo, que muitos questionam a respeito da validade e/ou vigência da súmula supramencionada, alegando tratar-se de súmula revogada diante do novo texto constitucional.[67]

O Ministro Alexandre de Moraes, por exemplo, defende a ideia de que a análise acerca da constitucionalidade, ou não, de leis não compete aos Tribunais de Contas, visto que, segundo seu entendimento, isso violaria o princípio da separação dos poderes.

Disso discordamos de forma veemente, visto que essa competência esposada na Súmula n° 347 é uma mera afirmação do que está literalmente posto na CF/88, apenas uma decorrência lógica da competência constitucional judicante e, consequentemente, um instrumental necessário, que está fundamentado no art. 70, da CF/88, de onde decorre a competência dos órgãos de controle para examinar a legalidade dos atos administrativos fiscalizados.

Por conseguinte, o Tribunal de Contas tem o poder-dever de verificar se determinado ato está em conformidade com a legislação que o fundamenta. Todavia, se essa lei ou ato normativo estiver em desacordo com a própria CF/88, estará o órgão de mãos atadas?

Em que pese entendimentos contrários, a ministra Carmem Lúcia defendeu que esse controle difuso de constitucionalidade pode ser efetuado pelo Conselho Nacional de Justiça (CNJ).

3. Insere-se entre as competências constitucionalmente atribuídas ao Conselho Nacional de Justiça a possibilidade de afastar, por

---

[67] A Súmula n° 347 é de 1963.

inconstitucionalidade, a aplicação de lei aproveitada como base de ato administrativo objeto de controle, determinando aos órgãos submetidos a seu espaço de influência a observância desse entendimento, por ato expresso e formal tomado pela maioria absoluta dos membros do Conselho.[68]

Logo, podemos afirmar que essa competência não se restringe aos Tribunais de Contas, mas é um poder implicitamente atribuído aos órgãos de controle administrativo para fazer valer as competências conferidas pela ordem constitucional, como o CNJ e o Conselho Nacional do Ministério Público (CNMP).

Ressalto que o posicionamento adotado pela Ministra Carmem Lúcia, em decisão publicada em dezembro de 2017, em suma, é que deixar de aplicar determinada norma, por entender se tratar de norma inconstitucional, é diferente de *declará-la* inconstitucional (grifo nosso). Entende a Ministra que os órgãos de controle administrativo possuem o que ela chamou de "poder implicitamente atribuído" de adotar essa prática, citando, entre eles, o CNJ, o CNMP e o TCU.

Nesse sentido, citamos:

> 2. Descabe a atuação precária e efêmera afastando do cenário jurídico o que assentado pelo Tribunal de Contas da União. A questão alusiva à possibilidade de este último deixar de observar, ante a óptica da inconstitucionalidade, certo ato normativo há de ser apreciada em definitivo pelo Colegiado, prevalecendo, até aqui, porque não revogado, o Verbete n° 347 da Súmula do Supremo. De início, a atuação do Tribunal de Contas se fez considerado o arcabouço normativo constitucional.[69]

Não podemos deixar de reconhecer, portanto, diante de todo o exposto, que o Tribunal de Contas se consolidou no exercício da função constitucional do Controle Externo da Administração Pública, e que hoje não restam dúvidas de sua autonomia e independência em relação aos poderes e órgãos que lhes são jurisdicionados.

Com natureza jurídica reconhecidamente autônoma, independência financeira e administrativa, e sem vínculo de subordinação com

---

[68] BRASIL. Supremo Tribunal Federal. *Petição n° 4.656*. Rel.: Min. Carmen Lúcia – Decisão Plenária. Disponível em: http://portal.stf.jus.br/processos/detalhe.asp?incidente=3749362. Acesso em 15 jun. 2020.

[69] BRASIL. Supremo Tribunal Federal. *MS n° 31439 MC*. Rel.: Min. Marco Aurélio. Julg. 19.07.12. DJe 7.8.2012. Disponível em: www.stf.jus.br/portal/jurisprudencia/menuSumarioSumulas. asp?sumula=2149. Acesso em 20 jun. 2018.

quaisquer poderes (executivo, legislativo ou judiciário), compete a essas Cortes de Contas efetivar a fiscalização de toda a Administração Pública, no que concerne aos critérios de legalidade, legitimidade e economicidade, por meio de decisões de ordem técnica que, consoante o disposto no inciso II do art. 71 da CF/88, merece, "de todos os órgãos, o respeito, em tudo e por tudo, *exatamente igual à manifestação do poder judiciário*".[70] (Grifos nossos).

Em uma palestra proferida no Tribunal de Contas do Estado do Piauí, em 2016, o ex Ministro do STF, Ayres Britto, já havia manifestado entendimento de que o cumprimento de normas constitucionais é essencial para assegurar a efetividade dos direitos e deveres do cidadão, bem como para o exercício da democracia, salientando, ainda, que neste aspecto, a atuação dos órgãos de controle externo é imprescindível como instrumento de fortalecimento desta democracia.

Em sua fala, o ex ministro ressaltou que os Tribunais de Contas são instrumentos de efetividade da Constituição, posto que agem como organismos que impedem o desgoverno através da fiscalização e do controle da gestão pública. E complementou: "São estes órgãos que efetivam e concretizam o que está escrito na Constituição e servem à democracia, quando atuam sobre os agentes públicos que não cumprem os seus deveres constitucionais".[71]

Mister se faz ressaltar, assim, que os Tribunais de Contas, por sua própria natureza técnica, fornecem ao Poder Legislativo (eminentemente político), auxílio obrigatório para o julgamento político das contas dos chefes dos Executivos. Esse necessário embasamento se dá através da emissão de parecer prévio, peça técnico-jurídica de caráter opinativo, que irá subsidiar o julgamento das contas do Poder Executivo, realizado pelo Poder Legislativo.

Há uma simbiose necessária, desprovida de subordinação entre o Tribunal de Contas e o Poder Legislativo, no cumprimento da função constitucional do Controle Externo. Nesse sentido se manifesta o Dr. Ayres Britto:

---

[70] BRASIL. Constituição da República Federativa do Brasil de 1988. *Diário Oficial da União*, Brasília, 05 out. 1988.Art. 71, II. Disponível em: http://www2.camara.leg.br/atividadelegislativa/legislacao/Constituicoes_Brasileiras/constituicao1988.html. Acesso em 22 mai. 2020.

[71] BRITO, Carlos Ayres. Os Tribunais de Contas como instrumento de fortalecimento da democracia brasileira. *Palestra proferida no TCE-PI*, informação extraída da página do escritório do Dr. Ayres Britto. Disponível em: https://www.ayresbritto.com.br/2016/09/30/ayres-britto-diz-que-tribunais-de-contas-impedem-desgoverno/. Acesso em 08 jun. 2020.

A referência organizativo-operacional que a Lei Maior erige para os Tribunais de Contas não reside no Poder Legislativo, mas no Poder Judiciário. Esta é a razão pela qual o art. 73 da Carta de Outubro confere ao Tribunal de Contas da União, "no que couber", as mesmas atribuições que o art. 96 outorga aos tribunais judiciários. Devendo-se entender o fraseado "no que couber" como equivalente semântico da locução *mutatis mutandis*; ou seja, respeitadas as peculiaridades de organização e funcionamento das duas categorias de instituições públicas (a categoria do Tribunal de Contas da União e a categoria dos órgãos que a Lei Maior da República eleva à dignidade de um tribunal judiciário).

(...)

Diga-se mais: além de não ser órgão do Poder Legislativo, o Tribunal de Contas da União *não é órgão auxiliar do Parlamento Nacional, naquele sentido de inferioridade hierárquica ou subalternidade funcional.* Como salta à evidência, é preciso medir com a trena da Constituição a estatura de certos órgãos públicos para se saber até que ponto eles se põem como instituições autônomas e o fato é que *o TCU desfruta desse altaneiro status normativo da autonomia.* Donde o acréscimo de ideia que estou a fazer: quando a Constituição diz que o Congresso Nacional exercerá o controle externo "com o auxílio do Tribunal de Contas da União" (art. 71), tenho como certo que está a falar de "auxílio" do mesmo modo como a Constituição fala do Ministério Público perante o Poder Judiciário. Quero dizer: não se pode exercer a jurisdição senão com a participação do Ministério Público. Senão com a obrigatória participação ou o compulsório auxílio do Ministério Público. Uma só função (a jurisdicional), com dois diferenciados órgãos a servi-la. Sem que se possa falar de superioridade de um perante o outro.

As proposições se encaixam. *Não sendo órgão do Poder Legislativo, nenhum Tribunal de Contas opera no campo da subalterna auxiliaridade.* Tanto assim que parte das competências que a Magna Lei confere ao Tribunal de Contas da União nem passa pelo crivo do Congresso Nacional ou de qualquer das Casas Legislativas Federais (bastando citar os incisos III, VI e IX do art. 71). O TCU se posta é como órgão da pessoa jurídica União, diretamente, sem pertencer a nenhum dos três Poderes Federais. Exatamente como sucede com o Ministério Público, na legenda do art. 128 da Constituição, incisos I e II.[72] (Grifos nosso).

O Dr. Ayres Britto chama a atenção para o fato de que, apesar de serem instituições que "estão no mesmo barco, em tema de controle

---

[72] BRITO, Carlos Ayres. Os Tribunais de Contas como instrumento de fortalecimento da democracia brasileira. *Palestra proferida no TCE-PI*, informação extraída da página do escritório do Dr. Ayres Britto. Disponível em: https://www.ayresbritto.com.br/2016/09/30/ayres-britto-diz-que-tribunais-de-contas-impedem-desgoverno/. Acesso em 08 jun. 2020.

externo", se encontram em garantia de independência e imposição de harmonia recíprocas. Isso porque, no que concerne a independência, suas competências constitucionais não se confundem, posto que, se assim pudesse ser, restaria inócua a enumeração disposta no texto constitucional em relação às competências de cada um deles.

Quanto à harmonia, esta se faz presente diante do fim comum de atuação no âmbito do controle externo. Todavia, o ex ministro chama a atenção para o fato de que não se pode confundir competências com funções. E, neste caso, apesar da função ser a mesma (exercício do controle externo), as competências divergem, posto que as do Congresso Nacional encontram-se expressamente arroladas nos incisos IX a X do art. 49 da Carta Magna, enquanto as do TCU estão dispostas no art. 71 do mesmo texto constitucional.

E ressalta ainda que, apesar desta Corte de Contas desempenhar algumas dessas competências como forma de auxílio ao Congresso Nacional, outras existem em que essa "atuação conjugada" sequer é exercida:

> Se, por um lado, há uma zona de interseção operacional (o TCU a lavrar em seara preparatória da atuação congressual, como sucede ao nível das contas anualmente prestadas pelo Presidente da República), de outra parte esse campo de labor conjunto deixa de existir; quer dizer: *o TCU não faz plantio para outro colher, pois se coloca ao mesmo tempo na linha de largada e na linha de chegada dos respectivos processos* (*verbi gratia*, o julgamento das contas dos próprios deputados federais e senadores da República, na condição de administradores públicos).[73] (Grifos nosso)

E, mais a frente, em suas considerações finais expõe:

> Convindo asseverar que o controle operacional diz com a exigência que faz o art. 37 da Magna Carta Federal quanto ao modo de se aplicar a lei, administrativamente, que é um modo inafastavelmente impessoal, moral, público e eficiente. *Os Tribunais de Contas fazem esse tipo de julgamento é e assim que eles se tornam órgãos especialmente habilitados pela Constituição para o impedimento da desadministração. Tornando-se, além do quê, muito mais que simples órgãos de aplicação da lei para se transformar em órgãos de aplicação do Direito,* pois o certo é que o artigo constitucional em causa

---

[73] BRITO, Carlos Ayres. Os Tribunais de Contas como instrumento de fortalecimento da democracia brasileira. *Palestra proferida no TCE-PI*, informação extraída da página do escritório do Dr. Ayres Britto. Disponível em: https://www.ayresbritto.com.br/2016/09/30/ayres-britto-diz-que-tribunais-de-contas-impedem-desgoverno/. Acesso em 08 jun. 2020.

estabeleceu para o Direito Positivo um tamanho maior do que o da lei (visto ser o princípio da legalidade um necessário ponto de partida para a Administração, mas não um necessário ponto de chegada).[74]

Importa esclarecer, ainda, no tocante à definitividade das decisões proferidas pelos Tribunais de Contas, que a definitividade da função jurisdicional é absoluta, isso porque nenhum outro recurso existe para desfazê-la. Por outro lado, a definitividade da decisão administrativa normal, quando ocorre, é relativa, porque pode muito bem ser desfeita e reformada por decisão de outra esfera de Poder – a judicial. No entanto, a apreciação por parte do Poder Judiciário, em relação às decisões dos Tribunais de Contas, restringir-se-á à análise de lesão ou ameaça a direito, visto que o julgamento das contas pelos mesmos, em busca de decidir por sua regularidade ou não, é soberano, privativo deste órgão e, desse modo, definitivo.

Toda essa digressão acerca do controle, mais especificamente do controle realizado pelos Tribunais de Contas, ou seja, o controle externo, bem como das funções por eles exercidas, têm, nesta obra, o condão de demonstrar a relevância destes órgãos, no que concerne, não apenas, à observância da lei de proteção de dados, ao tratamento dos dados sob seu poder, quando do exercício de suas funções, como também, à fiscalização dos demais órgãos públicos pertinentes a esse mesmo tratamento, com vistas a orientá-los da melhor forma, evitando sanções que poderiam causar sérios prejuízos não apenas ao erário, mas também a toda coletividade, tendo em vista que os dados pessoais são considerados direitos fundamentais, como abordaremos com maior profundidade em capítulo e tópico oportuno.

Cumpre, agora, portanto, compreendidas as noções de Governança e Administração Pública, bem como a importância dos Tribunais de Contas e do controle por eles realizado, para fins de buscar assegurar a efetiva entrega de um bom governo, como corolário dos direitos fundamentais do cidadão, discorrer a respeito da evolução tecnológica no Brasil e seus impactos, não apenas no âmbito social, mas também no âmbito jurídico para que, dessa forma, possamos compreender as razões pelas quais precisamos de uma LGPD e, por fim, como essa lei poderá

---

[74] BRITO, Carlos Ayres. Os Tribunais de Contas como instrumento de fortalecimento da democracia brasileira. *Palestra proferida no TCE-PI*, informação extraída da página do escritório do Dr. Ayres Britto. Disponível em: https://www.ayresbritto.com.br/2016/09/30/ayres-britto-diz-que-tribunais-de-contas-impedem-desgoverno/. Acesso em 08 jun. 2020.

impactar no exercício da Administração Pública e, consequentemente, no controle exercido pelos Tribunais de Contas.

CAPÍTULO 2

2.1 A evolução tecnológica e a sua repercussão jurídico/ social no Brasil

O vertiginoso avanço tecnológico e a quebra de barreiras e paradigmas dele decorrentes não é fato novo para nós. Há tempos testemunhamos essa mudança e as dúvidas e questionamentos provenientes de seus efeitos são recorrentes e incessantes. Dentre esses efeitos, um tem obtido destaque nos debates em proporção mundial: o uso de dados pessoais para diversos fins. Essa é a proposta de análise da presente obra.

Buscamos avaliar como se dá o manuseio (ou o que a lei chama de "tratamento") dos dados pessoais, mas, antes de tudo, buscamos compreender em que consistem tais dados e de que forma é possível lhes garantir proteção legal, sem barrar ou frear os avanços tecnológicos. Para tanto, iniciamos nosso estudo com uma breve retrospectiva histórica, a fim de identificar o caminho percorrido pelas legislações em sua busca pela proteção desses dados no território brasileiro.

Dando continuidade ao raciocínio e identificadas as regulações protetivas no Brasil, passaremos, no tópico subsequente, a inferir os paradigmas e fundamentos que direcionaram essa proteção de dados, no sentido de perceber a finalidade desta proteção legal.

No terceiro tópico deste capítulo nos propusemos a volver nosso olhar para um aspecto de todo esse avanço: a democratização do saber e, consequentemente, do poder que dele decorre. Poder este que, se antigamente era monopólio de uma pequena e prestigiada elite, hoje, com as mudanças decorrentes da tecnologia, foi democratizado e, como tal, pulverizado. A acessibilidade a dados e informações é plena e abundante, de tal maneira que a possibilidade de acesso não é mais a preocupação principal, mas sim, o que poderá ser feito com esse arcabouço de dados e informações. A análise deste tópico se volta para a busca de um ponto de equilíbrio entre o direito de saber e o exercício do poder (dele consequente) e a proteção à privacidade e a intimidade do ser humano.

Por fim, encerramos este capítulo apresentando os pilares necessários para uma norma que venha assegurar e proteger esse direito de informação responsável, quais sejam: a confidencialidade, a integridade, a disponibilidade, a autenticidade e a legalidade, traçando pequenas considerações acerca de cada um deles.

Diante do contexto apresentado, entendemos por óbvio que não podemos falar em proteção de dados sem antes discorrer, ainda que brevemente, acerca da privacidade e sua tutela jurídica. Por este motivo, importa, inicialmente, refletir: em que consiste o direito à privacidade, à intimidade e à vida privada?

No âmbito internacional encontramos sua proteção expressa. Para citar alguns exemplos: o art. 12 da Declaração Universal dos Direitos Humanos (DUDH);[75] o art. 17 do Pacto das Nações Unidas sobre Direitos Civis e Políticos;[76] o art. 11 da Convenção Americana de 1969 sobre os Direitos do Homem;[77] e, ainda, o art. 8º da Convenção Europeia de 1950 sobre os Direitos do Homem.[78]

No panorama nacional, as legislações têm seguido o exemplo dos documentos internacionais, regulando a vida privada e a intimidade dos indivíduos. Com efeito, assim foi na França, com a Lei n° 70.643, que modificou o *Code Civil* para introduzir o art. 9º, protegendo a vida privada; na Espanha, o art. 18 da Constituição de 1978 protege, expressamente, a intimidade familiar; e, ainda, em Portugal, onde a tutela da intimidade privada e familiar pode ser encontrada no art. 26, n° 1, da

---

[75] *Art. 12.* Ninguém será sujeito a interferências em sua vida privada, em sua família, em seu lar ou em sua correspondência, nem a ataques à sua honra e reputação. Todo ser humano tem direito à proteção da lei contratais interferências ou ataques.

[76] *Art. 17.* §1. Ninguém poderá ser objeto de ingerências arbitrárias ou ilegais em sua vida privada, em sua família, em seu domicílio ou em sua correspondência, nem de ofensas ilegais à sua honra e reputação. §2. Toda pessoa terá direito à proteção da lei contra essas ingerências ou ofensas.

[77] *Art. 11.* Proteção da honra e da dignidade: 1. Toda pessoa tem direito ao respeito de sua honra e ao reconhecimento de sua dignidade. 2. Ninguém pode ser objeto de ingerências arbitrárias ou abusivas em sua vida privada, na de sua família, em seu domicílio ou em sua correspondência, nem de ofensas ilegais à sua honra ou reputação. 3. Toda pessoa tem direito à proteção da lei contra tais ingerências ou tais ofensas.

[78] *Art. 8.* 1. Qualquer pessoa tem direito ao respeito da sua vida privada e familiar, do seu domicílio e da sua correspondência. 2. Não pode haver ingerência da autoridade pública no exercício deste direito senão quando esta ingerência estiver prevista na lei e constituir uma providência que, numa sociedade democrática, seja necessária para a segurança nacional, para a segurança pública, para o bem-estar económico do país, a defesa da ordem e a prevenção das infracções penais, a protecção da saúde ou da moral, ou a protecção dos direitos e das liberdades de terceiros.

Constituição da República Portuguesa. E nos países latino-americanos também não foi diferente. Cite-se, como exemplo, o disposto nos arts. 18 e 19 do Código Civil (CC) da Bolívia (1975); o art. 14 do CC de 1984, no Peru; e o art. 1.071 do CC da Argentina. A legislação brasileira também tutela a privacidade, a intimidade e a vida privada. O art. 5º, X, da CF/88 e, ainda, o art. 21 do CC brasileiro, são exemplos de previsões normativas com essa finalidade. Todavia, importa salientar que a Lei nº 5.250 de 1967 (conhecida como Lei de Imprensa) foi o primeiro instrumento legislativo a prever, de forma expressa e específica, a proteção à intimidade e à vida privada da pessoa no Brasil.

Será que podemos afirmar, no entanto, que o conceito de vida privada, intimidade e privacidade permanece o mesmo ao longo do tempo? Tal questionamento é essencial para que se entenda a formação das legislações recentes e, ainda, para que se faça a correta interpretação dos dispositivos positivados, a fim de buscar compreender no que essas legislações interferem no âmbito da atividade pública, em especial, na seara dos órgãos de controle.

É notório que, com o surgimento das redes sociais, algumas mudanças foram perceptíveis no comportamento das pessoas, principalmente no que concerne à privacidade. No entanto, atualmente vivenciamos comportamentos dúbios e um pouco confusos. Por um lado vislumbramos a ânsia pelo compartilhamento da vida privada ou, talvez, de uma "vida privada" (no sentido de previamente arquitetada e planejada para ser compartilhada), por meio da exposição do cotidiano, de pensamentos e, até mesmo, da própria família em um exercício de liberdade e democracia que a tecnologia e a globalização acabam por potencializar, razão pela qual, por outro lado, acabamos por visualizar o seu extremo: a luta pelo direito de ver respeitada a sua intimidade e privacidade. Um paradoxo que a tecnologia ajudou se não a construir, ao menos a fortalecer. E isso não iniciou agora.

Por volta de 1888, com a criação da máquina fotográfica portátil, surgiram os primeiros embates entre a tecnologia e a vida privada e/ou a intimidade e, via de consequência, as buscas por uma proteção formal para a vida íntima das pessoas. Como exemplo, Warren e Bradeis, já em 1890, defendiam a necessidade de maior proteção à privacidade das pessoas.

Esses autores intentavam algo que pudesse tornar as pessoas imunes a ações de repórteres, fotógrafos ou de outras pessoas na posse de máquinas fotográficas ou qualquer outro aparelho de reprodução de sons e imagens. Eles admitiam (já naquela época) que o direito à informação – quando responsável, moderado e necessário – deveria prevalecer ao direito à privacidade. Todavia, nos demais casos, que dissessem respeito à vida privada e a relações íntimas e pessoais dos indivíduos, a privacidade deveria ser protegida e resguardada por lei.[79] Entretanto, até pouco tempo atrás, não era possível dimensionar o que a internet se tornou. Thomas Watson (Fundador da *International Business Machines* – IBM), por exemplo, afirmou, em 1943, que o mercado mundial tinha espaço para cinco computadores.[80] Ocorre que, em 2017, uma reportagem da revista *The Economist* trouxe a seguinte notícia de capa: "Gigantes reguladores da internet – O mais valioso recurso do mundo não é mais o óleo, mas dados (A demanda de dados da economia, uma nova abordagem das regras *antitruste)*".[81] A notícia cita as cinco empresas (à época) mais valiosas do mundo: *Alphabet* (empresa controladora da *Google*), *Amazon*, *Apple*, *Facebook* e *Microsoft*. Sendo assim, em pouco menos de um século, passamos de um mercado mundial com espaço para, no máximo, cinco computadores, para um mercado mundial cujas maiores empresas são de tecnologia, nas quais há um controle massivo de dados em expansão.[82]

Perante o evidente poder dessas empresas, a questão que insurge é: diante da convicção de que o controle de dados por essas empresas da Internet (bem como de outras que já surgiram e surgirão) lhes confere um imenso poder, podemos afirmar que existe (no Brasil e no Mundo), atualmente, a utilização e o manuseio correto do tratamento desses dados, com as cautelas e a proteção necessárias, a fim de resguardar o direito dos seus titulares? É respeitada a finalidade pela qual esses dados são tratados e manuseados?

Tais questões possuem o intento de apenas iniciar o debate. Muitas outras podem ser listadas no que concerne a esse assunto, demonstrando a importância deste tema, hoje, não só no Brasil, mas em todo o mundo.

---

[79] WARREN, Samuel; BRANDEIS, Louis D. The Right to Privacy. *Harvard Law Review*, v. IV, n. 5, 15 december, 1890. Disponível em: http://groups.csail.mit.edu/mac/classes/6.805/articles/privacy/Privacy_brand_warr2.html. Acesso em 29 jan. 2020.

[80] SEVEN. *O passado da Tecnologia #5*: o computador. Disponível em: http://obviousmag.org/archives/2005/12/o_passado_da_te_5.html. Acesso em 09 mar. 2020.

[81] Texto original: Regulating the internet giants – The world's most valuable resource is no longer oil, but data (The data economy demands a new approach to antitrust rules).

[82] THE ECONOMIST. *The world's most valuable resource is no longer oil, but data.* The data economy demands a new approach to antitruste rules. Disponível em: https://www.economist.com/leaders/2017/05/06/the-worlds-most-valuable-resource-is-no-longer-oil-but-data. Acesso em 09 mar. 2020.

Em busca de demonstrar, ainda, as razões que nos levam a tais questionamentos, transcrevemos um texto publicado em 02 de janeiro de 2018, sob o título: "*O recurso mais valioso do mundo*":

O porte dessas empresas por si só, não representa um problema. O sucesso delas beneficia bilhões de pessoas. Afinal, quem quer abrir mão do motor de busca do Google, da entrega rápida da Amazon ou do *feed* de notícias do Facebook? Grande parte dos seus serviços são gratuitos (os usuários pagam, de fato, entregando ainda mais dados). Mas há motivos para preocupação. O controle de dados por essas empresas da Internet lhes dá um imenso poder. O antigo modo de encarar a concorrência, concebido na era do petróleo, parece ficar completamente desatualizado nessa "economia de dados". Faz-se necessária uma nova abordagem.

O que mudou? Os smartphones e a Internet tornaram os dados abundantes, onipresentes e muito mais valiosos. Praticamente todas as suas atividades criam um rastreamento digital – o que significa mais matéria-prima para as destilarias de dados. À medida que, por exemplo, dispositivos para carros se conectam à Internet, o volume de dados aumenta: alguns estimam que um carro autônomo gerará 100 gigabytes por segundo. Enquanto isso, técnicas de inteligência artificial, como a aprendizagem de máquina, conseguem extrair um valor ainda maior desses dados. Algoritmos podem prever quando um cliente estará pronto para comprar, um motor a jato irá precisar de serviço ou quando uma pessoa terá risco de desenvolver uma doença. Gigantes industriais como a GE e a Siemens agora se vendem como empresas de dados.

Esta abundância de dados altera a natureza da concorrência. Os gigantes da tecnologia sempre se beneficiaram dos efeitos da rede: quanto mais usuários se inscreverem no Facebook, mais essa rede se torna atrativa para as pessoas. Com dados, há efeitos de rede adicionais. Ao coletar mais dados, uma empresa tem mais informações para melhorar os seus produtos, o que atrai mais usuários, gerando ainda mais dados e assim por diante. Quanto mais dados a Tesla reúne dos carros autônomos, mais aperfeiçoados estes se tornam – razão pela qual, a empresa que vendeu apenas 25 mil carros no primeiro trimestre de 2017, agora vale mais do que a GM, que vendeu 2,3 milhões.

O acesso aos dados também protege as empresas de rivais da seguinte forma: ao contrário de empresas que operam no escuro (sem dados), os sistemas de vigilância desses gigantes abrangem toda a economia: o Google pode ver o que as pessoas procuram, o Facebook o que elas compartilham, a Amazon o que elas compram. Eles possuem lojas de aplicativos e sistemas operacionais e alugam o poder de computação para startups.[83]

Por ora, portanto, os fatos demonstram que a resposta para ambas as perguntas é negativa e, apenas a título de ilustração, recordamos algumas situações no mínimo constrangedoras nesse sentido:

- Em meados de 2012, uma grande rede varejista dos EUA (a Target), alegando identificar os padrões de consumo e de compra, em busca de aumentar suas vendas (finalidade apresentada), notou, durante o processo e a análise, que existia certo padrão de consumo entre mulheres grávidas. Sua equipe de estatística conseguiu identificar uma cesta com 25 produtos que essas mulheres costumam adquirir, tais como cálcio, zinco, sabonetes sem cheiro, loções sem essência e etc. E isso se deu de uma forma que a equipe conseguia estimar, inclusive, a probabilidade da gravidez e o estágio de gestação que a mulher se encontrava. De posse dessas informações, a empresa Target encaminhava às possíveis mamães, alguns cupons de desconto personalizados, de acordo com o seu período gestacional, e um desses cupons foi parar na casa de uma adolescente, ainda no ensino médio, cujo pai desconhecia, ainda, sua gravidez, gerando problemas e sérios desconfortos à família envolvida.[84]
- Em outra ocasião, mas com similar poder de constrangimento, o site de relacionamentos extraconjugais *"Ashley Madison"*, da empresa *Avid Life Media*, sofreu invasão de *hackers* que divulgaram informações pessoais dos usuários do site, e a polícia de Toronto (Canadá) chegou a afirmar que dois suicídios podem ter acontecido em decorrência deste fato.[85]
- No mesmo sentido, a *iRobot*, uma fabricante de aspirador de pó inteligente, assumiu, certa vez, ter a intenção de *vender os dados* que o aspirador de pó obtinha a respeito das plantas e

---

[83] THE ECONOMIST. *O recurso mais valioso do mundo*. By Redação in Tecnologia, 2 jan. 2018. Disponível em: https://ofuturodascoisas.com/o-recurso-mais-valioso-do-mundo/. Acesso em 09 mar. 2020.

[84] TOLEDO, José Roberto de. Dados grávidos. *O Estado de São Paulo (O Estadão)*, 12 mar. 2012. Disponível em https://politica.estadao.com.br/noticias/eleicoes,dados-gravidos-imp-,847149. Acesso em 06 fev. 2020.

[85] REVISTA VEJA. *Rede de traição*: após vazamento de dados, suspeita de dois suicídios, 24 ago. 2015. Disponível em: https://veja.abril.com.br/tecnologia/rede-de-traicao-apos-vazamento-de-dados-suspeita-de-dois-suicidios/. Acesso em 06 fev. 2020.

da distribuição interna das residências em que era utilizado, por meio de mapeamento destas.[86]

Esses são apenas alguns dos diversos exemplos em que o uso dos dados pessoais foge à finalidade original. Evidencia-se, com isso, o excesso e o abuso no seu tratamento, ferindo direitos inerentes à personalidade do indivíduo.

O crescimento das redes sociais e o uso progressivo dos dados pessoais, em grande escala e de maneira indiscriminada, trouxe questionamentos e preocupações aos estudiosos do direito, bem como aos legisladores, em todo o mundo. Nesta seara, portanto, percebe-se que os grandes avanços da tecnologia, bem como sua utilização (cada vez mais massificada e generalizada) requer, com urgência, regras delimitadoras que possam resguardar, de maneira digna, a privacidade das pessoas.

Fala-se em dignidade social e, mais que isso, em construção de um novo constitucionalismo. Um constitucionalismo que considere o espaço eletrônico, onde a privacidade se constitua em direito essencial, blindada contra a vulnerabilidade decorrente da exposição constante e atual, fruto das inovações tecnológicas. Mas, essa preocupação começou só agora? Quando, efetivamente, isso começou?

2.2 Aspectos históricos relevantes da regulação da proteção de dados no Brasil

A preocupação com a proteção e a preservação de dados das pessoas, como supramencionado, não se trata de algo novo, posto que desde a promulgação da CRFB, em 1988, o legislador demonstrou intuito de garantir a privacidade dos indivíduos, conforme podemos comprovar no disposto nos incisos X e XII do seu art. 5º.

Neste sentido, já leciona Silva:

> O intenso desenvolvimento de complexa rede de fichários eletrônicos, especialmente sobre dados pessoais, constitui poderosa ameaça à privacidade das pessoas. O amplo sistema de informações computadorizadas gera um processo de esquadrinhamento das pessoas, que ficam com sua individualidade inteiramente devassada. O perigo é tão maior quanto

---

[86] CANO, Rosa Jiménez. Roomba, o aspirador de pó espião. *Jornal El País*, San Francisco, Estados Unidos, 27 jul. 2017. Disponível em: https://brasil.elpais.com/brasil/2017/07/26/tecnologia/1501047333_849632.html. Acesso em 06 fev. 2020.

mais a utilização da informática facilita a interconexão de fichários com a possibilidade de formar grandes bancos de dados que desvendem a vida dos indivíduos, sem sua autorização e até sem seu consentimento.[87]

Essa inquietação do legislador originário se evidencia desde o primeiro artigo da CRFB, que reconhece a dignidade da pessoa humana como um dos fundamentos basilares para a organização do país. Com isso, há um destaque para os direitos da personalidade e, dentre eles, da intimidade, da privacidade, da honra e todos os que decorrem de um conceito de dignidade humana.

Além da previsão expressa dos direitos supramencionados, a Carta Magna prevê formas de garantir o exercício destes e instrumentos que possam resguardá-los de qualquer tentativa de supressão. São exemplos, as ações preventivas ou repressivas de Habeas Data ou Mandado de Segurança. Dessa forma, os direitos de acesso e retificação de informação de titulares de dados pessoais previstos na LGPD encontram respaldo no texto constitucional.

Não é novidade que, atualmente, os dados de consumidores consistem nos maiores ativos das empresas, tendo em vista que essas informações possibilitam, àquele que as detêm, avaliar o perfil dos consumidores para se destacar da concorrência. No entanto, o uso dessas informações tem se dado, como já exemplificamos, de forma excessiva, causando sérios prejuízos aos seus titulares e acarretando, como consequência, a necessidade de legislações mais severas em busca de maior proteção.

Dentre as legislações a respeito, destaca-se o RGPD da UE n° 679/2016 por ser, talvez, o que tenha demonstrado maior força legislativa. Com aplicação extraterritorial, ele vincula todas as empresas que oferecem serviços e produtos, ou monitoram indivíduos localizados nesta região. Isso gerou grande repercussão nos países com os quais empresas da UE mantêm contratos.

Em vigor desde 25 de maio de 2018, foi o regulamento da UE que deu forte e importante impulso para a criação da LGPD, no Brasil. Essa lei busca induzir condutas mais consonantes com o que é esperado e exigido pela sociedade, com o objetivo de resguardar o direito fundamental à proteção de dados.

Outras leis, contudo, também influenciaram a LGPD, tais como a própria CRFB, que garante os direitos à intimidade e à privacidade,

---

[87] SILVA, José Afonso da. *Curso de Direito Constitucional positivo*. 27. ed. São Paulo: Melhoramentos, 2004. p. 210.

CAPÍTULO 2 | 77

além da reputação e da imagem como formas de proteção à pessoa;[88] a DUDH, que protege, em seu art. 12, a família, o lar, as correspondências, a honra e a reputação;[89] o CC brasileiro, que protege a vida privada;[90] o Código de Defesa do Consumidor (CDC), no qual se define os direitos básicos e invioláveis do consumidor, determinando, ainda, o modo pelo qual os dados dos consumidores devem ser tratados, prevenindo sua violação;[91] a Lei nº 12.527 de 2011, conhecida como LAI, que traça limitações em relação ao tratamento de dados pessoais;[92] e, ainda,

---

[88] BRASIL. Constituição da República Federativa do Brasil de 1988. *Diário Oficial da União*, Brasília, 05 out. 1988.Art. 5º (…) X – são invioláveis a intimidade, a vida privada, a honra e a imagem das pessoas, assegurado o direito à indenização pelo dano material ou moral decorrente de sua violação. Disponível em: http://www.planalto.gov.br/ccivil_03/constituicao/constituicaocompilado.htm. Acesso em 05 mar. 2020.

[89] BRASIL. Assembleia Geral da ONU. *Declaração Universal dos Direitos Humanos*. Nações Unidas, 1948. "Art. 12. Ninguém sofrerá intromissões arbitrárias na sua vida privada, na sua família, no seu domicílio ou na sua correspondência, nem ataques à sua honra e reputação. Contra tais intromissões ou ataques toda a pessoa tem direito à protecção da lei".

[90] BRASIL. Código Civil Brasileiro. Lei nº 10.406, de 10 de janeiro de 2002.Institui o Código Civil. *Diário Oficial da União*, Brasília, 11 jan. 2002. Disponível em: http://www.planalto.gov.br/ccivil_03/leis/2002/l10406.htm. Acesso em 04 jun. 2020. Art. 21. A vida privada da pessoa natural é inviolável, e o juiz, a requerimento do interessado, adotará as providências necessárias para impedir ou fazer cessar ato contrário a esta norma.

[91] BRASIL. Código de Defesa ao consumidor. Lei nº 8.078, de 11 de setembro de 1990. Dispõe sobre a proteção do consumidor e dá outras providências. *Diário Oficial da União*, Brasília, 12 set. 1990, retificado em 10 jan. 2007. Disponível em: http://www.planalto.gov.br/ccivil_03/leis/l8078.htm. Acesso em 04. jun. 2020. Art. 43. O consumidor, sem prejuízo do disposto no art. 86, terá acesso às informações existentes em cadastros, fichas, registros e dados pessoais e de consumo arquivados sobre ele, bem como sobre as suas respectivas fontes. §1º Os cadastros e dados de consumidores devem ser objetivos, claros, verdadeiros e em linguagem de fácil compreensão, não podendo conter informações negativas referentes a período superior a cinco anos. §2º A abertura de cadastro, ficha, registro e dados pessoais e de consumo deverá ser comunicada por escrito ao consumidor, quando não solicitada por ele. §3º O consumidor, sempre que encontrar inexatidão nos seus dados e cadastros, poderá exigir sua imediata correção, devendo o arquivista, no prazo de cinco dias úteis, comunicar a alteração aos eventuais destinatários das informações incorretas. §4º Os bancos de dados e cadastros relativos a consumidores, os serviços de proteção ao crédito e congêneres são considerados entidades de caráter público. §5º Consumada a prescrição relativa à cobrança de débitos do consumidor, não serão fornecidas, pelos respectivos Sistemas de Proteção ao Crédito, quaisquer informações que possam impedir ou dificultar novo acesso ao crédito junto aos fornecedores.

[92] BRASIL. Lei de Acesso à Informação. Lei nº 12.527, de 18 de novembro de 2011.Regula o acesso a informações previsto no inciso XXXIII do art. 5º, no inciso II do §3º do art. 37 e no §2º do art. 216 da Constituição Federal; altera a Lei nº 8.112, de 11 de dezembro de 1990; revoga a Lei nº 11.111, de 5 de maio de 2005, e dispositivos da Lei nº 8.159, de 8 de janeiro de 1991; e dá outras providências. *Diário Oficial da União*, Brasília, 18 nov. 2011. Disponível em: http://www.planalto.gov.br/ccivil_03/_ato2011-2014/2011/lei/l12527.htm. Acesso em 04 jun. 2020. Art. 31. O tratamento das informações pessoais deve ser feito de forma transparente e com respeito à intimidade, vida privada, honra e imagem das pessoas, bem como às liberdades e garantias individuais.

a Lei n° 12.965 de 23 de abril de 2014, conhecida como Marco Civil da Internet, que restringe o acesso, bem como o uso de informações privadas na internet, protegendo a segurança e a privacidade dos dados pessoais.[93] Ressalte-se que essa última sofreu derrogação tácita por parte

---

§1° As informações pessoais, a que se refere este artigo, relativas à intimidade, vida privada, honra e imagem:
I – terão seu acesso restrito, independentemente de classificação de sigilo e pelo prazo máximo de 100 (cem) anos, a contar da sua data de produção, a agentes públicos legalmente autorizados e à pessoa a que elas se referirem; e
II – poderão ter autorizada sua divulgação ou acesso por terceiros diante de previsão legal ou consentimento expresso da pessoa a que elas se referirem.
§2° Aquele que obtiver acesso às informações de que trata este artigo será responsabilizado por seu uso indevido.
§3° O consentimento referido no inciso II do §1° não será exigido quando as informações forem necessárias:
I – à prevenção e diagnóstico médico, quando a pessoa estiver física ou legalmente incapaz, e para utilização única e exclusivamente para o tratamento médico;
II – à realização de estatísticas e pesquisas científicas de evidente interesse público ou geral, previstos em lei, sendo vedada a identificação da pessoa a que as informações se referirem;
III – ao cumprimento de ordem judicial;
IV – à defesa de direitos humanos; ou
V – à proteção do interesse público e geral preponderante.
§4° A restrição de acesso à informação relativa à vida privada, honra e imagem de pessoa não poderá ser invocada com o intuito de prejudicar processo de apuração de irregularidades em que o titular das informações estiver envolvido, bem como em ações voltadas para a recuperação de fatos históricos de maior relevância.
§5° Regulamento disporá sobre os procedimentos para tratamento de informação pessoal.

[93] BRASIL. Marco Civil da Internet. Lei n° 12.965, de 23 de abril de 2014.Estabelece princípios, garantias, direitos e deveres para o uso da Internet no Brasil. *Diário Oficial da União*, Brasília, 24 abr. 2014. Disponível em: http://www.planalto.gov.br/ccivil_03/_ato2011-2014/2014/lei/l12965.htm Acesso em 02 jun. 2020. Art. 7° O acesso à internet é essencial ao exercício da cidadania, e ao usuário são assegurados os seguintes direitos:
I – inviolabilidade da intimidade e da vida privada, sua proteção e indenização pelo dano material ou moral decorrente de sua violação;
II – inviolabilidade e sigilo do fluxo de suas comunicações pela internet, salvo por ordem judicial, na forma da lei;
III – inviolabilidade e sigilo de suas comunicações privadas armazenadas, salvo por ordem judicial;
IV – não suspensão da conexão à internet, salvo por débito diretamente decorrente de sua utilização;
V – manutenção da qualidade contratada da conexão à internet;
VI – informações claras e completas constantes dos contratos de prestação de serviços, com detalhamento sobre o regime de proteção aos registros de conexão e aos registros de acesso a aplicações de internet, bem como sobre práticas de gerenciamento da rede que possam afetar sua qualidade;
VII – não fornecimento a terceiros de seus dados pessoais, inclusive registros de conexão, e de acesso a aplicações de internet, salvo mediante consentimento livre, expresso e informado ou nas hipóteses previstas em lei;
VIII – informações claras e completas sobre coleta, uso, armazenamento, tratamento e proteção de seus dados pessoais, que somente poderão ser utilizados para finalidades que: a) justifiquem sua coleta; b) não sejam vedadas pela legislação; e c) estejam especificadas nos contratos de prestação de serviços ou em termos de uso de aplicações de internet;

da LGPD – por ser mais específica e mais recente – no que concerne, por exemplo, à aplicação de sanções e ao consentimento, dentre outros. Esse rol de regulações demonstra que a preocupação com a proteção dos dados pessoais das pessoas naturais, no Brasil, existe há tempos, apesar de sua lenta evolução, se comparada aos avanços da tecnologia. Fácil é constatar que, diante dos vertiginosos avanços tecnológicos, a proteção de dados, até então existente, demonstrava fragilidade, ineficácia e, portanto, insuficiência prática, diante do tratamento genérico trazido pelas legislações em vigor. Para tanto, citamos os inúmeros problemas práticos que surgiam por questões como a ausência de leitura dos termos e usos das plataformas digitais (talvez, até, pela redação excessivamente técnica e rebuscada de grande parte desses termos). No mesmo sentido, o consentimento para a coleta dos dados se dá, em grande parte, de maneira tácita, por meio de um simples clique, podendo este ato, porém, gerar sérios transtornos à segurança dos dados pessoais.

É importante ressaltar, neste ponto, que cada vez que instalamos um aplicativo em nossos smartphones ou acessamos um novo site na internet, concordamos com os termos e condições para o uso desses serviços e, com o passar do tempo, isso só tende a se ampliar, razão pela qual impende questionar, como provoca Belli: "Quem é o dono dos seus dados pessoais"?[94]

Alguns termos de uso de determinados aplicativos deixam claramente expresso que "as informações que coletamos de nossos usuários, incluindo dados pessoais, são consideradas um ativo comercial".[95] Ora, é certo que, como ativos, tais dados podem ser transferidos para

---

IX – consentimento expresso sobre coleta, uso, armazenamento e tratamento de dados pessoais, que deverá ocorrer de forma destacada das demais cláusulas contratuais;
X – exclusão definitiva dos dados pessoais que tiver fornecido a determinada aplicação de internet, a seu requerimento, ao término da relação entre as partes, ressalvadas as hipóteses de guarda obrigatória de registros previstas nesta Lei;
XI – publicidade e clareza de eventuais políticas de uso dos provedores de conexão à internet e de aplicações de internet;
XII – acessibilidade, consideradas as características físico-motoras, perceptivas, sensoriais, intelectuais e mentais do usuário, nos termos da lei; e
XIII – aplicação das normas de proteção e defesa do consumidor nas relações de consumo realizadas na internet.

[94] BELLI, Luca. Seus dados são o novo petróleo: mas serão verdadeiramente seus? *O Globo – Opinião,* artigo, 01 jun. 2017. Disponível em: https://oglobo.globo.com/opiniao/seusda dossaonovopetroleomasseraoverdadeiramente-seus-21419529. Acesso em 09 mar. 2020.

[95] BELLI, Luca. Seus dados são o novo petróleo: mas serão verdadeiramente seus? *O Globo – Opinião,* artigo, 01 jun. 2017. Disponível em: https://oglobo.globo.com/opiniao/seusda dossaonovopetroleomasseraoverdadeiramente-seus-21419529. Acesso em 09 mar. 2020.

quem adquirir a empresa, criadora do aplicativo, e isso nos leva a outro questionamento, agora concernente à exigência legal de "consentimento informado": Até onde o nosso consentimento estaria, de fato, bem informado, diante da hipótese de transferência dos dados em casos de venda da empresa criadora do aplicativo? Belli alerta, neste sentido, que: "o indivíduo nunca será dono dos seus dados se não puder decidir onde armazenar [esses] dados e quem pode acessá-los".[96]

A necessidade de uma legislação específica, cautelosa e criteriosa, capaz de proteger com eficácia os dados das pessoas, possibilitando o seu tratamento, sem causar danos aos seus titulares, era (e ainda é) um fato incontestável. De forma que, em 30 de novembro de 2010, por meio de uma consulta pública realizada pelo Ministério da Justiça (MJ), surgiram discussões para uma proposta de lei que viesse regulamentar a proteção de dados pessoais no Brasil.[97]

A premência de uma legislação se tornou ainda mais fortalecida com o escândalo envolvendo Edward Snowden (ex-analista de sistemas da *Central Intelligence Agency* – CIA) que revelou, em detalhes, alguns programas de vigilância utilizados pelos EUA para espionar a população americana (e, ainda, diversos outros países da Europa e da América Latina, entre eles, o Brasil, mediante, inclusive, o monitoramento de conversas da, até então, presidente Dilma Rousseff com seus assessores), através do uso de servidores de empresas, tais como o *Google*, a *Apple* e o *Facebook*.[98]

A publicação do Marco Civil da Internet veio ao encontro dessa necessidade. Entretanto, ficou evidente que uma legislação mais específica ainda era necessária. De modo que, em 2016, após uma segunda consulta pública sobre o tema, uma comissão especial foi criada com o fim de assessorar as propostas levadas ao Congresso sobre o tema.

---

[96] BELLI, Luca. Seus dados são o novo petróleo: mas serão verdadeiramente seus? *O Globo – Opinião*, artigo, 01 jun. 2017. Disponível em: https://oglobo.globo.com/opiniao/seusda dossaonovopetroleomasseraoverdadeiramente-seus-21419529. Acesso em 09 mar. 2020.

[97] BRASIL. Ministério da Justiça. Proteção de dados pessoais ganha plataforma de debate público na rede. *Cultura Digital – Blog*, 30 nov. 2010. Disponível em: http://culturadigital. br/blog/2010/12/10/protecao-de-dados-pessoais-ganha-plataforma-de-debate-publico-na-rede/. Acesso em 09 mar. 2020.

[98] G1 MUNDO. Entenda o caso de Edward Snowden, que revelou espionagem dos EUA. *Globo – Notícia*, 02 jul. 2013. Disponível em: http://g1.globo.com/mundo/noticia/2013/07/entendaocasodeedwardsnowdenquerevelouespionagem-dos-eua.html. Acesso em 06 mar. 2020.

CAPÍTULO 2 | 81

Nesses oito anos de discussão, até a sanção da LGPD, três Projetos de Lei (PL) tramitaram no Congresso, referentes ao tema em epígrafe. São eles: PL nº 4060/2012,[99] PL nº 330/2013[100] e PL nº 5276/2016.[101]

Ainda em outubro de 2016, mediante a relatoria do Deputado Orlando Silva, foi instalada a Comissão Especial de Proteção de Dados Pessoais, que tinha como escopo principal analisar os PL's em andamento, mediante realização de audiências públicas, seminários e missões internacionais. O objetivo era auxiliar na compreensão da matéria para, enfim, dar origem a uma lei de proteção de dados mais robusta e precisa.

Onze audiências públicas foram realizadas no decorrer do ano de 2017, além de um seminário internacional, buscando esclarecer alguns pontos divergentes. Mais à frente, foi aprovado o PL nº 4060/12, pela Câmara dos Deputados, tendo a devida complementação decorrente do apensamento do PL nº 5276/2016. Esse projeto passou pelo crivo do Senado e culminou no Projeto de Lei Complementar (PLC) nº 53/2018, tramitando em conjunto com o Projeto de Lei do Senado (PLS) nº 330/2013, na Comissão de Assuntos Econômicos (CAE).

Em junho de 2018, foi realizada audiência pública que demonstrou clara supremacia do texto expresso no PLC nº 53/2018 (em relação ao PLS nº 330/2012). E, no mês subsequente (julho de 2018), por meio da análise de diversos estudos realizados pelo Banco Nacional de

---

[99] Proposto em 12 de junho de 2012, pelo Deputado Milton Monti, contava com 25 artigos e era dividido em três capítulos. Seu objetivo consistia em proteger a dignidade e os direitos fundamentais da pessoa, no âmbito do tratamento de dados pessoais, principalmente no que concerne à imagem, à privacidade, à liberdade e à honra. Previa, ainda, a criação de Conselhos de Autorregulação, com a incumbência de criar códigos de ética para o tratamento de dados pessoais. Arquivado em janeiro de 2015, por não ter sido analisado na mesma legislatura, o projeto foi desarquivado um mês depois, pela mesa diretora da Câmara dos Deputados.

[100] Em decorrência dos escândalos de espionagem notificados por Edward Snowden, esse projeto foi apresentado ao Senado no dia 13 de agosto de 2013, pelo Senador Antônio Carlos Valadares. Inspirado na Diretiva nº 95/46/CE da EU e nas discussões a respeito do que viria a ser, após o GDPR que hoje conhecemos, a proposta apresentava alguma relação com o projeto que tramitava na Câmara dos Deputados (PL nº 4060/12) tal como a definição de dados sensíveis e especificava melhor os direitos e deveres envolvidos no tratamento de dados pessoais.

[101] Esse projeto teve origem no Anteprojeto de Lei que foi encaminhado à Câmara dos Deputados pela presidente Dilma Rousseff, em maio de 2016. Sua tramitação foi aprovada em regime de urgência constitucional, de modo que tal tramitação foi abreviada até a sanção presidencial. De todos foi o projeto com redação mais próxima ao texto atual da LGPD e ele conquistou a aprovação de diversas entidades nacionais e internacionais que favoreciam sua rápida aprovação, todavia, ainda assim, em julho de 2016, seu regime de urgência constitucional foi retirado e dias após ele foi apensado ao PL nº 4060/2012, em decorrência da conexão de seus conteúdos.

Desenvolvimento Econômico e Social (BNDES), em cooperação com o Ministério da Ciência, Tecnologia, Inovação e Comunicação (MCTIC) e mediante forte influência da promulgação do Regulamento vigente na UE, que expressava que a permissão para o fluxo de dados internacionais só poderia se dar a países cuja proteção legal da privacidade fosse similar às regras estabelecidas na UE, foi devidamente aprovado o PLC n° 53/2018 pelo Senado. Devido ao seu regime de urgência, sua aprovação se deu sem passar pelas comissões de Ciência e Tecnologia e de Constituição e Justiça. Posteriormente, em 14 de agosto de 2018, o projeto foi sancionado pelo presidente Michel Temer, com alguns vetos, dando origem à Lei n° 13.709, com o escopo de promover a proteção necessária dos direitos fundamentais à privacidade e à liberdade individual.

Em dezembro do mesmo ano, contudo, foi publicada a Medida Provisória n° 869/18 (que daria origem à Lei n° 13.853/19) que, além de alterar diversos pontos da LGPD (Lei n° 13.709 de 14 de agosto de 2018), previu a criação da Autoridade Nacional de Proteção de dados (ANPD) e, via de consequência, aumentou o período de vacância para 24 meses. Desse modo, a LGPD passou a ter a previsão de entrar em vigor, no Brasil, em agosto de 2020.[102]

Não obstante, destaque-se que os vetos presidenciais, que ensejaram a Medida Provisória supramencionada, se deram sob a justificativa de vício de iniciativa. Ou seja, a Presidência da República entendeu que o legislativo propôs algo que não é de sua competência. No caso da LGPD, a competência para iniciativa pertenceria ao Poder Executivo, e não ao Congresso Nacional.

Já a Medida Provisória n° 959, publicada no dia 29.04.2020, adiava a vigência da LGPD para 03.05.2021. Vale ressaltar que em virtude da pandemia do Coronavírus, alguns PL's tramitam atualmente no Congresso e tratam da mesma solicitação, a de adiamento da LGPD. Um deles, o PLS n° 1.179 de 2020, foi sancionado no dia 10.06.2020, pelo Presidente da República (com alguns vetos[103] que não estão relacionados

---

[102] Ressaltamos, desde já, que, em 30 de outubro de 2019, foi apresentado o PL n° 5672/19, com vistas a realizar nova alteração na Lei n° 13.709/18, a fim de prorrogar a sua entrada em vigor para 15 de agosto de 2022, concedendo mais 24 meses de vacância, além do previsto, sob a alegação de que as empresas precisam de um tempo maior para se adequar e adaptar ao disposto na nova lei. Além deste, outro PL foi apresentado (PL n° 6140/2019), agora com vistas a beneficiar as empresas brasileiras, dando-lhes oportunidade para se adequar à nova lei, através da aplicação progressiva da multa, consoante o previsto no texto do projeto, só alcançaria o valor total dois anos após a entrada em vigor da norma.

[103] O Presidente Jair Bolsonaro vetou os artigos 4, 6, 7, 9, 11, 17, 18 e 19 do PL n° 1.170 de 2020, de autoria do Senador Antônio Anastasia.

à vigência da Lei n° 13.709/2018) e transformado na Lei n° 14.010 de 10 de junho de 2020. Neste sentido, o art. 20 do referido projeto foi aprovado com a seguinte redação:

Art. 20. O caput do art. 65 da Lei n° 13.709, de 14 de agosto de 2018, passa a vigorar acrescido do seguinte inciso I-A:
Art. 65.
....I-A – dia 1° de agosto de 2021, quanto aos arts. 52, 53 e 54;............................ (NR)

Até o início do segundo semestre de 2020 tínhamos, portanto, o seguinte panorama:

A Medida Provisória n° 959, de 29 de abril de 2020, segundo determina nossa Carta Magna, teria prazo de vigência de 60 dias, prorrogáveis por igual período, dependendo, para sua transformação definitiva em lei, de aprovação no Congresso Nacional.

No dia 28 de junho, contudo, o Ato de n° 71/2020, do Congresso Nacional, prorrogou por mais 60 dias o prazo referido, de maneira que a MP deveria ser convertida em lei até o dia 26 de agosto, para não caducar.

Depois de ter sua votação adiada no dia 20 de agosto, a referida medida provisória entrou, cinco dias após, na pauta de votação da Câmara dos Deputados, e obteve, como resultado, a aprovação de uma emenda de redação, que determinava a entrada em vigor, da LGPD, no dia 31 de dezembro de 2020.

Na sequência, em 26 de agosto de 2020, por meio de sessão deliberativa remota, o presidente do Senado Federal, Davi Alcolumbre, acatando uma questão de ordem, declarou prejudicado o artigo 4° do PLC (Projeto de Lei de Conversão) n° 34/2020 (originário da MP n° 959/2020) e decidiu pela vigência imediata da LGPD.

No entanto, o artigo 62, §12° da CRFB, determina que:

Art. 62. (…)
§12° Aprovado projeto de lei de conversão alterando o texto original da medida provisória, esta manter-se-á integralmente em vigor até que seja sancionado ou vetado o projeto.

Nesta senda, o entendimento, até então, era de que a LGPD entraria em vigor após a sanção ou veto do Presidente da República, com efeitos retroativos ao dia 16 de agosto, conforme manifestado pela Mesa do Senado.

Em nota de esclarecimento, publicada no dia 26 de agosto, a assessoria de imprensa do Senado informou:

NOTA DE ESCLARECIMENTO

A respeito da matéria "Senado decide que LGPD entra em vigência a partir de amanhã", publicada hoje (29) na coluna TILT do UOL, a Assessoria de Imprensa do Senado Federal esclarece:

O Senado Federal aprovou nesta quarta-feira (26) a medida provisória n° 959/2020 que adiava, em seu art. 4°, o início da vigência da LGPD (Lei Geral de Proteção de Dados). Ocorre que o art. 4° foi considerado prejudicado e, assim, o adiamento nele previsto não mais acontecerá.

No entanto, a LGPD não entrará em vigor imediatamente, mas somente após sanção ou veto do restante do projeto de lei de conversão, nos exatos termos do §12 do art. 62 da Constituição Federal:

"Art. 62 (...)
§12. Aprovado projeto de lei de conversão alterando o texto original da medida provisória, esta manter-se-á integralmente em vigor até que seja sancionado ou vetado o projeto".

Assim, ressaltamos que a Lei Geral de Proteção de Dados – LGPD só entra em vigor após a sanção ou veto dos demais dispositivos da MP n° 959/2020.

Atenciosamente,
Assessoria de Imprensa
Senado Federal.[104]

Ato contínuo, no dia 27 de agosto foi publicado, no Diário Oficial da União, edição n° 165, página 6, o Decreto n° 10.474, de 26 de agosto de 2020, que:

Aprova a Estrutura Regimental e o Quadro Demonstrativo dos Cargos em Comissão e das Funções de Confiança da Autoridade Nacional de Proteção de Dados e remaneja e transforma cargos em comissão e funções de confiança.[105]

---

[104] BRASIL. Senado Federal. *Nota de esclarecimento – Vigência da LGPD*. Disponível em: https://www12.senado.leg.br/assessoria-de-imprensa/notas/nota-de-esclarecimento-vigencia-da-lgpd. Acesso em 26 ago. 2020.

[105] BRASIL. Diário Oficial da União. Edição n° 165. Seção 1. p. 6. Publicado em 27 ago. 2020.

Deste modo, a Autoridade Nacional de Proteção de Dados (ANPD) que, segundo determinação legal, possui atribuições consultivas, de fiscalização e sancionatória, encontra-se devidamente estruturada.

Subsequentemente, em 18 de setembro de 2020, a Lei n° 13.709 de agosto de 2018 (Lei Geral de Proteção de dados brasileira) foi sancionada pelo Presidente da República, Jair Messias Bolsonaro, entrando em vigor imediatamente, tendo apenas os seus artigos 52, 53 e 54 com a vigência postergada para 1° de agosto de 2021, conforme previsão expressa no artigo 65, I-A, por força da Lei n° 14.010 de 2020.

Diante de todo esse cenário, sob forte e clara influência do Regulamento Europeu, com multas rigorosas e exigência de prévio e expresso consentimento para o tratamento de dados pessoais, a LGPD brasileira já se encontra em vigor e representa, desde já, uma verdadeira mudança de paradigmas. Como ainda será exposto neste trabalho, ela traça instrumentos mais claros e eficazes de proteção de dados para o Brasil, inserindo-o no rol dos países que dispõem de regulamentação específica para tema tão complexo.

2.3 Paradigmas e fundamentos que nortearam a proteção de dados

Podemos afirmar que, a partir de 1970, o direito à privacidade ganhou uma nova roupagem hermenêutica. Tradicionalmente, a proteção aos direitos fundamentais decorre do resguardo contra ingerências ou abusos por parte do Estado.

Com o surgimento dos chamados sistemas de computação do tipo *mainframe*, fez-se necessária a criação dos primeiros grupos de regras jurídicas em busca de normatizar a imensa quantia de dados que passaram a ser processados, com vistas a controlar sua coleta, seu armazenamento e seu uso. Essa foi, sem dúvida, a base para o começo da ideia de proteção de dados, bem como para o conteúdo dos direitos fundamentais desenvolvidos por ocasião do processamento eletrônico dos dados pessoais.

Tendo exposto a evolução histórica que resultou nas regulações internas no Brasil, por conseguinte, tem-se a análise do conteúdo desses regulamentos. Deste modo, pretende-se, com este tópico, entender no que se apoia a LGPD, quais são os princípios pelos quais essa Lei se legitima e norteia.

Sendo assim, no que concerne aos seus fundamentos, é correto afirmar que figuram, consoante o disposto no art. 2° da LGPD, o respeito à privacidade; a autodeterminação informativa; a liberdade de expressão, de informação, de comunicação e de opinião; a inviolabilidade da intimidade, honra e imagem; o desenvolvimento econômico e tecnológico e a inovação; a livre iniciativa, a livre concorrência e a defesa do consumidor; e os direitos humanos, o livre desenvolvimento da personalidade, a dignidade e o exercício da cidadania pelas pessoas naturais.

Ou seja, a importância da LGPD reside em seu escopo protecionista, com vistas a garantir uma proteção maior às pessoas, estabelecendo limites para o tratamento e manuseio de informações pessoais do indivíduo. Considerada um marco histórico, a LGPD cria novos direitos para os titulares de dados e gera uma premente necessidade de adequação por parte das empresas, bem como de um plano de governança corporativa de todas as instituições, sejam estas públicas ou privadas.

Sua aplicação se dá a instituições que coletam dados pessoais de pessoas localizadas no território brasileiro; instituições que realizam o tratamento de dados em território brasileiro; e, por fim, instituições que oferecem bens e serviços para indivíduos no Brasil, sejam elas pessoa física ou jurídica, de direito público ou privado, pelos meios físicos ou digitais.

Diante dessas informações, conclui-se que a LGPD não se aplica em caso de dados que forem provenientes ou destinados a outros países, ou seja, apenas transitando no território brasileiro. E também não se aplica a dados de uso pessoal, não comerciais, para fins jornalísticos, artísticos ou acadêmicos e para segurança pública, como veremos mais detalhadamente em tópico mais oportuno.

2.4 A democratização do saber e a liberdade de informação – o binômio necessidade/ proporcionalidade para o acesso à informação

Em artigo de nossa autoria,[106] – defendido e premiado no I Congresso Internacional dos Tribunais de Contas, realizado em Foz do Iguaçu, em novembro de 2019 – mencionamos a questão da democratização do saber e da liberdade de informação, tomando como

---

[106] MACIEL, Moises. Os Tribunais de Contas no exercício do controle externo face à nova Lei Geral de Proteção de Dados Pessoais. *Revista Controle – Doutrina e Artigos*, v. 18, n. 1, p. 20-45, 2020.

pressuposto o binômio necessidade/proporcionalidade para o acesso a esta. Partimos do pressuposto de que os avanços tecnológicos são uma realidade que tende a avançar cada vez mais, exigindo, de cada um de nós, adequação.

Schmidt e Cohen defendem, na obra denominada "A nova era digital",[107] que até 2025 o acesso à informação será pleno, e terá alcançado a todos. O que não podemos deixar de constatar é, hoje, um fato quase consumado! A informação encontra-se plena e abundantemente acessível a quem se interessar, chegando a todos com rapidez, tornando o direito humano do saber, antes elitizado, em algo plenamente democrático.

Atualmente, a preocupação não se restringe mais à possibilidade de acesso à informação, mas em como e o que fazer com esse acesso. E não é demais recordar, neste ponto, o que já afirmavam, há tempos, alguns filósofos e sociólogos. Foucault, por exemplo, chamava a atenção para o fato de que o saber produz poder.[108] A dúvida que insurge disso é: sabemos administrar esse poder?

Schmidt e Cohen provocam uma reflexão interessante quando aduzem que a internet é uma das poucas coisas criadas pelo homem, que ele mesmo não consegue compreender plenamente. De fato, é notório o potencial ofensivo da internet quando utilizada para fins inadequados e, até mesmo, escusos. Sua finalidade (inicialmente de transmissão de informação) tem se modificado e se tornado cada vez mais complexa, com seu viés positivo em contraponto a seu poder devastador para o mal, diante do seu alcance rápido e global.

Atualmente, quanto mais conhecemos aqueles que nos cercam, mais poder temos. E se, até pouco tempo, afirmávamos que quem tem informação tem poder, hoje podemos ser ainda mais específicos, e afirmar que "quem tem dado pessoal tem poder!". Basta verificar a imensa procura aos bancos de dados do Facebook, por exemplo, com escopo de sondar os perfis publicados, inclusive por hackers de todo o mundo.

Se, por um lado, foram quebradas as barreiras geográficas e temporais, por outro, possibilitou-se a troca de conteúdo, notícias e informações (verídicas ou não), que não consegue ser limitada, controlada e, sequer, mensurada. O que pode resultar em prejuízos

---

[107] SCHMIDT, Eric; COHEN, Jared. *A nova era digital*: como será o futuro das pessoas, das nações e dos negócios. (Trad. Ana Beatriz Rodrigues e Rogério Durst). Rio de Janeiro: Intrínseca, 2013.

[108] FOUCAULT, Michel. *A Arqueologia do saber*. Rio de Janeiro: Forense Universitária, 2013.

incalculáveis, posto ainda se encontrar em uma espécie de buraco negro no que concerne à aplicação das leis terrestres.

Se o saber produz poder, como afirmado por Foucault, então esse poder se encontra potencializado e pulverizado. Uma rápida análise acerca da quantidade de websites visitados, e-mails compartilhados e artigos on-line acessados é suficiente para constatar a poderosa influência (para o bem e/ou para o mal) da internet em nossas vidas, hoje exponencialmente aumentada pela facilidade e rapidez de acesso. Em uma via inversa ao relato bíblico da Torre de Babel,[109] a internet universalizou os idiomas e quebrou barreiras, constituindo o maior espaço sem governo do mundo.

Aroldo Oliveira ensina, neste aspecto, que

> o mundo digital, portanto, não conhece fronteiras, e os avanços das tecnologias da informação e comunicação têm produzido alterações sem precedentes no funcionamento das organizações e no comportamento humano.[110]

Nesta senda, é impossível uma definição rápida e precisa de limites não apenas legais, mas também éticos e morais, tanto para o acesso, quanto para a difusão das informações obtidas pela internet. Impossibilidade que se reflete não apenas no relacionamento horizontal do cidadão (cidadão-cidadão), como também em seu relacionamento vertical (cidadão-Estado).

Deve-se considerar que, atualmente, nossos dados pessoais são coletados e armazenados em um banco de dados a cada acesso que fazemos, tornando esse banco cada vez mais robusto e preciso. Isso possibilita definir tendências políticas, comportamentais e de diversos outros aspectos, independentemente de intenções.

Portanto, se faz necessário um ponto de equilíbrio entre o direito de saber, ou seja, o direito ao conhecimento, e o consequente exercício do poder; bem como entra a proteção à vida privada e a intimidade do ser humano, como sujeito de direitos. Proteção expressa pela Convenção

---

[109] BÍBLIA DE ESTUDO DE GENEBRA. *Gn 11:1-10 – A Torre de Babel*. 2. ed. Barueri, SP: Sociedade Bíblica do Brasil; São Paulo: Ed. Cultura Cristã, 2009.

[110] OLIVEIRA, Aroldo Cedraz de. *O controle da administração pública na era digital*. Belo Horizonte: Fórum, 2016.

Americana de Direitos Humanos[111] e também pela CF/88 brasileira.[112] Em outras palavras, é preciso que se observe, com precisão, o binômio necessidade e proporcionalidade, no que concerne ao acesso à informação e, principalmente, aos dados pessoais.

2.5 Os pilares da segurança da informação

Diante da evolução e do aumento constante dos acessos a dados pessoais, bem como de sua disponibilização e sua consequente necessidade de proteção já fundamentada ao longo deste capítulo, importa adotar procedimentos seguros, a fim de que tal proteção seja eficaz.

Confidencialidade, integridade e disponibilidade consistem em alguns dos pilares que, ao lado da autenticidade e da legalidade, sustentam a segurança da rede de informações. Esses são os elementos que formam a base da preservação dos dados com a eficiência necessária. Desse modo, esse tópico dedicar-se-á a explorar os conceitos desses institutos tão relevantes à proteção de dados.

A *confidencialidade* encontra-se diretamente ligada à privacidade das informações. Consiste na preocupação de manter o sigilo e o resguardo dos dados tratados, por meio de medidas que possam criar níveis de acesso. Ela tem como fim possibilitar a entrada, para o tratamento dos dados, somente de pessoas previamente autorizadas. Estabelece, ainda, que quanto maior a hierarquia do cargo, maior o acesso aos dados. Por fim, também define que os dados tenham categoria consoante o potencial de impacto em caso de vazamento.

Atualmente é comum vermos notícias a respeito de cyber ataques, espionagem cibernética e casos outros nesse sentido. Para tanto, é importante investir em uma boa política de segurança. Por isso, além de trabalhar com a conscientização e o treinamento dos profissionais envolvidos no tratamento de dados, deve-se buscar evitar manipulação incorreta e/ou indevida desses dados.

Por *integridade* devemos entender a importância de manter os dados preservados, para, com isso, impedir sua modificação por pessoas

---

[111] ORGANIZAÇÃO DOS ESTADOS AMERICANOS (OEA). *Convenção Americana de Direitos Humanos*. 1969. Pacto San Jose da Costa Rica. Disponível em: http://www.direitoshumanos.usp.br/index.php/OEA-Organiza%C3%A7%C3%A3o-dos-Estados-Americanos/convencao-americana-de-direitos-humanos-1969-pacto-de-san-jose-da-costa-rica.html. Acesso em 05 mar. 2020.

[112] BRASIL. Constituição da República Federativa do Brasil de 1988. *Diário Oficial da União*, Brasília, 05 out. 1988. Disponível em: http://www.planalto.gov.br/ccivil_03/constituicao/constituicaocompilado.htm. Acesso em 05 mar. 2020.

que não sejam aquelas previamente autorizadas. Ela pretende evitar que os dados possam ser corrompidos ou danificados, prejudicando o tratamento e causando um imenso prejuízo ao responsável pelos mesmos. Portanto, a integridade consiste na preservação da precisão e da confiabilidade dos dados, ao longo do processo de tratamento.

Alguns mecanismos são úteis para a preservação da integridade, tais como backups, controle de acessos, permissão de arquivos, adoção de sistemas de verificação que detectem alterações nos dados, entre outros. Manter a integridade dos dados evita falhas na execução das atividades durante o tratamento e, consequentemente, minimiza possíveis desgastes entre as equipes.

A *disponibilidade*, por sua vez, parte do pressuposto de que, para uma segurança eficaz, é necessário que os dados tratados permaneçam disponíveis para consulta pelo período necessário para o tratamento. Disponibilidade, então, diz respeito ao tempo e à acessibilidade dos dados, em relação ao tratamento. O que pode ser assegurado por meio de implantação de processos de manutenção de hardwares, bem como da eliminação de conflitos de softwares, não esquecendo de um sistema satisfatório de backup, com vistas à recuperação dos dados, caso necessários.

A falta de disponibilidade pode acarretar, dentre outras coisas, a interrupção do tratamento, causando sérios prejuízos ao responsável, que ficará sujeito a falhas e, até mesmo, a perdas de dados considerados estratégicos.

Ademais, a *autenticidade* requer que o dado tratado não tenha sido manipulado, ou tenha sofrido intervenções externas por parte de terceiros. Para garantir tal autenticidade do dado é importante documentar todas as práticas realizadas durante o tratamento.

Por fim, a *legalidade* determina que é importante que todo procedimento realizado no tratamento se faça em conformidade com a legislação local, evitando paralisações ou impedimentos operacionais, auditorias ou outros processos de averiguação que possam atrapalhar o tratamento ou interferir em sua eficácia.

2.6 A governança de dados e sua importância estratégica frente à LGPD

Considerando todas as definições apresentadas acerca de Governança e tomando emprestado as palavras de Wodzinski[113] quando

---

[113] WODZINSKI, M. *et al*. Building an Impactful Data Governance Program One Stepat a Time. *In*: STUMPF, Ricardo Dantas. O porquê de governança de dados em organizações

afirma que gerir é garantir que fazemos as coisas de forma correta, enquanto governar é garantir que fazemos as coisas corretas, podemos sustentar que, por "Governança de Dados", se compreende o exercício de planejamento, monitoramento e execução dos dados, com vistas a administrar a sua organização e suas informações, de forma a promover uma atuação incisiva sobre todos os dados tratados pela empresa, a fim de definir aqueles que são considerados estratégicos e analisar os processos que deles se abastecem. Ou seja, governança de dados é assegurar que os dados necessários e pertinentes estão sendo trabalhados da forma correta, para atingir os fins almejados.

O escopo principal de uma governança de dados, portanto, reside na busca por assegurar que os dados tratados pela empresa venham a atender, de fato, às necessidades do negócio empreendido, além de buscar resolver possíveis problemas decorrentes do tratamento, bem como de reduzir os custos do gerenciamento de dados, possibilitando que estes venham a se tornar um importante valor patrimonial da empresa.

Na definição de Lopes,[114] a Governança de Dados se preocupa em gerir a organização e o controle de uma companhia a dados e informações, estabelecendo políticas e diretrizes corporativas para poder governar esses dados e, ainda, atribuir os papéis e responsabilidades ligados a eles.

A responsabilidade da governança de dados reside, portanto, na definição de papéis e responsabilidades, bem como nos processos necessários para a gestão dos dados considerados estratégicos para a empresa. Uma gestão que requer interface com muitas outras funções.

Importa salientar que não se deve confundir "Governança de dados" com "Governança de Tecnologia de Informação (T.I.)", da mesma maneira que não se deve confundir "dados" com "informações". Por "dados" compreende-se uma sequência de símbolos quantificados ou passíveis de quantificação e, deste modo, nem toda informação consiste em dados. O número do Cadastro de Pessoa Física (CPF) consiste em um dado (considerado pela LGPD, como veremos mais à frente, um dado sensível), mas só será considerado informação se estiver inserido em um contexto, como, por exemplo, um cadastro realizado em uma instituição financeira para fins de aquisição de um financiamento. Simplificando, o dado não possui um significado se analisado isoladamente e, como tal,

---

de controle. *Revista do TCU*, n. 137, set./dez. 2016. p. 106. Disponível em: https://www.brighttalk.com/webcast/10477/142503/building-an-impactful-data-governance-program-onestep-at-a-time. Acesso em 26 fev. 2020.

[114] LOPES, Bergson Rêgo. *Gestão e Governança de dados*: promovendo dados como ativo de valor nas empresas. Rio de Janeiro: Brasport Livros e Multimídia Ltda, 2013. p. 286.

não nos leva a quaisquer inferências. Consistem, sim, em matéria-prima que, como tal, requer um processamento.

Já a informação, por sua vez, consiste, exatamente, na ordenação, na organização desses dados, possibilitando que os mesmos produzam um significado. Dados devidamente processados e alinhados em um contexto produzem informação. Informação, portanto, é a transmissão de algo que se deduziu de um processamento dos dados que se tem em mãos. Em outras palavras, consiste no significado extraído de um grupo de dados. Neste sentido poderíamos afirmar que a informação se expressa na conversão de dados em um contexto. Dando sequência a esse raciocínio, a análise dessas informações de maneira a definir como bem utilizá-las, produz conhecimento que, por sua vez, não pode ser confundido com sabedoria, tendo em vista que esta, vem com a prática, com a vivência. Enfim, dados contextualizados produzem informações que, devidamente analisadas produzem conhecimento, que, por sua vez, a experiência transforma em sabedoria. Esse é o caminho!

No que se refere à Governança de T.I., temos que seus objetivos são muito parecidos e, ainda, interligados aos da Governança de Dados, posto que ambas as governanças possuem o escopo principal de otimizar os ativos da empresa em busca de gerar um maior valor comercial. A diferença reside, contudo, principalmente no fato de que sem a T.I, não se fala em dados, portanto esta pressupõe àquela e com esse raciocínio, a Governança de T.I. busca garantir que os investimentos de tecnologia da informação realizados pela organização suportem os objetivos do negócio, gerenciando os riscos dessas aquisições e garantindo que se mantenham em consonância com as normas.

Aparentemente são governanças muito similares, contudo, podemos dizer que a principal diferença reside no fato de que a Governança de T.I é mais pontual e está voltada para boas práticas de desempenho no setor da tecnologia, ou seja, se refere a ações, a políticas, a regras e a processos que estão diretamente direcionados ao uso de softwares, de sistemas e infraestrutura de T.I., o que, na prática, ensejaria, por exemplo, a criação de indicadores e metas de performance, documentação técnica, desempenho de mapas de auditoria, estudo de gaps de conhecimento e instrumentos que possam controlar os objetivos empresariais.

Assim sendo, a Governança de T.I. é parte integrante da Governança de Dados que, por sua vez, é mais abrangente. Uma boa Governança de Dados requer uma Governança de T.I. responsável e atuante por se tratar da sua base necessária, mas requer mais do que isso, requer o engajamento de toda a organização, por meio de compartilhamento nas tomadas de decisão, de forma colaborativa, em todas as unidades envolvidas no negócio estabelecido. Uma boa governança de T.I., portanto, potencializa relativamente as chances de sucesso da Governança de Dados.

Na mesma linha de raciocínio, conhecimento e competência também não devem ser confundidos, já que a competência consiste em um conjunto de conhecimentos, enquanto o conhecimento, por si só, isoladamente, não nos autoriza a concluir pela existência de competência. Desta feita, a competência é mais ampla e inclui, além do conhecimento, o saber fazer, por exemplo. A globalização e o acirramento da competitividade nos negócios dela decorrentes, somados aos avanços da tecnologia trouxeram um "enfraquecimento" do conhecimento, de modo que, atualmente, não basta conhecer, é preciso saber aplicar de forma a obter resultados satisfatórios. Isso é ter competência!

Relacionando os conceitos apresentados, a competência consiste, portanto, na capacidade de aplicar o conhecimento, obtido por meio das informações colhidas, de forma eficaz e eficiente, para alcançar os objetivos com maior êxito. Já por informações se compreende um conjunto de dados.

A Governança de Dados utiliza, portanto, o conhecimento e a competência de determinadas pessoas, a fim de estabelecer as políticas, as responsabilidades, a organização, enfim, tudo o que possa influenciar positivamente a tomada de decisões da empresa, na extração das informações que lhes são transmitidas. E, neste processo, algumas perguntas-chave devem ser respondidas para fins de governança de dados, como, por exemplo: o que sabemos a respeito das informações que temos? Qual a fonte dos dados que possuímos? Os dados que possuímos estão de acordo com as políticas e regras da empresa?

Com o escopo de buscar extrair os maiores valores dos dados, as empresas e organizações têm buscado investir em governança, compreendida como o exercício de planejamento, de monitoramento e, por fim, de execução sobre a gestão de ativos de dados. Função de similar importância pela responsabilidade de definir e acompanhar o cumprimento das estratégias, a definição de políticas, diretrizes e responsabilidades para a correta atuação da gestão de dados.

A Governança de Dados é responsável por identificar possíveis problemas no tratamento dos dados, buscando melhores oportunidades, monitorando e organizando as ações necessárias para a melhoria e a maturidade no tratamento dos dados, a fim de incrementar as estratégias da empresa, em consonância com sua visão, princípios e valores.

> Podemos, portanto, definir Governança de Dados como
>
> a organização e [a] implementação de políticas, procedimentos, estrutura, papéis e responsabilidades que delineiam e reforçam regras de comprometimento, direitos decisórios e prestação de contas para garantir o gerenciamento apropriado dos ativos de dados.[115]

A importância da Governança de Dados cresce à medida que a automatização ganha espaço, requerendo das organizações e empresas, cada vez mais eficiência na captura, no armazenamento e na utilização desses dados, até mesmo para redução dos chamados *"dark data"*, que consistem em verdadeiras perdas de oportunidades, além de desperdício de recursos, como bem ensina Rowlands, segundo o qual "um dos temas que une muitas de nossas auditorias é que os dados coletados de muitas organizações governamentais ou são inutilizáveis, ou não são usáveis ou não são utilizados".[116]

Tal importância ganhou novas nuances, atualmente, com a vigência da LGPD no Brasil, posto que a governança de dados consiste em um fator essencial para que empresas e organizações, públicas e privadas, possam se adequar, a fim de entrar em conformidade com os requisitos estabelecidos por esta lei.

Isto posto, percebemos que não há como uma empresa aderir às disposições contidas na LGPD, sem que haja um programa de governança eficiente, maduro e efetivo, sempre condizente com os valores e a missão da empresa, observando seus propósitos e objetivos, sem os quais a governança não obterá êxito, não proporcionará o engajamento necessário e causará prejuízos tanto financeiros, pela necessidade de refazer o processo, quanto à imagem da empresa ou organização envolvida.

Alguns cuidados, portanto, deverão ser observados na implementação de uma governança de dados, tais como definir o propósito, uma razão pela qual a empresa precisa de uma governança de dados, de maneira a ser reconhecido, por todos os interessados, como estratégia que agrega valor à empresa e, deste modo, a diferencia dentre suas concorrentes. Além disso, devem ser observados os perfis adequados para cada atividade.

---

[115] LADLEY, John. *Data Governance*: how to design, deploy and sustain an effective data governance program. The Morgan Kaufmann Series on Business Intelligence: Morgan Kaufmann, 2012.

[116] ROWLANDS, I. Data Management in Motion. *In*: DATA MANAGEMENT CONFERENCE LATIN AMERICA. *Anais eletrônicos*, São Paulo: DAMA Brasil, 2016, 25 slides. Disponível em: http://www.dmc-latam.com/palestrantes/ian-rownlands/. Acesso em 20 mai. 2020.

Governança de Dados não consiste em simples mapeamento e documentação dos dados por uma equipe de T.I. Tais atos são importantes, mas sozinhos são vazios de eficácia. Mister se faz, ainda, para uma boa governança, que haja um compartilhamento da responsabilidade pela gestão dos dados entre as áreas da empresa (negócios, tecnologia e operações, dentre outras).

De todo o exposto podemos extrair que, uma boa governança de dados impactará positivamente no processo decisório da empresa, de modo a lhe assegurar maior competitividade, posto que terá condições de avaliar as mudanças (tanto em seu âmbito interno, quanto em seu âmbito externo) de forma mais célere, além de poder realizar uma análise preditiva dos fatos, a fim de se antecipar as tendências do mercado com maior assertividade.

2.7 Os custos do vazamento de dados e os mecanismos de mitigação

Em meio a todo esse avanço tecnológico e aos muitos benefícios que ele já trouxe e ainda pode trazer, é importante não olvidar que toda a situação enseja dois lados e, como tal, a tecnologia e seu exponencial crescimento também possui seu lado obscuro, dentre eles, podemos citar os vazamentos de dados e, ainda, os *"ransomwares"*, que possibilitam, muitas vezes, o uso indevido de informações, podendo causar danos inestimáveis à reputação e, até mesmo, à saúde física e mental dos seus titulares, sem falar nos prejuízos incalculáveis para a reputação das próprias empresas, impactando, desse modo, até mesmo na economia do país.

Cumpre, neste momento, compreender melhor em que consistem o vazamento de dados e os *ransomwares*.

Os *ransomwares* consistem em um software malicioso, difícil de ser detectado, que infecta o computador, exigindo, em seguida, por meio de mensagens, o pagamento de um determinado valor para permitir que o seu sistema volte a funcionar. Uma espécie de "sequestro de dados" que pode ser instalado por meio de links enganosos em mensagens de e-mail, sites ou mensagens instantâneas. Ele bloqueia a tela do computador ou, por meio de criptografia, insere uma senha em determinados arquivos selecionados, impedindo o acesso do titular.

O problema dos *ransomwares* reside no fato de que, além do prejuízo que causa para conseguir o desbloqueio e o retorno ao acesso aos dados contidos no computador, não há qualquer garantia de que o usuário conseguirá, de fato, retomar tal acesso. Sem falar que, muitas vezes, os invasores exigem dados de cartões de crédito e, nestes casos, o prejuízo pode ser ainda maior.

Os primeiros casos de *ransomwares* surgiram em 2005, na Rússia, espalhando-se rapidamente (como tudo o que acontece no âmbito da rede mundial de computadores) por todas as partes do mundo.

Em 2013, surgiu o *CryptoLocker* e, neste contexto, a equipe de resposta a emergências de computação dos EUA (*United States Computer Emergency Readiness Team* – US-CERT) alertou para a possibilidade de transmissão deste malware de uma máquina para outra. No caso do *CryptoLocker* há, inclusive, o agravante de que, segundo especialistas na área, a possibilidade de descriptografar é mínima.[117]

No que concerne ao vazamento de dados, tomando por base o fato de que a palavra *vazamento* decorre do ato de tornar vazio ou de esvaziar, podemos aferir o termo "vazamento de dados" como o ato de deixar escapar dados ou de sofrer ação com vistas a este escape. Desse modo, quando ocorre um vazamento, as informações, até então sigilosas, acabam por vir a público, sem qualquer autorização dos seus titulares.

Muito comuns atualmente, os vazamentos de dados causam consideráveis prejuízos aos seus titulares, colocando em xeque a segurança da internet. Seus objetivos são inúmeros: pessoais, políticos, de protestos, ativismo, enfim, de toda a espécie, e eles podem ocorrer sempre que os invasores se depararem com brechas na segurança do sistema da empresa.

O Centro de Tratamento e Resposta a Incidentes Cibernéticos de Governo (CTIR Gov2) alerta para o fato de que, em 2019, foram constatadas mais de onze mil ocorrências de incidentes, relativos à segurança da internet, em órgãos e entidades dos Poderes Públicos e, dentre estes, mais de dois mil incidentes estão relacionados ao vazamento de dados. E neste ano de 2020 não tem sido diferente. Nos primeiros quatro meses já foram identificados mais de dois mil casos de falhas na segurança, sendo que, cerca de 125 casos ocorreram por vazamento de dados.[118]

Atualmente não é segredo que as violações de dados têm se tornado cada vez mais frequentes e dispendiosas. Diversos exemplos, neste sentido, podem ser encontrados na mídia. Recentemente, a rede

---

[117] KASPERSKY. *O que é ransomware?* Disponível em: https://www.kaspersky.com.br/resource-center/definitions/what-is-ransomware. Acesso em 03 jun. 2020.

[118] BRASIL. *CTIR GOV*: Centro de tratamento e Resposta a Incidentes Cibernéticos de Governo. Disponível em: https://www.ctir.gov.br/estatisticas/. Acesso em 03 jun. 2020.

hoteleira Marriott e a British Airways desembolsaram cerca de U$100 milhões cada uma, por inobservância a dispositivos contidos no RGPD da UE.

Em uma pesquisa encomendada em 2019, pelo IBM Security, e conduzida pelo Instituto Ponemon, no estudo anual que busca analisar o impacto financeiro das violações de dados nas empresas, constatou-se que o custo de uma invasão de dados aumentou em 12% nos últimos 5 (cinco) anos, passando para uma média de U$3,92 milhões. Esse impacto pode ser ainda maior para pequenas e médias empresas (o estudo demonstra que em empresas com menos de 500 funcionários, as perdas chegam a mais de US$2,5 milhões, em média. Um impacto devastador, se formos considerar o faturamento anual das mesmas, que gira em torno de US$50 milhões).

O relatório aponta um aumento de 1,6% nos custos, no ano de 2018, e de 12% nos últimos cinco anos, considerando não apenas os chamados custos diretos, como, também, os custos indiretos, que consistem no tempo e no esforço que necessariamente devem ser dispendidos para tratar da violação, bom como das oportunidades que acabam sendo perdidas em decorrência do impacto causado na imagem da empresa, tais como a rotatividade dos clientes e as multas.

No setor de saúde, por tratarem diretamente com dados sensíveis, os números podem ser ainda mais elevados e, segundo dados fornecidos pela IBM, pelo 9º ano consecutivo, as organizações de saúde tiveram o maior custo de uma violação, chegando a quase U$6,5 milhões em média, o que corresponde a mais de 60% em relação às demais indústrias.

No Brasil, os relatórios apontam que o custo médio de uma violação de dados é de US$1,35 milhões, configurando um aumento de 18,93% em relação ao ano anterior.

Neste contexto, uma equipe altamente treinada e, portanto, qualificada para resposta de incidentes, consiste no principal fator de economia de custos, uma vez que os estudos demonstram que quanto mais lenta for a resposta à violação dos dados, maiores serão os custos.

Pelo relatório apresentado pela IBM Security, são necessários 279 dias para identificar e conter uma violação (206 dias para identificar e mais 73 dias para conter a invasão). As empresas que conseguiram detectar e conter uma violação em menos de 200 dias conseguiram ter uma despesa, em média, de US$1,2 milhões a menos. No Brasil, o estudo constatou um aumento no número de dias para identificar a violação de dados (de 240 para 250 dias em média), bem como para conter a violação (de 100 para 111 dias em média) em comparação ao ano de 2018. A proatividade das empresas, nestes casos, demonstra ser um importante e valoroso diferencial.[119]

Considerando, ainda, que os efeitos de uma violação de dados podem ser percebidos por anos, o estudo constatou, ainda, que uma média de 67% dos custos da violação de dados são percebidos logo no primeiro ano, 22% são acumulados para o segundo e 11% vão além de dois anos após a ocorrência da invasão.

A LGPD brasileira prevê, em seu art. 48, os passos a serem observados em caso de vazamento de dados. Segundo a legislação brasileira, caberá, nesses casos, ao Controlador, enviar comunicação à ANPD, todavia, limita essa comunicação aos casos com potencial de risco ou dano para os titulares destes dados.

Neste aspecto, cumpre observar que os dados pessoais sensíveis carregam, pela própria natureza, potencial risco de dano em caso de divulgação, de maneira que qualquer ocorrência envolvendo estes deverá ser imediatamente comunicada.

Nos casos quem envolverem os demais dados, será necessária uma análise de risco que possa identificar a probabilidade de riscos ou de danos relevantes. Todavia, se a organização preferir adotar uma postura mais conservadora, nada impede que comunique todo e qualquer incidente de segurança à ANPD.

Ainda de acordo com o art. 48 da LGPD, seu parágrafo único expressa que a comunicação do fato deve se dar em prazo razoável a ser determinado pela ANPD, devendo indicar, pelo menos, a natureza do dado afetado, as informações sobre os titulares envolvidos, a indicação das medidas técnicas e de segurança utilizadas para a proteção dos dados (fazendo a devida ressalva para os sigilos comerciais e industriais), os riscos relacionados ao incidente, as medidas usadas para reverter ou mitigar os danos e, caso a comunicação não tenha sido realizada de imediato, deve informar, também, o porquê da demora.

Em sequência, a lei estipula as ações que a ANPD poderá adotar, em uma relação meramente exemplificativa, que inclui a ampla divulgação na imprensa, além de medidas para reverter ou mitigar os efeitos do incidente.

Além disso, o art. 49 da LGPD dispõe que os sistemas de informática a serem usados no tratamento de dados precisam também estar de acordo com os quesitos de segurança, privacidade, governança, bem

---

[119] IBM SECURITY. *How much would a data breach cost your business?* Disponível em: https://www.ibm.com/security/data-breach. Acesso em 20 mai. 2020.

como com os princípios gerais da referida lei. Dessa forma, deverão adequar seus serviços e produtos aos princípios *Privacy by design* e *Privacy by default* e, também, os seus *softwares* deverão observar o disposto na Lei de Proteção de Dados: "Se você utiliza o Elastich Search, o PowerBI, o Tableau, o Qlick View e similares, é preciso que eles também atendam às diretrizes de segurança e proteção de dados".[120]

Importa salientar que, sob um ponto de vista técnico, os vazamentos, apesar de seu alto custo, não consistem nas únicas falhas na proteção de dados. O mau gerenciamento das credenciais de acesso de administrador, falhas de criptografia, acesso a redes sociais por funcionários (que além de procrastinar o serviço podem deixar vazar informações importantes e sigilosas da empresa, ainda que sem perceber), proteção ineficiente em dispositivos móveis (à medida que os pontos de acesso, na empresa, aumentam, a complexidade da manutenção do controle dos vetores de vulnerabilidade também aumenta) e, ainda, a invasão e os ataques externos, que podem se dar quando um usuário utiliza a rede para downloads, clica em links maliciosos ou tenta abrir e-mails de *pishings*, contribuindo para a entrada de *malwares* e outros tipos de armadilhas virtuais do sistema.[121]

Nesta senda é importante que os setores de T.I. estejam atentos, devendo incentivar análises frequentes a respeito da vulnerabilidade dos programas, com vistas a detectar, preventivamente, os possíveis comprometimentos da segurança de rede e dados.[122]

Impende, ainda, ressaltar, que falar em gestão de vulnerabilidades importa em falar mais do que sobre um simples escaneamento anual de vulnerabilidades, com a aplicação do tratamento necessário. É preciso um programa de vulnerabilidade expressivamente robusto, que inclua diversas verificações por ano, além de rastreamento e correções detalhados, análise de vulnerabilidades e causas raiz, bem como de relatórios especificados.

---

[120] VIDOR, D. Martins. *LGPD*: saiba tudo sobre segurança e sigilo de dados. 2019. Disponível em: https://www.plugar.com.br/lgpd-saiba-tudo-sobre-seguranca-e-sigilo-de-dados/. Acesso em 04 jun. 2020.

[121] NETWORKS, Telium. *LGPD*: 6 falhas de segurança de dados que você não deve cometer. 14 set. 2018. Disponível em: https://telium.com.br/blog/6-falhas-de-seguranca-de-dados-que-voce-nao-deve-cometer. Acesso em 04 jun. 2020.

[122] TELECOM, Marketing Alctel. *Como a segurança de rede resolve a vulnerabilidade do sistema de dados?* 2020. Disponível em: https://www.alctel.com.br/blog/seguranca-de-rede-como-resolver-a-vulnerabilidade-do-sistema-de-dados/. Acesso em 04 jun. 2020.

A indicação da frequência na verificação de vulnerabilidades vai depender das necessidades de cada empresa ou órgão, todavia, é recomendável varreduras, no mínimo, trimestrais.

Um programa robusto de gestão de vulnerabilidades segue os quatro processos que abrangem o gerenciamento de vulnerabilidades: descoberta, geração de relatórios, priorização e resposta.

Descoberta: o processo pelo qual os ativos de rede são encontrados, categorizados e avaliados quanto aos riscos;

Relatório: o relatório dos dados encontrados cria uma matriz de priorização que pode ser usada para determinar o que precisa ser tratado primeiro. Isso também pode ser usado para mostrar a progressão na correção de vulnerabilidades e na auditoria de conformidade.

Priorização: priorizar os riscos encontrados ajuda as organizações a entender onde o foco, o orçamento e os processos precisam ser implementados.

Resposta: a resposta ao risco vem em duas categorias: corrigir (eliminar o risco) e mitigar (atenuar as chances de o risco acontecer novamente).[123]

Além disso, importa ainda realizar, como parte essencial das obrigações de proteção, a Avaliação de Impacto na Proteção de Dados (AIPD), que consiste em um processo apto a fornecer a estrutura para qualquer estratégia de proteção de dados, de modo que se faz necessária sempre que determinada organização decide iniciar o processamento de dados de usuários, a fim de avaliar os riscos deste processamento para os titulares dos dados.

Uma única AIPD pode servir para avaliação de diversas operações de tratamento semelhantes, quanto à natureza, ao âmbito, ao contexto, à finalidade e aos riscos e, considerando o texto da LGPD, no que concerne aos princípios *by design* e *by default*, é importante, ainda, que a AIPD seja realizada previamente ao tratamento dos dados.

Uma avaliação de impacto precisa fornecer informações detalhadas sobre o processamento que se deseja realizar, tais como a análise da necessidade e da proporcionalidade do processamento a ser efetuado

---

[123] ALLEASY. *Gestão de vulnerabilidades x proteção das empresas: qual importância?* 3 fev. 2020. Disponível em: https://www.alleasy.com.br/2020/02/03/gestao-de-vulnerabilidades-x-protecao-das-empresas-qual-importancia/. Acesso em 04 jun. 2020.

em relação aos propósitos da organização, além de uma avaliação de riscos, no que concerne aos direitos e liberdades dos indivíduos e, ainda, as medidas desejadas pra lidar com os riscos (proteções, medidas de segurança e mecanismos que garantam a proteção dos dados e demonstrem a conformidade com a LGPD), o propósito de processar, as categorias de dados pessoais que serão processados, a retenção de dados, a localização e as transferências de dados pessoais e, ainda, a questão do compartilhamento dos dados tratados, tanto em relação a operadores quanto em relação a terceiros independentes.

Em todo o caso, o resultado que se espera de uma boa AIPD é a mitigação dos riscos relativos à privacidade dos dados tratados, ou seja, dos riscos que decorrem de invasões de privacidade. Riscos estes que podem surgir em decorrência de informações pessoais imprecisas, insuficientes ou desatualizadas, excessivas ou irrelevantes, ou então, divulgadas para quem não poderia ter acesso, bem como informações mantidas por muito tempo e utilizadas de forma inaceitável ou inesperada pelo processador.

Finalmente, no que concerne aos riscos do tratamento de dados, a AIPD não remove por completo os mesmos. Sua função é mitigar, minimizar a ocorrência desses riscos, possibilitando que a organização ou a empresa que realizou a competente avaliação decida se os riscos possíveis são aceitáveis, tomando por base os resultados almejados.[124]

Além desses instrumentos, importa, ainda, observar, que o momento requer uma abordagem proativa e, neste aspecto, uma estratégia importante a ser observada consiste no Plano de Recuperação de Desastres (*Disaster Recovery Plan* – DRP), que deve estar alinhado ao Plano de Continuidade de Negócios (*Business Continuity Plan* – BCP), sendo estes embasados em uma política responsável que estabeleça suas estruturas de operação, além da devida classificação dos sistemas ou dos aplicativos, com vistas a identificar os mais críticos neste sentido.

Por meio do plano de recuperação se busca esclarecer as medidas que devem ser implementadas para retomar o funcionamento o mais brevemente possível e, para sua eficácia, é necessária a divulgação, a capacitação e a realização de testes, seja através de checklist (listas de verificação), seja por meio de interrupção completa ou *full interruption test* (onde as operações realizadas são interrompidas em um lugar

---

[124] LAMELLAS, Paulo. A importância da Avaliação de Impacto a Proteção de Dados e Privacidade. *Neotel – Segurança Digital*, 12 dez. 2019. Disponível em: https://www.neotel.com.br/blog/2019/12/18/a-importancia-da-avaliacao-de-impacto-a-protecao-de-dados-e-privacidade/. Acesso em 04 jun. 2020.

primário e transferidas para um lugar de recuperação) e, com base nos resultados destes testes, devem ser efetuados melhorias e ajustes que poderão assegurar um plano cada vez mais robusto, preciso e eficiente.[125]

Outro importante mecanismo de proteção contra vazamentos consiste na criptografia dos dados (apesar de reconhecermos não se tratar de proteção absoluta, posto que a criptografia também pode ser quebrada). Com possibilidade de ser aplicada tanto para a proteção pessoal quanto para proteção empresarial (protege as informações contidas nos computadores pessoais ou empresariais através de um controle de acesso), para manutenção do sigilo nas trocas de informações de dados pela internet, para criação de áreas de segurança, para assinatura digital de documentos (garantindo a veracidade dos mesmos) e muitos outros mais, o uso da criptografia evita a leitura de informações que possam ter um valor estratégico para a empresa ou organização, de tal modo que, em caso de furtos ou vazamentos, o teor das informações será mantido em sigilo.[126]

Desta forma, implementar uma cultura de segurança e proteção de dados (que esteja em constante atualização) e se atentar para a prática de atos que possam mitigar essas invasões é imprescindível e, neste aspecto, como podemos perceber, a entrada em vigor da Lei de Proteção de Dados brasileira consistirá em um importante auxílio.

Roberto Aran (*head de prodotos da Plusoft*)[127] entende que, a partir da vigência da LGPD, o titular dos dados passará a ter uma posição de protagonista, decidindo se autorizará ou não o uso de seus dados para as organizações e empresas. Todavia, chama a atenção para o fato de que a proteção de dados é cultural e que o brasileiro talvez ainda não tenha se atentado para isso, de modo que a LGPD precisará passar por um necessário e importante período de maturação.

Neste aspecto, imperioso se torna conquistar a confiança da sociedade no que concerne à segurança de dados e, para tanto, cumpre não só às empresas, como, também, à Administração Pública, observar

---

[125] MENDOZA, Miguel Ángel. O que é e como executar um Plano de Recuperação de Desastres (DRP)? *Welivesecurity*, 17 mai. 2018. Disponível em: https://www.welivesecurity.com/br/2018/05/17/o-que-e-e-como-executar-um-plano-de-recuperacao-de-desastres-drp/. Acesso em 04 jun. 2020.

[126] STRONG SECURITY. *Criptografia de dados*: importância para a segurança da empresa. 2018 Disponível em: https://www.strongsecurity.com.br/blog/criptografia-de-dados-importancia-para-seguranca-da-empresa/. Acesso em 04 jun. 2020.

[127] ARAN, Roberto. Pontos de vista. *In: Consumidor Moderno*, 2020. Disponível em: https://www.consumidormoderno.com.br/2020/03/02/lgpd-estrategia-empresa-adaptar/. Acesso em 04 jun. 2020.

CAPÍTULO 2 | 103

com rigor os princípios dispostos no texto da lei, principalmente no tocante à transparência (deixando claro quais dados estão sendo colhidos, quais são suas finalidades, por exemplo, bem como quais são os direitos do titular) e à prestação de contas, que poderão assegurar à sociedade, a fiel observância da lei no tratamento dos dados. Importa, ainda, que essas informações sejam apresentadas de forma mais simples e clara possíveis e, em casos de vazamentos, as informações devem ser prestadas à sociedade de maneira rápida e responsável.

Isso tudo consiste na função da Governança de Dados, que tratamos anteriormente, pelo que ressaltamos e reiteramos a sua importância no momento atual.

CAPÍTULO 3

3.1 A nova Lei Geral de Proteção de Dados Pessoais do Brasil – a resposta brasileira aos avanços tecnológicos

Na esteira dos demais países (apesar de que, com certo atraso) e após diversos estudos a respeito, foi sancionada no Brasil, em 2018, a Lei Geral de Proteção de Dados Pessoas (LGPD), com o escopo de garantir a privacidade dos dados de pessoas físicas, regulamentando o seu compartilhamento com as empresas.

Com forte inspiração no RGPD da UE, que entrou em vigor em maio de 2018, a lei brasileira resulta (como ocorrido em todo o mundo) no reconhecimento da necessidade de regras que tracem os limites de tratamento de dados, a fim de possibilitar um melhor e mais eficaz aproveitamento da tecnologia e seus avanços, sem afrontar a individualidade e a privacidade dos titulares desses dados, incorrendo em um abuso de direito, como frequentemente temos visto noticiado em jornais mundiais.

Neste âmbito, a LGPD vem trazer os contornos e delineamentos necessários para o tratamento dos dados, com o devido resguardo da privacidade dos indivíduos, mediante a observância de práticas transparentes e responsáveis, com penalizações reconhecidamente pesadas para o seu descumprimento, que podem ir desde uma advertência com estipulação de prazo para correção, até a aplicação de multa correspondente a 2% do faturamento percebido pela empresa no ano anterior, limitado a R$50 milhões por infração.

Importa, portanto, ressaltar, tomando por base o já salientado, que a LGPD não se aplica a dados relacionados a pessoas jurídicas, cuja proteção legal poderá ser encontrada em outros instrumentos legislativos no campo da propriedade intelectual. Mesmo porque, apenas a pessoa física possui direito à privacidade, enquanto a pessoa jurídica tem o direito à confidencialidade, que são coisas distintas. A privacidade se refere ao que é íntimo, pessoal, relacionado à vida privada e, como direito fundamental, objeto de proteção da LGPD. A confidencialidade, por sua vez, se refere a sigilo, e encontra proteção em outros textos legislativos.

Ao estabelecer boas práticas de segurança no tratamento desses dados, o mercado brasileiro assegura a livre concorrência e possibilita que o Brasil avance na busca pela consolidação econômica, jurídica e social no panorama mundial. Para tanto, porém, é preciso que compreendamos o texto da lei e seus termos básicos.

O presente capítulo desta obra tem a finalidade, portanto, de desfiar o texto da Lei de Proteção de Dados, na busca por conhecer melhor seus objetivos e intentos, a fim de apreender os meios de melhor assegurar a sua eficiência prática. Munidos deste intuito, iniciamos com definições de termos basilares e técnicos, trazidos pelo próprio texto da Lei, como os conceitos de dado pessoal, tratamento, anonimização e pseudonimização, interoperabilidade, dentre outros.

Na sequência, passamos a analisar os direitos dos titulares dos dados pessoais, identificando, primeiramente, esses titulares, para, ato contínuo, analisar os direitos assegurados pela lei.

No tópico seguinte, nos dispusemos a esmiuçar os princípios que regem a proteção dos dados pessoais e finalizamos o capítulo analisando as hipóteses de não incidência da lei, previstas expressamente no próprio texto legal.

3.2 Definições de termos e conceitos básicos da nova Lei Geral de Proteção de Dados Pessoais

A LGPD brasileira é bem explicativa e traz, em seu próprio corpo, definições e conceitos que passamos, por ora, a analisar.

3.2.1 Dado Pessoal

Por Dado Pessoal deve-se entender toda informação que se refira à pessoa física, seja ela determinada ou passível de determinação, consoante o disposto no art. 5º da própria Lei em comento. Esses dados podem ser físicos ou digitais. Neste caso, foi adotado o conceito disposto no art. 4º do RGPD da UE, que assim dispõe:

Art. 4º – Definições
Para efeitos do presente regulamento, entende-se por:
1) «Dados pessoais», informação relativa a uma pessoa singular identificada ou identificável («titular dos dados»); é considerada identificável

uma pessoa singular que possa ser identificada, direta ou indiretamente, em especial por referência a um identificador, como por exemplo um nome, um número de identificação, dados de localização, identificadores por via eletrônica ou a um ou mais elementos específicos da identidade física, fisiológica, genética, mental, económica, cultural ou social dessa pessoa singular; (...). (Tradução oficial).

A LGPD brasileira, porém, faz uso das expressões "identificada ou identificável", mas não explicita o que se compreende pelo conceito de "pessoa identificável". Entretanto, a legislação europeia define como *"identificável"* a pessoa que pode ser descoberta (seja de forma direta ou indireta) por meio de um identificador que tanto pode ser um nome, quanto um número, uma localização ou, ainda, quaisquer outros elementos que se refiram a essa pessoa natural que se busca averiguar. A doutrina ensina, a esse respeito, que

o conceito de dado pessoal é bastante amplo, podendo englobar tanto informações que claramente identificam uma pessoa natural (como seu nome completo, número de RG ou CPF) quanto informações a ela relacionadas, de diversas naturezas.[128]

Nesta senda, torna-se necessário classificar os dados pessoais, que podem se apresentar como:

- *Dados pessoais não sensíveis* – aqueles que podem ser coletados e armazenados sem prévio consentimento, tais como o nome, o estado civil, a profissão etc.
- *Dados pessoais sensíveis* – O próprio texto legal explicita, em seu art. 5º, inciso II, que se trata de dados referentes à origem racial ou étnica, a convicções religiosas, opiniões políticas, filiação a sindicatos ou a organizações de caráter religioso, filosófico, político, bem com a dados relativos à saúde ou vida sexual da pessoa ou, ainda, dados genéticos ou biométricos destas. Como se vê, são dados de caráter mais íntimo e, dessa forma, de acesso mais restrito, razão pela qual o consentimento prévio e expresso se torna imprescindível no tratamento destes.

---

[128] CUNTO, Raphael de; GALIMBERTI, Larissa; LEONARDI, Marcel. Direitos dos titulares de dados pessoais. *In*: BRANCHER, Paulo Marcos Rodrigues; BEPPU, Ana Claudia (Coord.). *Proteção de dados pessoais no Brasil*: uma nova visão a partir da Lei nº 13.709/2018. Belo Horizonte: Fórum, 2019. p. 87-100.

É importante ressaltar, também, que até mesmo os dados não sensíveis poderão necessitar, em determinadas situações, de proteção que possa garantir, por exemplo, a sua integridade, a sua autenticidade e, até mesmo, a sua confidencialidade. Isso porque, como explica a doutrina, alguns dados, "ao serem confrontados com outros dados, podem revelar aspectos que o titular gostaria de manter em sigilo, por afrontarem diretamente o seu direito à privacidade".[129]

Nesses termos, ainda que se trate de dados não sensíveis, é preciso cautela e atenção em seu manuseio, considerando que estes também podem levar à identificação de determinada pessoa, quando confrontados com outros dados, de maneira a tornar seu titular "identificável" (ex.: deoxyribonucleic acid – DNA, impressões digitais, registros médicos).

Insta, ainda, diferenciar os dados pessoais dos chamados *dados cadastrais*, previstos no art. 10, §3º do marco civil da internet (Lei nº 12.965/14), que consistem em dados dotados de informações como filiação, estado civil, profissão, endereço, tais como os fornecidos para cadastro em lojas, escolas etc. Trata-se de dados que possuem uma natureza mais pública e que, portanto, não se confundem com os dados pessoais, cuja natureza é mais sigilosa, necessitando de autorização judicial para se ter acesso.

E, em relação aos dados cadastrais, importa também chamar a atenção para a definição trazida pelo Decreto nº 10.046, de 2019, (que dispõe sobre a governança no compartilhamento de dados no âmbito da Administração Pública federal e institui o Cadastro Base do Cidadão – CBC e o Comitê Central de Governança de Dados – CCGD), bem como para outras definições que esta lei traz e que se encontram relacionadas à LGPD:

> Art. 2º Para fins deste Decreto, considera-se:
> I – *atributos biográficos – dados de pessoa natural relativos aos fatos da sua vida, tais como nome civil ou social, data de nascimento, filiação, naturalidade, nacionalidade, sexo, estado civil, grupo familiar, endereço e vínculos empregatícios;*
> II – *atributos biométricos – características biológicas e comportamentais mensuráveis da pessoa natural que podem ser coletadas para reconhecimento automatizado, tais como a palma da mão, as digitais dos dedos, a retina ou a íris dos olhos, o formato da face, a voz e a maneira de andar;*
> III – *dados cadastrais –* informações identificadoras perante os cadastros de órgãos públicos, tais como:

---

[129] VIEIRA, Tatiana Malta. Proteção de dados pessoais na sociedade de informação. *Revista de Direito Inform Telecomun – RDIT*, Belo Horizonte: Ed. Fórum, ano 2, n. 2, jan./jun. 2007.

a) os atributos biográficos;
b) o número de inscrição no Cadastro de Pessoas Físicas – CPF;
c) o número de inscrição no Cadastro Nacional de Pessoas Jurídicas – CNPJ;
d) o Número de Identificação Social – NIS;
e) o número de inscrição no Programa de Integração Social – PIS;
f) o número de inscrição no Programa de Formação do Patrimônio do Servidor Público – Pasep;
g) o número do Título de Eleitor;
h) a razão social, o nome fantasia e a data de constituição da pessoa jurídica, o tipo societário, a composição societária atual e histórica e a Classificação Nacional de Atividades Econômicas – CNAE; e
i) outros dados públicos relativos à pessoa jurídica ou à empresa individual;
IV – *atributos genéticos* – características hereditárias da pessoa natural, obtidas pela análise de ácidos nucleicos ou por outras análises científicas;
V – autenticidade – propriedade de que a informação foi produzida, expedida, modificada ou destruída por uma determinada pessoa natural, ou por um determinado sistema, órgão ou entidade;
VI – base integradora – base de dados que integra os atributos biográficos ou biométricos das bases temáticas;
VII – base temática – base de dados de determinada política pública que contenha dados biográficos ou biométricos que possam compor a base integradora;
VIII – compartilhamento de dados – disponibilização de dados pelo seu gestor para determinado recebedor de dados;
IX – confidencialidade – propriedade que impede que a informação fique disponível ou possa ser revelada à pessoa natural, sistema, órgão ou entidade não autorizado e não credenciado;
X – custo de compartilhamento de dados – valor dispendido para viabilizar a criação e a sustentação dos recursos tecnológicos utilizados no compartilhamento de dados;
XI – custodiante de dados – órgão ou entidade que, total ou parcialmente, zela pelo armazenamento, pela operação, pela administração e pela preservação de dados coletados pela Administração Pública federal, que não lhe pertencem, mas que estão sob sua custódia;
XII – disponibilidade – propriedade de que a informação esteja acessível e utilizável sob demanda por uma pessoa natural ou determinado sistema, órgão ou entidade;
XIII – gestor de dados – órgão ou entidade responsável pela governança de determinado conjunto de dados;
XIV – gestor de plataforma de interoperabilidade – órgão ou entidade responsável pela governança de determinada plataforma de interoperabilidade;

XV – governança de dados – exercício de autoridade e controle que permite o gerenciamento de dados sob as perspectivas do compartilhamento, da arquitetura, da segurança, da qualidade, da operação e de outros aspectos tecnológicos;

XVI – informação – dados, processados ou não, que podem ser utilizados para produção e transmissão de conhecimento, contidos em qualquer meio, suporte ou formato;

XVII – integridade – propriedade de que a informação não foi modificada ou destruída de maneira não autorizada ou acidental;

XVIII – interoperabilidade – capacidade de diversos sistemas e organizações trabalharem em conjunto, de modo a garantir que pessoas, organizações e sistemas computacionais troquem dados;

XIX – item de informação – atributo referente a determinada informação que pode ser acessado em conjunto ou de forma isolada;

XX – mecanismo de compartilhamento de dados – recurso tecnológico que permite a integração e a comunicação entre aplicações e serviços do recebedor de dados e dos órgãos gestores de dados, tais como serviços *web*, cópia de dados, lago de dados compartilhado e plataformas de interoperabilidade;

XXI – plataforma de interoperabilidade – conjunto de ambientes e ferramentas tecnológicas, com acesso controlado, para o compartilhamento de dados da Administração Pública federal entre órgãos e entidades especificados no art. 1º;

XXII – recebedor de dados – órgão ou entidade que utiliza dados após ser concedida permissão de acesso pelo gestor dos dados;

XXIII – requisitos de segurança da informação e comunicação – ações que objetivam viabilizar e assegurar a disponibilidade, a integridade, a confidencialidade e a autenticidade das informações; *(Redação dada pelo Decreto nº 10.332, de 2020).*

XXIV – solicitante de dados – órgão ou entidade que solicita ao gestor de dados a permissão de acesso aos dados; e *(Redação dada pelo Decreto nº 10.332, de 2020).*

XXV – cadastro base – informação de referência, íntegra e precisa, centralizada ou descentralizada, oriunda de uma ou mais fontes, sobre elementos fundamentais para a prestação de serviços e para a gestão de políticas públicas, tais como pessoas, empresas, veículos, licenças e locais. *(Incluído pelo Decreto nº 10.332, de 2020).*[130] (Grifos nosso).

---

[130] BRASIL. Decreto nº 10. 046, de 9 de outubro de 2019. Dispõe sobre a governança no compartilhamento de dados no âmbito da administração pública federal e institui o Cadastro Base do Cidadão e o Comitê Central de Governança de Dados. *Diário Oficial da União*, Brasília, 10 de out. 2019. Disponível em: http://www.planalto.gov.br/ccivil_03/_Ato2019-2022/2019/Decreto/D10046.htm#art34. Acesso em 04 mar. 2020.

3.2.2 Tratamento

Consoante o disposto em lei, entende-se, por tratamento, toda e qualquer operação realizada com os dados pessoais. Cite-se:

> Art. 5. (...) X – tratamento: toda operação realizada com dados pessoais, como as que se referem a coleta, produção, recepção, classificação, utilização, acesso, reprodução, transmissão, distribuição, processamento, arquivamento, armazenamento, eliminação, avaliação ou controle da informação, modificação, comunicação, transferência, difusão ou extração.

Cremos que o conceito amplo tem a finalidade de abranger tudo o que possa ser realizado com esses dados, isto é, qualquer operação referente aos dados pessoais, tais como a coleta, a utilização, o processamento, o armazenamento, a transferência e o compartilhamento. A LGPD traz cerca de vinte verbos diferentes para especificar o que está compreendido no conceito de "tratamento".

A lei elenca, ainda, dez hipóteses de tratamento de dados, quais sejam: políticas públicas, pesquisas por órgãos (onde sugere a anonimização ou, ao menos, a pseudonimização), consentimento, legítimo interesse, proteção à vida, proteção do crédito, processo judicial, execução de contrato, cumprimento de obrigações legais e tutela da saúde.

3.2.3 Agentes de tratamento

Ainda no que concerne ao tratamento dos dados, são considerados, pela lei, como *agentes de tratamento*: o controlador e o operador.

O *controlador* é a pessoa – física ou jurídica, de direito público ou privado – que determina o que será feito com os dados pessoais, ou seja, a pessoa de quem emanam as decisões. Quem define o "como" e o "porquê". Também chamado de *data controle*, o controlador é quem determina a forma e os objetivos a serem alcançados no tratamento dos dados.

Por outro lado, o *operador* ou *data processor*, é a pessoa – natural ou jurídica, de direito público ou privado – que realiza, de fato, o tratamento dos dados em nome do controlador. O operador é aquele que age sob as instruções do controlador, ou seja, é quem realiza o tratamento dos dados a mando do controlador.

3.2.4 O encarregado

Uma figura, porém, vem se destacando devido à sua importância para o momento atual, mormente após a entrada em vigor da LGPD. Trata-se do *encarregado* ou *Data Protection Officer* (DPO), previsto no art. 5º, VIII da LGPD que, nada mais é, do que uma pessoa indicada pelo controlador, para ser o canal de ligação entre este (controlador), os titulares dos dados e a ANPD.

A redação original da LGPD sofreu diversas alterações desde a sua publicação e, uma delas, refere-se, exatamente, à figura do encarregado. O texto original da lei falava que o encarregado deveria ser "pessoa natural", todavia, após a redação conferida pela Lei nº 13.853 de 2019, passou a se falar apenas "pessoa", dando margem à afirmação de que a função do encarregado pode ser exercida tanto por pessoa física, quanto por pessoa jurídica.

Uma informação importante a ser destacada a esse respeito é a de que o encarregado não é considerado, pela lei, um agente de tratamento e, como tal, não responde por danos causados aos titulares dos dados (art. 42 LGPD).

Ainda no que concerne ao encarregado, a LGPD determina transparência na divulgação da sua identidade (art., 41 §1º) que deverá se dar de forma clara, objetiva e, de preferência, no sítio eletrônico do controlador, de maneira a não deixar dúvidas acerca de quem é o responsável por aceitar as reclamações e comunicações dos titulares, prestar esclarecimentos, receber comunicações da ANPD, orientar os funcionários e contratados sobre as práticas a serem adotadas no que se refere à proteção dos dados tratados, executar as demais atribuições determinadas pelo controlador, aprovar o relatório de impacto e adotar as providencias necessárias em todos os casos (art. 41 §2º).

3.2.5 Autoridade Nacional de Proteção de Dados (ANPD)

A ANPD, órgão da Administração Pública com a responsabilidade de zelar, implementar e fiscalizar o efetivo cumprimento da LGPD foi criada, como já mencionado anteriormente, pela Medida Provisória nº 869/2018 e teve a sua estrutura regimental e o seu quadro demonstrativo de cargos em comissão e funções de confiança devidamente aprovados em 26 de agosto de 2020, através do Decreto nº 10.474.

Sua estrutura e suas competências encontram-se expressamente previstas em lei e sua composição consiste em:

- um Conselho Diretor, órgão máximo que deve ser composto pelo diretor-presidente e mais 5 (cinco) membros;
- um Conselho Nacional de Proteção de Dados Pessoais, composto por 23 membros não remunerados, que representarão a sociedade civil, as demais entidades representativas, o Senado Federal, a Câmara dos Deputados, dentre outros; e,
- uma Corregedoria;
- uma Ouvidoria;
- um órgão de assessoramento jurídico próprio; e
- unidades administrativas e especializadas necessárias para a devida aplicação do disposto na lei.

Trata-se, portanto, de um órgão da Administração Pública federal que integra a Presidência da República, todavia, por força do disposto no §1º do art. 55-A, essa natureza jurídica é transitória, podendo ser transformada pelo poder executivo, em uma entidade da Administração Pública federal indireta, submetida a regime autárquico especial, vinculada à Presidência da República. Tal mudança, contudo, só será possível se realizada dentro de 2 anos da entrada em vigor de sua estrutura regimental (§2º).

O §3º do artigo em comento prevê, ainda, em relação ao provimento de cargos e funções necessários para a criação e atuação da ANPD, a indispensabilidade de expressa autorização física e financeira em lei orçamentária anual, bem como a devida permissão na lei de diretrizes orçamentárias.

Suas atribuições podem ser resumidas em poderes de investigação, poderes corretivos e consultivos e, como órgão do poder executivo, estará também, sujeita ao controle externo por parte dos Tribunais de Contas.

Dentre os membros do Conselho Nacional de Proteção de Dados pessoais deverão estar presentes representantes do poder público, da sociedade civil, empresários, representantes da área acadêmica, da corregedoria, da ouvidoria, além de uma assessoria jurídica própria e unidades administrativas especializadas.

A Medida Provisória que instituiu a ANPD determinou que dentre suas competências estão as de editar normas e procedimentos referentes à proteção de dados, fiscalizar e aplicar sanções, difundir socialmente o conhecimento a respeito das normas e políticas públicas para a proteção de dados pessoais, dentre outras expressamente estipuladas.

Neste sentido, dispõe o art. 40 da LGPD que a ANPD poderá dispor sobre padrões de interoperabilidade para fins de portabilidade, de livre acesso aos dados e à segurança, bem como sobre o tempo em que os registros devem permanecer guardados, considerando, sempre, os princípios da necessidade e da transparência.

No que concerne à aplicação de sanções, o art. 55-K determina que é de competência exclusiva da ANPD, competência esta que prevalecerá sobre demais competências correlatas de outras entidades ou órgãos da Administração Pública.

Ainda no que se refere à esta autoridade fiscalizadora brasileira, importa salientar que, em 20 de outubro de 2020, o Senado Federal aprovou os cinco nomes indicados pelo Presidente da República (Jair Messias Bolsonaro), para integrar o Conselho Diretor da ANPD.

Dos cinco nomes aprovados, três provêm de carreira militar: o Coronel Waldemar Gonçales Ortunho (nomeado diretor-presidente, para o mandato de 6 (seis) anos), o Coronel Arthur Pereira Sabbat e Joacil Basilio Rael (proveniente das Agulhas Negras).

Ao lado deles foram nomeadas, também, a professora Miriam Wimmer (Diretora de políticas de telecomunicações do Ministério das Comunicações brasileiro) e Nairane Farias Rabelo (advogada e a única representante do setor privado).

Excepcionalmente, os mandatos dos diretores que formam essa primeira composição irão durar de dois a seis anos (diferente dos quatro anos previstos no decreto que criou a ANPD).

3.2.6 Compartilhamento

Compartilhar significa "fazer parte de algo com alguém; dividir", "partilhar ou repartir com".[131] No corpo da LGPD, o legislador define *compartilhamento* da seguinte forma: a comunicação, a transferência ou a difusão, ou seja, a interconexão dos dados pessoais; o tratamento compartilhado do banco de dados por órgãos e entes públicos, dentro de suas competências legais ou, até mesmo, entre estes e entes privados, reciprocamente e com a devida autorização para tanto (autorização, esta, que deve ser específica), no que concerne a uma ou mais modalidades de tratamento permitidas.

---

[131] HOUAISS, Antônio; VILLAR, Mauro de Salles; FRANCO, Francisco Manuel de Mello. *Dicionário Houaiss da Língua Portuguesa*. Rio de Janeiro: Objetiva, 2007.

CAPÍTULO 3 | 115

3.2.7 Anonimização e pseudonimização

A *anonimização* também encontra previsão expressa no próprio texto da LGPD, em seus arts. 5°, III e XI:

> Art. 5° Para fins desta Lei, considera-se: (...)
> III – dado anonimizado: dado relativo a titular que não possa ser identificado, considerando a utilização de meios técnicos razoáveis e disponíveis na ocasião de seu tratamento. (...)
> XI – anonimização: utilização de meios técnicos razoáveis e disponíveis no momento do tratamento, por meio dos quais um dado perde a possibilidade de associação, direta ou indireta, a um indivíduo.[132]

Por anonimização, portanto, compreende-se a técnica de tornar o sujeito – titular dos dados manuseados – não identificável, de modo a fazer com que tais dados percam quaisquer possibilidades de associação (direta ou indireta) a um indivíduo. Essa técnica justifica-se, por exemplo, para a utilização de dados pessoais para fins estatísticos, onde não há necessidade de identificação direta do titular. A anonimização é permanente, ou seja, é irreversível, uma vez realizada, não há mais possibilidade de se "reidentificar" o titular. Sendo assim, por não permitir mais quaisquer identificações, a anonimização afasta a aplicação da lei, posto que, uma vez anonimizado, tais dados não serão mais considerados "dados pessoais" (já que deixam de ser associados ou vinculados a pessoa específica), conforme expressa disposição no art. 12 da LGPD.

Importa ressaltar que a LGPD não exclui o dado anonimizado da possibilidade de ser tratado, pelo contrário, para a lei, esse dado consiste em um dado tratável (art. 5°, XI). Sua distinção se encontra no fato de que, inicialmente, ele consiste em um dado pessoal, mas que, por meio de técnicas específicas, perde a capacidade de associação a determinada pessoa, podendo até ser associado a um grupo, mas não a uma pessoa específica. Ex.: 80% das pessoas do sexo feminino preferem a marca "X" de determinado produto, ou minha empresa possui 70% de clientes com idade entre 45 e 60 anos. Em virtude de não estar mais vinculado a uma pessoa, e sim a um grupo, tal dado não é mais considerado "pessoal" e, por esse motivo, não necessita da proteção específica da LGPD.

---

[132] BRASIL. Lei n° 13.709, de 14 de agosto de 2018. Lei Geral de Proteção de Dados Pessoais (LGPD) – Redação dada pela Lei n° 13.853 de 2019. *Diário Oficial da União*, Brasília, 15 ago. 2018. Disponível em: http://www.planalto.gov.br/ccivil_03/_ato2015-2018/2018/lei/L13709.htm. Acesso em 20 mai. 2020.

Importa salientar que o próprio art. 12 da LGPD faz a ressalva de que, se o processo da anonimização for revertido, ou se for constatada essa possibilidade por meio de "esforços razoáveis", os dados voltarão a ter o caráter de "dados pessoais", retornando, portanto, à égide da LGPD. Isso porque se o processo de anonimização for revertido, o que ocorreu não foi, de fato, uma anonimização (já que esta é irreversível), mas tão somente uma pseudonimização, que não deixa de estar sob a égide da LGPD.

Assim sendo, caberá aos responsáveis pelo tratamento o cuidado de realizar uma anonimização eficiente e efetiva. Para isso, deve-se excluir, por exemplo, identificadores diretos da pessoa, tais como o seu nome, os números de seus documentos, o seu endereço, buscando apagar quaisquer registros e rastros que possam remanescer, com vistas à irreversibilidade absoluta do processo.

Nesse sentido, observamos um ponto que merece maior cautela no que se refere ao disposto no §1º do art. 12 da LGPD (quando este afirma que se mediante "esforços razoáveis" a anonimização puder ser revertida, os dados voltarão a ser considerados pessoais e, como tais, objeto da referida lei), pois cumpre determinar o que poderia ser entendido como "esforços razoáveis". Inferimos, neste aspecto, que devem ser considerados, para tanto, fatores puramente objetivos, tais como o tempo dispensado e o custo da reversão, de acordo com as tecnologias disponíveis no caso concreto. Isso tornaria a interpretação menos sujeita a pessoalidades e subjetividades.

A *pseudonimização*, por sua vez, encontra-se prevista no art. 13 §4º da LGPD:

> Art. 13. (...)
> §4º Para os efeitos deste artigo, a pseudonimização é o tratamento por meio do qual um dado perde a possibilidade de associação, direta ou indireta, a um indivíduo, senão pelo uso de informação adicional mantida separadamente pelo controlador em ambiente controlado e seguro.[133]

Sendo assim, trata-se de uma técnica na qual ainda há possibilidade de associação entre os dados e seu titular, por meio de informações adicionais, mantidas separadamente pelo controlador.

---

[133] BRASIL. Lei nº 13.709, de 14 de agosto de 2018. Lei Geral de Proteção de Dados Pessoais (LGPD) – Redação dada pela Lei nº 13.853 de 2019. *Diário Oficial da União*, Brasília, 15 ago. 2018. Disponível em: http://www.planalto.gov.br/ccivil_03/_ato2015-2018/2018/lei/L13709.htm. Acesso em 20 mai. 2020.

Ela não "desidentifica" permanentemente o dado, mas traz relativa proteção. Para isso, utiliza técnica que divide esses dados, armazenando-os em sistemas diferentes, de modo a não permitir, enquanto separados, a associação e a consequente identificação do titular. Todavia, a empresa responsável pelo tratamento detém a chave para essa pseudonimização, permitindo uma "reidentificação" do titular, se e quando for necessário.

Neste ponto, cabe chamar a atenção para uma figura importante nesse tema, a *Inbound Marketing*, técnica de marketing muito utilizada atualmente. Essa técnica, também chamada de "marketing de atração", consiste em uma nova forma de captura de dados, que busca atrair a atenção do consumidor.

O modelo de marketing no qual a propaganda entra, interrompendo a atividade do consumidor, encontra-se ultrapassado. A técnica, agora, consiste em compartilhar uma informação com o consumidor, com a finalidade de atrair a sua atenção, levando-o a buscar o produto ou o serviço ofertado, de forma a gerar uma espécie de engajamento por parte deste, e fazendo com que o próprio consumidor procure a empresa, atraído pelo seu marketing.

Nessa espécie de marketing, a responsabilidade por diminuir os riscos de associação dos dados coletados a uma determinada e específica pessoa será da própria tecnologia. Isso significa que a empresa precisará desenvolver uma tecnologia que lhe permita manter em segurança a devida e correta anonimização dos dados fornecidos pelos consumidores atraídos por sua estratégia de marketing. Enquanto não for possível desenvolver tal tecnologia, comprovadamente segura e devidamente atestada pela própria ANPD, não podemos afirmar com precisão se, nesses casos, o dado será, de fato, anonimizado ou apenas pseudonimizado.

Entendemos que, por ora, o que irá direcionar as empresas será o seu comprometimento ético em relação ao consumidor, a fim de impedir que os dados informados, por ocasião do marketing de captura, possam ser novamente associados à sua pessoa, causando-lhe prejuízos.

3.2.8 Interoperabilidade

No site "Governo Digital", do Ministério da Economia (ME), encontramos informações sobre o que se compreende por interoperabilidade. Tal terminologia se refere à capacidade de comunicabilidade transparente entre os sistemas, sejam eles informatizados ou não. O que nos permite afirmar que *interoperabilidade* significa a possibilidade de dois ou mais sistemas (similares ou não) trabalharem conjuntamente, possibilitando a troca de informações (não dados).[134] Neste sentido, a fim de esclarecer melhor o conceito:

> Os quatro conceitos apresentados a seguir fundamentaram o entendimento do governo brasileiro a respeito do assunto.
>
> "Intercâmbio coerente de informações e serviços entre sistemas. Deve possibilitar a substituição de qualquer componente ou produto usado nos pontos de interligação por outro de especificação similar, sem comprometimento das funcionalidades do sistema" (governo do Reino Unido).
>
> "Habilidade de transferir e utilizar informações de maneira uniforme e eficiente entre várias organizações e sistemas de informação" (governo da Austrália).
>
> "Habilidade de dois ou mais sistemas (computadores, meios de comunicação, redes, software e outros componentes de tecnologia da informação) de interagir e de intercambiar dados de acordo com um método definido, de forma a obter os resultados esperados". (ISO)
>
> "Interoperabilidade define se dois componentes de um sistema, desenvolvidos com ferramentas diferentes, de fornecedores diferentes, podem ou não atuar em conjunto". (Lichun Wang, Instituto Europeu de Informática – CORBA Workshops).
>
> Interoperabilidade não é somente integração de sistemas, nem somente integração de redes. Não referencia unicamente a troca de dados entre sistemas e não contempla simplesmente definição de tecnologia.
>
> É, na verdade, a soma de todos esses fatores, considerando, também, a existência de um legado de sistemas, de plataformas de hardware e software instaladas.[135]

3.2.9 Bloqueio e eliminação de dados

Por *bloqueio de dados* a lei define a suspensão temporária de tratamento, seja qual for a operação. Nesses casos, determina o texto legal que o dado que estava sendo tratado deve ser guardado.

---

[134] BRASIL. Ministério da Economia. *Interoperabilidade*. Disponível em: https://www.governodigital.gov.br/transformacao/compras/orientacoes/interoperabilidade. Acesso em 05 mar. 2020.

[135] BRASIL. Ministério do Meio Ambiente. *Interoperabilidade. O que é interoperabilidade?* Disponível em: https://www.mma.gov.br/informma/item/869-interoperabilidade-o-que-%C3%A9. Acesso em 05 mar. 2020.

No que concerne à *eliminação de dados*, porém, a lei define como sendo a exclusão do dado ou, até mesmo, de um conjunto desses que se encontravam armazenados em um banco de dados.

Deste modo, a distinção dos termos reside no fato de que, em se falando de suspensão, haverá tão somente uma paralisação temporária do tratamento, enquanto na eliminação, o dado será excluído definitivamente, e não há que se falar mais em tratamento.

Além do exposto, a lei se refere, no art. 5°, XVII, ao *relatório de impacto à proteção dos dados pessoais*. Trata-se de um documento elaborado pelo controlador, com a descrição dos processos de tratamento que tenham potencial prejuízo aos direitos fundamentais da pessoa. Além de descritivo, o documento deverá prever, também, medidas para resguardar ou, ao menos, mitigar os riscos dos potenciais prejuízos.

3.2.10 Relatório de impacto à proteção de dados pessoais

Trata-se da documentação que deve ser mantida pelo controlador de dados, contendo a descrição dos processos de tratamento de dados pessoais passíveis de ocasionar riscos aos direitos fundamentais e liberdades civis dos titulares, a metodologia utilizada para a coleta e para a garantia da segurança das informações, as medidas de proteção e instrumentos adotados com vistas a mitigar os riscos e a análise do controlador quanto as tais medidas, consoante disposição expressa no art. 38 da LGPD.

Cumpre observar que a relação apresentada é meramente exemplificativa e apresenta apenas um rol mínimo necessário.

3.3 Os Direitos dos titulares dos dados pessoais

O titular dos dados pessoais será toda pessoa natural a quem tais dados se referem. Impende salientar, contudo, que apenas as pessoas físicas podem ser titulares de dados pessoais. Estes, uma vez reconhecidos e identificados – conforme determina a LPGD, em seu art. 17 – terão a garantia de proteção aos direitos fundamentais de liberdade, intimidade e privacidade, nos termos da lei.

Além disso, o artigo subsequente (art.18) especifica alguns direitos do titular em relação aos agentes de tratamento, os quais poderão ser exercidos mediante requerimento expresso, sem custos para o titular e, cujo prazo, ainda necessita de definição em regulamentação posterior, conforme §5°, art.18, da mesma Lei.

Dentre os direitos assegurados pela Lei de Proteção de Dados brasileira, além dos direitos "tradicionais" – acesso, retificação, cancelamento e a oposição dos dados pessoais (já previstos e regulamentados em legislações anteriores) – encontram-se regulamentados, outros direitos específicos como, por exemplo, o direito à portabilidade.

Podemos, deste modo, afirmar, que são, por definição legal, direitos dos titulares:

- *O Direito de Confirmação do Tratamento* – proveniente do princípio da transparência (expresso no art. 6°, VI da LGPD), determina que o titular tem o direito de saber se seus dados são, ou não, objeto de tratamento.
- *O Direito de Acesso aos Dados* – garante ao titular dos dados o acesso a todo e qualquer dado seu que esteja sendo tratado, podendo exigir cópia inclusive. Esse direito decorre do princípio do livre acesso (art. 6° VI LGPD).

Sobre ambos os direitos mencionados, importa salientar que já encontravam previsão na Lei n° 9.507/97, conhecida como *Lei do Habeas Data*. Suas regras encontram-se previstas expressamente no art. 19 da LGPD, caput e parágrafos, conforme transcrevemos a seguir:

Art. 19. A confirmação de existência ou o acesso a dados pessoais serão providenciados, mediante requisição do titular:

I – Em formato simplificado, imediatamente;

II – Por meio de declaração clara e completa, que indique a origem dos dados, a inexistência de registro, os critérios utilizados e a finalidade do tratamento, observados os segredos comercial e industrial, fornecida no prazo de até 15 (quinze) dias, contado da data do requerimento do titular.

(...)

§3° – Quando o tratamento tiver origem no consentimento do titular ou em contrato, o titular poderá solicitar cópia eletrônica integral de seus dados pessoais, observados os segredos comercial e industrial, nos termos de regulamentação da autoridade nacional, em formato que permita a sua utilização subsequente, inclusive em outras operações de tratamento.[136]

---

[136] BRASIL. Lei n° 13.709, de 14 de agosto de 2018. Lei Geral de Proteção de Dados Pessoais (LGPD) – Redação dada pela Lei n° 13.853 de 2019. *Diário Oficial da União*, Brasília, 15 ago. 2018. Disponível em: http://www.planalto.gov.br/ccivil_03/_ato2015-2018/2018/lei/L13709.htm. Acesso em 20 mai. 2020.

- *O Direito de Correção dos Dados* – previsto no art. 18 da LGPD, esse direito garante a correção de dados que possam se apresentar incompletos, desatualizados ou incorretos, razão pela qual a lei prevê, expressamente, o direito de retificar ou de corrigir tais dados. Trata-se de um direito que decorre do princípio da qualidade dos dados (previsto no art. 6º, V da LGPD) e já era assegurado pela Lei do Habeas Data (art. 7º, II, Lei nº 9.507/1997).

Cunto leciona, no que tange a esse direito, que, em se tratando de dados incorretos ou desatualizados, quando se tratar especificamente de erros posteriormente corrigidos, o registro do erro não deve ser apagado, como forma de proteção ao próprio titular do dado. Seria uma forma de assegurar a não repetição do erro. Entende a doutrina que, neste caso, deve constar informações a respeito do erro cometido, juntamente com a correção subsequente:

> Em alguns casos, o registro do erro em si é exato e deve ser mantido, justamente para que se entenda o histórico daquela situação e o erro não seja repetido. (...) imagine-se, por exemplo, que um paciente seja diagnosticado incorretamente como portador de doença grave. Em certas circunstâncias, é preferível que seu prontuário médico mostre tanto o diagnóstico inicial equivocado quanto o diagnóstico posterior correto, de forma a evitar erros similares no futuro. Ainda que o histórico médico desse paciente contenha um diagnóstico incorreto, ele representa um registro fiel de seu tratamento médico. Desde que o histórico desse paciente apresente o diagnóstico inicial equivocado e o diagnóstico posterior correto – e que todos esses fatos estejam claros em seu prontuário – não haveria motivo para exigir a retificação dessas informações.[137]

- *O Direito à Anonimização, ao Bloqueio ou à Eliminação dos Dados* – decorrente do princípio da necessidade (art. 6º, III da LGPD), que determina que o tratamento deve se limitar ao mínimo necessário para a consecução de seus fins, sem quaisquer exceções.

---

[137] CUNTO, Raphael de; GALIMBERTI, Larissa; LEONARDI, Marcel. Direitos dos titulares de dados pessoais. *In*: BRANCHER, Paulo Marcos Rodrigues; BEPPU, Ana Claudia (Coord.). *Proteção de dados pessoais no Brasil*: uma nova visão a partir da Lei nº 13.709/2018. Belo Horizonte: Fórum, 2019. p. 93.

A dificuldade, neste ponto, se dá em relação à definição do que seriam dados desnecessários, visto se tratar de uma análise subjetiva e inerente ao caso e às finalidades que se pretende alcançar. Não obstante, um determinado conjunto de dados pode ser considerado necessário para certos fins e desnecessário para outros, a depender das circunstâncias, tornando a análise deveras subjetiva.

De todo modo, trata-se de um direito vinculado à finalidade do tratamento. Sendo assim, se o princípio da necessidade não for atendido para alcançar o fim pretendido, poderá o titular dos dados, consoante o disposto no art. 18 da LGPD, requerer a anonimização, o bloqueio dos dados ou, até mesmo, a eliminação ou exclusão desses do banco de dados.

- *O Direito de Portabilidade dos Dados* – pode ser compreendido em duas subcategorias: (1) o direito de receber dados pessoais fornecidos a outro controlador (normalmente em formato interoperável) para ser tratado por outro fornecedor, seja de serviço, seja de produto; (2) o direito de exigir a transferência desses dados para outro fornecedor (de serviço ou de produto), em formato interoperável ou de uso comum ou habitual.

Nesses casos, em havendo incompatibilidade de sistemas ou de estruturas do banco de dados, esses dados devem ser fornecidos ao seu titular de maneira direta. O texto da lei ainda determina que a ANPD poderá dispor a respeito dos padrões de interoperabilidade necessários para os fins de portabilidade, do tempo de guarda dos registros e, ainda, do seu livre acesso, a fim de resguardar a transparência no tratamento desses dados.

De forma mais objetiva, podemos definir o direito de portabilidade dos dados como sendo o que permite ao usuário levar/portar seus dados pessoais, tratados por uma empresa, para uma outra plataforma semelhante.

Ainda no que concerne à portabilidade, importa salientar que informações geradas pela análise do controlador no tratamento dos dados pessoais não são passíveis de portabilidade e se encontram sob a proteção do sigilo empresarial e industrial. Semelhante situação se dá com os dados anonimizados, que não obrigam o controlador à portabilidade, justamente por não terem mais condições de serem vinculados a um titular específico.

- *O Direito de Eliminação dos Dados* – apesar do §5°, do art. 8°, da LGPD permitir a revogação do consentimento fornecido pelo titular, esta não possui o condão de eliminar, por si só, os dados já tratados. Todavia, a lei prevê o direito à eliminação dos mesmos, desde que devidamente requeridos por seu titular, conforme disposição contida no inciso VI do art. 18.

Porém, existem ressalvas em relação ao exposto, cite-se a LGPD:

Art. 16. Os dados pessoais serão eliminados após o término de seu tratamento, no âmbito e nos limites técnicos das atividades, autorizada a conservação para as seguintes finalidades:
I – cumprimento de obrigação legal ou regulatória pelo controlador;
II – estudo por órgão de pesquisa, garantida, sempre que possível, a anonimização dos dados pessoais;
III – transferência a terceiro, desde que respeitados os requisitos de tratamento de dados dispostos nesta lei; ou
IV – uso exclusivo do controlador, vedado seu acesso por terceiro, e desde que anonimizados os dados.

- *O Direito quanto ao Uso Compartilhado dos Dados* – a LGPD assegura, ao titular dos dados, o direito de ser informado a respeito das entidades (públicas e/ou privadas) com as quais o controlador compartilhou seus dados. Por esse motivo, os registros de tratamento dos dados deverão ser mantidos conforme texto expresso no art. 37 da LGPD, tratando-se de uma obrigação legal do controlador e do operador.

Neste diapasão, o §6º, do art. 18, deixa claro que o responsável pelo tratamento dos dados (ou seja, o controlador, já que este é quem determina o tratamento) deverá informar imediatamente, aos agentes de tratamento com quem tenha compartilhado dados, a respeito de quaisquer necessidades de correção, eliminação, anonimização ou bloqueio dos dados, a fim de que os mesmos realizem idêntico procedimento.

- *O Direito de não fornecer o Consentimento para o Tratamento dos Dados* – a LGPD determina que cabe aos controladores informar, aos titulares, que os mesmos possuem o direito de não consentir com o tratamento de seus dados. No entanto, deverão arcar com possíveis consequências negativas advindas dessa recusa, que poderá acarretar, por exemplo, na impossibilidade de fazer uso de determinado produto ou serviço.

- *O Direito de Revogar, a qualquer momento, o Consentimento Fornecido* – O art. 8º, em seu §5º, prevê a possibilidade de revogação do consentimento, mediante manifestação expressa do titular, por meio de procedimento gratuito. Nesse caso, o tratamento já realizado é ratificado (ressalvado o caso de requerimento expresso de eliminação, como já explicitado anteriormente).

É importante salientar que a existência de penalidades para a revogação do consentimento pode torná-lo viciado, visto que incorre na possibilidade de não ser fornecido livremente. Além disso (e talvez essa seja a argumentação mais importante), sua possibilidade de revogação pelo titular, a qualquer tempo, poderá levar os controladores a fazer uso de outras bases legais para o tratamento dos dados pessoais, como uma execução de contrato ou, até mesmo, a alegação, em determinados casos, de legítimo interesse.

Além dos direitos supra expostos (expressamente previstos nos incisos do art. 18 da LGPD), temos, ainda, nos parágrafos do mesmo dispositivo, a previsão de mais alguns direitos:

- *Direito de Petição* – previsto no §1º do art. 18 da LGPD, segundo o qual: "o titular dos dados pessoais tem o direito de peticionar em relação aos seus dados contra o controlador perante a ANPD". O Direito de petição poderá ser exercido, inclusive, perante os órgãos de defesa do consumidor (permissão prevista no §8º do mesmo artigo). Entretanto, isso não nos permite afirmar que os órgãos de defesa do consumidor exercem papel idêntico ao da ANPD. Definitivamente não é este o caso. Trata-se tão somente de uma forma de ampliar o rol dos legitimados para receber a queixa ou a denúncia. No caso dos órgãos de defesa do consumidor, a prerrogativa restringe-se a isso: receber a queixa ou a denúncia para encaminhá-la à ANPD, a fim de que esta tome as medidas cabíveis para a solução do caso.
- *Direito de Oposição* – previsto no §2º do art. 18 da LGPD, tratando-se de um direito que independe de adoção de quaisquer medidas de correção ou imposição de penas e com a devida garantia de que, uma vez apresentada a oposição, deve-se verificar a imediata interrupção do tratamento.

E, ainda no que concerne aos direitos dos titulares de dados, o art. 20 da LGPD traz previsto, também:

- *O Direito de Revisão das Decisões Automatizadas* (decisões fornecidas através da tecnologia sem intervenções humanas significativas), que possam afetar seus interesses, tais como decisões com probabilidade de definir perfis pessoais, profissionais, de consumo, de crédito ou, até mesmo, aspectos da personalidade do indivíduo. Isso significa afirmar que qualquer decisão que envolva algoritmos pode ser revista a pedido do seu titular.

Uma questão que insurge, aqui, é que a lei não estabelece a obrigatoriedade de que a revisão tenha que ser realizada por uma pessoa física. Dessa maneira, a empresa, que efetuou (ou efetua) o tratamento do dado (objeto do pedido da revisão) também terá a liberdade de usar algoritmos para efetivar a revisão solicitada. Teríamos, assim, uma revisão automatizada da decisão automatizada. Inevitável é o questionamento a respeito da eficácia desta revisão.

Caberá ao controlador o dever de informar, de modo claro, preciso e adequado, quais os critérios e os procedimentos utilizados para tais decisões, sem desrespeitar o sigilo comercial e industrial. Nesses casos competirá à ANPD a verificação de quaisquer meios de discriminação, através de auditorias.

Entretanto, enquanto a ANPD não estiver operando efetivamente, caberá aos controladores criar processos internos para responder eventuais solicitações nesse sentido, devendo tomar as cautelas necessárias em relação às informações prestadas. Tudo isso com a finalidade de proteger o sigilo comercial e industrial. Não obstante o exposto, neste caso, cabe ao controlador informar apenas as categorias utilizadas, de modo genérico, para a tomada de decisão.

Por fim, o art. 21 determina que o titular dos dados não pode ser prejudicado ao buscar exercer seus direitos de maneira regular. Ou seja, ele deverá ter tais direitos assegurados para que o seu exercício regular não acabe por lhe trazer prejuízos decorrentes do uso, como uma espécie de retaliação.

3.4 Princípios que regem a proteção de dados pessoais de acordo com a nova Lei

O art. 6º da LGPD determina que as atividades de tratamento de dados pessoais deverão observar, além da boa fé, os princípios elencados em seus incisos, sendo, estes, verdadeiras obrigações. Tais princípios são complementares entre si, razão pela qual sua aplicabilidade será, em regra, conjunta:

3.4.1 Princípio da finalidade

Determina que o tratamento dos dados deverá se dar para fins legítimos, específicos, devidamente explicitados e informados ao seu titular.

Pelo princípio da finalidade não há possibilidade de coletar dados sem prévia definição do uso para o qual estão sendo colhidos. As estratégias e necessidades devem ser decididas primeiro, assim como os tipos de dados que deverão ser trabalhados e para quais fins. Só depois é que os dados deverão ser coletados com a devida e prévia autorização.

O princípio da finalidade tem como pressuposto evitar trabalhos desnecessários com coleta de dados indevidos ou inapropriados para o tratamento. Ademais, o princípio visa a proteger o titular de abusos, desvios e outras situações que possam fugir ao real motivo pelo o qual seus dados foram recolhidos.

3.4.2 Princípio da adequação

Surge como consequência lógica do princípio anteriormente mencionado. A adequação determina que o tratamento realizado deverá ser compatível com os fins apresentados e conforme o contexto deste tratamento.

Os princípios da finalidade e da adequação, conjuntamente, constituem as balizas para a legitimação da coleta e utilização dos dados pessoais. Suas bases residem na especificação da finalidade, com propósitos claros, legítimos e devidamente informados ao titular e a compatibilidade do tratamento realizado para alcançar tais finalidades.

3.4.3 Princípio da necessidade

Determina que o tratamento dos dados pessoais deverá observar estritamente o necessário para a consecução dos seus fins, sob pena de excesso de direito ou desvio de finalidade. Importa fazer uso, para tanto, da quantidade de dados pertinente e não excessiva à obtenção de seus objetivos. O serviço não deve coletar o que a empresa deseja, mas o que ela precisa para aquela finalidade específica. Neste sentido é importante ressaltar que:

Conforme os dados pessoais se tornaram mais ubíquos e fáceis de serem coletados, armazenados e processados, empresas e organizações passaram a enxergar o valor agregado a essas informações. Gradualmente, percebeu-se que as pegadas digitais deixadas pelos indivíduos após uma venda ou prestação de serviço, por exemplo, se analisadas em conjunto sob um método particular, podem revelar um significado maior que a simples soma de suas partes. Com essa enorme quantidade de dados, agora é possível extrair novas ideias e perspectivas sobre a realidade, as quais dão ensejo à criação de produtos e serviços inovadores, bem como a novas formas de desenvolvimento de políticas públicas e de regulação estatal.[138]

Lado outro, não é demais ressaltar que esse acesso acentuado às informações pessoais propicia uma espécie de monitoramento dos seus titulares. Isso pode ensejar no uso dessas informações para fins de classificação, a fim de limitar as escolhas e/ou oportunidades dos titulares dos dados tratados. O que pode representar uma discriminação digital ou tecnológica.

3.4.4 Princípio do livre acesso

Trata-se do princípio que assegura, aos titulares de dados pessoais, a consulta facilitada e gratuita a respeito da forma e da duração do tratamento, bem como a respeito da integralidade dos seus dados pessoais

3.4.5 Princípio da qualidade dos dados

Busca garantir a exatidão, a clareza, a relevância e a atualização dos dados que estão sendo tratados, a fim de cumprir a finalidade almejada. Não se trata de um conceito estático, mas de algo que deve se adequar às circunstâncias fáticas, posto que os fatos são passíveis de alterações conforme o juízo de valor a ser-lhes conferido. Algo considerado lícito hoje, pode ser tido por ilícito amanhã, por exemplo.

---

[138] CRAVO, Victor. O Big Data e os desafios da modernidade: uma regulação necessária? *Revista de Direito, Estado e Telecomunicações*, Brasília, v. 8, n. 1, p. 177-192, mai. 2016.

3.4.6 Princípio da transparência

É o que assegura, aos titulares, informações claras, precisas e de fácil acesso a respeito do tratamento dos seus dados, bem como dos agentes responsáveis, ressalvando, obviamente, os casos de preservação de segredo comercial e industrial.

Tais informações, para alcançarem o seu fim, deverão ser disponibilizadas de maneira a assegurar fácil compreensão, em linguagem simples e acessível, evitando o que Helen Nissembaum chama de "paradoxo da transparência". Nesse sentido, se fosse necessário explicitar tudo a respeito do processamento de dados, poucos (talvez apenas especialistas) compreenderiam e muitos sequer leriam.[139] Razão pela qual mister se faz uma adequação da quantidade e da qualidade das informações fornecidas, a fim de resguardar a sua eficácia.

3.4.7 Princípio da segurança

Princípio que garante a utilização de medidas técnicas e administrativas, que sejam suficientemente adequadas para a proteção dos dados pessoais, em relação a acessos não autorizados e/ou situações acidentais ou ilícitas de destruição, perda, alteração, comunicação ou difusão. Por meio deste princípio se espera que a própria tecnologia seja responsável. Isto é, que seja concebida para a proteção dos dados e da privacidade dos seus titulares.

3.4.8 Princípio da prevenção e princípio por padrão

Conhecido como *Princípio Privacy by Design*, esse princípio se encontra melhor definido no texto do RGPD e consiste, especificamente, na proteção dos dados desde a concepção, ou seja, antes mesmo de sequer ter iniciado o tratamento. A ideia de privacidade, deste modo, é incorporada ao próprio desenvolvimento dos sistemas e processos desenvolvidos.

As primeiras ideias a respeito do *Privacy by design* surgiram por volta da década de 70 e, conforme o "Considerando 46" do RGPD, consiste na determinação de que as medidas técnicas e organizacionais deverão ser tomadas ainda no momento do planejamento de um sistema

---

[139] NISSENBAUM, Helen. A Contextual Approach to Privacy Online. *Dædalus: Journal of the American Academy of Arts & Sciences*, p. 32-48, Fall 2011.

de processamento, a fim de proteger a segurança dos dados. Significa, portanto, "proteção de dados por meio de design de tecnologia", de maneira que o sistema já venha a ser projetado com esse fim. Não se sabe, contudo, que medidas seriam estas. Tanto o RGPD, quanto a legislação brasileira deixam essa informação "em aberto".[140]

Ao seu lado há, ainda, o *Princípio Privacy by Default*, que consiste na proteção dos dados por padrão, pela qual se determina a manutenção de toda cautela e atenção durante a fase de efetivo tratamento dos dados.

Neste caso, o RGPD recomenda que o responsável pelo tratamento implemente medidas técnicas e organizacionais que busquem garantir que, mediante determinado padrão, sejam processados, apenas, os dados pessoais necessários para cada finalidade específica do tratamento (tanto no que se refere à sua quantidade, quanto à extensão do processamento, bem como quanto ao período de armazenamento e sua acessibilidade). Trata-se de medida consistente em minimizar o tratamento dos dados pessoais, a fim de assegurar que os dados pessoais tratados não sejam disponibilizados para um número indefinido de pessoas.

3.4.9 Princípio da não discriminação

Expressa a impossibilidade de uso ou de tratamento de quaisquer dados pessoais para fins discriminatórios, ilícitos ou abusivos. Citamos, a título de exemplo, os problemas já existentes no que se refere a decisões automatizadas, em que o algoritmo formulado por um ser humano reflete o julgamento comprometido e discriminatório deste. Sendo assim, se os dados que alimentaram um algoritmo forem tendenciosos, irão replicar o julgamento tendenciosamente.

Alguns exemplos que já foram muito debatidos na mídia se referem aos estudos da Organização Não Governamental (ONG) ProPublica, que realizou uma análise nos sistemas utilizados pela justiça americana com o objetivo de verificar essa análise discriminatória.[141]

Esse estudo abriu as portas para uma série de outras pesquisas neste sentido.

---

[140] UNIÃO EUROPEIA. *Regulamento Geral de Proteção de Dados*. Art. 25. Disponível em: https://gdpr-info.eu/. Acesso em 15 jun. 2020.

[141] MAYBIN, Simon. Sistema de algoritmo que determina pena de condenados cria polêmica nos EUA. *Reportagem apresentada no site BBC – NEWS/Brasil*, 31 out. 2016. Disponível em: https://www.bbc.com/portuguese/brasil-37677421. Acesso em 15 jun. 2020.

A revista Science também chegou a publicar uma pesquisa sobre a inteligência artificial nos hospitais americanos, que identificou uma preferência quanto a pacientes brancos.[142]

Reiteramos que não se fala, aqui, em vieses discriminatórios dos algoritmos, mas em possível aprendizado por parte destes, capazes de levar as *machine learning* a conclusões que não refletem a realidade fática.

3.4.10 Princípio da responsabilização e Prestação de Contas

Determina que o agente, responsável pelo tratamento, deverá adotar medidas eficazes para a comprovação da observância e do cumprimento das normas de proteção dos dados, bem como da eficácia dessas medidas.

É possível verificar que, hoje, cabe ao titular dos dados o direito de determinar o que pode compartilhar e com quem compartilhar, configurando um verdadeiro direito à *autodeterminação informativa*.[143] Ou seja, compete a cada um escolher o que deseja ou não revelar, bem como para quem revelar, independentemente da existência de uma violação de fato.[144] Deste modo, tais princípios podem ser interpretados como mecanismos de garantia ao direito fundamental à liberdade, relativo às suas próprias informações.

Por esses princípios, portanto, a empresa que, por exemplo, vier a armazenar dados além do tempo necessário, permitir o acesso dos dados a colaboradores não autorizados, usar dados para finalidades diversas daquelas informadas, infringirão o disposto na lei de modo a sujeitar seus agentes às penalidades expressamente previstas.

---

[142] TECNOLOGIA & MEIO AMBIENTE. Algoritmos usados em milhares de hospitais dos EUA têm viés racial. *Revista ISTO É*,24 out. 2019. Disponível em: https://istoe.com.br/algoritmos-usados-em-milhares-de-hospitais-dos-eua-tem-vies-racial/. Acesso em 15 jun. 2020.

[143] Que foi garantido pelo Tribunal Constitucional alemão, por volta do início da década de 80, quando declarou, em um julgamento que culminou por se tornar histórico, que todo indivíduo possui, como direito fundamental, o de decidir quando e dentro de que limites os seus dados poderão ser utilizados, sob a alegação de que todo dado (isolado ou combinado em um banco de dados) carrega consigo o potencial que pode, tanto beneficiar, quanto prejudicar, consideravelmente (mormente hoje com os avanços tecnológicos) uma pessoa que, por sua vez, apesar de ser titular dos mesmos, não detém o controle da exatidão de seu uso, de maneira que todo e qualquer dado deve ser considerado deveras relevante, neste sentido: MARTINS, Leonardo. *Cinquenta anos de jurisprudência do Tribunal constitucional alemão*. Montevidéu: Fundação Konrad Adenauer, 2005. p. 237.

[144] RODOTÀ, Stefano. *A Vida na Sociedade da Vigilância*. Rio de Janeiro: Renovar, 2007.

CAPÍTULO 3 | 131

Por fim, cabe ressaltar ser competência da ANPD para fiscalizar a obediência aos princípios elencados.

3.5 As bases legais para o tratamento de dados

O art. 7º da LGPD enumera o que vem sendo chamado de bases ou hipóteses legais, ou seja, os casos em que a lei permite ou autoriza o tratamento de dados pessoais.

Entende-se por "Bases Legais" ou "Hipóteses Legais" as justificativas jurídicas que permitem o tratamento de determinados dados pessoais.

Importa salientar que o rol legal não se encontra elencado em uma categoria de maior importância ou de prioridade. A relação exposta não expressa subordinação de uma base a outra, escalonamentos ou pré-requisitos. Trata-se de uma relação livre, competindo àquele que vai realizar o tratamento, analisar a base com a qual seu escopo mais se identifica, sendo possível, até mesmo, conjugar uma ou mais hipóteses destas, razão pela qual não iremos nos ater, obrigatoriamente, à ordem apresentada na lei:

3.5.1 Fornecimento de consentimento

Já mencionado nesta obra, o consentimento aparece como a primeira base legal arrolada, no entanto, está longe de ser considerado a melhor das bases. Isso porque, como já afirmado anteriormente, um dos direitos elencados no texto da lei consiste no poder de revogar, a qualquer momento, o consentimento exarado. Essa possibilidade, apesar de compreensível, por refletir na proteção ao direito da privacidade e, portanto, na proteção aos dados pessoais, acaba por enfraquecer essa base de tratamento, razão pela qual ela termina não sendo muito interessante para quem precisar realizar tratamento de dados pessoais. Recomenda-se, até mesmo, que esta só seja analisada quando nenhuma das outras bases for passível de utilização ou, então, para complementação das demais bases (o que também não exime o risco mencionado). De preferência, portanto, deve-se evitar misturar o consentimento a outras bases legais.

De todo modo, consiste em uma base legal para tratamento e, neste caso, mister se faz que seja fornecido por escrito ou por outro meio idôneo para demonstrar de maneira inequívoca, a vontade do titular do dado, devendo, ainda, por força do disposto no art. 8º, §1º da LGPD, constar em cláusula destacada das demais cláusulas contratuais, bem como deverá se referir a finalidades previamente determinadas e especificadas (autorizações genéricas são nulas por inobservância da forma prescrita em lei). Em havendo mudança de finalidades no tratamento a ser realizado, que não forem compatíveis com o consentimento original exarado, o titular deverá ser informado a respeito dessas mudanças, a fim de fornecer novo consentimento ou revogá-lo.

O ônus de provar o consentimento em consonância com a determinação legal compete ao Controlador.

3.5.2 Cumprimento de obrigação legal ou regulatória

A lei possibilita o tratamento de dados pessoais para fins de cumprimento de outras legislações como, por exemplo, a legislação tributária, para realização da declaração de imposto de renda em que é preciso tratar dados pessoais diversos. E o tratamento se dá não só por pessoas jurídicas, mas, também, por pessoas físicas.

Importa salientar que, neste caso específico, não se enquadram obrigações provenientes de contratos.

3.5.3 Pela Administração Pública

Para tratamento e uso compartilhado de dados necessários à execução de políticas públicas previstas em leis e regulamentos ou respaldadas em contratos, convênios ou instrumentos congêneres.

Necessário se faz ressaltar que estamos diante de uma base legal que prescinde o consentimento do titular e que requer, como controladores, pessoas jurídicas de direito público, inobstante a possibilidade de envolver operadores que sejam pessoas jurídicas de direito privado. Além disso, a finalidade do tratamento precisa, necessariamente, estar respaldada em lei, regulamento, contrato, convênio ou outro instrumento congênere.

O art. 23 da LGPD determina, ainda, que os órgãos e entidades públicas que realizarem tratamento de dados pessoais para tais fins, deverão fazê-lo exclusivamente para atendimento de sua finalidade pública e na persecução do interesse público, com fins de executar as suas próprias competências legais ou de cumprir as atribuições legais do serviço público.

3.5.4 Para realização de estudos por Órgãos de pesquisa

Neste caso é importante ressaltar que o próprio texto legal aconselha, que é, sempre que houver possibilidade, realizar a anonimização dos dados pessoais tratados.

Além disso, a lei também já define, expressamente, o que considera "órgão de pesquisa":

> Art. 5° (...)
> XVIII – órgão de pesquisa: órgão ou entidade da Administração Pública direta ou indireta ou pessoa jurídica de direito privado sem fins lucrativos legalmente constituída sob as leis brasileiras, com sede e foro no País, que inclua em sua missão institucional ou em seu objetivo social ou estatutário a pesquisa básica ou aplicada de caráter histórico, científico, tecnológico ou estatístico; e (Redação dada pela Lei n° 13.853, de 2019).[145]

3.5.5 Quando necessário para execução de contrato

Ou, então, de *procedimentos preliminares* relacionados a contrato do qual o titular seja parte. E a lei ainda expressa que deverá se dar *"a pedido do titular dos dados"*, caso em que, obviamente, o consentimento já se encontrará subentendido.

Neste caso, as hipóteses de tratamento já se encontram previamente expressas no documento formal assinado entre as partes e o consentimento, deste modo, é fornecido na formalização do próprio termo.

3.5.6 Para interesses legítimos do controlador

Ressalvados os casos em que os direitos e liberdades fundamentais do titular dos dados prevalecerem, exigindo a proteção dos mesmos.

Neste caso, a lei determinou, ainda, que as finalidades que embasam o legítimo interesse do controlador devem partir de situações concretas e, em relação a tais situações, apresenta um rol exemplificativo: apoio e promoção das atividades do controlador e proteção do

---

[145] BRASIL. Lei n° 13.709, de 14 de agosto de 2018. Lei Geral de Proteção de Dados Pessoais (LGPD) – Redação dada pela Lei n° 13.853 de 2019. *Diário Oficial da União*, Brasília, 15 ago. 2018. Disponível em: http://www.planalto.gov.br/ccivil_03/_ato2015-2018/2018/lei/L13709.htm. Acesso em 20 mai. 2020.

exercício regular dos direitos do titular ou de prestação de serviços que o beneficiem. Mister se faz, ainda, nestes casos, em observância aos princípios da adequação e da finalidade, utilizar apenas os dados necessários para alcançar o escopo pretendido, cabendo à ANPD, quando efetivamente criada e em exercício, solicitar relatório de impacto à proteção de dados pessoais ao controlador.

Impende ressaltar que órgãos e entidades públicas não devem fazer uso desta base legal em se tratando de tratamento de dados para consecução de políticas públicas (ou mesmo de suas próprias competências legais), todavia, em finalidades diversas, nada impede que essa opção seja aplicada.

Por fim, essa base legal deverá observar a legítima expectativa do titular, de maneira que não posso fazer uso de um dado pessoal que venha a ferir essa expectativa.

Dando continuidade às hipóteses legais, a lei apresenta, ainda, no artigo supramencionado, o tratamento de dados pessoais para a tutela da saúde (caso em que a lei se refere expressamente a procedimentos realizados por profissionais da área da saúde ou autoridade sanitária); para a proteção da vida ou da incolumidade física do titular ou de terceiros; para o exercício regular de direitos em processo judicial, administrativo ou arbitral; e para a proteção do crédito.

Deste modo, compete aos agentes de tratamento, principalmente ao controlador, avaliar as hipóteses de tratamento que podem lhe servir de base, observando sempre os princípios legais, especialmente o da transparência e o da responsabilidade na prestação de contas; lembrando que mudanças de bases legais durante o tratamento são possíveis, desde que justificadas (a cada fase de tratamento podem surgir novas bases legais, pode-se iniciar o tratamento para execução de contrato, mas, durante o tratamento, pode surgir uma necessidade decorrente de obrigação legal, por exemplo), todavia, mudanças sem justificativas plausíveis poderão ensejar quebra de confiança por parte do titular dos dados pessoais e, até mesmo, possíveis infrações aos seus direitos fundamentais.

A escolha das bases legais, portanto, deve ser feita com cautela e responsabilidade, mormente quando se tratar de dados pessoais sensíveis, em que as bases legais consistirão em, praticamente, as mesmas, com a diferença que o consentimento deve constar de maneira específica e destacada.

Importa, ainda, ressaltar, que a execução de contrato e o interesse legítimo não podem ser considerados bases legais para tratamento dessa espécie de dados, e que a lei acrescenta uma base legal própria para o tratamento de dados pessoais sensíveis: a garantia de prevenção à fraude e à segurança do titular, nos processos de identificação de segurança de cadastros em sistemas eletrônicos (art. 11 da LGPD).

3.6 Hipóteses de não incidência da LGPD

Como já afirmado em tópicos anteriores, a nova LGPD se aplica sempre que estivermos diante de qualquer operação de tratamento de dados no Brasil, seja por meio de coleta de dados, seja pela utilização, pela reprodução ou por qualquer outra forma descrita na lei.

Em determinadas circunstâncias excepcionais, porém, a LGPD não será aplicada e, posto se tratar de exceção, a própria legislação se encarregou de especificar, no art. 4º (a fim de não deixar margem a dúvidas ou especulações), as situações que estão fora do alcance da nova lei de proteção de dados:

3.6.1 Dados pessoais tratados por pessoas naturais para fins exclusivamente particulares e não econômicos

Se refere a casos em que não há motivos para intervenção na vida privada da pessoa, ainda que venha a expor um terceiro, como acontece, por exemplo, em postagens, realizadas pelo próprio titular dos dados, em suas contas em redes sociais como o Instagram ou o *Facebook*.

Para fins de ilustração no que se refere a este caso, citamos um Acórdão da 4ª seção do Tribunal de Justiça (TJ) da EU:

> Acórdão do Tribunal de Justiça (Quarta Secção) de 11 de dezembro de 2014.
> František Ryneš contra Úřad pro ochranu osobních údajů.
> Pedido de decisão prejudicial apresentado pelo Nejvyšší správní soud.
> Reenvio prejudicial – Diretiva nº 95/46/CE – Proteção das pessoas singulares – Tratamento de dados pessoais – Conceito de 'exercício de atividades exclusivamente pessoais ou domésticas'.
> Processo nº C-212/13.
> *Digital reports (Court Reports – general)*
> ECLI identifier: ECLI:EU:C:2014:2428[146]
> (…)

---

[146] BRASIL. Tribunal de Justiça. *Processo nº C-212/13, (4ª Secção).* 11 dez. 2014. Disponível em: https://eur-lex.europa.eu/legal-content/PT/TXT/?uri=CELEX%3A62013CJ0212. Acesso em 15 jun. 2020.

Litígio no processo principal e questão prejudicial

No período compreendido entre 5 de outubro de 2007 e 11 de abril de 2008, F. Ryneš utilizou um sistema de câmara de filmar que instalou por baixo do beiral do telhado da casa da sua família. Essa câmara era fixa, sem possibilidade de rotação, e filmava a entrada dessa casa, a via pública e a entrada da casa situada em frente. O sistema só permitia uma gravação vídeo, que era guardada num dispositivo de gravação contínua, a saber, o disco rígido. Uma vez atingida a sua capacidade máxima, este dispositivo gravava por cima da gravação existente, que era apagada. O dispositivo de gravação não tinha monitor, pelo que não era possível visualizar as imagens em tempo real. Só F. Ryneš tinha acesso direto ao sistema e aos dados.

O órgão jurisdicional de reenvio salienta que a única razão por que F. Ryneš explorava aquela câmara era a proteção dos seus bens, da sua saúde e da sua vida, bem como da sua família. Com efeito, tanto ele como a sua família tinha sido alvo de ataques, durante vários anos, por parte de um desconhecido que não pôde ser identificado. Além disso, as janelas da casa da sua família foram quebradas várias vezes, entre 2005 e 2007.

Na noite de 6 para 7 de outubro de 2007, houve um novo ataque. Uma janela da casa em questão foi quebrada por um projétil lançado por uma fisga. Graças ao sistema de videovigilância em questão, foi possível identificar dois suspeitos. As gravações foram entregues à polícia e, em seguida, invocadas como meio de prova no processo penal que foi instaurado.

Um dos suspeitos pediu a verificação da legalidade do sistema de vigilância de F. Ryneš, e a Úřad, por decisão de 4 de agosto de 2008, declarou que F. Ryneš tinha cometido infrações nos termos da Lei nº 101/2000, porquanto:

(...)

Nestas condições, o Nejvyšší správní soud (Supremo Tribunal Administrativo) decidiu suspender a instância e submeter ao Tribunal de Justiça a seguinte questão prejudicial: A exploração de um sistema de câmara instalado numa casa familiar para proteger os bens, a saúde e a vida dos proprietários dessa casa pode ser qualificada de tratamento de dados pessoais 'efetuado por uma pessoa singular no exercício de atividades exclusivamente pessoais ou domésticas' na aceção do art. 3º, nº 2, da Diretiva nº 95/46 (...), ainda que esse sistema vigie igualmente o espaço público?

(...)

Pelos fundamentos expostos, o Tribunal de Justiça (Quarta Secção) declara: *O art. 3º, nº 2, segundo travessão, da Diretiva nº 95/46/CE do Parlamento Europeu e do Conselho, de 24 de outubro de 1995, relativa à proteção das pessoas singulares no que diz respeito ao tratamento de dados pessoais e à livre circulação desses dados, deve ser interpretado no sentido de que a exploração de um sistema de câmara que dá lugar a uma gravação vídeo de pessoas, guardada num dispositivo de gravação contínua, como um disco rígido, sistema esse instalado por uma pessoa singular na sua casa de família, para proteger os bens, a saúde e a vida dos proprietários dessa casa, e que vigia igualmente o espaço público, não constitui um tratamento de dados efetuado no exercício de atividades exclusivamente pessoais ou domésticas, na aceção desta disposição.* (sic).

3.6.2 Dados pessoais tratados para fins jornalísticos ou artísticos

Se trata de situação de extrema importância, já que se refere a uma garantia constitucional, qual seja: o exercício da liberdade de imprensa.

3.6.3 Dados pessoais tratados para fins acadêmicos

Busca assegurar e fomentar as pesquisas sem fins comerciais (ao menos diretamente), posto que se a lei fosse aplicada, poderia reduzir drasticamente as pesquisas científicas, prejudicando o avanço e a consolidação de uma educação de qualidade, atualizada e eficiente. É importante ressaltar que, nestes casos, a lei determina a anonimização dos dados, de maneira a impossibilitar a identificação dos seus titulares, razão pela qual a inaplicabilidade da lei se dará em decorrência da anonimização em si, uma vez que dados anonimizados não se submetem à LGPD.

Não é demais reiterar, contudo, que diante de uma falsa anonimização ou de uma anonimização incorreta, tais dados serão considerados pseudonimizados e, como tais, sujeitos ao disposto na Lei de Proteção, caso em que, saem da esfera excepcional, voltando a ser regra.

3.6.4 Dados pessoais tratados para fins de segurança pública, defesa nacional, segurança do Estado e atividades de investigação e repressão de infrações penais

Nestes casos excepcionais, a Lei aborda, especificamente, o tratamento de dados pelo poder público e assinala, por questões mais do que óbvias, que a LGPD não se aplica nos casos em que o Estado realiza o tratamento dos dados para fins de segurança pública, de defesa nacional, de segurança do Estado ou de atividades de investigação e repressão de infrações penais.

Importa ressaltar, também, que no que concerne ao tratamento de dados pessoais pelo poder público, a LGPD já traz expressa, em seu bojo, a necessidade de legislação específica que a regulamente.

3.6.5 Dados pessoais provenientes de fora do território nacional, sem comunicação ou compartilhamento com empresas brasileiras

Impende destacar, neste ponto, duas situações. Em primeiro lugar, o objetivo desta exceção foi garantir que empresas brasileiras contratadas (portanto, operadoras) por empresas estrangeiras (na função de controladoras) para o tratamento de dados pessoais de pessoas estrangeiras, possam assim fazer sem quaisquer intervenções da lei brasileira, tendo em vista que tais dados, ao serem devolvidos à empresa controladora (no término do tratamento), estarão sujeitos à legislação específica do seu país.

Em um segundo momento, contudo, cumpre observar que se os titulares dos dados tratados estiverem localizados no Brasil ou, se os dados enviados pela empresa estrangeira forem compartilhados com empresa brasileira (e nesse caso será irrelevante a nacionalidade do titular dos dados) ou, por fim, se o país sede da empresa controladora não possuir legislação específica para o tratamento de dados, não se fala em excepcionalidade e, portanto, nestes casos, a nova LGPD brasileira se aplicará integralmente.

3.7 Da responsabilização e do ressarcimento pelos danos causados

Conforme o previsto no texto legal (arts. 42 a 45), a responsabilidade por danos causados em decorrência do tratamento de dados pessoais pertence ao Controlador.

Pela legislação brasileira, o Controlador é o responsável por tudo o que diz respeito ao tratamento de dados pessoais. No entanto, o Operador poderá responder solidariamente pelos danos, sempre que descumprir as obrigações legais referentes à proteção dos dados tratados ou, então, quando restar comprovado que não seguiu as instruções lícitas do Controlador.

Nesta senda, depreende-se que o Operador apenas irá responder, de forma solidária ao Controlador, se uma dessas situações restar comprovada: descumprimento das obrigações previstas em lei ou descumprimento das instruções lícitas do Controlador. Caso contrário, a responsabilidade cairá tão somente na pessoa (física ou jurídica) do Controlador.

Em havendo mais de um Controlador, responsável pela etapa de tratamento que deu origem ao dano, poderá quaisquer deles efetuar o ressarcimento do dano, com direito de regresso em relação aos demais responsáveis, obviamente observadas as devidas proporções, no que concerne à participação de cada um no que concerne ao dano verificado.

A lei prevê, excepcionalmente, a hipótese de não responsabilização dos agentes de tratamento, se restar comprovada a inexistência de qualquer espécie de tratamento de dados pessoais ou, então, diante da comprovação de ausência de violação legal. De igual modo, também não se fala em responsabilização se restar comprovada a culpa exclusiva do titular dos dados pessoais.

3.8 Do término do tratamento de dados

Nos termos da Lei, o tratamento de dados chega ao fim em quatro situações:

a) Com o exaurimento do fim para o qual os dados foram coletados ou quando deixarem, estes, de ser necessários para este fim;

b) Com o encerramento do período de tratamento;

c) Com a revogação do consentimento por parte do titular dos dados tratados (assegurado, aqui, o interesse público);

d) Em decorrência de determinação por parte da ANPD, se constatada violação legal no tratamento.

Uma vez observada uma dessas situações descritas, a Lei determina a eliminação dos dados tratados, ressalvados os casos em que ainda existir a necessidade de cumprimento de obrigação legal ou regulatória por parte do Controlador (em casos, por exemplo, em que o Controlador precisará guardar um documento ou recito para fins de pagamento de imposto), quando forem necessários para estudo por órgão de pesquisa ou, por fim, quando a utilização se der exclusivamente pelo Controlador, sendo vedado o seu acesso por terceiro, observando, nos dois últimos casos, a anonimização dos mesmos.

CAPÍTULO 4

4.1 A proteção aos dados pessoais no Brasil

Realizadas as considerações acerca da evolução tecnológica e as devidas interpretações sobre o texto da LGPD brasileira, nos debruçamos, neste capítulo, sobre o tema da proteção destes dados, especificamente no Brasil, e, com este intento, iniciamos com o debate a respeito da PEC n° 17/19 e seu objetivo de incluir, expressamente, no texto constitucional, a proteção de dados como direito fundamental.

Na sequência, passamos a analisar a questão dos dados pessoais como direito fundamental, abordando temas como a origem dos direitos fundamentais, seus pressupostos e características, bem como institutos como a autodeterminação informativa, proveniente do direito alemão, e o consentimento livre, expresso e devidamente informados, esmiuçando, inclusive, neste quesito, o alcance desta informação para que o consentimento possa ser considerado, de fato, livre.

Analisamos, brevemente, os mecanismos processuais que podem ser utilizados para fins de tutela efetiva da privacidade dos dados pessoais, no Brasil, e finalizamos o presente capítulo abordando a situação da proteção de dados frente à crise sanitária internacional deflagrada, no momento atual, pelo COVID-19, que culminou com a decretação de estado de calamidade pública em diversos locais, não apenas do Brasil, como do mundo.

Nessa senda, portanto, com o escopo de assegurar uma proteção mais eficaz aos dados das pessoas físicas e por sua importância, devido às consequências que o manuseio impróprio e/ou irresponsável desses dados pode gerar, com danos muitas vezes insanáveis (decorrentes do alcance da internet) para seus titulares; e considerando, ainda, o impacto desses danos em direitos (reconhecidos pela Carta Federal brasileira como fundamentais), tais como a imagem, a honra e a privacidade, por exemplo, uma proposta de Emenda à Constituição foi aprovada em 2 de Julho de 2019, no sentido de incluir o direito à proteção de dados pessoais como um direito fundamental, além de determinar a competência privativa da União para legislar sobre o assunto.

4.2 A PEC n° 17/19 e a proteção de dados como Direito Fundamental

A proposta da PEC n° 17/19 reside na inclusão do direito à proteção dos dados pessoais na CRFB como Direito Fundamental, alterando os arts. 5°, XII e 22, XXX da Carta Magna, além da fixação da competência privativa da União para legislar sobre o assunto. Em 10 de Dezembro de 2019, a PEC foi aprovada, por unanimidade, pela Comissão Especial sobre Dados Pessoais da Câmara dos Deputados, seguindo os passos da UE, também neste sentido e, por ora, aguarda a aprovação em dois turnos, pelo Plenário da Câmara dos Deputados. Se aprovada, a PEC insere o direito à proteção dos dados pessoais no rol dos Direitos Fundamentais previstos na CF/88, com todas as garantias, prerrogativas e obrigações a eles inerentes.

Sem dúvidas, trata-se de importante reconhecimento, por parte do Estado, da relevância do assunto, bem como da necessidade premente de sua proteção eficaz e eficiente.

Uma vez aprovada, essa PEC demonstrará, como atesta grande parte dos doutrinadores brasileiros, o compromisso do Estado com a proteção dos dados pessoais, aproximando-nos das maiores e melhores legislações internacionais pertinentes ao tema. Neste sentido manifesta-se Stefano Rodotà,[147] segundo o qual, diante do poder dos chamados "gigantes da internet" (como o Google, a *Amazon*, o *Facebook*, dentre outros) mister se faz desenvolver uma iniciativa constitucional, a fim de resguardar os direitos fundamentais dos titulares dos dados.

Por outro viés, há quem entenda tratar-se de um esforço de valor meramente simbólico, porque desnecessário em face de muitas outras normas constitucionais que já preveem tal proteção, como a própria proteção à privacidade (art. 5°, X) e a cláusula geral de proteção da dignidade da pessoa humana (art. 1°, III), dentre outras. Neste diapasão, defendem que não faz sentido alterar o texto constitucional para a inclusão de norma que, tanto pela doutrina, quanto pela jurisprudência, já vem sendo extraída de análises realizadas no bojo da própria Carta Magna.

---

[147] RODOTÀ, Stefano. Perché è necessario un Internet Bill of Rights. *Civilistica.com*, Rio de Janeiro, ano 4, n. 2, p. 1-6, 2015. p. 2.

Neste sentido citamos:

> Sempre se pode argumentar que a emenda constitucional impediria decisões judiciais em sentido contrário que pululam nos rincões desse nosso país continental, mas uniformizar entendimentos jurisprudenciais não é tarefa do Constituinte Derivado; é tarefa do Superior Tribunal de Justiça e do Supremo Tribunal Federal. O atalho – reforma da Constituição – é um caminho intrinsecamente perigoso. Quando um jurista admite uma alteração inútil, mas simbolicamente bem-vinda, do texto constitucional, perde o critério que deveria seguir em relação a outras alterações, que deverá tolerar quando bem-vindas aos olhos de outros. Em um momento em que o Brasil parece ter perdido o pudor em relação às suas instituições jurídicas, preservar a Constituição – já tão moída e remoída – contra alterações desnecessárias parece representar uma espécie de última fronteira, que convém preservar, sob pena de se assistir a uma temporada de emendas constitucionais de caráter panfletário, com efeitos concretos pouco pensados.[148]

O mesmo é de se observar em relação à alteração do art. 22, proposta pela PEC, determinando a competência privativa da União para legislar sobre proteção de dados pessoais. A doutrina nos chama a atenção para o fato de que tal proposta poderá limitar a proteção de dados, arruinando algumas iniciativas em defesa desta privacidade que já estão em vigor:

> Observe-se, em primeiro lugar, que a noção de tratamento de dados pessoais, tal qual consagrada na Lei Geral de Proteção de Dados Pessoais, é bastante ampla: *"toda operação realizada com dados pessoais, como as que se referem à coleta, produção, recepção, classificação, utilização, acesso, reprodução, transmissão, distribuição, processamento, arquivamento, armazenamento, eliminação, avaliação ou controle da informação, modificação, comunicação, transferência, difusão ou extração"* (art. 5º, X, LGPD). Daí já resulta difícil conter a potencial disciplina da matéria dentro do poder jurígeno de uma única entidade federativa. Além disso, não se pode ignorar o fato de que, não raro, os problemas relativos ao tratamento de dados pessoais surgem no âmbito de relações de consumo, quer por envolver um consumidor em sentido próprio (CDC, art. 2º, *caput*), quer por atingir consumidores por equiparação (CDC, arts. 2º, p.u., 17, 29). Ora, de acordo com nosso texto constitucional, a competência para

---

[148] SCHREIBER, Anderson. PEC nº 17/19:uma análise crítica. *Carta Forense*, 18 jul. 2019. Disponível em: http://www.cartaforense.com.br/conteudo/colunas/pec-1719-uma-analise-critica/18345. Acesso em 09 mar. 2020.

legislar sobre direito do consumidor é concorrente entre União, Estados e Distrito Federal (CR, art. 24, V e VII). Nesse contexto, restringir a competência para legislar sobre proteção de dados pessoais à União cria uma dissonância perigosa, que pode comprometer a validade de normas estaduais que já são aplicadas como instrumentos importantes nesse campo.

Tome-se como exemplo a Lei do Estado do Rio de Janeiro, n° 4.896/2006, que impõe a criação de um *"cadastro especial de assinantes que manifestem oposição ao recebimento, via telefônica, de ofertas de comercialização de produtos ou serviços"* (art. 1°, §1°). A norma diz respeito ao direito do consumidor, mas bem poderia se argumentar que trata também de dados pessoais e da proteção do seu titular contra uso indevido de informação pessoal (número de telefone).[149]

Importa considerar, ainda, que a Lei n° 13.853/2019, (que alterou parcialmente o texto da LGPD, reinserindo a necessidade e a obrigatoriedade da ANPD, prevê que à ANPD compete (dentre outras coisas) "editar regulamentos e procedimentos sobre proteção de dados pessoais e privacidade" (art. 55-J, XIII LGPD). Disposição similar às previstas em diversos outros países que implementaram, também, uma regulamentação legal para proteção de dados pessoais.

Neste contexto, uma disposição constitucional que contrarie o poder normativo da ANPD pode comprometer seriamente a sua atuação, reforçando preconceitos que, aparentemente, já foram superados, além de estabelecer algumas reservas legais que não auxiliam, em nada, na proteção dos dados da pessoa natural.

Assim, em busca de corroborar o afirmado, citamos novamente o procurador do Estado do Rio de Janeiro e professor da UERJ, Anderson Schreiber:

> A alteração pontual e simbólica que a PEC n° 17/2019 nem sequer previne iniciativas de reforma desta legislação ordinária em seus aspectos mais importantes. Soa como afirmação retórica, promovida mais para surfar as ondas do momento que para concretizar uma cultura de proteção de dados pessoais no Brasil. O que nosso país está precisando, nesse campo, é de normas mais específicas, e não de normas mais gerais. Deixemos a

---

[149] SCHREIBER, Anderson. PEC n° 17/19:uma análise crítica. *Carta Forense*, 18 jul. 2019. Disponível em: http://www.cartaforense.com.br/conteudo/colunas/pec-1719-uma-analise-critica/18345. Acesso em 09 mar. 2020.

Constituição reinar tranquila e nos concentremos em concretizar aquilo que, já há muito, a melhor doutrina extrai dos seus comandos.[150]

Para uma melhor compreensão da problemática apresentada, cabe recordar o conceito de Direitos Fundamentais, qual a sua origem e os seus fins.

4.3 Os Direitos Fundamentais e a Constituição da República Federativa do Brasil

Parte da doutrina atual entende que a proteção de dados pessoais deverá ser inserida na Constituição como um direito fundamental por razões e posicionamentos já expostos no capítulo anterior, todavia, cumpre resgatar, neste momento, a definição de Direitos Fundamentais para uma melhor compreensão da questão apresentada. Neste intento, questionamos: afinal, em que consistem os "Direitos Fundamentais"?

Em obra de nossa autoria, intitulada "Tribunais de Contas e o Direito Fundamental ao Bom Governo",[151] expressamos o entendimento no sentido de que os direitos fundamentais "são a constitucionalização dos direitos humanos", posto que se encontram "umbilicalmente" ligados, sem falar que a essência dos direitos humanos reside na luta contra a opressão da sociedade e na busca pelo bem-estar social. Por tais motivos compreendemos que, apesar de nem todos os direitos fundamentais serem considerados direitos humanos, é clara e notória a ligação entre eles, mormente no que concerne à preocupação de assegurar a dignidade da pessoa humana, por meio da proteção de direitos basilares como, por exemplo, os direitos à saúde, à segurança e à educação.

É possível afirmar, inclusive, que os direitos fundamentais possuem, desde épocas mais remotas, uma base historicamente ideológica. Para tanto, citamos Zaratustra (Pérsia), Buda (Índia), Confúcio (China), o profeta Isaías (Israel) e outros que defendiam uma espécie de código comportamental com lastro no amor e no respeito mútuo.

Por sua vez, os gregos consolidaram a ideia de direitos humanos por meio da construção dos direitos políticos, através de obras como

---

[150] SCHREIBER, Anderson. PEC nº 17/19:uma análise crítica. *Carta Forense*, 18 jul. 2019. Disponível em: http://www.cartaforense.com.br/conteudo/colunas/pec-1719-uma-analise-critica/18345. Acesso em 09 mar. 2020.

[151] MACIEL, Moises. *Tribunais de Contas e o Direito Fundamental ao Bom Governo*. Belo Horizonte: Fórum, 2019. p. 19-29.

"A República", de Platão e, ainda, "Ética a Nicômaco" de Aristóteles, que defendiam a igualdade e a importância do agir com justiça, preocupando-se com o bem estar da coletividade.[152] E, neste sentido, encontramos a mesma ideia de direitos fundamentais na Bíblia, tanto no Antigo Testamento, onde Moisés preconiza a solidariedade, o cuidado e o zelo para com os demais (especialmente os mais vulneráveis), quanto no Novo Testamento, onde se percebe a vasta contribuição do cristianismo, mediante a propagação de ideias como a igualdade e, novamente, a solidariedade entre as pessoas.

Foi na Idade Média, contudo, que surgiu o primeiro documento considerado uma declaração formal de direitos fundamentais, ainda no período monárquico, que é a *Magna Charta Libertatum*. Promulgada na Inglaterra, que já previa prerrogativas como o direito de ir e vir, a propriedade privada e a gradação da pena, a *Magna Charta Libetatum* se baseava na importância do delito, por exemplo.[153]

Mais à frente, na Idade Moderna, com a reforma protestante, Calvino defendeu a opinião de que as autoridades tinham o dever de promover o bem-estar social, observando os direitos inerentes à pessoa humana e defendendo, inclusive, o exercício de resistência na defesa dos direitos que ele considerava naturais do homem, tais como a vida e a propriedade.

No que concerne a esses direitos, considerados naturais da pessoa humana, muitos foram os debates travados a respeito, dentre os quais, resumidamente, podemos citar Thomas Hobbes, que entende que o homem renuncia à sua liberdade e se submete ao poder do Estado (posto não ter proteção contra este), pela necessidade de garantir a segurança social (o homem é o lobo do próprio homem).[154] Em contraposição, John Locke assegura que o direito dos indivíduos existe, inclusive contra o próprio Estado, já que o governo arbitrário teve o seu poder limitado, tendo em vista a supremacia do interesse público.[155] Além desses, há diversos outros pensadores e filósofos.

---

[152] RAMOS, André de Carvalho. *Curso de Direitos Humanos.* 4. ed. São Paulo: Saraiva, 2017. p. 34-36.

[153] SILVA, Evander de Oliveira da. A Magna Carta de João sem-terra e o devido processo legal. *Jusbrasil*, 2014. Disponível em: https://evanderoliveira.jusbrasil.com.br/artigos/152036542/amagna-carta-de-joao-sem-terra-e-o-devido-processo-legal. Acesso em 12 mar. 2020.

[154] HOBBES, Thomas. *Leviatã. Matéria, forma e poder de um Estado eclesiástico e civil*. (Trad. João Paulo Monteiro e Maria Beatriz Nizza da Silva). 3. ed. São Paulo: Abril Cultural, 1983. (Coleção Os Pensadores).

[155] RAMOS, André de Carvalho. *Curso de Direitos Humanos.* 4. ed. São Paulo: Saraiva, 2017. p. 41-43.

Para Norberto Bobbio, os direitos fundamentais surgiram de lutas travadas desde a Idade Antiga:

> Os direitos do homem, por mais fundamentais que sejam, são direitos históricos, ou seja, nascidos em certas circunstâncias, caracterizados por lutas em defesa de novas liberdades contra velhos poderes, e nascidos de modo gradual, não todos de uma vez e nem de uma vez por todas.[156]

Atualmente, tomando por base o texto constitucional brasileiro, vislumbramos que os princípios que embasam os direitos humanos fundamentais consistem, especificamente, na dignidade da pessoa humana e no estado democrático de direito, conforme expresso em seu artigo primeiro.[157]

O princípio da dignidade da pessoa humana encontra-se previsto, também, na Declaração Universal da Organização das Nações Unidas, que determina expressamente que: "Todos os seres humanos nascem livres e iguais em dignidade e direitos. São dotados de razão e consciência e devem agir em relação uns aos outros com espírito de fraternidade".[158]

E, ao seu lado, o estado democrático de direito consiste na limitação dos poderes do Estado, que deve agir observando, sempre, os interesses da coletividade, inversamente ao que se dava no Estado absoluto, ditatorial, em que os poderes estatais eram soberanos e ilimitados.

Corroborando com essa afirmação, citamos:

> As ideias de direitos fundamentais e democracia representam as duas maiores conquistas da moralidade política em todos os tempos. Não à toa, representando a expressão jurídico-política de valores basilares da civilização ocidental, como liberdade, igualdade e segurança, direitos fundamentais e democracia apresentam-se, simultaneamente, como fundamentos de legitimidade e elementos estruturantes do Estado democrático de direito. Assim, toda discussão sobre o que é, para que serve e qual a origem da autoridade do Estado e do direito converge,

---

[156] BOBBIO, Norberto. *A Era dos Direitos*. Rio de Janeiro: Elsevier, 1992. p. 5.

[157] BRASIL. Constituição da República Federativa do Brasil de 1988. *Diário Oficial da União*, Brasília, 05 out. 1988. Disponível em: http://www.planalto.gov.br/ccivil_03/constituicao/constituicaocompilado.htm. Acesso em 05 mar. 2020.

[158] ORGANIZAÇÃO DAS NAÇÕES UNIDAS (ONU). *Declaração Universal dos Direitos Humanos*. Rio de Janeiro, 05 ago. 2009. p. 17. Disponível em: https://nacoesunidas.org/wp-content/uploads/2018/10/ DUDH.pdf. Acesso em 12 mar. 2020.

na atualidade, para as relações entre a teoria dos direitos fundamentais e a teoria democrática.[159]

Nesta seara é possível denotar, portanto, a translúcida correlação entre a dignidade da pessoa humana e o Estado democrático de direito. Ao regular os direitos fundamentais, a Constituição brasileira os elenca em cinco capítulos:

a) Direitos individuais e coletivos: são os direitos ligados ao conceito de pessoa humana e à sua personalidade, tais como a vida, a igualdade, a dignidade, a segurança, a honra, a liberdade e a propriedade. Estão previstos no art. 5º e seus incisos;

b) Direitos sociais: o Estado Social de Direito deve garantir as liberdades positivas aos indivíduos. Esses direitos são referentes à educação, à saúde, ao trabalho, à previdência social, ao lazer, à segurança, à proteção à maternidade e à infância e à assistência aos desamparados. Sua finalidade é a melhoria das condições de vida dos menos favorecidos, concretizando, assim, a igualdade social. Estão elencados a partir do art. 6º;

c) Direitos de nacionalidade: nacionalidade significa o vínculo jurídico político que liga um indivíduo a um certo e determinado Estado, fazendo com que esse indivíduo se torne um componente do povo, capacitando-o a exigir sua proteção e, em contrapartida, o Estado sujeita-o a cumprir deveres impostos a todos. Estão elencados nos arts. 12 e 13;

d) Direitos políticos: permitem ao indivíduo, por meio de direitos públicos subjetivos, exercer sua cidadania, participando de forma ativa dos negócios políticos do Estado. Estão elencados do art. 14º ao 16º;

e) Direitos relacionados à existência, organização e participação em partidos políticos: garantem a autonomia e a liberdade plena dos partidos políticos como instrumentos necessários e importantes na preservação do Estado democrático de Direito. Estão elencados no artigo.[160]

Por óbvio que não estamos diante de um rol taxativo, posto que, da mesma maneira que a sociedade passa por diversas transformações, o ordenamento jurídico, para se adequar, também precisa se expandir e possibilitar o reconhecimento de novos direitos, necessários para a salvaguarda da dignidade da pessoa humana. O que não deve ser permitido são, evidentemente, o retrocesso e a supressão de direitos.

---

[159] BINENBOJM, Gustavo. *Uma teoria do Direito Administrativo*: direitos fundamentais, democracia e constitucionalização. 2. ed. rev. e atual. Rio de Janeiro: Renovar, 2008. p. 49.

[160] SILVA, Flavia Martins André da. Direitos fundamentais. *DireitoNet*, 16 mai. 2006. Disponível em: https://www.direitonet.com.br/artigos/exibir/2627/Direitos-Fundamentais. Acesso em 04 ago. 2019. Adaptado pelo autor.

Desta feita, é possível identificar que os direitos fundamentais possuem como traços característicos: a universalidade,[161] a imprescritibilidade, a efetividade, a progressividade e a aplicabilidade imediata, todos decorrentes da sua própria natureza.

Por universalidade entendemos a aplicabilidade dos direitos fundamentais a todo ser humano, sem qualquer distinção. Posicionamento sobre o qual diverge o Ministro Gilmar Ferreira Mendes, que defende:

> [...] não é impróprio afirmar que todas as pessoas são titulares de direitos fundamentais e que a qualidade de ser humano constitui condição suficiente para a titularidade de tantos desses direitos. Alguns direitos fundamentais específicos, porém, não se ligam a toda e qualquer pessoa. Na lista brasileira dos direitos fundamentais, há direitos de todos os homens – como o direito à vida – mas há também posições que não interessam a todos os indivíduos, referindo-se apenas a alguns – aos trabalhadores, por exemplo.[162]

No que se refere à imprescritibilidade, sua limitação se dá apenas em relação à esfera patrimonial, como ensina José Afonso da Silva:

> [...] prescrição é um instituto jurídico que somente atinge coarctando a exigibilidade dos direitos de caráter patrimonial, não a exigibilidade dos direitos personalíssimos, ainda que não individualistas, como é o caso. Se são sempre exercíveis e exercidos, não há intercorrência temporal de não exercício que fundamente a perda da exigibilidade pela prescrição.[163]

A efetividade e a vedação ao retrocesso (também chamado de progressividade) buscam garantir a aplicação prática desses direitos, por meio da atuação do Estado, com fins de garantir um mínimo existencial de tal forma que, uma vez positivados, não podem ser suprimidos, passando a integrar o chamado "núcleo essencial", que limita a atuação do legislador neste sentido.

Desse modo, podemos afirmar que tudo aquilo que pode influenciar o bem-estar do indivíduo, no intuito de garantir um

---

[161] Alguns doutrinadores são contrários à universalidade abrangente dos Direitos Fundamentais e, para tanto, citamos o posicionamento de Gilmar Ferreira Mendes.

[162] MENDES, Gilmar Ferreira; COELHO, Inocêncio Mártires; BRANCO, Paulo Gustavo Gonet. *Curso de Direito Constitucional*. 3. ed. rev. atual. São Paulo: Saraiva, 2008. p. 240.

[163] SILVA, José Afonso da. *Curso de Direito Constitucional positivo*. 27. ed. São Paulo: Melhoramentos, 2004. p. 185.

mínimo necessário para que ele tenha uma vida digna, deve respeitar as características supramencionadas.

Não podemos olvidar, contudo, que a concretização desses direitos traz custos para o Estado, que precisa distribuir os recursos observando as desigualdades econômico-sociais existentes do Brasil e, ainda, exercer um eficaz controle na aplicação do dinheiro público para garantia de outro direito fundamental, qual seja: o direito a um bom governo.

Neste sentido citamos Osvaldo Canela, quando ensina que: "a miséria é incompatível com a lucidez exigida do cidadão, legítimo interveniente dos destinos do Estado, pois submete o ser humano à infame condição de mero sobrevivente, sujeito às injunções biológicas básicas",[164] pois entendemos que tal condição constitui afronta, não só à dignidade humana como também ao Estado democrático de direito.

4.3.1 O Direito à fraternidade

Antes mesmo de tratarmos dos dados como Direitos Fundamentais, cumpre analisar uma proposta que vem sendo apresentada nos últimos tempos a respeito de uma "nova categoria" de direitos fundamentais, que se opõe à ideia de soberano, se propondo a defender o pacto entre iguais, a mediação e o compartilhamento. Trata-se de uma "metateoria", ou seja, uma "teoria das teorias", uma proposta de uma nova análise do direito moderno.[165] Falamos do *Direito Fraterno* ou do *Direito à Fraternidade*.

O denominado Direito Fraterno se funda na ideia de fraternidade, em contraponto a toda e qualquer espécie de soberania, posto se identificar com a igualdade, direito entre iguais, *fater* ao invés de *pater*.

O principal pensador quando se trata de falar em Direito à fraternidade é Eligio Resta, professor da *Università de Roma Tre*. Em seus ensinamentos, Eligio aduz que o Direito Fraterno vive da falta de fundamentos, sendo estimulado pelas fragilidades e demonstrando,

---

[164] CANELA JUNIOR, Osvaldo. *A efetivação dos Direitos Fundamentais através do Processo Coletivo*: o âmbito de cognição das políticas públicas pelo Poder Judiciário.2009. 151f. Tese (Doutorado) – Curso de Direito, Universidade de São Paulo, São Paulo, 2009. p. 36. Disponível em: http://www.teses.usp.br/teses/disponiveis/2/2137/tde03062011114104/publico/Versao_simplificada_pdf.pdf. Acesso em 25 jun. 2018.

[165] VIAL, Sandra Regina Martini. *Direito fraterno na sociedade cosmopolita*. Disponível em: https://core.ac.uk/download/pdf/79069559.pdf. Acesso em 03 jun. 2020.

CAPÍTULO 4 | 151

assim, a paradoxalidade do direito: "para o direito através da ideia de liberdade":

> La fraternità illuministica reimmette uma certa quota di complessità nel freddo primato del giusto sul buono e cerca, appunto, di alimentare di passioni calde il clima rigido delle relazione politiche. Ma ha nello stesso tempo bisogno di trasferire il modello dell'amicizia nella dimensione della fraternità, tipica di una condivisione di destini grazie alla nascita e indipendentemente delle differenze. Per questo ha bisogno di transformarla in codice, di farne regola; con tutti i paradossi, ma anche con tutte le aperture che comporta. Per questo è "diritto fraterno" che si affaccia allora, in epoca illuministica, e vive da quel momento in poi come condizione esclusa, ma non eliminata, accantonata e presente nello stesso tempo.[166]

Neste aspecto, o Direito à fraternidade se revela como um direito que não se vincula a espaços políticos ou geográficos, justificando-se pela ideia da humanidade como sendo um lugar comum e, neste ponto, essa espécie de direito identifica um paradoxo pelo qual ensina haver uma distância entre "ser homem" e "ter humanidade" e, além disso, apresenta oposição a toda espécie de poder: da maioria, de um Estado, de um Governo, enfim, de toda espécie de domínio, posto se tratar de um direito que busca inclusão, propondo uma espécie de ruptura do binômio "amigo-inimigo".

O traço característico do Direito Fraterno, portanto, reside no seu caráter inclusivo e transdisciplinar. Uma espécie de padrão de direito que não se encerra nos conceitos de cidadania, pelo contrário, se expande, se projeta internacionalmente.

E é justamente neste ponto que o Direito à fraternidade se vincula à ideia de proteção de Dados, como ensina Alessandro Barata:

> (...) Perché solo con un grande sforzo teorico e pratico di tutti, giuristi e non, si può giungere alla construzione di un nuovo sapere collettivo, del diritto e sul diritto adeguato alla situazione umana del nostro tempo.(...)

---

[166] RESTA, Eligio. *Il Diritto fraterno*. 1. ed. Bari: Laterza, 2002. p. 7. "A fraternidade iluminista reintroduz uma certa parcela de complexidade na primazia fria dos justos sobre os bons e procura, precisamente, alimentar o clima rígido das relações políticas com paixões calorosas. Mas, ao mesmo tempo, ele precisa transferir o modelo de amizade para a dimensão da fraternidade,típico de uma partilha de destinos graças ao nascimento e independentemente das diferenças. Para isso, ele precisa transformá-lo em código, para torná-loregra; com todos os paradoxos, mas também com todas as aberturas que isso implica. Paraesse é o "direito fraterno" que aparece, na era do Iluminismo, e vivea partir de então como condição excluída, mas não eliminada, reservada e presente ao mesmo tempo". (Tradução livre).

Nuovi rischi, come quelli ricollegabili alle immissioni nella atmosfera ou nelle acque, alla ingegneria genetica, alla energia nucleare, allo sfruttamento delle risorse naturali, al trattamento delle scorie e dei rifi uti, al traffi co, all'uso dei mezzi di comunicazione e di elaborazione dei dati, fanno parte oramai dei connotati strutturali della situazione umana e dell'ecosistema. Essi sono anche il luogo speciale in cui, nell'incontro tra la (riga illegibile), può emergere una nuova forma di pensare e di fare il diritto.[167]

Nisso consiste a nova proposta do "Direito Fraterno", na construção de um novo saber que busca superar, porém sem olvidar, sem abandonar os limites da ciência jurídica, diante de todas essas novas demandas. Conforme questiona Resta: *"Possiamo fare tutto quello che possiamo fare?"*.[168] E pouco mais à frente, continua:

(...) perchè non possiamo fare tutto quello che possiamo fare? Cioè, qual è il limite ad uma attività, ad una poiesis, ad un 'fare' della nostra vita quotidiana e qual è la sua legittimazione? Perchè ci sono due termini di referimento del 'possiamo'? E quali sono le nostre capacità di porre limiti al poter fare tutto quello che possiamo fare?[169]

Sandra Vial explica que, neste aspecto, o Direito Fraterno parte do pressuposto de que aquilo que pode ser estabelecido por meio da técnica, também encontra, devido a ela, dificuldades de implementação, de maneira que "a fraternidade não considera a técnica como algo

---

[167] BARATTA, Alessandro. Nomos e Tecne. Materiali per uma cultura pós-moderna del diritto. *In*: MELOSSI, Dario (Org.). *Studi sulla questione criminale*. Bologna: Carocci Spa, 2006. p. 64-65. "Porque somente com um grande esforço teórico e prático de todos, juristas e não, se poderá alcançar a construção de um novo saber coletivo, do direito e sobre o direito adequado à situação humana do nosso tempo (...) Novos riscos, como aqueles vinculados às emissões na atmosfera ou na água, na engenharia genética, na engenharia nuclear, no mau uso dos recursos naturais, no tratamento dos resíduos industriais e do lixo, no tráfico, no uso dos meios de comunicação e de elaboração de dados, fazem parte atualmente das conotações estruturais da situação humana e do ecossistema. Esses são também o lugar especial no qual, o encontro entre a (linha ilegível), pode emergir uma nova forma de pensar e de fazer o direito". (Tradução Livre).

[168] RESTA, Eligio. Le strutture del capitalismo e l'impresa nella società contemportane. Un'etica della propreità. *Congresso Internazionale*, Milano, p. 18-22, mar. 1993. "Podemos fazer tudo aquilo que podemos fazer?". (Tradução Livre).

[169] RESTA, Eligio. Le strutture del capitalismo e l'impresa nella società contemportane. Un'etica della propreità. *Congresso Internazionale*, Milano, p. 18-22, mar. 1993. p. 45. "(...) porque não podemos fazer tudo aquilo que podemos fazer? Isto é, qual é o limite de uma atividade, de uma *poiesis*, de um 'fazer' da nossa vida cotidiana e qual é a sua legitimação? Porque existem dois termos de referência do 'podemos'? E quais são as nossas capacidades de colocar limites ao poder fazer tudo aquilo que podemos fazer?". (Tradução Livre).

que se 'abre' ou se 'fecha', mas como algo que alcança a *philia* das contradições e da ambivalência". E exemplifica com a descoberta da pesquisa científica sobre a compatibilidade da medula viabilizando o transplante. A questão que surge após isso é: "pode-se falar em 'dever de doar'"? Demonstrando o caráter ambivalente desta descoberta: é possível ser proprietário do seu próprio corpo ou é necessário colocá-lo à disposição da humanidade?[170]

Com essa visão de que é possível evidenciar os limites, por um lado, e, por outro, superá-los, o Direito Fraterno se aproxima e embasa a ideia da efetivação de uma democracia internacional (ou global) decorrente dos processos tecnológicos. A esse respeito, Stefano Rodotà aduz:

> Internet gioca un ruolo essenziale nella creazione e nell'organizzazione complessiva di un nuovo spazio pubblico e nella defi nizione delle modalità di integrazione e di convergenza dei diversi mezzi. In concreto, ci troviamo di fronte ad una molteplicità di modelli…Si aprono così prospettive nuove… Gli effetti del progressivo ampliarsi dell'e-government possono essere misurati in termini de trasparenza dell'azione pubblica, semplifi cazione procedurali, diminuizione dei costi di trasazione nelle relazione fra i cittadini e all'interno degli apparati pubblici. Allo stesso tempo, peró, la digitalizzazione dell'amministrazione pubblica, il suo trasnferirsi nella dimensione di Internet, non è garanzia di risultati sempre democaratici…È evidente, allora, che la produzione di democrazia attraverso l'e-government non può essere affi data alla tecnologia in sé, ma esige forti e chiare politiche pubbliche (…).[171]

É nessa perspectiva que buscamos refletir o direito e suas evoluções modernas como as provenientes das novas tecnologias. Uma

---

[170] VIAL, Sandra Regina Martini. *Direito fraterno na sociedade cosmopolita.* Disponível em: https://core.ac.uk/download/pdf/79069559.pdf. Acesso em 03 jun. 2020.

[171] RODOTÀ, Stefano. *Tecnopolitica – La democrazia e le nuove tecnologie della comunicazione.* Roma-Bari: Laterza & Figli Spa, 2004. p. 55. "A Internet joga uma função essencial na criação e na organização complexa de um novo espaço público e na definição da modalidade de integração e de convergência dos diversos meios. Concretamente, nos encontramos frente a uma multiplicidade de modelos... Abrem-se, assim, novas perspectivas... Os efeitos do progressivo ampliar-se do e-government podem ser medidos em termos de transparência das ações públicas, simplificações procedimentais, diminuição dos custos de transação nas relações entre os cidadãos e o interior das instituições públicas. Ao mesmo tempo, no entanto, a digitalização da administração pública, o seu transferir-se, na dimensão da Internet, não é garantia de resultados sempre democráticos... É evidente, então, que a produção de democracia através do e-government não pode ser confiada à tecnologia em si, mas exige fortes e claras políticas públicas". (Tradução Livre).

visão transdisciplinar do direito no sentido de buscar a construção ou o desenvolvimento de novos referenciais.

Consoante os ensinamentos trazidos por Resta, o direito fraterno possui suas bases na ideia de não violência, de superação quanto aos limites impostos pelo Estado-nação, quanto à sua abrangência global, quanto ao fato de não ser imposto, mas pactuado e, por fim, quanto à sua inclusividade.

Neste ponto, fazendo uma ligação com as políticas públicas e o direito fundamental ao bom governo, estes devem buscar a justiça social de fato. Não devem se tratar de muitos programas que a par de se rotularem "inclusivos", acabam por, não raro, camuflar verdadeiras exclusões sociais.

Todas essas ilações nos apontam para a possível existência de novos horizontes na busca por solucionar antigos problemas, principalmente no que tange ao binômio inclusão x exclusão e, neste aspecto, a proposta do Direito à Fraternidade é, justamente, de pactuação. Algo de relevante importância e que deve ser considerado nesta nossa sociedade em constante evolução.

Sandra Vial chama a nossa atenção para o fato de que a ideia de compartilhamento, de romper poderes, de pacto entre iguais, fez com que a fraternidade, dentre os pressupostos trazidos pela Revolução Francesa, acabasse por ficar à margem, como uma espécie de *"prima pobre"*, mas com um conteúdo importante, baseado no compartilhamento, na inclusão, no diálogo, na globalização e na quebra de barreiras.

Ao lado da liberdade e da igualdade, a fraternidade pode preencher um importante espaço lacunoso, a fim de possibilitar o fortalecimento da democracia frente aos novos direitos que se estabelecem, e consolidar o Estado Democrático de Direito em um repensar conceitual da lei, da justiça, do próprio direito, tomando por base a ética social.

A fraternidade enseja, portanto, um repensar ético voltado para um ressignificar da pessoa humana e sua dignidade em uma perspectiva coletiva.

Neste sentido, citamos Reynaldo Soares da Fonseca:

> Assim, o constitucionalismo moderno pátrio ultrapassa o liberalismo (constitucionalismo liberal – dimensão política) e a social democracia (constitucionalismo social – dimensão social), enveredando pelo chamado constitucionalismo fraternal (ou altruístico). Resgata-se, pois, o direito natural, com raiz no humanismo cristão e como virtude da cidadania,

que supera as fronteiras da pátria ou da nação (cidadania interna), numa perspectiva universal da pessoa humana (cidadania global).[172]

Heloísa Telles, ao analisar o Direito à fraternidade, atenta para o fato de que a pergunta que se faz, atualmente, é: "Na sociedade brasileira, há espaço para enxergar o outro como dimensão de si mesmo"? E continua sua provocação: "Como o Direito está se comportando diante deste cenário moderno"?[173]

Algo que entendemos como importante e que necessita de reflexão é a questão do uso e tratamento de dados pessoais, em uma sociedade tecnológica em vertiginosa evolução, razão pela qual trazemos o assunto à tona.

No entanto, antes de abordar o tratamento de dados como espécie de direito fundamental, importa ainda refletir sobre uma nova perspectiva do Direito Constitucional. O chamado "Constitucionalismo Digital".

4.3.2 O Constitucionalismo Digital

Como uma espécie de resultado desencadeado pelos novos relacionamentos sociais no chamado ciberespaço e a consequente preocupação com os riscos que estes podem acarretar aos direitos e garantias fundamentais, surge um novo pensar, uma visão constitucional atualizada, com enunciação de novos direitos fundamentais, mas que busca preservar a força normativa da Constituição.

Com este intento, juristas de todo o mundo vêm se movimentando na busca de analisar os impactos gerados por declarações e posicionamentos de organismos internacionais, bem como de propostas legislativas sobre a proteção dos direitos fundamentais em todo este espaço tecnológico. Como resultado de tais estudos, diversas prescrições normativas vêm sendo apresentadas, na busca pela proteção dos direitos e garantias individuais no âmbito da rede mundial de computadores, constituindo uma nova proposta de ideologia constitucional em prol

---

[172] FONSECA, Reynaldo Soares da. *A conciliação à luz do princípio constitucional da fraternidade*: a experiência da Justiça Federal da Primeira Região. 2014. 120 f. Dissertação (Mestrado em Direito) – Pontifícia Universidade Católica de São Paulo, São Paulo, 2014.

[173] TELLES, Heloísa Husadel. O Direito da Fraternidade –Breve estudo. **Âmbito Jurídico**, 06 nov. 2019. Disponível em: https://ambitojuridico.com.br/cadernos/direito-constitucional/o-direito-da-fraternidade-breve-estudo/. Acesso em 04 jun. 2020.

de um reequilibro de poderes na governança digital. Estamos falando do que vem sendo chamado de Constitucionalismo Digital.

Nesta senda, o Constitucionalismo Digital se propõe a trazer importantes contribuições nesta reidentificação e reconstrução de princípios constitucionais a serem aplicados no controle de normas que possam estar em dissonância com os direitos fundamentais, no que se refere aos relacionamentos sociais no âmbito digital. Princípios que podem ser referenciais para o direito de acesso à internet, para o direito ao esquecimento e, como não poderia deixar de ser, para o direito de proteção aos dados pessoais.[174]

A esse respeito, Mauro Santaniello esclarece que alguns parlamentos vêm buscando

> desempenhar as funções fundamentais do constitucionalismo clássico no subsistema da Internet, produzindo atos dirigidos ao estabelecimento e à proteção dos direitos digitais, à limitação do exercício do poder em e através das obras da rede digital e à formalização dos princípios de governança.[175]

No Brasil, como podemos perceber, não tem sido diferente. Nossas legislações acerca do uso da internet (Marco Civil) e da proteção de dados (LGPD), por exemplo, trazem em seu bojo uma verdadeira projeção de direitos e garantias constitucionais, constituindo, neste aspecto, "blocos de construção intelectual para a interpretação das constituições formais, na esfera digital".[176]

Mais adiante, ao abordar os impactos da LGPD no direito brasileiro, traremos a questão das Ações Diretas de Inconstitucionalidade (ADIs), que provocaram o julgamento da Medida Provisória n° 954/2020 e sua autorização de compartilhamento dos dados pessoais com o Instituto Brasileiro de Geografia e Estatística (IBGE), para fins estatísticos. Por ora, cumpre reconhecer que esta pode representar um exemplo positivo desse repensar hermenêutico constitucional.

---

[174] FERNANDES, Victor Oliveira. Constitucionalismo digital e direitos: para que servem as leis gerais da internet? *ANJ – Associação Nacional de Jornais,* 11 mai. 2020. Disponível em: https://www.anj.org.br/site/leis/97-midia-nacional/28611-constitucionalismo-digital-e-direitos-para-que-servem-as-leis-gerais-da-internet.html. Acesso em 04 jun. 2020.

[175] SANTANIELLO, Mauro *et al.* The language of digital constitutionalism and the role of national parliaments. *International Communication Gazette,* v. 80, n. 4, p. 320–336, 2018. p. 2.

[176] GILL, Lex; REDEKER, Dennis; GASSER, Urs. Towards Digital Constitutionalism? Mapping Attempts to Craft an Internet Bill of Rights. *Research Publication,* n. 2015-15, nov. 9, v. 7641, p. 05, 2015. Disponível em: http://ssrn.com/abstract=2687120. Acesso em 04 jun. 2020.

Ao julgar a referida ADI, a ministra Rosa Weber aduziu que a norma impugnada não delimitava suas finalidades e tampouco a sua amplitude, não esclarecendo, também, a necessidade da disponibilização dos dados, bem como a maneira como estes deverão ser efetivamente utilizados, conduzindo à conclusão de que a Medida Provisória estaria ferindo o princípio da finalidade disposto no art. 6º da LGPD.

Em sua decisão, a Min. Rosa Weber alegou que a Medida Provisória não "satisfaz as exigências da Constituição em relação à efetiva proteção de direitos fundamentais" e foi adiante, a fim de ressaltar que, a par da crise sanitária em que vivemos atualmente, seu enfrentamento "não pode legitimar o atropelo de garantias fundamentais consagradas na Constituição". Ao final, ainda esclareceu que, no seu entender, é preciso que as normas referentes a direitos fundamentais e direitos da personalidade observem os requisitos mínimos de adequação constitucional, no sentido de que "não pode ser lido como embaraço à atividade estatal".[177]

O mesmo raciocínio basilar pode se dar, a título de exemplificação, em relação ao julgamento,[178] também pelo STF, da constitucionalidade das decisões que bloqueavam o funcionamento dos serviços do aplicativo *WhatsApp*, por descumprimento de ordens judiciais criminais de interceptações, tema que será abordado de forma mais aprofundada em capítulos subsequentes. Trata-se de uma decisão que provoca debates de assuntos como a criptografia de ponta a ponta e seus impactos na proteção à liberdade e à privacidade, bem como, por outro lado, na liberdade de expressão e manifestação do pensamento, todas no âmbito constitucional.

O Constitucionalismo Digital, portanto, provém dessas mudanças decorrentes, inclusive, dos avanços tecnológicos, que acabam impactando na interpretação das normas constitucionais e, com isso, originando algo que pode ser chamado de Constitucionalidade Contemporânea e sua busca pela manutenção dos valores normativos da Constituição, em uma espécie de reintegração dos direitos fundamentais nela previstos, aplicados no âmbito da rede mundial de computadores (internet).

Dantas e Coni Júnior ensinam a esse respeito que:

---

[177] BRASIL. Supremo Tribunal Federal. *Supremo começa a julgar compartilhamento de dados de usuários de telefonia com o IBGE*. 06 mai. 2020. Disponível em: https://portal.stf.jus.br/ noticias/verNoticiaDetalhe.asp?idConteudo=442823&ori=1. Acesso em 04 jun. 2020.

[178] BRASIL. Supremo Tribunal Federal. *ADPF nº 403*. Rel. Min. Edson Fachin e ADI nº 5527. Rel. Min. Rosa Weber. Disponível em: https://portal.stf.jus.br/noticias/verNoticiaDetalhe. asp?idConteudo=444384&ori=1 Acesso em 04 jun. 2020.

O que se vislumbra nessa nova dimensão do constitucionalismo que se descortina é uma luta intensa contra o poder político e contra o poder econômico, por democracia, liberdades, dignidade, saúde, educação, transporte, moradia, trabalho e para que sejam efetivados de forma suficientemente satisfatória. Um constitucionalismo, nesse sentido, verdadeiramente popular, talvez em viva manifestação do art. 377 da Constituição francesa de 1791. Não basta mais qualquer saúde, processos democráticos insensíveis, educação meramente formal e simbólica, moradia e trabalho em condições inadequadas.[179]

E chamam a atenção para a afirmação de Castells no sentido de que "a luta fundamental pelo poder é a batalha pela construção de significados na mente das pessoas".[180]

Na esteira do raciocínio dos autores supramencionados, o fato de inexistir um referencial é o que causa, muitas vezes, diversas dificuldades para a admissão de novos direitos que estejam em consonância com as possibilidades que a liberdade de manifestação na Internet traz. Seria correspondente a uma espécie de padrão de direitos humanos e fundamentais da Internet, e o enfrentamento dessas dificuldades requer reconhecer o surgimento "de uma nova e específica dimensão do constitucionalismo contemporâneo, além das outras que lhe podem ser atribuídas, a que se poderia denominar de Constitucionalismo Digital".[181]

Os autores explicam, assim, que o Constitucionalismo Digital designa as diversas iniciativas em busca de articular direitos, normas de governança e limites ao exercício da internet, manifestadas por documentos provenientes de diversas fontes em todo o mundo (organizações políticas internacionais, Estados, corporações tecnológicas, sociedade civil e outros)[182] e que resultam nas diversas categorias que compõem esse constitucionalismo moderno, dentre elas: os direitos e garantias fundamentais, os limites ao poder público, a governança e a participação civil na Internet e os direitos de privacidade e vigilância.[183]

Assim, impende ressaltar que como o constitucionalismo busca assegurar o bom governo, em raciocínio similar, o constitucionalismo

---

[179] DANTAS, Miguel Calmon; CONI JUNIOR, Vicente. Constitucionalismo Digital e a Liberdade de reunião virtual:protesto e emancipação na sociedade da informação. *Revista de Direito, Governança e Novas Tecnologias*, Brasília, v. 3, n. 1, p. 44-65, jan./jun. 2017.

[180] CASTELLS, Manuel. *A sociedade em rede*. 6. ed. São Paulo: Paz e terra, 2013.

[181] CASTELLS, Manuel. *A sociedade em rede*. 6. ed. São Paulo: Paz e terra, 2013.

[182] CASTELLS, Manuel. *A sociedade em rede*. 6. ed. São Paulo: Paz e terra, 2013.

[183] GILL, Lex; REDEKER, Dennis; GASSER, Urs. Towards Digital Constitutionalism? Mapping Attempts to Craft an Internet Bill of Rights. *Research Publication*, n. 2015-15, nov. 9, v. 7641, 2015. Disponível em: http://ssrn.com/abstract=2687120. Acesso em 04 jun. 2020.

digital tem em vista a garantia de uma governança justa no ciberespaço. Uma governança que seja aberta a todos e inclusiva, sem desrespeitar os direitos individuais, ou seja, que se configure de forma a assegurar os direitos e princípios constitucionais já consagrados e, de igual forma, os novos direitos provenientes dos avanços da tecnologia e os relacionamentos digitais.

E é com esse raciocínio que propomos ao leitor, agora, uma breve reflexão acerca da inserção da proteção dos dados pessoais no rol dos direitos fundamentais.

4.3.3 Os Direitos Fundamentais e os Dados Pessoais

A defesa do direito à proteção dos dados pessoais como direito fundamental surgiu em decorrência de evidente relação com os direitos à privacidade e à intimidade da pessoa. Seu uso inadequado e abusivo carrega um grande potencial para causar danos à honra e à imagem de seu titular, razão pela qual encontra suporte legal no próprio texto constitucional, além de diversas outras leis relacionadas ao tema.

No que concerne ao uso inadequado dos dados pessoais, Daniel Solve[184] lista três categorias diferentes de abuso: a) o uso indevido de informações pessoais (*misuse*) como furtos de identidade e publicidade abusiva, por exemplo; b) o vazamento de informações (podendo ser precedido, ou não, do uso indevido), que são os chamados *leaks*; c) a insegurança, que consiste em uma situação em que ainda não se verificaram vazamentos, mas se percebe diante de um nível de segurança extremamente frágil. Vulnerabilidades estas perceptivelmente importantes que afetam o direito das pessoas à privacidade ou estão com ele intimamente relacionados.

Complementando esse raciocínio, Laura Mendes[185] ressalta que as garantias atuais de sigilo e privacidade não são suficientes para proteção dos direitos quando se fala de internet. Isso porque, conforme o tratamento e o uso dos dados ocorrem neste ambiente virtual, seus titulares acabam sendo identificados por meio de informações pessoais que, inevitavelmente, chegam ao conhecimento de quem faz o tratamento. Tais informações, todavia, nem sempre poderão ser categorizadas como

---

[184] SOLOVE, Daniel. The new vulnerability: data security and personal information. *In*: CHANDER, Anupam; GELMAN, Lauren; RADIN, Margaret Jane. *Securing privacy in the internet age*. Stanford: Stanford Law and Politics, 2008. p. 111-120.

[185] MENDES, Laura Schertel. *Privacidade, proteção de dados e defesa do consumidor*: linhas gerais de um novo direito fundamental. São Paulo: Saraiva, 2014. p. 165-170.

informações íntimas ou privadas, apesar de possuírem forte potencial para atingir direitos pessoais, já que possibilitam a identificação do seu titular que, muitas vezes, sequer autorizou ou autorizaria previamente ou, o que é pior, talvez nem mesmo desejasse essa identificação. Por tais motivos, a autora defende que o sigilo das informações não é fator suficiente para a questão da utilização dos dados pessoais por grandes empresas e mesmo pelo poder público. Mister se faz uma regulação dos efeitos dessas informações, tanto por meio do controle de fluxo de dados, quanto pelo encetamento de procedimentos de controle.

Esse é o motivo pelo qual se defende uma reconstrução dessa teoria do direito, em busca de uma proteção eficaz dos direitos à privacidade e à intimidade das pessoas, permitindo uma resposta mais adequada para tais desafios que insurgem em decorrência da evolução da tecnologia e dos avanços da sociedade da informação.

Neste ponto importa recordar que nenhum direito fundamental é absoluto, podendo, inclusive, sofrer limitações (consoante entendimento de nossa doutrina e jurisprudência), desde que necessárias, observando os princípios da razoabilidade e da proporcionalidade. Esse já era o entendimento de Konrad Hesse:

> A limitação de direitos fundamentais deve, por conseguinte, ser adequada para produzir a proteção do bem jurídico, por cujo motivo ela é efetuada. Ela deve ser necessária para isso, o que não é o caso, quando um meio mais ameno bastaria. Ela deve, finalmente, ser proporcional em sentido restrito, isto é, guardar relação adequada com o peso e o significado do direito fundamental.[186]

No mesmo sentido manifesta-se a Suprema Corte brasileira:

> OS DIREITOS E GARANTIAS INDIVIDUAIS NÃO TÊM CARÁTER ABSOLUTO. Não há, no sistema constitucional brasileiro, direitos ou garantias que se revistam de caráter absoluto, mesmo porque razões de relevante interesse público ou exigências derivadas do princípio de convivência das liberdades legitimam, ainda que excepcionalmente, a adoção, por parte dos órgãos estatais, de medidas restritivas das prerrogativas individuais ou coletivas, desde que respeitados os termos estabelecidos pela própria Constituição. O estatuto constitucional das liberdades públicas, ao delinear o regime jurídico a que estas estão sujeitas – e considerado o substrato ético que as informa – permite que

---

[186] HESSE, Konrad. *Elementos de Direito Constitucional da República Federal da Alemanha*. Porto Alegre: Sergio Antonio Fabris, 1998. p. 256.

CAPÍTULO 4 | 161

sobre elas incidam limitações de ordem jurídica, destinadas, de um lado, a proteger a integridade do interesse social e, de outro, a assegurar a coexistência harmoniosa das liberdades, pois nenhum direito ou garantia pode ser exercido em detrimento da ordem pública ou com desrespeito aos direitos e garantias de terceiros.[187]

Inobstante a tudo isso não é difícil nos depararmos, no presente, com alguns conflitos de interesses resultantes do uso da tecnologia em massa. Citamos, como exemplo, as comuns e corriqueiras postagens sobre o cotidiano e a família em redes sociais, que possibilitam que outras pessoas analisem, avaliem, opinem, enfim, tirem suas próprias conclusões pessoais (ou até mesmo técnicas, dependendo da situação) a respeito do dia a dia e da intimidade, não apenas de quem postou (e de certa forma consentiu em publicizar), mas também de outros que, porventura, apareçam nessas postagens.

Na mesma direção, com os avanços tecnológicos, é comum termos vasto acesso a avaliações de profissionais publicadas e disponibilizadas na internet e, se por um lado isso é positivo, no sentido de nos mostrar os profissionais melhor avaliados, por outro, possibilita conclusões pessoais a respeito do profissional avaliado (o que pode causar danos). Mais do que isso, proporciona que outras pessoas, ao acessarem tais avaliações, também tirem conclusões a respeito da própria pessoa do avaliador, como, por exemplo, a frequência com que procura profissionais da área médica e, dependendo do caso, até mesmo a sua enfermidade. Esse é um dos grandes paradoxos digitais! Ao mesmo tempo em que alcançamos uma liberdade diante da ruptura das barreiras (temporais e geográficas), também perdemos essa mesma liberdade, diante da necessidade de cautela nas divulgações e da dificuldade em se encontrar um meio termo (entre a exposição saudável e o excesso de exposição) que possa garantir uma maior segurança jurídico-pessoal.

De certa forma, aquele que deseja publicar e propagar dados fica com uma sensação de liberdade restrita, diante de regras de proteção de dados pessoais e, lado outro, o que pretende ver seus direitos fundamentais resguardados e observados sente-se, muitas vezes, invadido nesse vasto alastramento de informações digitais.

---

[187] BRASIL. Supremo Tribunal Federal. *Pleno, RMS nº 23.452/RJ*. Relator Ministro Celso de Mello, DJ de 12.05.2000. p. 20.

Indra Spiecker, em artigo publicado pela Editora Fórum, em 2018,[188] nos chama a atenção para o fato de que "muitas vezes, esses diferentes interesses são apresentados como uniformes em si". E continua:

> De acordo com isso, a esfera pública tem certo interesse na difusão de informação; o intermediário de informação, em geral, gostaria de ter acesso a informações; o prestador de serviços de informação visa, basicamente, à maior quantidade possível de informações. E, inversamente, o interessado, em princípio, visa à prevenção e à economia de dados.[189]

Diante de tais situações, a autora nos chama a atenção para a necessidade de identificar as espécies de interesses envolvidos no conflito instaurado, a fim de separar os interesses comerciais, dos direitos privados e, portanto, pessoais.

Tais conflitos de interesse ganham um aspecto ainda mais relevante, quando se trata do Estado, que possui o dever de garantir a segurança e, ao mesmo tempo, assegurar a liberdade, ou seja, ele tem interesse (e precisa, necessariamente os ter) na utilização de dados dos indivíduos que compõem a sociedade, mas não pode olvidar do dever de resguardar, conter, agir com o devido comedimento, no tratamento destes. Isso sem falar que, ao desempenhar suas competências, o Estado pode exercer todos os papéis possíveis no tratamento de dados pessoais: usuário, interessado, intermediário, difusor, prestador de serviços etc. Como, então, conciliar?

Indra Spiecker[190] ensina que é necessário realizar uma análise a respeito do momento do acesso e sua devida importância para o exercício dos direitos em questão. A proteção de dados exige atuação preventiva, posto que quem trabalha com tratamento de dados não pode esperar que o prejuízo se concretize para, então, agir. Essa necessidade de uma "intervenção precoce" acaba por colidir com outros direitos, em decorrência das limitações impostas, por ocasião da primazia conferida à proteção dos dados. A proteção preliminar intervém antes da limitação fática, alcançando direitos outros, em virtude da sua própria natureza.

---

[188] SPIECKER, Indra. O Direito à proteção de dados na internet em caso de colisão. *Direitos Fundamentais & Justiça*, Belo Horizonte: Ed. Fórum, ano 12, n. 38, p. 17-33, jan./jun. 2018.

[189] SPIECKER, Indra. O Direito à proteção de dados na internet em caso de colisão. *Direitos Fundamentais & Justiça*, Belo Horizonte: Ed. Fórum, ano 12, n. 38, p. 17-33, jan./jun. 2018.

[190] SPIECKER, Indra. O Direito à proteção de dados na internet em caso de colisão. *Direitos Fundamentais & Justiça*, Belo Horizonte: Ed. Fórum, ano 12, n. 38, p. 17-33, jan./jun. 2018.

Falar em uma atuação que consiga conciliar plenamente tais questões ainda é algo complexo. Não conseguimos, até o momento, encontrar o equilíbrio necessário entre esses múltiplos interesses, de maneira a proteger os direitos à liberdade, à inovação, à democracia e ao próprio direito de informação, sem resvalar na privacidade e na intimidade do indivíduo.

Conflitos neste sentido existirão? Com certeza. Já existiram, existem e por um bom tempo ainda os veremos, diante do contraponto entre a liberdade de opinião e a proteção de dados. Spiecker aponta, em seus estudos, o que entende que pode ser, por ora, uma solução para este impasse:

> Uma lida cautelosa com essas colisões multifacetadas, uma especificação dos interesses envolvidos e de suas bases normativas, uma consciência da variação dentro dos próprios grupos de interesses e uma consideração dos diferentes métodos e objetivos de proteção podem, ao menos, contribuir para que se tratem essas colisões de forma estruturada e com sensibilidade para as consequências. Isso trará benefícios de médio e longo prazo para a proteção de dados e contribuirá para que sociedade, política e economia, evoluam mesmo em tempos de digitalização e internet, fazendo-se não apenas aquilo que é possível, mas também aquilo que é desejável normativamente.[191]

4.3.4 O Direito à autodeterminação informativa e o consentimento livre, expresso e informado

Considerado como um dos princípios que norteia os interesses dos titulares de dados, o direito a uma autodeterminação informativa tem sido objeto de debates transnacionais e considerado um direito decisivo no que concerne à proteção de dados.

Proveniente de decisões do Tribunal Constitucional Federal alemão (BVerfG), o direito à autodeterminação informativa assegura à pessoa o poder de determinar, por si própria, a divulgação e o uso de seus dados, baseado no pressuposto de que cada ser possui o direito de decidir a respeito da divulgação e do uso de seus dados, bem como da forma como serão realizados.

O ponto de partida do direito à autodeterminação surgiu com a disseminação do direito de estar sozinho (propagado nos E.U.A),

---

[191] SPIECKER, Indra. O Direito à proteção de dados na internet em caso de colisão. *Direitos Fundamentais & Justiça*, Belo Horizonte: Ed. Fórum, ano 12, n. 38, p. 17-33, jan./jun. 2018.

mormente após a publicação do artigo *The Right to Privacy*,[192] cuja ideia basilar consiste no direito de decidir acerca da publicização de informações sobre sua pessoa. Desta feita, podemos afirmar que o direito americano de ficar só (*The right to be* alone) reforçou o reconhecimento do status de direito fundamental à autodeterminação informativa, que já se encontrava em discussão no direito alemão.

Tendo como precursor o direito à privacidade (que no Tribunal alemão já era reconhecido pela jurisprudência desde a década de 70), o direito à autodeterminação informativa surgiu como uma crítica ao que se compreendia por privacidade, de maneira a relativizar o seu conceito, no sentido de que o que precisava de proteção não seria um setor ou um campo predeterminado, mas a própria capacidade do indivíduo de decidir como, quando e para quem suas informações, ou seja, seus dados, deveriam ser transmitidos. Em outras palavras, consiste no reconhecimento de que apenas o titular dos dados pessoais possui competência para decidir o nível de exposição a que deseja expor a sua própria privacidade.

Desse modo, a necessidade de proteção não se encontrava vinculada à esfera privada, como cenário do nascimento desses direitos, mas às consequências da divulgação dessas informações (em si), bem como a maneira que tais informações poderiam ser utilizadas. Isso porque o contexto do qual se originam os dados não interfere na proteção em questão, mas sim, o contexto em que as informações são transmitidas, focando na capacidade de escolha, própria e responsável, dos titulares de dados pessoais.

O que se ressalta, aqui, seria o direito de cada indivíduo de manter o domínio em relação ao que se denomina "espaço interno", através do seu autocontrole, livre de quaisquer influências externas, em que a própria pessoa decide o que pode ser divulgado e o que não pode, de maneira a garantir, inclusive, o direito de ficar só.

Ainda assim, um problema se instaura em relação ao que se compreende por livre determinação, posto que, se a pessoa divulga dados, mas desconhece a forma pelo qual estes poderão ser utilizados, sua liberdade encontrar-se-ia, de certa forma, viciada. Foi exatamente neste ponto que o BVerfG entendeu ser necessária a proteção, principalmente no que concerne ao manuseio por parte do poder público.

---

[192] WARREN, Samuel; BRANDEIS, Louis D. The Right to Privacy. *Harvard Law Review*, v. IV, n. 5, 15 december, 1890. Disponível em: http://groups.csail.mit.edu/mac/classes/6.805/articles/privacy/Privacy_brand_warr2.html. Acesso em 13 jan. 2020.

Certamente, o princípio da autodeterminação encontra sua definição como o princípio que protege o direito de decisão a respeito da transmissão de seus dados, bem como da forma como estes deverão ser tratados e, como tal, possui um alcance pouco maior que o direito fundamental à privacidade, por consistir em um direito relativamente abstrato de tomada de decisões que se estende não apenas à proteção da intimidade e da vida privada, mas também ao processamento e ao uso desses dados, principalmente pelo poder público.

Neste aspecto seria similar a um direito de propriedade, posto se referir ao direito de controle sobre os dados pessoais, de modo a proteger o direito de decidir sobre a sua divulgação, processamento e uso contra quaisquer espécies de ingerências. Fazendo uso das palavras de Charles Fried, "é o controle que temos sobre informações a respeito de nós mesmos (...), é o controle sobre conhecimentos a respeito de nós mesmos".[193]

Para que esse princípio seja observado é imperioso o cuidado na obtenção do consentimento claro e expresso do titular dos dados a serem tratados, bem como o que o Tribunal Alemão entendeu se tratar de uma especificação antecipada das finalidades do tratamento, sem falar, é claro, da vinculação às finalidades (princípios já tratados nesta obra).

Diante de tais considerações, percebemos que este novo cenário mundial enseja um equilíbrio, uma ponderação entre o direito à liberdade (proporcionado pela evolução dessa sociedade da informação) e o direito à privacidade e à proteção dos dados pessoais e, neste aspecto, o consentimento adequado, ou seja, livre, devidamente informado e consciente, exerce uma função relevante. Isso porque ele surge como requisito fundamental para o eficaz exercício da autodeterminação informativa, no entanto, é preciso que se manifeste destituído de quaisquer vícios e, ainda, dotado das informações necessárias, de maneira que não é demais afirmar que o princípio da finalidade é crucial para que o consentimento reste irrefutável. Neste sentido:

> (...) pode-se dizer que os pressupostos de um consentimento válido, no âmbito da proteção de dados pessoais, são os seguintes: (i) que o titular dos dados que emita o consentimento o faça por sua livre vontade; (ii) que o consentimento seja voltado a uma finalidade específica; (iii) que o titular seja informado acerca do objetivo da coleta, do processamento

---

[193] FRIED, Charles. Privacy. Yale Law Journal, v. 77, p. 475, 482, 1968 *apud* ALBERS, Marion. A complexidade da proteção de dados. *Direitos Fundamentais & Justiça*, Belo Horizonte, ano 10, n. 35, p. 19-45, jul./dez. 2016.

e do uso dos dados, assim como das consequências de não consentir com o tratamento.[194]

Não por acaso, o RGPD trouxe, em seu bojo, a seguinte definição de consentimento:

> Art. 4 (...)
>
> 11) «Consentimento» do titular dos dados, uma manifestação de vontade, livre, específica, informada e explícita, pela qual o titular dos dados aceita, mediante declaração ou ato positivo inequívoco, que os dados pessoais que lhe dizem respeito sejam objeto de tratamento;[195]

Apesar da perceptível importância do consentimento, como meio de garantir a legitimidade no tratamento dos dados pessoais, a sua efetividade no sentido de assegurar a autodeterminação informativa tem sido questionada por alguns, fato que se dá em virtude do crescimento da tecnologia ter propiciado certa mitigação desta autodeterminação, porquanto, pelo grande fluxo de dados compartilhados, muitas vezes o próprio titular dos dados não tem ciência de que os mesmos estão sendo coletados e manuseados. Este é o raciocínio apresentado por Gustavo Artese:

> Especialistas em privacidade ao redor do mundo, em especial, seus maiores representantes, têm se dado conta que, num mundo de computação ubíqua[196] e pervasiva, no qual os fluxos e usos de dados são cada vez mais complexos, o consentimento tem perdido paulatinamente seu significado (ou significância). A expressão mais utilizada para descrever esse fenômeno é a "diluição do consentimento". Para esses especialistas, no mundo do big data, dos smartphones, da IoT, da inteligência artificial, da computação vestível e de modelos de negócios baseados no acesso automatizado a volumes sem precedentes de dados de natureza pessoal, o que se verifica, da perspectiva do titular dos dados pessoais, é que os consentimentos conferidos diluem-se. Isso se dá na medida em que "tem ficado, cada vez mais difícil, se não impossível, para o indivíduo

---

[194] MENDES, Laura Schertel. *Privacidade, proteção de dados e defesa do consumidor*: linhas gerais de um novo direito fundamental. São Paulo: Saraiva, 2014.

[195] PARLAMENTO EUROPEU E CONSELHO DA UNIÃO EUROPEIA. *Regulamento (UE) n° 2016/679.*Regulamento Geral de Proteção de Dados (RGPD), 27 abr. 2016. Disponível em: https://eurlex.europa.eu/legalcontent/PT/TXT/?uri=uriserv:OJ.L_.2016.119.01.0001.01. POR&toc=OJ:L:2016:119:FULL. Acesso em 20 mai. 2020.

[196] Por computação ubíqua se entende a conexão por dispositivos em todos os lugares, de um modo tão transparente que se torna imperceptível para o próprio ser humano, passando a incorporar seus hábitos e se adaptando ao nosso cotidiano.

médio, compreender como seus dados pessoais estão sendo utilizados". Nesse contexto, "esperar que esses mesmos indivíduos desempenhem papel ativo na decisão sobre como seus dados pessoais estão sendo utilizados, em todos os contextos possíveis, é cada vez mais dissonante com a realidade".[197]

A premissa defendida por esses especialistas consiste em uma proporção diametralmente oposta entre a complexa realidade dos dados e a importância efetiva do consentimento. Isso porque "à medida que os usos se tornam mais complexos, a exigência de consentimento (para legitimar o processamento) demanda mais consentimentos (únicos) pelos indivíduos".[198] Diante disso há uma multiplicidade de consentimentos que geram, por sua vez, confusão, posto que o titular dos dados já não sabe para quem consentiu, quantos consentimentos deu e tampouco para quais fins, em um processo que os estudiosos denominam de "fadiga do consentimento", de tal maneira que o propósito, a razão de ser do consentimento, no sentido de controlar a privacidade, perde sua eficácia e se esvai.

Ademais, se percebe uma imensa apatia por parte dos titulares que, por uma decisão praticamente automática, apertam o botão "*i agree*" (eu aceito/concordo).

Diante de tal panorama é preciso refletir em como mudar essa situação. Se o consentimento é a base do direito à autodeterminação informativa, o que fazer nesses casos? Como garantir um consentimento, de fato, informado, consciente, livre? Essa é a questão.

A privacidade recebeu uma nova roupagem frente ao surgimento da internet e à expansão do espaço cibernético, que trouxe, por sua vez, um novo conceito para as relações sociais. Todo esse aparato tecnológico acabou por redimensionar a esfera privada das pessoas, conferindo, por um lado, imensas praticidades, mas, por outro, uma preocupante fragilidade.

Neste sentido, manifesta-se Rodotà: "Em uma sociedade na qual as informações se tornam a riqueza mais importante, a tutela da privacidade contribui de forma decisiva para o equilíbrio de poderes".[199]

---

[197] ARTESE, Gustavo. Privacidade e proteção de dados pessoais: a diluição do consentimento e a responsabilidade demonstrável (*accountability*). *Revista Fórum de Direito na Economia Digital – RFDED*, Belo Horizonte: Ed. Fórum, ano 1, p. 141-162, jul./dez, 2017.

[198] ARTESE, Gustavo. Privacidade e proteção de dados pessoais: a diluição do consentimento e a responsabilidade demonstrável (*accountability*). *Revista Fórum de Direito na Economia Digital – RFDED*, Belo Horizonte: Ed. Fórum, ano 1, p. 141-162, jul./dez, 2017.

[199] RODOTÀ, Stefano. *A Vida na Sociedade da Vigilância*. Rio de Janeiro: Renovar, 2007. p. 144.

A ideia central consiste em possibilitar que os indivíduos possam usufruir dos serviços que as novas tecnologias lhe permitem, sem precisar se preocupar em como seus dados estão sendo coletados e tratados e, até mesmo, para quais fins estão sendo destinados. Diante deste panorama, pesquisadores são unânimes em defender o consentimento como método de legitimação para o tratamento de dados, consistindo na manifestação expressa do direito à auto informação pessoal. Mas, como fortalecê-lo a ponto de torná-lo eficaz?

Gustavo Artese[200] defende que essa flexibilização do consentimento passa por dois conceitos basilares que são complementares entre si: a taxonomia dos dados pessoais e a responsabilidade demonstrável pelo controlador dos dados. E explica:

> Pelo conceito de taxonomia de dados, os dados podem ter uma dentre as quatro origens:
> Taxonomia de Dados Pessoais
> 1. Dados Fornecidos: se originam de ações diretas tomadas por seus titulares, nas quais ele ou ela encontra-se plenamente ciente das ações que levaram à coleta dos dados. Consideram-se dados fornecidos os registros, aplicativos de pesquisas (e.g. demográficas, eleitorais) e quaisquer outros nos quais o indivíduo forneça dados em plena consciência de suas ações.
> 2. Dados Observados: são simplesmente aqueles observados e arquivados. O surgimento da Internet como um meio de consumo interativo tornou possível observar e processar dados de uma forma mais robusta. Na Internet, pode-se observar de onde o indivíduo veio, o que ele busca, o quão frequentemente ele realiza buscas por conteúdo, e até mesmo a duração das pausas em tais buscas. O reconhecimento facial e a Internet das Coisas possibilitam que a observação digital seja possível no mundo real.
> 3. Dados Derivados: são dados que são simplesmente derivados, de forma bastante mecânica, de outros dados e tornam-se um novo conjunto de dados relacionados ao indivíduo. Por exemplo, técnicas de marketing dirigido produzem dados derivados.
> 4. Dados Inferidos: são produtos de um processo analítico baseado em probabilidades (análise preditiva). São exemplos de dados inferidos, a capacidade de crédito e a identidade, assim como muitas das inferências que surgem da análise de big data.

---

[200] ARTESE, Gustavo. Privacidade e proteção de dados pessoais: a diluição do consentimento e a responsabilidade demonstrável (*accountability*). *Revista Fórum de Direito na Economia Digital – RFDED*, Belo Horizonte: Ed. Fórum, ano 1, p. 141-162, jul./dez, 2017.

CAPÍTULO 4 | 169

Percebe-se uma gradação entre os dados fornecidos e os dados inferidos (itens 1 a 4), de tal modo que a consciência do titular tende a se reduzir, no que concerne à natureza dos dados produzidos e, ainda, às finalidades de sua autorização, com um nível de consciência maior no primeiro item (dados fornecidos), que vai diminuindo até chegar ao último. Dessa forma, quanto maior o grau de consciência, mais puro, forte e, portanto, mais significativo é o consentimento do titular. Quanto maior é o grau de consciência, maior é o controle do titular sobre seus dados. E, o inverso é verdadeiro, ou seja, quanto mais próximo do grau 4 (dados inferidos), maior a necessidade de responsabilização por parte dos tratadores, em outras palavras, maior a necessidade de uma *accountability*, uma prestação de contas por parte de quem realiza o tratamento dos dados, no sentido de comprovar, de forma clara e transparente, o manuseio adequado, justo e ético dos dados pessoais.

Dessa forma, essa responsabilidade demonstrável transferiria para o controlador, em determinados casos, o encargo pela proteção de seus dados, já que nem sempre o titular tem consciência do seu real uso e tratamento. Assim, sempre que, em virtude da complexidade do fluxo de dados, não se vislumbrar a possibilidade de garantir a privacidade do seu titular, o dever de respeitar e realizar o tratamento destes dados, com o devido comprometimento, é transferido para o controlador, a quem competirá a prestação de contas.

Por esse ângulo, Hirata e Lima[201] trazem, como exemplo, a questão dos *cookies* na EU, que, inobstante não os proibir, exige a informação do usuário no momento do acesso, de tal maneira que, ao entrar em um site ou aplicativo, o usuário é devidamente informado a respeito do rastreamento do histórico de navegação, com a finalidade de aperfeiçoá-la, permitindo-lhe decidir se deseja, ou não, consentir.

Por fim, importa esclarecer que casos existem em que o consentimento é dispensado, como se dá, por exemplo, quando se precisa cumprir uma obrigação legal ou regulatória, por determinação judicial. O mesmo se dá quando da realização de políticas públicas (campanhas de vacinação, por exemplo) ou para viabilizar estudos e pesquisas (casos em que haverá necessidade da anonimização, o que dispensaria, por si só, o consentimento), para exercitar direitos em contratos e processos judiciais ou administrativos, enfim, em casos em que o interesse coletivo prepondera, cabendo o exercício da *accountability*, a fim de demonstrar,

---

[201] HIRATA, Alessandro; LIMA, Cíntia Rosa Pereira de. A efetiva proteção dos dados pessoais face às tecnologias denominadas Big Data. *In*: TEPEDINO, Gustavo *et al.* (Coord.). *Anais do VI Congresso do Instituto Brasileiro de Direito Civil*. Belo Horizonte: Fórum, 2019. p. 271-283.

quando necessário, a devida responsabilidade no tratamento, bem como a observância restrita às suas finalidades.

4.4 Os mecanismos processuais para a tutela da privacidade e dos dados pessoais como Direitos Fundamentais

Alçando a categoria de novo marco legal para regulação do uso, da proteção e da transferência de dados pessoais e complementando a Lei n° 12.965 de 2014 (antigo Marco Civil da Internet), a nova LGPD tem como escopo a salvaguarda da privacidade dos indivíduos, através da regulamentação das técnicas de tratamento desses dados.

Em um contexto, porém, em que a exposição da imagem pessoal, profissional e familiar está ao passo de um simples "clique", o conceito de privacidade requer, segundo alguns, uma redefinição. Sem falar que há quem defenda, inclusive, o aniquilamento da privacidade, diante da "invasão tecnológica" em que vivemos.

Stefano Rodotà, jurista italiano, já chamava a atenção, em 2007, para a "utopia necessária para impedir que novas sociedades se tornem sociedades de controle, vigilância e seleção social" e, por "utopia necessária", ele se refere, justamente, à proteção de dados pessoais. Em um trecho de sua obra,[202] o autor afirma que a privacidade, antes apresentada como o "direito de ficar e ser deixado só", encontra-se em atual decadência, diante do surgimento do que ele chama de "um novo centro gravitacional", que considera as contingências sociais, tais como a possibilidade de cada indivíduo supervisionar ou monitorar o uso das informações sobre a sua pessoa.[203]

Warren e Brandeis já diziam, há tempos (em 1890), que o avanço da tecnologia traria riscos para os processos de corrosão das fronteiras da intimidade, causando uma verdadeira invasão da vida privada:

> Fotografias instantâneas e empreendimentos jornalísticos têm invadido os recintos sagrados da vida particular e doméstica; e inúmeros dispositivos mecânicos ameaçam tornar verdadeiro o prognóstico de que "o que é sussurrado no armário será proclamado dos telhados".[204]

---

[202] RODOTÀ, Stefano. *A Vida na Sociedade da Vigilância*. Rio de Janeiro: Renovar, 2007.

[203] RODOTÀ, Stefano. *A Vida na Sociedade da Vigilância*. Rio de Janeiro: Renovar, 2007.

[204] WARREN, Samuel; BRANDEIS, Louis D. The Right to Privacy. *Harvard Law Review*, v. IV, n. 5, 15 december, 1890. Disponível em: http://groups.csail.mit.edu/mac/classes/6.805/articles/privacy/Privacy_brand_warr2.html. Acesso em 13 abr. 2020.

Infelizmente, de lá para cá, não foram poucas as vezes em que nos deparamos com o uso abusivo da tecnologia e o desvirtuamento de suas finalidades. A tecnologia proporcionou um maior alcance para a curiosidade alheia e a vida íntima e privada do indivíduo se transformou em mercadoria para alguns que, desavisadamente, invadem a privacidade das pessoas com o intuito de exploração comercial. Consoante os ensinamentos de Gustavo Freire:

> Vivemos em uma época que exige uma flexão ou uma plasticidade interativa da racionalidade a partir da qual possamos enfrentar o universo das novas questões éticas, políticas e legais que se acumulam diariamente nas práticas científicas, empresariais, sociais e governamentais, na vida pública e na vida privada.[205]

A publicidade foi redimensionada de maneira que, atualmente, basta sair na rua para, em nome da segurança coletiva, ser fotografado e filmado, inúmeras vezes, e em todos os lugares. Segundo Tatiana Malta Vieira,[206] em 2006, já havia, nos Estados Unidos, mais de 25 milhões de câmeras de segurança espalhadas em locais públicos e, em Londres, o cidadão tem sua imagem capturada cerca de trezentas vezes por dia, demonstrando uma mudança social na qual a vigilância, anteriormente dirigida, direcionada e excepcional, passou a ser generalizada e cotidiana.

Michel Foucault, na obra "Vigiar e Punir", apresenta argumentos que constituem, atualmente, subsídio importante para o problema da invasão da privacidade, quando ele se refere ao instrumento do Panóptico como uma forma de representar o poder de vigilância na vida das pessoas. Em sua concepção, a ideia do "olho que tudo vê" do Panóptico é passível de adaptação a toda e qualquer espécie de poder, por meio do qual se pode observar uma relação de vigilância entre determinadas organizações em relação aos indivíduos.

Conforme o entendimento de Foucault, a fim de que esse poder possa ser exercido, insta a aquisição do Panóptico por esse poder, para que tenha condições de exercer uma vigilância permanente, exaustiva e verdadeiramente onipresente, com a capacidade paradoxal de tornar

---

[205] FREIRE, Gustavo Henrique de Araújo. Sobre a ética da informação. *In*: FREIRE, Gustavo Henrique de Araújo (Org.). *Simpósio Brasileiro de ética da informação*. Ética da Informação: conceitos, abordagens, aplicações. João Pessoa, 2010. p. 6.

[206] VIEIRA, Tatiana Malta. *O direito à privacidade na sociedade da informação*: efetividade desse direito fundamental diante dos avanços da tecnologia da informação. 2007. 297 f. Dissertação (Mestrado em Direito) –Universidade de Brasília, Brasília, 2007. p. 183.

tudo visível, sendo, a própria organização detentora deste poder, invisível. E dando sequência ao seu raciocínio, aduz:

> Milhares de olhos postados em toda a parte, atenções móveis e sempre alerta, uma longa rede hierarquizada (...). E essa incessante observação se deve acumular numa série de relatórios e de registros (...) uma tomada de contas permanente do comportamento dos indivíduos.[207]

De fato, no que se refere aos dados pessoais, uma vez somados, agrupados e devidamente manipulados, eles possibilitam que se tracem, de maneira precisa, perfis individuais, muitas vezes com objetivos escusos e fins puramente comerciais. E importa ressaltar que até mesmo os dados mais inocentes podem causar danos, às vezes, irreparáveis, quando cruzados com outros de diversas fontes. A título de exemplificação, voltemos ao caso citado anteriormente, de pessoas que avaliam profissionais na internet. Com base nas avaliações realizadas, seria possível constatar a existência ou, ao menos, a suspeita de determinada enfermidade, o que poderia, por sua vez, impactar na contratação de seguros e planos de saúde.

Neste viés podemos observar que os problemas relacionados à privacidade não se encontram mais restritos ao binômio exposição/ recolhimento (ou recato), e o papel do Estado desponta, neste aspecto, no sentido de proteger, de maneira mais ativa, o respeito à vida privada dos indivíduos.

Hannah Arendt já afirmava, há tempos atrás, que a realidade social e tecnológica reclamou uma terceira categoria de direito, denominado "*direito à extimidade*" como uma forma de dimensão da intimidade. Uma categoria nova que se mostrou necessária com a expansão da internet, por meio da qual os usuários expõem aspectos de sua vida íntima, tendo a possibilidade de escolher quem poderá acessá-las, posto que essa exposição não inclui essa informação ou os dados dela decorrentes ao domínio público, constituindo simples exercício ou faculdade do seu titular, com base no princípio da exclusividade. De tal forma que o que foi voluntariamente compartilhado só pode ser mostrado ou ocultado com base na própria discricionariedade de quem compartilhou.[208]

Tudo isso nos leva a questionar: o que se entende, então, por privacidade? Como resguardá-la com eficiência.

---

[207] FOUCAULT, Michel. *Vigiar e punir*.20. ed. Petrópolis: Ed. Vozes,1999. p. 237.
[208] ARENDT, Hannah. Reflections on little rock. *Dissent*, n. 6 (1), New York, 1959.

Em primeiro lugar, é preciso considerar que o objeto da proteção de dados é complexo, uma vez que não se trata apenas, e especificamente, de dados pessoais, mas de outros tantos elementos como informações, conhecimentos, decisões, enfim, compreende um conjunto de interesses e de posicionamentos jurídicos. Além disso, trata-se de algo que se transforma e evolui rapidamente, o que exige aperfeiçoamentos constantes.

De todo modo é fácil perceber que o objetivo real da proteção de dados não se trata de proteger dados, particularmente, mas de proteger os indivíduos por trás desses dados, ou seja, de proteger o indivíduo a quem os dados se referem. Neste sentido, compreendemos que não podemos analisar a questão da proteção de dados sob uma ótica individualista; cabe-nos adotar uma análise multidimensional de direitos fundamentais, visto que a proteção de dados engloba um conjunto de direitos que precisam ser reformulados e ressignificados. A proteção ao titular dos dados deve ser proveniente de uma análise supraindividual, considerando todo o contexto, bem como as possíveis consequências para a pessoa a quem tais dados se referem. Isso porque a necessidade de proteção decorre dos efeitos negativos deste tratamento e, consequentemente, das informações pessoais que ele propicia vir à tona.

Danilo Doneda[209] ensina que o conceito de privacidade pode ser definido, atualmente, como "todo um estatuto que compreende as relações da própria personalidade com o mundo exterior". Em igual teor se manifesta Marion Albers:

> (...) a proteção de dados tem a ver com a proteção contra a criação de perfis de personalidade, a proteção da reputação de uma pessoa, a proteção contra estigmatização e discriminação, a proteção de expectativas normativamente justificadas de privacidade, a proteção contra o roubo da identidade, a proteção contra vigilância e a proteção da integridade contextual. Esses exemplos ilustram que a proteção de dados não compreende um bem juridicamente tutelado que seja uniforme. Há, pelo contrário, interesses complexos e múltiplos que devem ser protegidos.[210]

Nota-se clara ampliação do conceito de privacidade, no intuito de tutelar essas novas necessidades, com destaque à proteção aos dados pessoais.

---

[209] DONEDA, Danilo. *Da privacidade à proteção de dados pessoais.* Rio de Janeiro: Renovar, 2006. p. 32

[210] ALBERS, Marion. A complexidade da proteção de dados. *Direitos Fundamentais & Justiça,* Belo Horizonte, ano 10, n. 35, p. 19-45, jul./dez. 2016.

Em um segundo plano, cumpre ressaltar que como direito fundamental, a proteção de dados pessoais possui duas dimensões, uma subjetiva, que se refere ao direito de resistência do indivíduo, na busca por traçar limites para toda e qualquer intervenção indevida por parte do Estado ou de outro cidadão e, também, uma dimensão objetiva, tendo em vista que ele demanda determinadas ações estatais com vistas a salvaguardar esses direitos.

Por sua singularidade e especificidade nem todas as tutelas jurisdicionais previstas, com o escopo de amparar o indivíduo ou a coletividade de ameaças ou violações ao seu direito fundamental, podem ser aplicadas à proteção dos dados pessoais.

Lado outro, a CRFB expressa, no parágrafo 1º do art. 5º, a aplicação imediata das normas que definem direitos e garantias fundamentais, o que nos permite afirmar que a aplicabilidade desses direitos consiste em um dever estatal.

Como assegurar o disposto na legislação federal diante da especificidade deste direito? Os parâmetros culturais, bem com os valores sociais são relevantes para determinar os modelos regulatórios direcionados à proteção de dados e à privacidade da pessoa e, ainda, a maior ou menor ingerência estatal neste sentido.

Diante do exposto, questiona-se: que mecanismos processuais, já existentes, podem ser utilizados com eficácia na proteção de dados pessoais?

Analisando primeiramente sob o aspecto coletivo, no que se refere ao Habeas Data, entendemos que não consistiria em instrumento adequado para situações que buscassem, por exemplo, impedir a realização de tratamento de dados ou, então, para revisão de questões individuais automatizadas, nem, tampouco, para assegurar o direito ao esquecimento (apagando os dados). Para tais casos, o mandado de injunção seria mais adequado (art. 5º, LXXXI CF/88), possibilitando que o poder judiciário fixe, nos casos concretos, a maneira para o exercício condizente com o direito que se pretende proteger.

Há, ainda, a possibilidade de que o Ministério Público (ou quaisquer outros legitimados), pautado no disposto na Lei da Ação Civil Pública (ACP) (Lei nº 7.347/1985) ou no CDC, venha a propor ação coletiva, em busca de proteger os direitos à privacidade e à preservação dos dados pessoais. Ademais, o art. 22 da LGPD[211] já regulamenta a

---

[211] BRASIL, LGDP: Art. 22. A defesa dos interesses e dos direitos dos titulares de dados poderá ser exercida em juízo, individual ou coletivamente, na forma do disposto na legislação pertinente, acerca dos instrumentos de tutela individual e coletiva.

CAPÍTULO 4 | 175

possibilidade de proposição de ações individuais ou coletivas, consoante as legislações específicas existentes.

Ainda no que concerne à ACP, sob a ótica de proteção dos direitos individuais homogêneos, consistiria no meio adequado, também, para requerer indenização em casos de danos morais e materiais, decorrentes da recusa por parte do tratador dos dados, de fornecer informações sobre o tratamento aos seus titulares, ou de retificar tais dados. Por fim, mas sem pretensão de esgotar o assunto, com base no disposto na Lei nº 9.882/99, segundo a qual para evitar ou reparar lesão a preceito fundamental proveniente do Poder Público, deve-se fazer uso da Ação de Descumprimento de Preceito Fundamental (ADPF). Entendemos que também consistirá em um instrumento para a proteção de dados pessoais em casos, por exemplo, de desrespeito à proteção desses dados por uma lei municipal (posto não ser objeto de Ação Direta de Inconstitucionalidade – ADIN, segundo art. 102, I, "a" da Carta Federal) ou, até mesmo, diante de decisão de tribunais locais no mesmo sentido, na frente de controvérsias acerca da aplicabilidade da LGPD.

Em se tratando, porém, do âmbito individual, cremos ser possível uma ação cominatória ou inibitória (em se tratando, respectivamente, da obrigação de fazer ou de não fazer alguma coisa), no entanto, casos existirão em que tais não serão suficientes para a proteção dos dados pessoais quando, por exemplo, já estivermos diante de danos concretizados e que não podem ser desfeitos. Nessas circunstâncias, entendemos que uma ação ressarcitória possa ser o instrumento mais adequado.

Obviamente que a par de todas as medidas já mencionadas, seja no plano coletivo, seja no individual, nenhuma delas rechaça a obrigatoriedade de que os órgãos de proteção e defesa ao consumidor se mantenham posicionados para o resguardo e a tutela da preservação dos dados pessoais, de maneira até mesmo preventiva e não apenas repressiva. Ao menos enquanto ainda não estiver devidamente criada e regulamentada, na prática, a ANPD, cuja competência reside, dentre outras, na edição de normas e procedimentos a respeito da proteção dos dados individuais, na esfera administrativa, com respeito ao contraditório e à ampla defesa, além do direito a recurso.

Por ora, permanecemos no aguardo desta regulamentação, todavia, o texto da lei já nos permite tirar algumas conclusões quanto à legitimidade processual e ao ônus da prova, por exemplo.

No tocante à legitimidade processual, o §1º do art. 18 da LGPD determina que, no polo passivo, a legitimidade pertence ao controlador e, ainda, em eventuais demandas, (a depender da situação que se busque tutelar) também ao operador, por se tratar de quem realiza, de fato, o tratamento, conforme se depreende do parágrafo único do art. 44 do texto desta lei.[212] Percebemos, neste aspecto, a prioridade conferida pela lei ao controlador, para figurar no polo passivo, por se tratar do responsável pelas decisões acerca do tratamento dos dados, cabendo ao operador apenas, executá-las.

Em relação ao ônus da prova, encontramos previsão no parágrafo segundo do art. 8º da lei em comento, determinando a obrigatoriedade a todo aquele que colhe informações, de demonstrar o consentimento prévio e informado do seu titular, bem como se esse consentimento foi obtido com a devida observância das determinações legais. Previsão coerente com o posicionamento que já manifestamos em tópicos anteriores, posto entendermos razoável a postura do legislador brasileiro, já que seria muito mais trabalhoso para o titular dos dados apresentar provas de que não autorizou determinado tratamento.

No mesmo teor, a lei prevê no §2º do art. 42, a possibilidade de inversão do ônus da prova, em casos de requerimentos referentes aos dados pessoais, sempre que se constatar a verossimilhança da alegação, quando restar comprovada a hipossuficiência do titular para a produção de provas ou, mesmo, quando essa produção lhe restar por demais onerosa. Tudo isso com base em uma análise judicial no caso concreto, não distinguindo do posicionamento adotado pelo Código Processual brasileiro atual.

Com base nessas previsões legais é possível constatar que a LGPD reconhece a possibilidade de judicialização nos casos de descumprimento da referida lei ou quando restarem violados direitos os quais a ANPD não tenha atendido ou conseguido suprir. Sem falar nas hipóteses, já comentadas neste tópico, do uso das tutelas coletivas ou individuais, previstas na nossa Carta Magna e em demais legislações ordinárias a respeito, cujo escopo reside na proteção da dignidade pessoal do homem e da salvaguarda do Estado democrático de direito.

---

[212] BRASIL, LGPD. Art. 44. (...) Parágrafo único. Responde pelos danos decorrentes da violação da segurança dos dados o controlador ou o operador que, ao deixar de adotar as medidas de segurança previstas no art. 46 desta Lei, der causa ao dano.

4.5 A proteção dos dados no Estado de Exceção

No que se refere ao tratamento de dados pessoais e sua proteção, vivenciamos, desde dezembro de 2019, uma situação excepcional, há tempos não experimentada, que proporcionou uma verdadeira crise sanitária, de proporções internacionais, e tem influenciado e sofrido grande influência no que se refere ao tratamento de dados pessoais, demonstrando que, de fato, são os dados, atualmente, o novo petróleo.

Refiro-me a um pequeno (mas letal) vírus que trouxe, como consequência, a necessidade de isolamento social, inicialmente em países asiáticos, seguido pelos europeus e, em pouquíssimo tempo, alastrando-se para os demais países, o que acarretou a necessidade de uma paralisação mundial. China, Itália, Espanha, Estados Unidos, Reino Unido, Chile, Brasil, enfim, uma imobilização global, necessária e urgente, na tentativa de minimizar a propagação desenfreada do vírus e as inúmeras mortes dele consequentes. Seu imenso e funesto potencial transformou, radicalmente, a rotina de toda a população mundial. Profissionais da saúde de diversos países se depararam com terríveis dilemas (como escolher quem terá direito a tratamento), causando-lhes intenso abalo emocional e, em alguns casos, até mesmo suicídios. Os hospitais não possuíam estrutura para acolher tantos pacientes suspeitos de contágio e sequer havia leitos disponíveis nas Unidades de Tratamento Intensivo (UTIs), para os que se encontravam no pior estágio da doença. Em diversos locais do mundo foram necessárias atitudes rápidas, a fim de construir mais hospitais e postos de atendimento. No Brasil, o Ministério da Educação (MEC), por meio da Portaria nº 374/2000,[213] autorizou a formatura antecipada de profissionais dos cursos de medicina, enfermagem, farmácia e fisioterapia, que já tivessem completado 75% da carga horária prevista para o período de internato médico ou estágio supervisionado, a fim de possibilitar a atuação dos mesmos nas ações de combate à pandemia instaurada. Os laboratórios não conseguem analisar todos os casos que surgem e as notificações de contaminação não conseguem acompanhar a realidade, que se mostra, em sua grande maioria, bem aquém da situação fática.

Além disso, os profissionais da medicina e os cientistas vêm travando verdadeira luta para compreender o vírus, sua forma de

---

[213] BRASIL. Ministério da Educação (MEC). *Portaria nº 374 de 03 de abril de 2020*. Dispõe sobre a antecipação da colação de grau para os alunos dos cursos de Medicina, Enfermagem, Farmácia e Fisioterapia, exclusivamente para atuação nas ações de combate à pandemia do novo Coronavírus – COVID-19. Disponível em: https://abmes.org.br/legislacoes/detalhe/3085/portaria-mec-n-374. Acesso em 20 mai. 2020.

contágio e seus sintomas, razão pela qual ainda não conseguiram definir um tratamento adequado ou uma vacina eficaz, considerando os casos confirmados de transmissão por meio de pessoas assintomáticas, que têm dificultado o controle e a redução do seu contágio.

Diante de tal situação, vivenciamos uma sociedade extremamente polarizada: de um lado, aqueles que, beirando ao pânico, se mantêm dentro de suas residências, em respeito e observância ao isolamento social; de outro, os que não concordam com a gravidade da situação (posicionamento que acaba por restar acirrado diante de notícias do uso da calamidade pública para a prática de atos de corrupção que, por sua vez, geram descrédito social em relação à veracidade da situação) e não cumprem o isolamento, transitando normalmente, sem preocupação com as determinações públicas que buscam minimizar o contágio.

Se por um lado a sociedade não se entende em relação à atitude a ser tomada, por outro, a Administração Pública não tem demonstrado ser diferente.

Por meio do Decreto Legislativo n° 06/2020, o Congresso Nacional brasileiro reconheceu (seguindo uma tendência mundial), no dia 20 de março de 2020, o Estado de calamidade pública (com vigência até o dia 31 de dezembro), nos termos da solicitação do Presidente da República. Na sequência, surgiu a Lei n° 13.979, de 06 fevereiro de 2020, regulamentando medidas para o enfrentamento da emergência de saúde pública decorrente do Coronavírus.

De forma consentânea, a Assembleia Legislativa do Estado de Mato Grosso publicou a Resolução n° 6.728/2020 e diversos outros Estados e Municípios da Federação seguiram o mesmo caminho, decretando estado de calamidade pública e aplicando medidas restritivas em busca de conter a propagação do vírus e retomar o estado de normalidade da saúde pública.

É cediço que, neste caso, os governantes possuem poderes que poderiam ser considerados abusivos em uma situação de "normalidade", mas que, diante da excepcional situação, são considerados como remédio necessário, apesar de amargo, para sanar a "doença" enfrentada.

A CRFB prevê, nesta senda, a flexibilização dos limites orçamentários (em consonância com o art. 65 da LRF),[214] a possibilidade de instituição de empréstimos compulsórios, de parcelamento de dívidas,

---

[214] BRASIL. Lei Complementar n° 101, de 04 de maio de 2000. Estabelece normas de finanças públicas voltadas para a responsabilidade na gestão fiscal e dá outras providências. *Diário Oficial da União*, Brasília, 05 mai. 2000. Disponível em: http://www.planalto.gov.br/ccivil_03/leis/lcp/lcp101.htm. Acesso em 20 mai. 2020.

de antecipação de receitas, de dispensa de licitação (em determinados casos e circunstâncias), de saque do Fundo de Garantia do Tempo de Serviço (FGTS) pela população, enfim, medidas que possam auxiliar no restabelecimento ao estado *a quo* de normalidade.

A declaração do estado de calamidade consiste, portanto, em um instrumento legal e legítimo que permite que determinadas medidas excepcionais de enfretamento sejam tomadas, com a urgência que a situação requer. No entanto, não é demais ressaltar que, como entidades autônomas que são, os entes da federação são dotados de certa liberdade legislativa, necessitando, contudo, observar os limites de delegação dispostos pelo Poder Constituinte Originário, a fim de não restar descaracterizado e ainda mais enfraquecido o Pacto Federativo.

Um ponto divergente, no entanto, não tem auxiliado na escolha da melhor decisão a ser tomada na prática. Em meio a toda essa pandemia, notícias diárias de mortes resultantes do vírus, que crescem dia a dia e geram preocupação. Todavia, os líderes estatais se deparam com outro problema: a crise econômica decorrente da paralisação necessária das atividades que, por sua vez, tem demonstrado gerar imensa dúvida quanto à melhor postura a ser adotada: uma postura mais radical (priorizando a preservação da vida por meio de isolamento total ou horizontal) ou mais flexível (a fim de garantir o sustento da economia, através de um isolamento apenas vertical) e os embates que temos presenciado têm demonstrado que, por ora, ainda estamos bem distantes de um consenso.

É certo que perdas existirão, em ambas as situações, visto que se é fato que o vírus é letal. O abalo da paralisação da economia em um país como o Brasil também possui um imenso potencial de fatalidade, a considerar suas consequências como o desemprego, a quebra de pequenas (e até mesmo de grandes) empresas e (uma coisa acaba levando à outra) o aumento da marginalização que, por sua vez, impacta no (des)controle da criminalidade. O debate social busca saber qual seria a "dosagem correta", a atuação mais certeira para assegurar a proteção da saúde da população, sem descuidar da economia, resguardando a vida, bem mais precioso.

Por ora, é possível constatar que, na busca por mitigar a transmissão do vírus, sem, contudo, conseguir ainda compreendê-lo, as medidas tomadas restringem alguns direitos fundamentais do ser humano, tais como o direito de ir e vir, o direito à livre iniciativa e o direito à autodeterminação do próprio corpo, dentre outros. Restrições que se justificam pelo momento vivenciado, mas que causam preocupação, posto que a linha que separa a situação de estado excepcional da ditadura é bem tênue, o que leva alguns a temerem uma verdadeira crise constitucional.

Ao lado de tudo isso, cumpre reconhecer, sempre existe o jogo político e a luta pelo poder e, nesse embaraço de situações, ações e possibilidades, a compreensão e a adoção de uma política uniforme, coesa, mas coerente e forte, não tem se sustentado. Como em uma Torre de Babel, cada governante apresenta sua tese, legitimada pela disseminação do medo, em uma sociedade cada vez mais confusa acerca da melhor atitude a ser tomada. O cidadão comum não sabe se fica em casa ou se sai para garantir o seu sustento; o empresário tem dúvidas se sua empresa pode, ou não, funcionar. O próprio gestor público demonstra incerteza a respeito das determinações que lhe são permitidas e, a todos nós, por ora, parece que nos compete assistir, um tanto quanto estarrecidos, a essa grande confusão, em um momento crucial em que o tempo pode custar milhares de vidas.

Este é o cenário atual e, diante dele, alguns questionamentos despontam inevitáveis: como ficam os direitos fundamentais nesta situação? Vivemos um Estado de Exceção não declarado, como afirmam alguns? Quais as consequências jurídicas disso?

E os questionamentos não param por aí!

Em decorrência da quarentena estabelecida e da dificuldade do seu efetivo cumprimento pela população, algumas medidas têm sido tomadas pela Administração Pública, em todo o mundo, em relação ao uso e compartilhamento de dados pessoais, sob a justificativa de proteção da saúde, da incolumidade física e da vida. No Brasil, citamos, a título de exemplo, o fato, recentemente noticiado, de que empresas telefônicas têm compartilhado a geolocalização dos seus usuários com a Administração Pública, possibilitando uma melhor fiscalização quanto à observância, ou não, do isolamento social. Tal compartilhamento fere direitos fundamentais? É legítimo? Constitucional?

Em outros países não é diferente. Na China, a empresa Ant criou um aplicativo chamado *"Alipay Health Code"*, que coleta informações dos usuários e as utiliza com fins de classifica-los de acordo com o risco que possam oferecer, e definindo, inclusive, a necessidade de isolamento. Aquelas que recebem código verde possuem livre locomoção; as que recebem código amarelo precisam se isolar por uma semana; e as de código vermelho são obrigadas a observar a quarentena mínima de duas semanas. E não para por aí! Uma câmera criada pela empresa *Hanwang Technology* realiza o reconhecimento facial, a fim de detectar quais pessoas estão, efetivamente, usando as máscaras de proteção nas ruas, e detectando, inclusive, o nome, além de verificar a temperatura corporal dos mesmos.[215] Autoridades governamentais da Inglaterra e dos EUA têm negociado com grandes empresas de tecnologia para obter o compartilhamento de dados de localização de celulares para fins de fiscalização do isolamento social determinado. O presidente Trump se reuniu, recentemente, com representantes do *Google*, do *Facebook* e da *Amazon*, buscando acesso a tais dados de localização.[216]

A Coreia do Sul, por sua vez, tem criado mapas para que a população possa consultar os locais em que os infectados passaram, com base no rastreamento dos seus celulares. Outras medidas de monitoramento, neste mesmo sentido, foram utilizadas por países como Israel, Polônia, Alemanha, Bélgica, Irã, Áustria, Itália e Taiwan, dentre outros.

O Comitê Europeu para Proteção de Dados se manifestou no sentido de que o RGPD, em vigor na UE, autorize o processamento de dados por autoridades sanitárias em casos de epidemias, desde que observadas as legislações específicas de cada país.[217]

A utilização de dados pessoais neste contexto é compreensível e, digamos que, até mesmo, aceitável. Contudo, não se pode descurar da, também evidente, preocupação com os abusos que possam surgir dessa utilização, diante da vulnerabilidade dos titulares dos dados. Toda a situação atual serve para demonstrar, contudo e claramente, que a vigilância e o monitoramento em massa, através de smartphones, é real e vai muito além do previsto nos termos de uso e privacidade.

Não sem razão, diversos PL têm sido apresentados com o escopo de prorrogar a entrada em vigor da nova LGPD, em busca de

---

[215] ARAÚJO, Priscila Maria Menezes de; BANDEIRA, Natália Ferreira Freitas. *Na pandemia, é possível flexibilizar as balizas da proteção de dados pessoais? Reflexões sobre o aplicativo chinês Alipay Health Code, que classifica os usuários de acordo com suspeitas.* 01 abr. 2020. Disponível em: https://www.jota.info/opiniao-e-analise/artigos/na-pandemia-e-possivel-flexibilizar-as-balizas-da-protecao-de-dados-pessoais-01042020. Acesso em 03 abr.2020.

[216] ROMM, Tony; DWOSKIN, Elizabeth; TIMBERG, Craig. U.S. government, tech industry discussing ways to use smartphone location data to combat coronavirus. *Washington Post*, 17 mar. 2020. Disponível em: https://www.washingtonpost.com/technology/2020/03/17/white-house-location-data-coronavirus/. Acesso em 03 abr. 2020.

[217] O Comitê Europeu para a Proteção de Dados (CEPD) é um organismo europeu independente, composto por representantes das autoridades nacionais para a proteção de dados e a Autoridade Europeia para a Proteção de Dados (AEPD), que contribui para a aplicação coerente de regras em matéria de proteção de dados na UEe promove a cooperação entre as autoridades de proteção de dados da UE. (COMITÉ EUROPEU PARA A PROTEÇÃO DE DADOS (CEPD). *Comitê Europeu para a Proteção de Dados.* Disponível em: https://edpb.europa.eu/about-edpb/about-edpb_pt. Acesso em 03 abr. 2020).

evitar a sujeição às suas pesadas sanções. Mas essa prorrogação se faz, realmente, necessária? Muitas são as dúvidas e as possibilidades de discussão diante da situação que enfrentamos. A situação possibilita uma gama de discussões, teses, considerações. Mas, por ora, pretendemos nos ater a dois pontos específicos: ao compartilhamento dos dados durante o Estado de Exceção e a entrada em vigor da nova LGPD brasileira.

Assim, buscamos analisar o impacto da realidade atual, diante da pandemia causada pelo COVID-19, em relação aos direitos fundamentais previstos na CF/88 e à proteção dos dados pessoais, em vias de regulamentação. Para tanto, cumpre *ab initio*, compreender, o que é e em que consiste o Estado de Exceção e, uma das maiores dificuldades em defini-lo reside no fato de que se trata, justamente, de situação oposta à normalidade. Uma situação que acarreta, por sua excepcionalidade, a suspensão do Estado de direito, por meio do próprio direito, se aplicando diante de fatos que demandam uma atuação mais precisa e ágil, perante real ameaça à ordem pública, ao povo ou à própria nação.

4.5.1 O Estado de Exceção previsto na Constituição

Um dos primeiros a tratar e a reconhecer a figura do Estado de Exceção foi Carl Schmitt, em sua obra "Teologia Política" e, mais recentemente, tal assunto foi retomado por Giorgio Agamben. No Estado de Exceção dá-se, portanto, a suspensão do direito, a fim de possibilitar que a Administração Pública possa atuar com a prontidão que a situação exige, consistindo, desse modo, na violência do Estado, de maneira juridicamente expressa, legal e legitimada, posto que justificável.

Todavia, importa considerar que o reconhecimento do Estado de Exceção não implica na exclusão de princípios importantes como o princípio da transparência, por exemplo, bem como o da responsabilização, por meio da *accountability*. Entendemos que, neste caso, tais princípios se revelam ainda mais relevantes, a fim de resguardar a possibilidade de retorno à normalidade e de evitar que o Estado de Exceção se perca em sua temporariedade necessária, culminando em uma verdadeira ditadura com abuso do direito e do poder atribuídos aos nossos gestores.

Carl Schmitt pensava no Estado de Exceção sob uma forma mais pura. Para ele, soberano é aquele que, nos casos concretos, diante de conflitos entre o interesse público, a segurança, a saúde pública, a paz social, decide. De maneira que para Schmitt o direito não consiste em

CAPÍTULO 4 | 183

uma realidade autossuficiente, tendo em vista que, diante de uma situação de exceção, soberano é quem decide e, portanto, detém o poder de fato, que, nestes momentos sobreleva o poder de direito:

> Não se pode indicar com clareza tipificável, quando se apresenta um estado de necessidade, nem pode ser enumerado, substancialmente, o que pode ocorrer quando se trata, realmente, de um estado extremo de necessidade e de sua reparação. Os pressupostos são aqui, como conteúdo da competência, necessariamente ilimitados. Portanto, no sentido jurídico-estatal, não se apresenta nenhuma competência. No máximo, a Constituição pode indicar quem deve agir em tal caso. Não se submetendo a ação a nenhum controle, não há, de nenhuma forma, a divisão, como ocorre nas práxis da Constituição jurídico-estatal, em diversas instâncias que se equilibram e se obstruem reciprocamente, de modo que fica claro quem é o soberano. Ele decide tanto sobre a ocorrência do estado de necessidade extremo, bem como o que se deve fazer para saná-lo. O soberano se coloca fora da ordem jurídica vigente, porém, a ela pertence, pois ele é competente para a decisão sobre se a Constituição pode ser suspensa *in todo*.[218]

Para Schmitt, o Estado se sobrepõe ao direito, à validade da norma jurídica e, na exceção, o Estado tem um poder ainda maior: o de suspender o direito por fazer jus à autoconservação. O próprio autor ressalta, contudo, que não se deve confundir "exceção" com "caos" e, tampouco, com anarquia, tendo em vista que, em sua concepção, a ordem, no sentido jurídico, subsiste, ainda que não de maneira estritamente jurídica. A ordem não é aniquilada, não desparece, uma vez que os dois elementos da ordem jurídica (norma e decisão) continuam a existir, mesmo na exceção.

Schmitt explicava que por exceção não se deve compreender um "vácuo na lei", mas sim que, considerando que a ordem não provém especificamente da norma, mas da decisão proferida, nestes casos, o ordenamento encontrar-se-ia fundado no próprio Estado de Exceção, onde a decisão soberana criará condições "*in concreto*" de vigilância do direito. Serão (re)construídos os enunciados normativos em decorrência da alteração da realidade de fato, que requer, por sua vez, novos enunciados por meio de uma decisão soberana. É o estabelecimento de uma ordem jurídica para o Estado de Exceção, com base na soberania do Estado.

---

[218] SCHMITT, Carl. *Teologia Política*. Belo Horizonte: Del Rey, 2006. p. 7.

Por sua vez, Giorgio Agamben reconhece a falta de uma teoria do Estado de Exceção, posto que ainda não restou definido se tal estado se trataria de uma questão de fato ou um problema de direito. Na verdade, no Estado de Exceção (consoante o posicionamento de Agamben) estaríamos transitando em uma "terra de ninguém", com a presença (e paradoxalmente, também a ausência) do direito público e do fato político, em um perigoso contexto ideológico onde o Estado de Exceção pode ser satanizado e, ao mesmo tempo, canonizado. Agamben chama a nossa atenção, ainda, para a erosão do legislativo, durante o Estado de Exceção, com o consequente ativismo da magistratura.

O Estado de Exceção consistiria, portanto, em um verdadeiro instrumento de combate, diante de uma extrema necessidade. Todavia, para Agamben, "o Estado de Exceção apresenta-se (...) como um patamar de indeterminação entre democracia e absolutismo".[219] No Estado de Exceção regula-se, por lei (decretos) o que não pode ser normatizado. "Apresenta-se como a abertura de uma lacuna fictícia no ordenamento, com o objetivo de salvaguardar a existência da norma e sua aplicabilidade à situação normal".[220]

4.5.2 O Estado de Exceção e a histórica crise sanitária internacional decorrente da COVID-19

Vivemos em um Estado de Exceção permanente? Cremos que sim, e nos baseamos no próprio pensamento de Giorgio Agamben, quando este ensina que só é possível entender em que consiste a "normalidade", quando compreendemos o que significa agir fora da mesma, ou seja, em um estado excepcional. Desse modo, o Estado de Exceção é condição para a existência do próprio ordenamento jurídico, sem o qual ele não teria razões para existir. Para Agamben, por se tratar mais do que uma questão de direito, e sim de uma questão de fato, não há possibilidades de se remover a figura do Estado de Exceção do cenário político-institucional, de modo que é possível estar inserido em um Estado de Exceção sem que seja, o mesmo, necessariamente declarado. Em outras palavras, o Estado de Exceção, na concepção de Agamben, pode insurgir em determinadas situações, pelo simples fato de que ele já preexiste, mantendo-se apenas invisível, ou velado, sob

---

[219] AGAMBEN, Giorgio. *Estado de exceção*. (Trad. Iraci Poletti). Rio de Janeiro: Boitempo, 2004.
[220] AGAMBEN, Giorgio. *Estado de exceção*. (Trad. Iraci Poletti). Rio de Janeiro: Boitempo, 2004. p. 48.

uma aparência de regra geral. Para Agamben, a exceção faz parte do todo e está inserida nele do mesmo modo em que se exclui.

Ainda na concepção de Giorgio Agamben, a fundação da cidade ou do Estado não se trata de "um evento que se cumpre de uma vez por todas *in illo tempore*', mas é continuamente operante no estado civil na forma de decisão soberana",[221] de maneira que a pólis teve e ainda tem suas estruturas basilares constituídas sob uma relação de exceção. Agamben contradiz Foucault ao afirmar que a biopolítica não nasce na modernidade, mas se encontra inserida na própria relação de exceção e não marca a decadência do poder soberano, mas a proximidade existente entre esses dois poderes. Em sua concepção, a definição de biopolítica está centrada no que ele entende ser a politização da vida biológica. Ele parte da análise de quatro noções elementares: a noção de poder soberano, de vida nua, de Estado de Exceção e de campo. Nesta toada, Agamben entende que o ponto crucial da biopolítica moderna reside no Estado de Exceção feito *campo* que, em sua concepção, consiste na "matriz oculta, o *nómos* do espaço político que ainda vivemos".[222]

Agamben explica que a proclamação do Estado de Exceção na Alemanha baseava-se no "*Schutzhaflt*" (custódia protetora) por meio do qual restavam suspensos os artigos constitucionais que garantiam as liberdades pessoais, a fim de permitir que o Reich tomasse as decisões necessárias para restabelecer a situação de normalidade nacional, sempre que a ordem e a paz estivessem ameaçadas. E chama a atenção para o fato de que, em fevereiro de 1933, um decreto cujo escopo era o de proteger a nação e o Estado, suspendeu, por tempo indeterminado, artigos da constituição que "concerniam à liberdade pessoal, à liberdade de expressão e de reunião, à inviolabilidade do domicílio e ao sigilo postal telefônico. Eles não faziam mais, nesse sentido, do que seguir uma praxe consolidada pelos governos precedentes"[223] e, apesar do decreto não fazer menção a qualquer espécie de Estado de Exceção ou de sítio, o mesmo permaneceu, até o final do Terceiro Reich, como uma espécie de Estado de Exceção não declarado, fato que o leva a afirmar que "o Estado de Exceção cessa, assim, de ser referido a uma situação

---

[221] AGAMBEN, Giorgio. *Homo sacer*: o poder soberano e a vida nua I. 2. ed. (Trad. Henrique Burigo). Belo Horizonte: UFMG, 2010.

[222] AGAMBEN, Giorgio. *Homo sacer*: o poder soberano e a vida nua I. 2. ed. (Trad. Henrique Burigo). Belo Horizonte: UFMG, 2010. p. 162.

[223] AGAMBEN, Giorgio. *Homo sacer*: o poder soberano e a vida nua I. 2. ed. (Trad. Henrique Burigo). Belo Horizonte: UFMG, 2010. p. 164.

externa e provisória de perigo factício e tende a confundir-se com a própria norma".[224]

O que Agamben quer destacar é sua compreensão no sentido de que a exceção inicia de forma não declarada e contínua, confundindo-se com a regra: "os campos nascem, portanto, não do direito ordinário (e menos ainda, como se poderia inclusive crer, de uma transformação e um desenvolvimento do direito carcerário), mas do Estado de Exceção e da lei marcial",[225] por meio do qual direitos fundamentais são suspensos. Ou seja:

> O campo é o espaço que se abre quando o Estado de Exceção começa a tornar-se a regra. Nele, o Estado de Exceção, que era essencialmente uma suspensão temporal do ordenamento com base numa situação factícia de perigo, ora adquire uma disposição espacial permanente que, como tal, permanece, porém, estavelmente fora do ordenamento normal.[226]

Esta é a questão fundamental que demonstra a relação existente entre a biopolítica e o totalitarismo, já que o campo é o espaço inserido fora do ordenamento jurídico "normal", mas não se trata de um espaço externo, já que exclui apenas quando captura e, por outro lado, inclui pela própria exclusão, de tal modo que "quem entrava no campo movia-se em uma zona de indistinção entre externo e interno, exceção e regra, lícito e ilícito, na qual os próprios conceitos de direito subjetivo e de proteção jurídica não faziam mais sentidos".[227] O campo, dessa forma, consistiria na "estrutura em que o Estado de Exceção, em cuja possível decisão se baseia o poder soberano, é realizado normalmente".[228]

O paradigma do campo é o ponto de partida usado por Agamben para explicar seu entendimento de que o espaço político contemporâneo tem estabelecido como um novo *nómos* a ausência de leis (anomia) e uma transformação (ainda que de forma não aparente) da *bios* (forma de viver própria de um grupo ou de um indivíduo – uma vida qualificada, de cidadão) em *zoé* (simples fato de viver, comum a todos os seres

---

[224] AGAMBEN, Giorgio. *Homo sacer*: o poder soberano e a vida nua I. 2. ed. (Trad. Henrique Burigo). Belo Horizonte: UFMG, 2010. p. 164.

[225] AGAMBEN, Giorgio. *Homo sacer*: o poder soberano e a vida nua I. 2. ed. (Trad. Henrique Burigo). Belo Horizonte: UFMG, 2010. p. 162-163.

[226] AGAMBEN, Giorgio. *Homo sacer*: o poder soberano e a vida nua I. 2. ed. (Trad. Henrique Burigo). Belo Horizonte: UFMG, 2010. p. 166.

[227] AGAMBEN, Giorgio. *Homo sacer*: o poder soberano e a vida nua I. 2. ed. (Trad. Henrique Burigo). Belo Horizonte: UFMG, 2010.

[228] AGAMBEN, Giorgio. *Homo sacer*: o poder soberano e a vida nua I. 2. ed. (Trad. Henrique Burigo). Belo Horizonte: UFMG, 2010.

vivos – uma vida animal, ou puramente orgânica). Para Agamben, é no campo que podemos nos deparar com uma vida despida de valores, onde apesar de manter a aparência de homem, o homem deixa de ser humano; onde se percebe um esvaziamento ético e uma vida despida de valores (dos religiosos aos jurídicos). E o autor chama a nossa atenção para o fato de que quando a exceção se implementa sobre a vida humana, abre-se a realidade do campo, posto que este demarca um espaço biopolítico em que a exceção se aplica como norma. No campo, os direitos estão suspensos e, nesta espécie de "vácuo legislativo", vigora a vontade soberana. Neste ponto:

> Se o campo funciona como uma localização deslocante, móvel, que cria zonas cinzentas em que fato se confunde com norma, o mais conveniente na atualidade não é perguntar se há um Estado de Exceção, mas identificar, nas democracias modernas, os espaços de exceção que, atualmente, tendem à permanência.[229]

Neste sentido, podemos afirmar que falar em Estado de Exceção não consiste, propriamente, em fazer referência a um estado em si, mas de espaços, lacunas, onde o ordenamento jurídico não prevalece.

Walter Benjamin, neste aspecto, aduz que o Estado de Exceção é, na realidade, a regra.[230]

O jurista brasileiro, Lênio Streck, escreveu, em junho de 2017, sobre o que ele considerava um cenário de Estado de Exceção, explicando que, neste, as saídas autoritárias passam a ser admitidas, reduzindo a democracia ao seu aspecto puramente formal. "Substitui-se um constitucionalismo fundado a partir de alicerces do sistema de garantias, assentado no Estado Democrático de Direito, por uma espécie de constitucionalismo autoritário".[231]

O Estado de Exceção se configura, assim, quando a normalidade já não mais se sustenta, de modo que as normas, até então existentes, seguem o mesmo destino, surgindo a necessidade de um poder, uma

---

[229] MARTINS, Lucas Moraes. Estado de Exceção Permanente: o campo e a experiência biopolítica. *Revista Sequência*, Florianópolis, n. 71, p. 177-196, dez. 2015.

[230] BENJAMIN, Walter. Über den Begriff der Geschichte. *In*: BENJAMIN, Walter. *Erzählen*: schriften zur theorie der narration und zur literarischen prosa. Frankfurt am Main: Suhrkamp, 2007. p. 129-140.

[231] FARIA, Glauco. Lênio Streck: aplicar a Constituição, hoje, é um ato revolucionário. *Rede Brasil Atual*, 12 ago. 2018. Disponível em: https://www.redebrasilatual.com.br/cidadania/2018/08/lenio-streck-aplicar-a-cf-hoje-e-um-ato-revolucionario. Acesso em 03 abr. 2020.

força que possa manter a ordem jurídico-social enquanto persistir a situação excepcional.

A força que sustenta o poder, nestes casos, baseia-se estritamente no medo e, na conjuntura atual em que nos encontramos, isso resta extremamente claro.

Neste momento, em especial, o mundo está com medo! Passamos por uma crise sanitária nunca antes vista e de proporção internacional, acarretada por um vírus que iniciou sua propagação na China e se alastrou, rapidamente, em todo o mundo, acarretando diversas mortes, colocando a medicina, a ciência e a própria tecnologia em prova.

A medicina não consegue compreender como o vírus age no corpo humano para fins de aplicar um tratamento adequado e eficaz. A ciência, pelo mesmo motivo, não consegue encontrar uma vacina adequada. A tecnologia não tem ajudado e, em alguns aspectos, tem gerado dissenso, ajudado a propagar o medo e "contribuído" para auxiliar no controle dos movimentos pessoais, a fim de fiscalizar o isolamento social determinado pelos governos. Medida que tem sido questionada por muitos.

O momento é inédito e nos leva a diversas reflexões.

A chegada deste vírus e sua demonstrada e inquestionável mortandade tem instaurado a incerteza, a insegurança e um direito bem típico dos estados de exceção, exigindo uma resposta firme e coordenada dos poderes da Administração Pública. Nestas condições, a supressão de parte dos direitos fundamentais tem se mostrado necessária, a fim de salvaguardar o bem maior, que é a vida. Assim, o direito de ir e vir, a autodeterminação do próprio corpo, a liberdade de agir e diversos outros, encontram certa mitigação face à emergência instaurada e à necessidade de proteção do coletivo.

A Administração Pública pode (como tem feito) lançar mão do seu poder de polícia, com a discricionariedade necessária, restringindo a autonomia privada, a fim de tornar concretos os valores constitucionais e preservar o interesse da sociedade. No entanto, não é demais reiterar que princípios como o da finalidade, o da proporcionalidade e o da adequação não sofrem mitigação e, pelo contrário, devem ser observados com o rigor que o momento requer, a fim de não se instaurar um absolutismo.

Exemplificamos, o anteriormente aludido, com a publicação da recente Medida Provisória nº 928/20,[232] cujo escopo consistia em

---

[232] BRASIL. Medida Provisória nº 928, de 23 de março de 2020. Altera a Lei nº 13.979, de 06 de fevereiro de 2020, que dispõe sobre as medidas para enfrentamento da emergência de saúde pública de importância internacional decorrente do Coronavírus responsável pelo

afastar a aplicação de normas expressas na LAI (Lei n° 12.527/11), durante o período da pandemia do novo Coronavírus, e cuja eficácia foi suspensa por meio de liminar concedida pelo Min. Alexandre de Moraes (posteriormente referendada por unanimidade pelo Pleno da Suprema Corte), em uma ADI (n° 6351) proposta pelo Conselho Federal da Ordem dos Advogados do Brasil (OAB), na qual foram apensadas outras duas ADIs (n° 6347 e 6353).

Em seu voto,[233] o Ministro entendeu que o art. 6°-B da referida Medida Provisória tinha por escopo transformar a exceção em regra, afastando a incidência dos princípios da publicidade e da transparência e limitando a atuação do disposto na LAI durante o período da pandemia.

4.5.3 A Proteção dos Dados, o Estado de Exceção e a Medida Provisória n° 959/2020

Nesta senda, buscando o enfrentamento da situação de calamidade ora enfrentada, bem como o controle (ou ao menos a mitigação) da propagação do vírus, diversas Medidas Provisórias foram editadas e é neste contexto que buscamos analisar a aplicabilidade da nova LGPD brasileira.

Diante do estado excepcional mencionado e da extrema necessidade de controlar a circulação das pessoas, com vistas a conter a propagação do vírus, a Administração Pública vem lançando mão de medidas como o compartilhamento de dados pessoais, não apenas de geolocalização, mas, também, de biometria, de controle de temperatura e de outros mais, como temos visto noticiar a imprensa mundial. A par da compreensão das razões que levam a Administração Pública a tomar tais atitudes, é preciso questionar: até que ponto o compartilhamento de dados (muitas vezes dados sensíveis) é correto ou legítimo? Em seu art. 6°, a Lei n° 13.979 de 2020 estabelece que:

> Art. 6° É obrigatório o compartilhamento entre órgãos e entidades da Administração Pública federal, estadual, distrital e municipal de dados essenciais à identificação de pessoas infectadas ou com suspeita de

---

surto de 2019, e revoga o art. 18 da Medida Provisória n° 927, de 22 de março de 2020. *Diário Oficial da União*, Brasília, 23 mar. 2020. Disponível em: http://www.planalto.gov.br/ccivil_03/_ato2019-2022/2020/Mpv/mpv928.htm. Acesso em 03 abr. 2020.

[233] BRASIL. Supremo Tribunal Federal. *Ação direta de inconstitucionalidade n° 6.351/DF– Distrito Federal*. Relator: Ministro Alexandre de Moraes. Disponível em: http://portal.stf.jus.br/processos/detalhe.asp?incidente=5881853. Acesso em 20 mai. 2020.

infecção pelo Coronavírus, com a finalidade exclusiva de evitar a sua propagação.

§1º A obrigação a que se refere o caput deste artigo estende-se às pessoas jurídicas de direito privado quando os dados forem solicitados por autoridade sanitária.

§2º O Ministério da Saúde manterá dados públicos e atualizados sobre os casos confirmados, suspeitos e em investigação, relativos à situação de emergência pública sanitária, resguardando o direito ao sigilo das informações pessoais.

A LGPD brasileira parte da premissa de que se deve, por um lado, assegurar a proteção dos direitos dos titulares dos dados pessoais, mas, por outro, dar maior segurança às empresas que necessitem realizar o tratamento desses dados. Uma legislação mais do que necessária diante dos avanços tecnológicos, essenciais para a sustentabilidade do crescimento econômico, bem como para a efetiva inserção do Brasil em organizações internacionais, tais como a OCDE. O próprio texto da lei prevê, inclusive, situações em que a sua aplicabilidade poderá ser afastada:

> Art. 4º Esta Lei não se aplica ao tratamento de dados pessoais:
> (...)
> III – realizado para fins exclusivos de:
> a) segurança pública;
> b) defesa nacional;
> c) segurança do Estado; ou
> d) atividades de investigação e repressão de infrações penais;[234]

E, mais adiante, no parágrafo 1º determina:

> §1º O tratamento de dados pessoais previsto no inciso III será regido por legislação específica, que deverá prever medidas proporcionais e estritamente necessárias ao atendimento do interesse público, observados o devido processo legal, os princípios gerais de proteção e os direitos do titular previstos nesta Lei.[235]

---

[234] BRASIL. Lei nº 13.709, de 14 de agosto de 2018. Lei Geral de Proteção de Dados Pessoais (LGPD) – Redação dada pela Lei nº 13.853 de 2019. *Diário Oficial da União*, Brasília, 15 ago. 2018. Disponível em: http://www.planalto.gov.br/ccivil_03/_ato2015-2018/2018/lei/L13709.htm. Acesso em 20 mai. 2020.

[235] BRASIL. Lei nº 13.709, de 14 de agosto de 2018. Lei Geral de Proteção de Dados Pessoais (LGPD) – Redação dada pela Lei nº 13.853 de 2019. *Diário Oficial da União*, Brasília, 15 ago. 2018. Disponível em: http://www.planalto.gov.br/ccivil_03/_ato2015-2018/2018/lei/L13709.htm. Acesso em 20 mai. 2020.

Neste caso, diante do Decreto que reconhece o estado de calamidade e sua situação de excepcionalidade, considerando os princípios (já citados) da adequação, da finalidade e da proporcionalidade, percebemos que o compartilhamento dos dados pessoais é medida necessária, devendo observar, nos casos em que houver possibilidade, a devida anonimização destes, a fim de preservar a privacidade e a intimidade de seus titulares, em respeito e consonância com os princípios mencionados.

No que concerne à anonimização dos dados, insta que seja realizado com a efetiva responsabilidade e cautela, posto que uma anonimização ineficiente resultaria em uma pseudonimização que, por sua vez, pode gerar danos aos titulares dos dados. A verdadeira anonimização não permite reidentificação, posto ser irreversível, e essa é a razão pela qual garante a proteção de direitos dos titulares, da mesma forma que essa é a razão pelo qual os dados, de fato anonimizados, estão fora do alcance da LGPD, já que não mais são considerados dados pessoais.

Ainda neste contexto de calamidade pública, outra Medida Provisória, publicada em 29 de abril de 2020, tem despertado críticas e discussões: a Medida Provisória n° 959 de 2020,[236] que tem como objeto, dentre outras coisas, a prorrogação da *vacatio legis* da LGPD (Lei n° 13.709 de 14 de agosto de 2018).

Com o intuito de operacionalizar o pagamento do benefício emergencial de preservação do emprego e da renda (tratado na Medida Provisória n° 936 de 2020), a Medida Provisória n° 959 traz em seu penúltimo artigo, a determinação de que a LGPD deverá entrar em vigor em 03 de maio de 2021.

Se levarmos em conta que a data inicial para a entrada em vigor da LGPD estava marcada para 16 de agosto deste ano de 2020, e que uma medida provisória tem vigência por 60 dias, podendo ser prorrogada uma vez por igual período, concluímos que a presente Medida Provisória precisaria ser convertida em lei até o dia 29 de agosto de 2020, sob pena de perder sua eficácia, gerando, deste modo, uma insegurança jurídica extremamente desnecessária, posto que não se justifica, uma vez que a

---

[236] BRASIL. Medida Provisória n° 959, de 29 de abril de 2020. Estabelece a operacionalização do pagamento do benefício emergencial de preservação do emprego e da renda e do benefício emergencial mensal de que trata a Medida Provisória n° 936, de 1° de abril de 2020, e prorroga a *vacatio legis* da Lei n° 13.709, de 14 de agosto de 2018, que estabelece a Lei Geral de Proteção de Dados Pessoais – LGPD. *Diário Oficial da União*, Brasília, 29 abr. 2020. Disponível em: http://www.planalto.gov.br/ccivil_03/_ato2019-2022/2020/mpv/mpv959.htm. Acesso em 03 abr. 2020.

LGPD não impede, não dificulta e não cria embaraços para quaisquer atos que necessitem ser praticados no momento vivenciado.

Uma insegurança jurídica que se agrava pelo fato de que, justamente pelas circunstâncias que vivemos, toda legislação mundial tem se voltado para a proteção dos dados pessoais. A título de exemplo, citamos o RGPD da EU, que prevê, inclusive, que os dados pessoais de cidadãos europeus só podem ser transferidos para países com leis de proteção *equivalentes*, o que poderá impactar em diversas negociações da UE com o Brasil, em decorrência da postergação da vigência da nossa LGPD. Sem falar que, por sua abrangência, o RGPD se aplica a todas as empresas com operações no exterior, ainda que brasileiras, razão pela qual ainda que a LGPD não entre em vigor neste ano, a adequação das empresas às normas legais de proteção de dados já passou da hora de se concretizar, e não será a postergação da vigência da lei nacional que irá modificar isso.

Falar em mais tempo para a adequação de empresas não é e nem seria argumento plausível. Adiar a lei sob a alegação de que a ANPD ainda não foi criada também significaria retrocesso, quando o correto seria urgir esforços no sentido de sua instalação. A necessidade de nos adequarmos a regras protetivas de dados pessoais é exigência, inclusive, para negociações com demais países, sob a égide de normatizações robustas neste sentido, tais como o citado RGPD e, portanto, indispensável para o alinhamento e a adequação do Brasil a todo o panorama mundial existente.

Além do mais, foi justamente com o propósito de proteger as informações dos titulares dos dados que se estabeleceu a noção de *privacy by design*, no sentido de que a privacidade não deve ser assegurada apenas pelo *compliance* e seus regulamentos, mas deve buscar assegurar ainda mais longe e com muito mais eficácia. A garantia de privacidade deve consistir na verdadeira estratégia ou modo de proceder de todos os que realizam algum tipo de tratamento em dados pessoais, de forma a garantir a implementação da privacidade no seu nível máximo de observância.

Importa, aqui, salientar, que antes mesmo da publicação da Medida Provisória em comento, um PL de autoria do Senador Antônio Anastasia já tramitava pelo Congresso, buscando (dentre outras coisas),[237] a prorrogação da entrada em vigor da LGPD.

---

[237] O PLS nº 1179/2020 trata das Relações Jurídicas de Direito Privado durante a calamidade pública.

CAPÍTULO 4 | 193

Esse projeto de lei, de n° 1179, como já mencionado anteriormente, foi aprovado pela Câmara dos Deputados no dia 14 de maio de 2020, mas precisou retornar ao Senado Federal (casa inicial) em decorrência de diversas modificações apresentadas ao seu texto, dentre elas, a determinação de prorrogação, apenas, da aplicação das penalidades da lei, para o dia 01 de agosto de 2021.

Em 19 de maio de 2020, o Senado proferiu sua decisão acerca do PL em comento e, de forma surpreendente, aprovou não a postergação, mas a antecipação da vigência da LGPD brasileira para o dia 15 de agosto de 2020, postergando (conforme alteração inserida pela Câmara dos Deputados) tão somente a aplicabilidade das multas.

E, em 10 de junho de 2020, o presidente Jair Bolsonaro sancionou o projeto (convertido na Lei n° 14.010 de 10 de junho de 2020) postergando a aplicação das sanções administrativas da LGPD para 01 de agosto de 2021.

No que concerne à Medida Provisória n° 959/2020, após 126 emendas,[238] foi encaminhada à mesa diretora da Câmara dos Deputados, no dia 05 de maio de 2020, e como já informamos em capítulo anterior, foi convertida no Projeto de Lei de Conversão n° 34 de 2020, aprovado pelo Congresso Federal com determinação de vigência imediata da LGPD que, desta forma, ficou aguardando apenas a sanção ou o veto do Presidente da República, para a sua devida entrada em vigor.

Por todos esses fatores e considerando todo o exposto acerca do custo de vazamento de dados (abordado em capítulos anteriores) importa considerar que a LGPD não representa quaisquer entraves a atitudes que precisarem ser tomadas em decorrência do Estado de Exceção em que nos encontramos e, tampouco, para uma retomada econômica (se Deus quiser, em um futuro próximo), quando a pandemia restar regularizada. Pelo contrário. Diante da crise instaurada, medidas mais transparentes e de conformidade são essenciais, e a urgência e necessidade de suspensão de determinados direitos fundamentais não as anula ou enfraquece. Na realidade elas podem ensejar conforto e segurança sociais, auxiliando na proteção à economia do País.

Neste contexto, citamos novamente a Coreia do Sul como exemplo de utilização de dados pessoais para o combate à pandemia. Reportagens atualizadas sustentam que pouco mais de dez mil pessoas foram

---

[238] As emendas foram publicadas no Diário do Congresso Nacional no dia 07 de maio de 2020.

infectadas neste país,[239] que tem conseguido controlar a epidemia com menos de cem novos casos por dia. O vice ministro da saúde da Coreia do Sul, Kim Gang-lip, declarou, recentemente, em uma entrevista coletiva, que "[h]á dois princípios considerados fundamentais na ação governamental. O primeiro, é que na participação dos cidadãos, deve prevalecer a abertura e a transparência. E, o segundo, consiste em empregar recursos criativos e tecnologia de ponta para desenvolver os métodos de resposta mais eficazes",[240] demonstrando que o uso da tecnologia para o compartilhamento de dados pessoais pode ajudar em situações emergenciais e temporárias (como as que enfrentamos), desde que utilizados com a devida responsabilidade, transparência e *accountability*.

Com fins de apresentar mais um exemplo prático, citamos o caso atual do compartilhamento dos dados de clientes, com o IBGE, pelas empresas de telecomunicações, durante essa pandemia causada pelo Coronavírus.

Com vistas a fiscalizar a população (instada a se manter em suas residências a fim de quebrar o ciclo de contágio do vírus), foi publicada a Medida Provisória n° 954, de 17 de abril de 2020. Consistindo, talvez, em uma das mais polêmicas medidas provisórias publicadas neste período, esta tinha o seguinte escopo:

> Dispõe sobre o compartilhamento de dados por empresas de telecomunicações, prestadoras de serviços telefônico fixo comutado e de serviço móvel pessoal com a Fundação Instituto Brasileiro de Geografia e Estatística (IBGE), para fins de suporte à produção estatística oficial durante a situação de emergência de saúde pública de importância internacional, decorrente do Coronavírus (COVID-19), de que trata a Lei n° 13.979, de 6 de fevereiro de 2020.[241]

---

[239] REUTERS. Coreia do Sul registra menos de 50 novos casos; país aumentou multa para quem descumprir confinamento. *In*: Bem estar: Coronavírus, *G1 Globo*,06 abr. 2020. Disponível em: https://g1.globo.com/bemestar/coronavirus/noticia/2020/04/06/coreia-do-sul-registra-menos-de50novoscasospaisaumentoumultaparaquemdescumprirconfinamento. ghtml. Acesso em 06 abr. 2020.

[240] ESPANHA. Coreia do Sul: contra o Coronavírus, tecnologia – as inovações do país asiático garantem a sua bem-sucedida campanha contra a epidemia de COVID-19. *Jornal El País*, 15 mar. 2020. Disponível em: https://brasil.elpais.com/internacional/2020-03-15/coreia-do-sul-contra-o-coronavirus-tecnologia.html. Acesso em 06 abr. 2020.

[241] BRASIL. Presidência da República. Medida Provisória n° 954, de 17 de abril de 2020. Ementa. *Diário Oficial da União*, Brasília, 17 abr. 2020. Disponível em: http://www.planalto.gov.br/CCIVIL_03/_Ato2019-2022/2020/Mpv/mpv954.htm. Acesso em 29 mai. 2020.

Diante do pretendido, esta MP foi objeto de cinco ADIs n°s (6.387, 6.388, 6.389, 6.390 e 6.393) propostas pelo Conselho Federal da OAB, pelo Partido da Social Democracia Brasileira (PSDB), pelo Partido Socialista Brasileiro (PSB), pelo Partido do Socialismo e Liberdade (PSOL) e pelo Partido Comunista do Brasil (PCdoB), por entenderem que a mesma viola os dispositivos constitucionais que asseguram a dignidade da pessoa humana, a inviolabilidade da sua intimidade, da vida privada, da honra e da imagem, bem como o sigilo dos dados.

No julgamento proferido no dia 06 de maio de 2020, a Ministra relatora Rosa Weber, em seu voto, reafirmou sua decisão anterior, pela suspensão dos dispositivos previstos na Medida Provisória em comento. A douta ministra reiterou argumentos já apresentados, segundo os quais a Medida Provisória não definiu como e, tampouco, para que os dados pessoais dos indivíduos serão coletados, afirmando se tratar de uma Medida Provisória com objeto extremamente generalizado e amplo e sem uma finalidade específica. A ministra relatora ressaltou, ainda, que nos dias atuais, a tecnologia pode chegar a um perfil individualizado do cidadão por meio da coleta de alguns dados sensíveis e, por isso, não há como se comparar a obtenção de "nome, número e telefone" contidos nas famosas "listas telefônicas" (existentes no passado) ao contexto de avanço tecnológico que vivemos na atualidade. E frisou, também, que a Medida Provisória não se manifesta quanto a possíveis responsabilizações que, porventura, venham a surgir em decorrência de acessos indevidos ou mau uso desses dados compartilhados.

Em sentido similar, acompanhamos, recentemente (28.06.2020), o julgamento conjunto da Ação Direta de Inconstitucionalidade (ADI) n° 5527 e da Arguição de Descumprimento de Preceito Fundamental (ADPF) n° 403, cuja questão em comum reside na possibilidade de suspensão de serviços de mensagens pela Internet (dentre eles, o mais conhecido é o aplicativo *WhatsApp*), por supostos descumprimentos de ordens judiciais a respeito de quebra de sigilo das comunicações.

A finalidade da audiência pública, convocada pelos Ministros Edson Fachin e Rosa Weber, em uma iniciativa inédita dentro da Suprema Corte, consistiu em permitir uma discussão dos temas envolvidos em ambas as ações, mediante uma ótica não só jurídico-processual, como, também, técnica, considerando a participação da Federação Brasileira de Telecomunicações (FEBRATEL), ao lado do Ministério Público e da Polícia Federal (PF), bem como de juristas e técnicos da área cuja participação foi verificada na tribuna.

Ainda sob análise da Suprema Corte, votaram no caso, até o momento, os devidos relatores das duas ações: Min. Rosa Weber (ADI nº 5527) e Min. Edson Fachin (ADPF nº 403) e, ambos, se manifestaram no sentido de que o sigilo das comunicações configura uma garantia constitucional, não sofrendo qualquer alteração pelo fato de se dar no ambiente da rede mundial de computadores (Internet).[242]

Sob a fundamentação do Marco Civil da Internet (Lei nº 12.965/14), muitos magistrados estavam determinando a suspensão do Aplicativo *WhatsApp* e, em seus votos, os referidos relatores afastaram qualquer interpretação baseada nesta Lei nº 12.965/14, que determinasse às empresas a permissão de acesso ao conteúdo de mensagens criptografadas de ponta a ponta, em virtude de ordem judicial. Isso porque entendem que a lei autoriza o fornecimento, apenas, de informações não protegidas por sigilo (metadados) e considera que determinações judiciais nesse sentido enfraquecem a proteção criptográfica, sendo, desse modo, inviáveis.

O Min. Edson Fachin declarou entender que a proteção da privacidade não se trata de uma proteção individual, mas de uma garantia instrumental do direito à liberdade de expressão e, como tal, se configura uma verdadeira condição para o pleno exercício do direito de acesso à rede de computadores, de modo que reconhece serem, os direitos digitais, um direito fundamental. Ele ainda chama a atenção para a necessidade de uma atualização permanente do alcance dos direitos e garantias fundamentais, em decorrência do impacto que as mudanças tecnológicas vêm gerando (e ainda irão gerar) em toda a sociedade, ressaltando que os direitos que as pessoas possuem *"offline"*, ensejam proteção idêntica quando exercidos *"online"*.

No seu entendimento, a criptografia e o anonimato são relevantemente úteis para o desenvolvimento e compartilhamento de opiniões nos dias atuais, e aduz, ainda, que o uso da criptografia ponta a ponta assegura a proteção de direitos essenciais para a vida pública, mormente no que concerne a uma sociedade democrática. Além disso, complementa seu raciocínio no sentido de que os possíveis riscos de uso de mensagens criptografadas por criminosos, com fins de acobertar suas ações, é um fato a ser considerado, mas não justifica, por si só, a imposição de soluções no sentido de permitir acessos excepcionais ou que possam acarretar na mitigação da proteção assegurada por uma forte criptografia.

Por fim, conclui:

---

[242] BRASIL. Supremo Tribunal Federal. *Relatores consideram inconstitucional quebra de sigilo de comunicação em aplicativos de mensagens.* 28 mai. 2020. Disponível em: http://portal.stf.jus. br/noticias/verNoticiaDetalhe.asp?idConteudo=444384&ori=1. Acesso em 03 jun. 2020.

A criptografia não autoriza o desvirtuamento deliberado de campanhas eleitorais, a disseminação de discurso de ódio e o envio indiscriminado de materiais ofensivos. O interesse em uma internet mais segura é também o de uma sociedade mais segura. Todos – governo, cidadãos e empresas – devem colaborar para sua plena realização.[243]

Límpido se demonstra, através de todo o relatado, que o momento não requer a protelação de uma lei que busca a proteção de dados em consonância com a atitude dos demais países em todo o mundo, mas, ao contrário, exige enfrentamento. Um enfrentamento comprometido com a ética e com o Estado de Direito, com a adoção de medidas extremas, sim, mas devidamente proporcionais e dentro dos limites da razoabilidade, de modo que a suspensão dos direitos fundamentais deva se pautar pela temporariedade e excepcionalidade que o caso requer, a fim de não resvalar no autoritarismo e na ditadura, o que seria um triste retrocesso social. Precisamos de sabedoria para que as escolhas feitas por nossos representantes, neste momento excepcional, sejam pontuais e assegurem, de fato, os interesses e necessidades da coletividade.

---

[243] BRASIL. Supremo Tribunal Federal. Voto do Relator. *ADPF n° 403/SE*. Relator: Min. Edson Fachin. Disponível em: http://www.stf.jus.br/arquivo/cms/noticiaNoticiaStf/anexo/ADPF403voto.pdf. Acesso em 03 jun. 2020.

CAPÍTULO 5

5.1 O impacto da nova Lei geral de proteção de dados
pessoais na Administração Pública

O presente capítulo apresenta o alcance da LGPD no que se refere
ao tratamento de dados pessoais realizado pelos órgãos da Administração
Pública e seus diversos agentes e envolvidos.

Assunto de extrema pertinência, considerando o fato de que
a evolução tecnológica avançou, não apenas no âmbito da iniciativa
privada, mas também provocou impactos e mudanças estruturais
na atuação do Estado, cujo papel consiste em garantir o bem comum
de forma eficiente, razão pela qual acompanhar o desenvolvimento
tecnológico se revela um dever e não uma escolha.

O ordenamento jurídico brasileiro possui diversos textos legais
que abrangem as nuances do direito à intimidade e à vida privada,
elencado como direito fundamental pela Lei Maior de 1988 em seu art.
5º, inciso X e XXXIII.

Além disso, a Constituição brasileira assim determina:

Art. 37. A Administração Pública direta e indireta de qualquer dos
Poderes da União, dos Estados, do Distrito Federal e dos Municípios
obedecerá aos princípios da legalidade, impessoalidade, moralidade,
publicidade e eficiência e, também, ao seguinte:
(...)
§3º. A lei disciplinará as formas de participação do usuário na Administração Pública direta e indireta, regulando especialmente:
II – o acesso dos usuários a registros administrativos e a informações
sobre atos de governo, observado o disposto no art. 5º, X e XXXIII;
(Incluído pela Emenda Constitucional nº 19, de 1998).

Todavia, a norma mais específica e atual sobre o tema é a LGPD,
que vem estabelecer as diretrizes e penalidades no que se refere ao
tratamento de dados pessoais, inclusive, pela Administração Pública.
Neste sentido, dispõe:

Art. 7º O tratamento de dados pessoais somente poderá ser realizado nas seguintes hipóteses: (...)

III – pela Administração Pública, para o tratamento e uso compartilhado de dados necessários à execução de políticas públicas previstas em leis e regulamentos ou respaldadas em contratos, convênios ou instrumentos congêneres, observadas as disposições do Capítulo IV desta Lei;[244]

Assim, será exposto em 5 (cinco) subcapítulos os ditames da LGPD, no que tange à função do Estado, quando envolver os dados pessoais das pessoas naturais sob sua jurisdição. Com este intento, o primeiro tópico apresenta exemplos de normas que fomentaram a instituição do governo digital e implantaram o compartilhamento de informações entre os órgãos da Administração Pública, sociedade e demais setores, bem como expõe os requisitos que devem ser respeitados para tal troca de dados.

Em sequência, abordamos os princípios da responsabilidade e prestação de contas, que também devem ser respeitados pelos agentes públicos, quando tratarem de dados pessoais, pontuando, ainda, a determinação legal da LGPD para implementação de mecanismos e práticas que assegurem a mitigação de risco no tratamento desses dados, denominado governança de privacidade.

O terceiro subcapítulo expõe as sanções e consequências legais cabíveis quando a Administração Pública não respeitar as imposições da referida norma, assim como a penalização do agente que cometer tal infração.

No quarto tópico apresentamos a ferramenta do "*big data*", como um instrumento essencial de fiscalização, tendo em vista que possibilita o gerenciamento e a análise pontual do imenso fluxo de dados circulados nessa era digital.

E, por derradeiro, analisamos os impactos das disposições contidas na LGPD, para o controle externo, considerando sua função constitucional de fiscalização e gestão da Administração Pública, que requer monitoramento e armazenamento constante das mais diversas informações (portanto "dados") de seus jurisdicionados, a fim de garantir a efetivação do direito fundamental ao bom governo.

---

[244] BRASIL. Lei nº 13.709, de 14 de agosto de 2018. Lei Geral de Proteção de Dados Pessoais (LGPD) – Redação dada pela Lei nº 13.853 de 2019. *Diário Oficial da União*, Brasília, 15 ago. 2018. Disponível em: http://www.planalto.gov.br/ccivil_03/_ato2015-2018/2018/lei/L13709.htm. Acesso em 03 mar. 2020.

5.2 O tratamento dos dados pelos órgãos da Administração Pública em cumprimento à LGPD

Historicamente, podemos dizer que a Revolução Industrial foi o primeiro passo significativo da interação "humano e máquina", que gerou crescimento econômico intenso, seguido pelas inovações nas tecnologias e sistemas, que facilitaram a vida do homem diante de suas limitações de força, velocidade e espaço. O cenário atual é de uma sociedade em rede, com alcance global e, portanto, para exercer sua função de governar, as instituições públicas necessariamente devem acompanhar esse cenário e, portanto, estar na rede. Castells, a esse respeito, já havia se manifestado no sentido de que:

> Redes constituem a nova morfologia social de nossas sociedades e a difusão da lógica de redes modifica de forma substancial a operação e os resultados dos processos produtivos e de experiência, poder e cultura. Embora a forma de organização social em redes tenha existido em outros tempos e espaços, o novo paradigma da tecnologia da informação fornece a base material para sua expansão penetrante em toda a estrutura social.[245]

A era digital proporcionou uma ruptura de barreiras entre o Estado e o cidadão, não só de forma geográfica, como, também, temporal, servindo como um meio de viabilizar a transparência das informações. Deste modo, as informações são transmitidas de forma instantânea, mais céleres e, via de consequência, mais eficientes, não apenas da Administração Pública para com a sociedade, como também do indivíduo para com o Estado.

Nesse sentido:

> O cocompartilhamento surge como evolução da participação social e consiste na construção de relacionamentos abertos e omnidirecionais entre governo, setor privado e cidadão, tendo como base a colaboração mútua e o compartilhamento efetivo de dados, recursos e responsabilidades entre todos os atores envolvidos no processo.[246]

A respectiva cooperação entre os órgãos públicos, a sociedade e os demais setores, de forma digital, é legalmente fomentada no Brasil.

---

[245] CASTELLS, Manuel. *A sociedade em rede*. 6. ed. São Paulo: Paz e terra, 2013. p. 565.

[246] OLIVEIRA, Aroldo Cedraz de. *O controle da administração pública na era digital*. Belo Horizonte: Fórum, 2016. p. 23.

Desse modo, passamos, agora, a analisar alguns exemplos de normas promulgadas com esse fim.

A princípio, temos o Decreto nº 8.638, de 15 de janeiro de 2016, que instituiu a Política de Governança Digital, no âmbito da Administração Pública federal, direta e indireta, elencando como finalidades:

> Art. 1º (...)
> I – gerar benefícios para a sociedade mediante o uso da informação e dos recursos de tecnologia da informação e comunicação na prestação de serviços públicos;
> II – estimular a participação da sociedade na formulação, na implementação, no monitoramento e na avaliação das políticas públicas e dos serviços públicos disponibilizados em meio digital; e
> III – assegurar a obtenção de informações pela sociedade, observadas as restrições legalmente previstas.[247]

Por conseguinte, o Decreto nº 8.777, de 11 de maio de 2016, instituiu a Política de Dados Abertos do Poder Executivo Federal que, dois anos após, teve o seu nome alterado para Rede Nacional de Governo Digital (Rede Gov.Br), por meio do Decreto nº 9.584, de 26 de novembro de 2018[248] e, como o próprio nome sugere, teve, também, ampliado o seu alcance. Já no primeiro Decreto, contudo, podemos vislumbrar os objetivos desta normatização:

> Art. 1º (...)
> I – promover a publicação de dados contidos em bases de dados de órgãos e entidades da Administração Pública federal direta, autárquica e fundacional sob a forma de dados abertos;
> II – aprimorar a cultura de transparência pública;
> III – franquear aos cidadãos o acesso, de forma aberta, aos dados produzidos ou acumulados pelo Poder Executivo federal, sobre os quais não recaia vedação expressa de acesso;
> IV – facilitar o intercâmbio de dados entre órgãos e entidades da Administração Pública federal e as diferentes esferas da federação;

---

[247] BRASIL. Decreto nº 8.638, de 15 de janeiro de 2016. Institui a Política de Governança Digital no âmbito dos órgãos e das entidades da administração pública federal direta, autárquica e fundacional. *Diário Oficial da União*, Brasília, 18 jan. 2016. Disponível em: http://www.planalto.gov.br/ccivil_03/_Ato2015-2018/2016/Decreto/D8638.htm. Acesso em 01 mar. 2020.

[248] BRASIL. Decreto nº 9.584, de 26 de novembro de 2018. Altera o Decreto nº 8.638, de 15 de janeiro de 2016, para instituir a Rede Nacional de Governo Digital. *Diário Oficial da União*, Brasília, 27 nov. 2018. Disponível em: http://www.planalto.gov.br/ccivil_03/_Ato2015-2018/2018/Decreto/D9584.htm. Acesso em 01 mar. 2020.

CAPÍTULO 5 | 203

V – fomentar o controle social e o desenvolvimento de novas tecnologias destinadas à construção de ambiente de gestão pública participativa e democrática e à melhor oferta de serviços públicos para o cidadão;
VI – fomentar a pesquisa científica de base empírica sobre a gestão pública;
VII – promover o desenvolvimento tecnológico e a inovação nos setores público e privado e fomentar novos negócios;
VIII – promover o compartilhamento de recursos de tecnologia da informação, de maneira a evitar a duplicidade de ações e o desperdício de recursos na disseminação de dados e informações; e
IX – promover a oferta de serviços públicos digitais de forma integrada.[249]

Ainda expondo as normas pertinentes à cooperação digital, no Brasil, citamos o Decreto nº 10.046, de 9 de outubro de 2019, que dispõe sobre a governança no compartilhamento de dados da Administração Pública federal e institui o CBC e o Comitê Central da Governança de Dados.[250]

Na prática, tais medidas visaram a estimular a implantação do Governo Digital, com a integração entre os órgãos da Administração Pública e a sociedade. Com isso, houve impulsionamento na transparência e na economicidade em relação ao compartilhamento de informações, bem como uma diminuição da burocracia de serviços simples e que podem ser prestados de forma ágil.

Todavia, apesar dos benefícios mencionados, a tal era digital não funciona somente como mecanismo de publicidade dos atos públicos. Ela possibilita, também, um acesso exacerbado dos dados pessoais uns dos outros, principalmente do Estado para com a sociedade, e este é o motivo pelo qual se justifica a promulgação da LGPD, que estabelece limitações, diretrizes e penalidades para o uso ilegal, desproporcional e sem o devido respeito aos seus fins, no que concerne ao tratamento dos dados pessoais, mesmo quando esse tratamento é exercido por agentes públicos.

---

[249] BRASIL. Decreto nº 8.777, de 11 de maio de 2016. Institui a Política de Dados Abertos do Poder Executivo federal. *Diário Oficial da União*, Brasília, 12 mai. 2016. Disponível em: http://www.planalto.gov.br/ccivil_03/_Ato2015-2018/2016/Decreto/D8777.htm. Acesso em 01 mar. 2020.

[250] BRASIL. Decreto nº 10. 046, de 9 de outubro de 2019. Dispõe sobre a governança no compartilhamento de dados no âmbito da administração pública federal e institui o Cadastro Base do Cidadão e o Comitê Central de Governança de Dados. *Diário Oficial da União*, Brasília, 10 de out. 2019. Disponível em: http://www.planalto.gov.br/ccivil_03/_Ato2019-2022/2019/Decreto/D10046.htm#art34. Acesso em 04 mar. 2020.

Ademais, conforme mencionado anteriormente, o direito à intimidade é um direito fundamental do ser humano, estabelecido pelo art. 5º, inciso X, da Carta Magna, que assim dispõe: "são invioláveis a intimidade, a vida privada, a honra e a imagem das pessoas, assegurado o direito à indenização pelo dano material ou moral decorrente de sua violação".

Como se extrai desse artigo, qualquer indivíduo tem assegurada a proteção da sua vida particular, íntima e pessoal, sem qualquer interferência de terceiros, ainda que seja do Estado, ressalvadas, obviamente, as exceções legais.

Contudo, em vista do caráter abrangente do dispositivo, foram necessárias especificações e delimitações legais sobre o tema. Por exemplo, o art. 31 da LAI determina: "*O tratamento das informações pessoais* deve ser feito de forma transparente e com respeito à intimidade, vida privada, honra e imagem das pessoas, bem como às liberdades e garantias individuais".[251] (Grifos nossos).

A par disso, no cenário em que vivemos atualmente, o qual a informação é considerada o novo petróleo[252] (apesar deste posicionamento já estar sendo rebatido e até considerado ultrapassado por alguns estudiosos),[253] resta clara a necessidade de uma lei mais específica e direcionada. De tal forma que a LGPD é, atualmente, a principal norma pertinente à proteção da intimidade inerente aos indivíduos, no que se

---

[251] BRASIL. Lei de Acesso à Informação. Lei nº 12.527, de 18 de novembro de 2011.Regula o acesso a informações previsto no inciso XXXIII do art. 5º, no inciso II do §3º do art. 37 e no §2º do art. 216 da Constituição Federal; altera a Lei nº 8.112, de 11 de dezembro de 1990; revoga a Lei nº 11.111, de 5 de maio de 2005, e dispositivos da Lei nº 8.159, de 8 de janeiro de 1991; e dá outras providências. *Diário Oficial da União*, Brasília, 18 nov. 2011. Disponível em: http://www.planalto.gov.br/ccivil_03/_ato2011-2014/2011/lei/l12527.htm. Acesso em 04 mar. 2020.

[252] Clive Humby, criador da expressão *The Data is new oil* – em 2006, em virtude de considerar que os dados são valiosos como o petróleo, aduz que, como este, aqueles também não podem ser usados, se não forem refinados, ou seja, os dados também precisam ser discriminados e analisados devidamente, para que tenham algum valor.

[253] Alguns estudiosos têm se manifestado no sentido de que não se deve comparar dados com petróleo e que a comparação pode até ser possível, mas não se sustenta diante de um conhecimento mais aprofundado sobre os dados, tendo em vista que o petróleo, para ser "monetizado", requer que sejam observados procedimentos claros e lógicos (perfuração do solo, extração, refinamento e venda). Algo que não se aplica, ao menos por enquanto, aos dados, visto que ainda não é possível esclarecer como, exatamente, se pode lucrar com tratamento de dados. É preciso muito investimento como tempo, pesquisa, recursos humanos e tecnológicos, através de métodos não tão claros nem em relação ao procedimento a ser usado e, tampouco, em relação ao alcance que os efeitos desta "venda" podem obter. Além disso, como se trata de um produto, o petróleo é finito, o que significa afirmar que um dia, de tanta extração, a base seca. Isso, porém, não acontece com os dados. Quanto maior for o número de pessoas mais dados serão criados.

refe aos seus dados pessoais, pois resguarda o tratamento destes dados, sejam eles de pessoa natural ou jurídica, de direito público ou privado. Assim, reiteramos por sua relevância, que se depreende da norma seu caráter multissensorial, tendo em vista sua aplicação para todos os setores – público e privado –, bem como extraterritorial, considerando que a sua eficácia ocorre além dos nossos limites geográficos.

Vale lembrar que a expressão "dados pessoais" foi conceituada de forma extremamente aberta por essa Lei, segundo a qual considera-se "dado pessoal" qualquer informação relacionada ao indivíduo, de forma identificada ou identificável, como, por exemplo, RG, CPF, endereço, entre outros.

Nesse sentido, o Estado – que possui o poder para fiscalizar e controlar a sociedade – é, em tese, o maior detentor de dados pessoais, principalmente no que se refere aos dados sensíveis. Outrossim, a lei de proteção de dados brasileira dispõe de um capítulo específico para regular o tratamento de dados pessoais pelo poder público, estabelecendo suas diretrizes desde o art. 23 até o art. 32.

Importa ressaltar, ainda, em relação ao compartilhamento dos dados, que, em 2017, o STJ, tomando por base o disposto no CDC, considerou abusivas cláusulas contratuais que direcionassem à concordância com o compartilhamento dos dados pessoais, o que poderia gerar sérios desentendimentos entre os contratantes.[254]

Como já esclarecemos, a LGPD é, antes de mais nada, explicativa, e traz, em seu corpo, suas próprias definições, a fim de não deixar margem para dúvidas. Neste sentido, encontramos que se entende por "compartilhamento" a comunicação, a difusão ou, até mesmo, a transferência de dados.

O compartilhamento de dados pessoais entre a Administração Pública e demais pessoas jurídicas de direito público é permitido pela Lei (arts. 25 e 26), desde que tenha o objetivo de executar políticas públicas devidamente discriminadas em lei, ou então, para respaldar contratos ou convênios. Isso demonstra que a LGPD, ao ser criada, já pensava em conceder permissão para o compartilhamento de dados pelo poder público, por considerar a natureza dos serviços por ele prestados. Isso, contudo, não isenta o poder público da observância dos princípios legais como, por exemplo, a finalidade, a adequação, a necessidade, a transparência, a responsabilização, a prestação de contas e outros mais.

---

[254] BRASIL. Superior Tribunal de Justiça. *REsp nº 1348532/SP*. Autuado em 09.10.2012. Rel. Min. Luís Felipe Salomão. 4ª T. Publ. DJe em 30.11.2017.

No que concerne ao compartilhamento dos dados pessoais tratados pelo poder público com entidades privadas, o art. 26, §1º, declara ser vedado, mas apresenta, em sequência os casos excepcionais em que é possível esse compartilhamento:

> Art. 26. O uso compartilhado de dados pessoais pelo Poder Público deve atender a finalidades específicas de execução de políticas públicas e atribuição legal pelos órgãos e pelas entidades públicas, respeitados os princípios de proteção de dados pessoais elencados no art. 6º desta Lei.
>
> §1º *É vedado ao Poder Público transferir a entidades privadas dados pessoais constantes de bases de dados a que tenha acesso, exceto:*
>
> I – em casos de *execução descentralizada de atividade pública* que *exija a transferência,* exclusivamente para esse fim específico e determinado, observado o disposto na Lei nº 12.527, de 18 de novembro de 2011 (Lei de Acesso à Informação);
>
> II – (VETADO);
>
> III – nos casos em que os *dados* forem *acessíveis publicamente,* observadas as disposições desta Lei.
>
> IV – quando houver *previsão legal* ou a transferência for *respaldada em contratos, convênios ou instrumentos congêneres;* ou (Incluído pela Lei nº 13.853, de 2019).
>
> V – na hipótese de a transferência dos dados *objetivar exclusivamente a prevenção de fraudes e irregularidades,* ou *proteger e resguardar a segurança e a integridade do titular dos dados,* desde que vedado o tratamento para outras finalidades. (Incluído pela Lei nº 13.853, de 2019).
>
> §2º Os contratos e convênios de que trata o §1º deste artigo deverão ser comunicados à autoridade nacional. (Grifos nossos).[255]

No tocante ao compartilhamento internacional, o texto legal brasileiro, inspirado no disposto no RGPD, permite que ocorra exclusivamente para com países que proporcionem o mesmo grau de proteção previsto e regulamentado no Brasil. A Lei possibilita, inclusive, requerimento à ANPD, solicitando avaliação do nível de proteção legal conferido ao tratamento dos dados pessoais, pelo país ou organismo internacional em questão. Outrossim, permite a transferência internacional, quando necessária à cooperação jurídica entre órgãos públicos de inteligência, investigação e persecução (de acordo com os instrumentos de direito internacional); quando for necessária para a

---

[255] BRASIL. Lei nº 13.709, de 14 de agosto de 2018. Lei Geral de Proteção de Dados Pessoais (LGPD) – Redação dada pela Lei nº 13.853 de 2019. *Diário Oficial da União*, Brasília, 15 ago. 2018. Disponível em: http://www.planalto.gov.br/ccivil_03/_ato2015-2018/2018/lei/L13709.htm. Acesso em 01 jun. 2020.

proteção da vida ou a incolumidade física do seu titular ou de terceiros; quando for devidamente autorizado pela ANPD; quando resultar de compromisso assumido em acordo de cooperação internacional; quando for necessário para fins de execução de política pública ou atribuição legal do serviço público (observada a publicidade devida em consonância com o previsto no art. 23 da mesma lei); quando houver consentimento expresso, específico, devidamente informado, e em destaque por parte do seu titular; quando o controlador oferecer e comprovar garantias de cumprimento dos princípios, dos direitos do titular e do regime de proteção de dados de acordo com o previsto na lei e na forma por ela discriminada; e, por fim, quando o compartilhamento for necessário para atender às hipóteses previstas nos incisos, II, V e VI do art. 7º da referida lei (cumprimento de obrigação legal ou regulatória, quando necessária para execução de contrato ou para exercício regular de direitos em processo judicial, administrativo ou arbitral).[256]

Pois bem, o cerne do capítulo da LGPD referente ao poder público encontra previsão em seu art. 23, o qual transcrevemos a seguir:

> Art. 23. O tratamento de dados pessoais pelas pessoas jurídicas de direito público referidas no parágrafo único do art. 1º da Lei nº 12.527, de 18 de novembro de 2011 (Lei de Acesso à Informação), deverá ser realizado para o atendimento de sua *finalidade pública*, na *persecução do interesse público*, com o objetivo de executar as competências legais ou cumprir as atribuições legais do serviço público (...).[257]

Dessa forma, convém ressaltar que a finalidade e o interesse público são princípios essenciais para o tratamento de dados pessoais pelo poder público. Não há abertura para utilização desses dados – sob tutela do Poder Público – para atender ou promover benefícios privados e particulares.

A título de exemplo, citamos o julgamento do RE com Agravo nº ARE nº 652777,[258] interposto pelo município de São Paulo, contra uma

---

[256] Art. 33. BRASIL. Lei nº 13.709, de 14 de agosto de 2018. Lei Geral de Proteção de Dados Pessoais (LGPD) – Redação dada pela Lei nº 13.853 de 2019. *Diário Oficial da União*, Brasília, 15 ago. 2018. Disponível em: http://www.planalto.gov.br/ccivil_03/_ato2015-2018/2018/lei/L13709.htm. Acesso em 01 jun. 2020.

[257] Art. 33. BRASIL. Lei nº 13.709, de 14 de agosto de 2018. Lei Geral de Proteção de Dados Pessoais (LGPD) – Redação dada pela Lei nº 13.853 de 2019. *Diário Oficial da União*, Brasília, 15 ago. 2018. Disponível em: http://www.planalto.gov.br/ccivil_03/_ato2015-2018/2018/lei/L13709.htm. Acesso em 03 mar. 2020.

[258] BRASIL. Supremo Tribunal Federal. *ARE nº 652777*. Disponível em: http://www.mpf.mp.br/pgr/noticias-pgr/transparencia-stf-decide-que-divulgacao-oficial-deremuneracao-de-servidor-nao-fere-a-constituicao. Acesso em 15 jun. 2020.

decisão proferida pela justiça do Estado de São Paulo, que assegurou a exclusão da publicação oficial, na internet, de documento contendo o valor da remuneração de determinada servidora pública. Na análise do caso, os ministros do STF entenderam que a divulgação é de interesse geral, não violando o direito à intimidade e à privacidade, posto que ao ingressar no serviço público, a pessoa adere, desde já, ao regime jurídico legal da Administração Pública, cujo dever reside na publicidade e na prestação de contas em relação a todas as informações de interesse da coletividade. Os ministros aduziram, ainda, que a divulgação da remuneração ainda observa o disposto na LAI (Lei n° 12.527/2011) e assegura maior transparência aos atos praticados pela Administração Pública.

Por óbvio que se alguém fizer uso desta informação para fins escusos, tal responsabilidade não compete à Administração Pública (desde que a publicação se encontre publicada de forma adequada e em observância às finalidades já mencionadas), mas a quem realizou o tratamento do dado pessoal para fins ilegítimos.

Convém reforçar conceito expresso na referida lei: "Finalidade" é a "realização do tratamento para propósitos legítimos, específicos, explícitos e informados ao titular, sem possibilidade de tratamento posterior de forma incompatível com essas finalidades".[259]

Sequencialmente, "necessidade" refere-se à "limitação do tratamento ao mínimo necessário para a realização de suas finalidades, com abrangência dos dados pertinentes, proporcionais e não excessivos em relação às finalidades do tratamento de dados".

Desta feita, *finalidade* se refere ao propósito para coleta de dados, ou seja, ao real objetivo do agente público ao solicitar ou acessar a informação. Por sua vez, *necessidade* é a limitação observada à devida proporcionalidade, na utilização desses dados pessoais, salvo exceção legal. Tais diretrizes são uma expressa forma de limitar o uso dos dados pessoais que se encontram armazenados em rede, inclusive pelo Estado.

Com efeito, a Administração Pública, ao tratar dados pessoais, deve respeitar o direito à intimidade e à privacidade do ser humano. O acesso e manuseio de tais dados só podem ocorrer em prol do interesse e da finalidade pública, não sendo passível o uso indiscriminado e abusivo das informações apresentadas.

---

[259] Art. 33. BRASIL. Lei n° 13.709, de 14 de agosto de 2018. Lei Geral de Proteção de Dados Pessoais (LGPD) – Redação dada pela Lei n° 13.853 de 2019. *Diário Oficial da União*, Brasília, 15 ago. 2018. Disponível em: http://www.planalto.gov.br/ccivil_03/_ato2015-2018/2018/lei/L13709.htm. Acesso em 03 mar. 2020.

Ainda no que se refere ao compartilhamento de dados, importa reiterar que, em 10 de outubro de 2019, foi publicado o Decreto n° 10.046, que instituiu, também, o CBC, como já mencionamos anteriormente, e, ainda, o CCGD. Tais regras não se aplicam ao compartilhamento de dados com os conselhos de fiscalização de profissões regulamentadas e, tampouco, com o setor privado e, de modo idêntico, exclui os dados protegidos por sigilo fiscal que se encontram sob a égide da Secretaria Especial da Receita Federal do Brasil (RFB) e, ainda, do ME.

De acordo com o aludido Decreto, o compartilhamento dos dados, nestes casos, terá as finalidades específicas de simplificar a oferta de serviços públicos; orientar e otimizar a oferta, a implementação, a avaliação e o monitoramento das políticas públicas; possibilitar a análise de condições de acesso e manutenção de benefícios sociais e fiscais; promover a melhoria da qualidade e da fidedignidade dos dados que são custodiados pela Administração Pública federal e, ainda, aumentar a qualidade e a eficiência das operações internas da Administração Pública federal.[260]

Dentre os benefícios esperados nestes casos de troca de dados, o Decreto cita, especificamente:

a) Redução nos custos e nos esforços para levantamento de informações necessárias à gestão governamental. Atualmente, diversos agentes públicos e processos são empreendidos para levantar informações, gerando uma multiplicidade de iniciativas desarticuladas, ampliando redundâncias, sobreposições e ineficiências. Ao enxergar que informações outros órgãos já dispõem, será mais fácil repensar processos e reaproveitar informações já coletadas.

b) Melhoria na qualidade dos dados e das informações. Ao reduzir as barreiras para recepção e entrega de informações de outros órgãos, a tendência é que estes optem pela obtenção das fontes de dados mais confiáveis, fidedignas, padronizadas e tempestivas. Naturalmente, as bases de dados mais qualificadas e certificadas tenderão a ser as mais requisitadas e prevalentes, fortalecendo as melhores práticas de coleta e de processamento das informações e estimulando melhorias na forma como estes são gerados e mantidos.

c) Maior transparência aos cidadãos, quanto à forma como seus dados são mantidos e compartilhados pelos órgãos públicos. Atualmente, não

---

[260] BRASIL. Decreto n° 10. 046, de 9 de outubro de 2019. Dispõe sobre a governança no compartilhamento de dados no âmbito da administração pública federal e institui o Cadastro Base do Cidadão e o Comitê Central de Governança de Dados. *Diário Oficial da União*, Brasília, 10 de out. 2019. Disponível em:http://www.planalto.gov.br/ccivil_03/_Ato2019-2022/2019/Decreto/D10046.htm#art34. Acesso em 04 mar. 2020.

há procedimentos e práticas comuns e transparentes sobre como os dados dos cidadãos podem ser compartilhados e mantidos pelas agências governamentais. Diversos são os níveis de maturidade organizacional e as formas como são tratados esses dados. Com as diretrizes de compartilhamento, os órgãos passam a ter orientação comum, fundamentada em padrões de segurança e em boas práticas de governança.

d) Qualificação do processo decisório nos diversos níveis das agências governamentais, em prol da melhoria dos serviços públicos ao cidadão. A obtenção e a disponibilização de informações com mais facilidade, velocidade e confiança, constituem condições essenciais para promoção de uma nova cultura de gestão, em que as decisões são tomadas com base em evidências. O uso de informações contextualizadas, integradas e tempestivas deve ampliar a capacidade de diagnóstico dos problemas públicos, oferecer novos insights para desenho de políticas, de práticas e de procedimentos, viabilizar ações de monitoramento, de auditoria e de avaliação de programas governamentais, estimular inciativas inovadoras, entre outros benefícios.[261]

Além disso, o Decreto determina que o compartilhamento de dados por parte da Administração Pública federal pode ser categorizado em três níveis, com base na sua confidencialidade, de modo que pode existir: o *compartilhamento amplo* (sem restrição de acesso e, portanto, com divulgação pública e assegurada a quem se interessar); o *compartilhamento restrito* (dados protegidos por sigilo, mas com possibilidade de concessão de acesso a órgãos e entidades do Governo Federal, para fins de execução de políticas públicas, conforme disposições do CCGD) e, por fim, o *compartilhamento específico* (dados sigilosos cujo acesso só é permitido a órgãos e entidades específicos e nas hipóteses e situações previamente expressas em lei).

Insta reiterar, ainda, a criação, pelo Decreto mencionado, do CCGD, cuja responsabilidade reside na formulação de diretrizes e regras para a devida classificação das espécies de compartilhamento mencionadas, bem como pela publicação desta classificação, observando, sempre, o dever de preservar o sigilo e a segurança dos dados tratados.

O comitê será composto por sete membros, sendo dois deles do ME e, dentre estes, um da Secretaria Especial de Desburocratização, Gestão e Governo Digital (que ocupará, necessariamente, a Presidência do Comitê) e um da Secretaria Especial da RFB; um membro deverá

---

[261] BRASIL. Comitê Central de Governança de Dados. *Resolução nº 2, de 16 de março de 2020.* Publicado em 20.03.2020 no D.O.U. Seção 1. p. 62. Disponível em: http://www.in.gov.br/web/dou/-/resolucao-n-2-de-16-de-marco-de-2020-249025238. Acesso em 01 jun. 2020.

ser proveniente da Casa Civil da Presidência da República; um da Secretaria de Transparência e Prevenção da Corrupção (STPC) da CGU; um da Secretaria Especial de Modernização do Estado (SEME); um da Secretaria Geral da Presidência da República (SGPR); um da Advocacia-Geral da União (AGU) e, por fim, um do Instituto Nacional do Seguro Social (INSS).

De acordo com o texto do Decreto, as reuniões do Comitê deverão acontecer de forma ordinária, a cada dois meses, e, ainda, extraordinariamente, quando houver a convocação por seu presidente ou por um de seus membros. O quórum necessário para a reunião será de 2/3, enquanto o quórum para aprovação deverá se dar por consenso. As decisões do comitê consistirão em resoluções que deverão ser publicadas pela Secretaria Especial de Desburocratização, Gestão e Governo Digital do ME.

Até a presente data, já foram realizadas quatro reuniões do CCGD (em 18.11.19, em 08.01.20, em 03.03.20 e em 02.04.20) que originaram, por sua vez, quatro Resoluções, sendo que, a *primeira* (publicada no Diário Oficial da União – DOU de 20.03.2020, seção 1, página 61) aprova o Regimento Interno do CCGD; a *segunda* (publicada no DOU de 20.03.2020, seção 1, página 62) dispõe sobre orientações e diretrizes para a categorização de compartilhamento de dados; a *terceira* (publicada no DOU de 27.04.2020, seção 1, página 18) dispõe sobre o prazo para a categorização de dados em decorrência do estado de calamidade pública declarado; e a *quarta* (publicada no DOU de 27.04.2020, seção 1, página 18) disponibiliza o Guia de boas práticas para a implementação da LGPD.[262]

No que concerne aos vetos do inciso II do art. 23 da LGPD, citamos a manifestação do MF:

> Ouvido, *o Ministério da Fazenda manifestou-se pelo veto* ao seguinte dispositivo: Inciso II do art. 23.
> II – sejam protegidos e preservados dados pessoais de requerentes de acesso à informação, nos termos da Lei nº 12.527, de 18 de novembro de 2011 (Lei de Acesso à Informação), *vedado seu compartilhamento no âmbito do Poder Público e com pessoas jurídicas de direito privado;*
> Razões do veto: 'O dispositivo veda o compartilhamento de dados pessoais no âmbito do Poder Público e com pessoas jurídicas de direto

---

[262] BRASIL. *Comitê Central de Governança de Dados.* 2020. Disponível em: https://www.gov. br/governodigital/pt-br/governanca-de-dados/comite-central-de-governanca-de-dados. Acesso em 01 jun. 2020.

privado. Ocorre que *o compartilhamento de informações relacionadas à pessoa natural identificada ou identificável é medida recorrente e essencial para o regular exercício de diversas atividades e políticas públicas. É o caso, por exemplo, do banco de dados da Previdência Social e do Cadastro Nacional de Informações Sociais, cujas informações são utilizadas para o reconhecimento do direito de seus beneficiários e alimentadas a partir do compartilhamento de diversas bases de dados administrados por outros órgãos públicos. Ademais, algumas atividades afetas ao poder de polícia administrativa poderiam ser inviabilizadas, a exemplo de investigações no âmbito do Sistema Financeiro Nacional,* dentre outras.[263]

Importa salientar, ainda, que o art. 24 da LGPD determina que se a Administração Pública explorar atividade econômica, poderá, neste caso específico, receber tratamento idêntico ao reservado às pessoas jurídicas de direito privado.

Por fim, o art. 25 determina que os dados deverão ser mantidos em formato interoperável e estar devidamente estruturados para o uso compartilhado, buscando a execução de políticas públicas, a prestação de serviços públicos, a descentralização da atividade pública, bem como a disseminação ao acesso das informações para toda a coletividade, em consonância ao disposto no art. 8°, §3° da LAI (Lei n° 12.527 de 2011).

5.3 A responsabilidade dos agentes públicos no tratamento dos dados pessoais – *Accountability*

O princípio da responsabilização e prestação de contas, também denominado pela doutrina pelo termo *accountability*, foi elencado pelo art. 6°, inciso X, da LGPD, que dispõe:

> Art. 6° As atividades de tratamento de dados pessoais deverão observar a boa-fé e os seguintes princípios: (...)
> X – responsabilização e prestação de contas: demonstração, pelo agente, da adoção de medidas eficazes e capazes de comprovar a observância e

---

[263] BRASIL. Câmara dos Deputados. Legislação Informatizada – Lei n° 13.709, de 14 de agosto de 2018 – Veto. Dispõe sobre a proteção de dados pessoais e altera a Lei n° 12.965, de 23 de abril de 2014 (Marco Civil da Internet). *Diário Oficial da União*, Brasília, 15 ago. 2018. Disponível em: https://www2.camara.leg.br/legin/fed/lei/2018/lei-13709-14-agosto-2018-787077-veto-156214-pl.html. Acesso em 15 jun. 2020.

o cumprimento das normas de proteção de dados pessoais e, inclusive, da eficácia dessas medidas.[264]

Nesse passo, vimos que a referida lei se aplica a qualquer tratamento de dados realizado por pessoa natural ou por pessoa jurídica, de direito público ou privado, e, portanto, as devidas responsabilizações cabem também aos agentes públicos, pois no exercício de suas funções não podem se isentar de preservar as informações do indivíduo, mais especificamente, o seu direito à intimidade.

Importa reiterar que a lei em comento não se aplica aos tratamentos de dados pessoais que forem realizados com a exclusiva finalidade de garantir a segurança pública, a defesa nacional, a segurança do Estado, bem como às atividades de investigação ou repressão de infrações penais. Nesses casos, o tratamento dos dados deverá ser regido por legislação específica, conforme disposto no art. 4º, da LGPD.

Necessário se faz abrir um pequeno parêntese, neste momento, a fim de explicar que para a propositura da lei específica supramencionada, foi criada, em novembro de 2019, uma Comissão Especial de juristas, presidida pelo ministro do STJ Nefi Cordeiro, com vistas à elaboração de anteprojeto de lei para o tratamento de dados pessoais no âmbito da segurança pública, investigações penais e repressão de crimes. O prazo inicial de 120 dias para elaboração do competente anteprojeto foi prorrogado pelo presidente da Câmara dos Deputados, Deputado Rodrigo Maia, no final de março de 2020, por mais 120 dias. Ressalto que esse prazo foi novamente suspenso em decorrência da pandemia causada pelo novo Coronavírus, sendo que em setembro de 2020 os trabalhos da comissão foram retomados, com a previsão de entrega do anteprojeto para novembro do mesmo ano.

Importante, ainda, lembrar, que os dados fornecidos, pelos indivíduos, para os órgãos públicos, nem sempre são opcionais, ou seja, com possibilidade de recusa. Temos como exemplo o caso da biometria, que deve ser fornecida, obrigatoriamente, em determinadas regiões, ao Tribunal Superior Eleitoral, para o exercício do voto, que por sua vez, também é obrigatório.

---

[264] BRASIL. Lei nº 13.709, de 14 de agosto de 2018. Lei Geral de Proteção de Dados Pessoais (LGPD) – Redação dada pela Lei nº 13.853 de 2019. *Diário Oficial da União*, Brasília, 15 ago. 2018. Disponível em: http://www.planalto.gov.br/ccivil_03/_ato2015-2018/2018/lei/L13709.htm. Acesso em 03 mar. 2020.

MOISES MACIEL
OS TRIBUNAIS DE CONTAS E A NOVA LEI DE PROTEÇÃO DE DADOS PESSOAIS

Desse modo, como podemos perceber, em alguns casos, só é possível pleitear direitos, fornecendo dados pessoais sensíveis ao Poder Público. Nesse sentido, o art. 11, inciso II, alínea a e b:

> Art. 11. O tratamento de dados pessoais sensíveis somente poderá ocorrer nas seguintes hipóteses:
> II – sem fornecimento de consentimento do titular, nas hipóteses em que for indispensável para:
> a) cumprimento de obrigação legal ou regulatória pelo controlador;
> b) tratamento compartilhado de dados necessários à execução, pela Administração Pública, de políticas públicas previstas em leis ou regulamentos;[265]

A *accountability*, no caso em tela, refere-se à obrigação que toda instituição, seja pública ou privada, e/ou determinado agente público (que exerça tratamento dos dados pessoais) deve observar, para que seja possível haver uma responsabilização e controle de seus atos: agir com transparência e prestar contas.

Tal situação encontra-se de acordo com as diretrizes da OCDE,[266] para Proteção da Privacidade e dos Fluxos Transfronteiriços de Dados Pessoais. O documento estabelece, como princípio básico para aplicação nacional, o da responsabilização, que dispõe: "o controlador de dados terá que prestar contas pela observância das medidas que dão efeito aos princípios acima indicados".[267]

Assim, vejamos:

> As medidas de *accountability* devem ser adotadas através de uma abordagem baseada no risco (risk-based approach). Isto é, as medidas mais apropriadas para cada organização vão depender da natureza, escopo, contexto e finalidades do tratamento de dados, bem como da proporcionalidade e gravidade do risco envolvido. Por isso, é essencial que as organizações, antes de implementar tais medidas, realizem a avaliação de impacto de privacidade (privacy impact assessment), de

---

[265] BRASIL. Lei n° 13.709, de 14 de agosto de 2018. Lei Geral de Proteção de Dados Pessoais (LGPD) – Redação dada pela Lei n° 13.853 de 2019. *Diário Oficial da União*, Brasília, 15 ago. 2018. Disponível em: http://www.planalto.gov.br/ccivil_03/_ato2015-2018/2018/lei/L13709.htm. Acesso em 03 mar. 2020.

[266] FRANÇA. Organization for Economic Co-operation and Development (OECD). *OECD Guidelines on the Protection of Privacy and Transborder Flows of Personal Data*. 2002. Disponível em: http://www.oecd.org/sti/ieconomy/15590254.pdf. Acesso em 07 mar. 2020.

[267] FRANÇA. Organization for Economic Co-operation and Development (OECD). *OECD Guidelines on the Protection of Privacy and Transborder Flows of Personal Data*. 2002. Disponível em: http://www.oecd.org/sti/ieconomy/15590254.pdf. Acesso em 07 mar. 2020.

forma a verificar o risco a que os titulares dos dados estão sujeitos. Quanto maior a probabilidade e gravidade do risco envolvido, mais rigorosas deverão ser as medidas a serem adotadas para mitigar tal risco.[268]

Nesse contexto, a LGPD trouxe em seu bojo a obrigatoriedade de observância aos princípios *Privacy by design* e *Privacy by default*, por meio dos quais deverão ser adotadas as medidas de segurança, técnicas e administrativas, que sejam idôneas para a proteção dos dados pessoais, desde a concepção do produto ou serviço, até a sua execução, traduzindo-se numa verdadeira garantia de segurança em relação ao tratamento dos dados pessoais dos cidadãos.

Além do exposto, a lei prevê a responsabilização solidária dos agentes de tratamento, do operador e do controlador, nos casos por ela especificados e mediante requisitos preestabelecidos. Previsão que possibilita que a ANPD encaminhe, às entidades e aos órgãos públicos, informativos determinando as medidas necessárias e cabíveis para fazer cessar a violação ao direito de privacidade, em decorrência do tratamento dos dados pessoais. Ademais, ela possibilita o requerimento para a publicação de relatórios referentes aos impactos desses tratamentos na proteção dos dados, sugerindo boas práticas para tanto.

Para acompanhar e controlar tais medidas, a LGPD institui a figura do encarregado, "pessoa indicada pelo controlador e operador para atuar como canal de comunicação entre o controlador, os titulares dos dados e a ANPD". Por meio desse encarregado é que ocorrerá a possível responsabilização dos atos dos agentes controladores dos dados pessoais.

Impende ressaltar que a ANPD foi vetada no texto inicial da LGPD, pelo então presidente, Michel Temer, mas foi reinstituída, posteriormente, pela Medida Provisória n° 869/18, convertida na Lei n° 13.853, de 8 de julho de 2019. No entanto, até a presente data, esta importante instituição, direcionada a fiscalizar e a zelar pelo fiel cumprimento da LGPD em todo território nacional, ainda não foi regulamentada no Brasil.

Por todo o exposto, cabe aos servidores da Administração Pública direta e indireta a capacitação no que se refere à responsabilidade no tratamento adequado dos dados pessoais, respeitando os dispositivos

---

[268] SILVA, Ricardo Barretto Ferreira da *et al*. Accountability e responsabilização sobre proteção de dados. *In*: BRANCHER, Paulo Marcos Rodrigues; BEPPU, Ana Claudia (Coord.). *Proteção de dados pessoais no Brasil*: uma nova visão a partir da Lei n° 13.709/2018. Belo Horizonte: Fórum, 2019. p. 275.

e diretrizes da LGPD. É necessário, para isso, adotar procedimentos e medidas que diminuam o risco e os danos que o uso indiscriminado dos dados pessoais pode causar.

Por fim, mister se faz que haja (como bem salientou a Conselheira Mariana Montebello)[269] uma aplicação coordenada e articulada por parte dos órgãos e instâncias de controle, tais como o Ministério Público, o CNJ, os Tribunais de Contas e a própria ANPD, com vistas a minimizar a possibilidade de uma sobreposição disfuncional destas instâncias no exercício de suas competências constitucionais sob um mesmo campo de atuação (gerando uma espécie de *accountability overload*), que poderá ensejar efeitos adversos e, como bem afirma a Conselheira, até mesmo efeitos patológicos, decorrentes de visões e interpretações distintas que, eventualmente, ensejarão em um cenário de insegurança e incerteza jurídica que poderá prejudicar a aplicação e a efetividade da lei.

Para tanto, mister se faz a observância de uma aplicação coordenada e articulada, no sentido de buscar interpretações uniformes, com maior previsibilidade e, consequentemente, maior segurança jurídica, de maneira a assegurar o *enforcement* da lei.

Cumpre, todavia, ressaltar, que a Regulamentação e efetiva organização da ANPD é prementemente necessária, tendo em vista que sua inexistência enfraquece os efeitos e a aplicabilidade da LGPD, além do que, a inobservância do texto legal no que concerne ao efetivo exercício da ANPD constitui importante óbice para a vigência desta lei tão importante no contexto atual.

5.3.1 Estratégias para formular regras de boas práticas e de governança

Além de estabelecer mecanismos que possibilitem a prestação de contas e a responsabilização dos agentes que realizam o tratamento de dados pessoais, a LGPD reservou, como já vimos, a Seção II do Capítulo VII para pontuar, de forma exemplificativa, boas práticas e a governança em privacidade.

Nesse sentido, "a LGPD incorpora os elementos essenciais de *accountability*, inclusive a abordagem baseada no risco".[270] Assim, no que

---

[269] WILLEMAN, Marianna Montebello. A lei geral de proteção de dados e seus impactos no setor público. *Debate realizado pela ESA OAB/RJ*. Disponível em: https://www.youtube. com/watch?time_continue=44&v=c4bN3OPfm9I. Acesso em 18 jun. 2020.

[270] WILLEMAN, Marianna Montebello. *Accontability democrático e o desenho institucional dos Tribunais de Contas no Brasil*. Belo Horizonte: Fórum, 2017. p. 291.

se refere à proteção de dados pessoais, as boas práticas e governança de privacidade devem ser compreendidas como um conjunto de mecanismos que possibilitem o direcionamento, a transparência e, consequentemente, o monitoramento da gestão de tais dados tratados, por qualquer agente, seja ele público ou privado, resguardando os titulares de tais dados de eventuais riscos.

Dessa forma, o art. 50 da LGPD determina que os controladores e operadores, individualmente ou por associações, estabeleçam práticas como normas de segurança, padrões técnicos, condições de organização, ferramentas de supervisão e de mitigação de riscos, bem como ações educativas e qualquer outro procedimento que assegure a privacidade dos dados pessoais.

O parágrafo primeiro do artigo supracitado estabelece que deverão ser considerados pelos responsáveis a "natureza, o escopo, a finalidade, a probabilidade e gravidade dos riscos e dos benefícios decorrentes de tratamento de dados do titular".[271] E, logo em seguida (§2º), determina que o controlador, na aplicação dos princípios da segurança e da prevenção, analisadas todas as condições e gravidade do dado tratado, poderá:

I – implementar programa de governança em privacidade que, no mínimo:
a) demonstre o comprometimento do controlador em adotar processos e políticas internas que assegurem o cumprimento, de forma abrangente, de normas e boas práticas relativas à proteção de dados pessoais;
b) seja aplicável a todo o conjunto de dados pessoais que estejam sob seu controle, independentemente do modo como se realizou sua coleta;
c) seja adaptado à estrutura, à escala e ao volume de suas operações, bem como à sensibilidade dos dados tratados;
d) estabeleça políticas e salvaguardas adequadas com base em processo de avaliação sistemática de impactos e riscos à privacidade;
e) tenha o objetivo de estabelecer relação de confiança com o titular, por meio de atuação transparente e que assegure mecanismos de participação do titular;
f) esteja integrado à sua estrutura geral de governança e estabeleça e aplique mecanismos de supervisão internos e externos;
g) conte com planos de resposta a incidentes e remediação; e

---

[271] BRASIL. Lei nº 13.709, de 14 de agosto de 2018. Lei Geral de Proteção de Dados Pessoais (LGPD) – Redação dada pela Lei nº 13.853 de 2019. *Diário Oficial da União*, Brasília, 15 ago. 2018. Disponível em: http://www.planalto.gov.br/ccivil_03/_ato2015-2018/2018/lei/L13709.htm. Acesso em 03 mar. 2020.

h) seja atualizado constantemente com base em informações obtidas a partir de monitoramento contínuo e avaliações periódicas;

II – demonstrar a efetividade de seu programa de governança em privacidade quando apropriado e, em especial, a pedido da autoridade nacional ou de outra entidade responsável por promover o cumprimento de boas práticas ou códigos de conduta, os quais, de forma independente, promovam o cumprimento desta Lei.[272]

Cumpre pontuar a importância da efetividade determinada pela lei, não abrindo espaço para condutas meramente formais e padrões fictícios de governança, sem que sejam colocados em prática e controlados para que obtenham resultados.

Ademais, o §3° impõe que as regras de boas práticas e de governança em privacidade deverão ser publicadas e atualizadas periodicamente, tendo a possibilidade de ser reconhecida e divulgada pela ANPD. Por fim, o art. 51 finaliza a seção dispondo que a autoridade supramencionada deve estimular a "adoção de padrões técnicos que facilitem o controle pelos titulares dos seus dados pessoais".[273]

O que se conclui dos mecanismos aqui elencados é que são procedimentos e medidas que existem para prevenir danos e/ou prejuízos aos titulares dos dados pessoais tratados. No âmbito público ou privado, é necessário haver uma capacitação e padronização técnica de condutas que devem ser respeitadas, mitigando riscos e proporcionando uma transparência capaz de demonstrar a efetividade e a responsabilização no tratamento de tais dados.

Em obra denominada "Aprender, compartilhar e multiplicar – síntese das apresentações do 1° Laboratório de Boas Práticas de Controle Externo" –, encontramos algumas informações sobre o Labcontas, um sistema que integra 96 bases de dados, 55 organizações de controle e, em média, 580 usuários (dentre eles 249 parceiros do controle externo), e que, mediante cruzamento de informações proporciona um vasto campo para o exercício da auditoria, de modo a auxiliar sobremaneira no combate a fraudes e irregularidades que acabam por interferir no bom governo.

---

[272] Art. 50. BRASIL. Lei n° 13.709, de 14 de agosto de 2018. Lei Geral de Proteção de Dados Pessoais (LGPD) – Redação dada pela Lei n° 13.853 de 2019. *Diário Oficial da União*, Brasília, 15 ago. 2018. Disponível em: http://www.planalto.gov.br/ccivil_03/_ato2015-2018/2018/lei/L13709.htm. Acesso em 03 mar. 2020.

[273] Art. 51. BRASIL. Lei n° 13.709, de 14 de agosto de 2018. Lei Geral de Proteção de Dados Pessoais (LGPD) – Redação dada pela Lei n° 13.853 de 2019. *Diário Oficial da União*, Brasília, 15 ago. 2018. Disponível em: http://www.planalto.gov.br/ccivil_03/_ato2015-2018/2018/lei/L13709.htm. Acesso em 03 mar. 2020.

A título de exemplificação, os autores citam o caso em que, em uma parceria com o TSE, se constatou, através do cruzamento de contas, indícios de fraudes em doações para campanhas eleitorais, obtendo, inclusive, a informação de que 37.888 doadores eram cadastrados no programa Bolsa Família.[274]

Com o mesmo objetivo, o robô Mônica permite que o auditor visualize determinados dados de maneira mais célere e, portanto, mais eficiente.

E, aqui, abrindo um pequeno parêntese, Mônica é um robô criado pela Secretaria de Fiscalização de Tecnologia da Informação (SEFTI) do TCU com o escopo de demonstrar a falta de qualidade no cadastro de materiais e serviços das contratações e, ainda, colaborar para a descentralização dos dados.

O uso de robôs como Mônica, para tarefas que, para os humanos seriam dificultosas, trabalhosas e demorariam tempo considerável, já não é novidade para nós. Neste aspecto citamos, ainda, Alice, desenvolvida através de uma parceria com a CGU, cuja função consiste em analisar os editais de licitações dos órgãos federais, verificar os documentos e editais publicados pelo Comprasnet, bem como as contratações diretas publicadas no DOU, enviando suas análises diárias para os auditores do TCU.

Outro exemplo bem interessante neste sentido é o robô Rosie, criado por um grupo de oito jovens, com a finalidade de monitorar gastos públicos. Rosie nada mais é do que um robô anticorrupção, que identifica gastos suspeitos de políticos em um verdadeiro serviço de auditoria. Seu nome decorre da faxineira-robô do desenho "Os Jetsons", transmitido pela televisão na década de 80.

Em apenas três meses, por meio de uma varredura em notas fiscais emitidas por parlamentares (lendo uma elevada quantidade de documentos – algo que o ser humano não conseguiria fazer em tempo similar), com a finalidade de identificar a legitimidade dos gastos, mediante o seu cruzamento com normas pertinentes, Rosie descobriu mais de 3.500 (três mil e quinhentos) casos suspeitos que envolviam o uso de cota parlamentar, por deputados federais, desde 2011. Também por meio de sua atuação, mais de 500 mil valores foram salvos de possíveis desvios.

---

[274] BRASIL. Tribunal de Contas do Estado de Mato Grosso. *Aprender, compartilhar e multiplicar – síntese das apresentações do 1º Laboratório de Boas Práticas de Controle Externo*. In: LIMA, Luiz Henrique; CASTRO, Risodalva Beata de (Orgs). Cuiabá: Ed. PubliContas, 2018. p. 59.

Em uma reportagem publicada no dia 24 de janeiro de 2017, no jornal El País, constam informações de que Rosie encontrou diversas anomalias no valor de refeições apresentado por parlamentares, como, por exemplo, notas fiscais de dezenas de pizzas em um mesmo dia, um almoço de 12kg em um *self-service* e um pedido de reembolso de 1.500 reais em um restaurante que serve bode assado.

Além disso, por meio do cruzamento de informações, o robô conseguiu identificar notas de refeições em cidades com grande distância entre elas, em um curto período de tempo.

Realizada a varredura, 849 casos foram auditados e, dentre eles, 629 foram denunciados à Câmara dos Deputados por seus jovens criadores, no próprio site do Legislativo, no início de 2017. As possíveis irregularidades constantes na denúncia somavam cerca de 378 mil reais pagos com dinheiro público, por 216 deputados, em uma operação que recebeu o nome de "Serenata de Amor", em referência ao escândalo que ocorreu na Suécia, na década de 90, envolvendo a ministra sueca, por uso de dinheiro público com gastos pessoais, que ficou conhecido como "Caso Toblerone".

Como consequência do caso Rosie, tivemos algumas devoluções de dinheiro público, o que demonstrou a sua eficácia, principalmente no que concerne aos custos deste projeto:

> Para custear a investigação inicial das despesas da Cota de Atividade Parlamentar, eles recorreram a um financiamento coletivo e conseguiram arrecadar 80.000 reais. "Entregamos o que prometemos, entregamos a Rosie. Mas agora queremos aprimorar ainda mais o robô para que os dados sejam ainda mais precisos. Vamos lançar um novo financiamento coletivo", explica Vilanova. Para ele, a varredura de dados precisa alçar novos voos e não ficar presa apenas a cota parlamentar. "O programa e a operação podem ser replicado a outras esferas, como o Senado e empresas, por exemplo", explica.[275]

A utilização de aeronaves remotamente pilotadas, conhecidas pelo nome de *drones*, também já vem sendo realizada em prol de uma boa governança. Através de fotografias aéreas e do processamento de imagens em um *software* específico são gerados modelos digitais e

---

[275] MENDONÇA, Heloísa. Rosie, a robô que detecta quando deputados usam mal o dinheiro público: ferramenta financiada coletivamente na rede já forçou parlamentar a devolver verba gasta com cerveja. *El Pais – Brasil*, São Paulo, 24 jan. 2017. Disponível em: https://brasil.elpais.com/brasil/2017/01/23/politica/1485199109_260961.html. Acesso em 02 jun. 2020.

tridimensionais de terrenos, que servem para o cálculo de distâncias áreas e volumes de interesse que, por sua vez, podem ampliar consideravelmente as possibilidades de auditoria, acarretando resultados confiáveis com menor tempo de levantamento em campo.[276]

No Poder Judiciário não é diferente, temos diversos exemplos de uso da Inteligência Artificial como forma de aprimorar o trabalho humano, em busca de resultados mais ágeis e, portanto, mais eficazes. Via de regra, os robôs utilizados recebem nomes humanos, em uma tentativa, talvez, de quebrar paradigmas. Assim também se dá, por exemplo, com o Vítor, atuante no STF, cuja função reside em ler todos os recursos extraordinários que chegam à Suprema Corte, a fim de identificar os que se referem a temas de repercussão geral.

Não é novidade que a Inteligência Artificial vem sendo utilizada em larga escala, também pelo Poder Público, tendo sido de grande valia na busca por resultados mais céleres com menor custo e, consequentemente, mais eficazes. No entanto, tal uso também possui seus pontos negativos, que já vêm sendo estudados em busca de serem, ao menos, minimizados. De todo o modo, caminhamos para o amadurecimento no bom uso da Inteligência Artificial e precisamos, cada vez mais, estar preparados para o crescimento de sua utilização, mormente agora, com a entrada em vigor da nova Lei de Proteção de Dados.

Mister se faz que a Administração Pública faça bom uso dos milhares de dados que chegam às suas mãos, observando sempre os princípios legais, como o da necessidade, finalidade e adequação, agindo com ética, transparência e responsabilidade, em respeito aos direitos fundamentais do cidadão que, por sua vez, é o sujeito do direito ao bom governo, que ela se compromete a entregar.

5.4 O *enforcement* da Lei Geral de Proteção de Dados Pessoais brasileira – a LGPD

Para que a LGPD seja executada de forma eficiente, e as infrações à norma não se repitam, é imperativo que o poder sancionador tenha efeitos reais. Assim, o rol de penalidades deve ser capaz de evitar ou impedir qualquer violação. Para isso, a LGPD previu, dentre seus

---

[276] BRASIL. Tribunal de Contas do Estado de Mato Grosso. *Aprender, compartilhar e multiplicar – síntese das apresentações do 1º Laboratório de Boas Práticas de Controle Externo. In:* LIMA, Luiz Henrique; CASTRO, Risodalva Beata de (Orgs). Cuiabá: Ed. PubliContas, 2018. p. 133-134.

dispositivos, alguns que têm por finalidade estipular caminhos para sua correta execução e cumprimento.

Inicialmente, quanto à responsabilidade do poder público no tratamento dos dados pessoais, a LGPD estabeleceu, em seu art. 31, que quando houver infração aos seus dispositivos, "a ANPD poderá enviar informe com medidas cabíveis para fazer cessar a violação".[277] Além disso, como já falamos anteriormente, o art. 32 expressa que a referida ANPD "poderá solicitar a agentes do Poder Público a publicação de relatórios de impacto à proteção de dados pessoais e sugerir a adoção de padrões e de boas práticas para os tratamentos de dados pessoais pelo Poder Público".[278]

Reconhecemos, contudo, que tais medidas, por si só, não são suficientes para coibir possíveis infrações, razão pela qual, ainda, encontram-se arroladas, no art. 52 da LGPD, as seguintes sanções administrativas, a serem aplicadas pela ANPD:

a) advertência (com indicação de prazo para a adoção de medidas corretivas);

b) multa simples (que poderá corresponder a 2% do faturamento da pessoa jurídica de direito privado, grupo ou conglomerado no Brasil, no seu último exercício, limitada ao total de 50 milhões de reais por infração);

c) multa diária (observados os mesmos limites estabelecidos para a multa simples);

d) publicização da infração (após devidamente apurada e confirmada);

e) bloqueio dos dados pessoais a que se refere a infração (até que seja realizada a sua regularização);

f) eliminação dos dados pessoais a que se refere a infração;

g) suspensão parcial do funcionamento do banco de dados (a que se refere a infração) pelo período máximo de 6 (seis) meses, passível de prorrogação por idêntico período, até a devida regularização;

h) suspensão do exercício da atividade de tratamento dos dados pessoais pelo período de 6 (seis) meses, podendo ser prorrogado por igual período; e, por fim,

---

[277] Art. 31. BRASIL. Lei nº 13.709, de 14 de agosto de 2018. Lei Geral de Proteção de Dados Pessoais (LGPD) – Redação dada pela Lei nº 13.853 de 2019. *Diário Oficial da União*, Brasília, 15 ago. 2018. Disponível em: http://www.planalto.gov.br/ccivil_03/_ato2015-2018/2018/lei/L13709.htm. Acesso em 03 mar. 2020.

[278] Art. 32. BRASIL. Lei nº 13.709, de 14 de agosto de 2018. Lei Geral de Proteção de Dados Pessoais (LGPD) – Redação dada pela Lei nº 13.853 de 2019. *Diário Oficial da União*, Brasília, 15 ago. 2018. Disponível em: http://www.planalto.gov.br/ccivil_03/_ato2015-2018/2018/lei/L13709.htm. Acesso em 03 mar. 2020.

i) proibição parcial ou total do exercício das atividades relacionadas ao tratamento de dados.

O artigo supracitado termina determinando que tais penalidades não impedem a aplicação das sanções previstas nas Leis n° 8.112/1990, n° 8.429/1992 e n° 12.527/2011. E, conforme parágrafo 1° do mesmo artigo, nenhuma das sanções pode ser aplicada sem procedimento administrativo, sendo garantida a ampla defesa para o acusado. Tal determinação ocorre para que não haja nenhum ato arbitrário e desproporcional, respeitando o que a CF/88 estabelece sobre o devido processo legal.

Convém ressaltar, ainda, que, dependendo da atividade que o órgão infrator realize, as penalidades mais severas são a eliminação dos dados pessoais e/ou a suspensão do exercício da atividade de tratamento dos dados a que se refere a infração, tendo em vista que isso poderia dificultar a sua função. Por exemplo, o controle externo fica inviabilizado caso os agentes não possuam as informações necessárias para serem fiscalizadas.

Em relação ao produto da arrecadação das multas, a Lei informa, no §5° do art. 52, que será destinado ao Fundo de Defesa de Direitos Difusos de que tratam o art. 13 da Lei n° 7.347, de julho de 1985, e a Lei n° 9.008, de março de 1995.

Na análise do caso concreto, a autoridade responsável e encarregada da responsabilização e cobrança da prestação de contas dos agentes que realizam o tratamento de dados deve graduar a penalização conforme a gravidade da infração, bem como a possibilidade de reincidência ou a existência de atenuantes. Um exemplo de atenuante é a comprovação de adoção de medidas técnicas que "tornem os dados pessoais afetados ininteligíveis, no âmbito e nos limites técnicos de seus serviços, para terceiros não autorizados a acessá-los".[279]

Entretanto, todas as medidas apresentadas dependem da existência da ANPD, que, por ora, ainda não foi regulamentada no Brasil, mas constitui fato imprescindível para os adequados controle e fiscalização do cumprimento da LGPD, tendo em vista que compete a ela, dentre suas diversas funções:

---

[279] Art. 48. §2°. BRASIL. Lei n° 13.709, de 14 de agosto de 2018. Lei Geral de Proteção de Dados Pessoais (LGPD) – Redação dada pela Lei n° 13.853 de 2019. *Diário Oficial da União*, Brasília, 15 ago. 2018. Disponível em: http://www.planalto.gov.br/ccivil_03/_ato2015-2018/2018/lei/L13709.htm. Acesso em 03 mar. 2020.

Art. 55-J (...)

I – zelar pela proteção dos dados pessoais, nos termos da legislação; (Incluído pela Lei n° 13.853, de 2019) (...).

IV – fiscalizar e aplicar sanções em caso de tratamento de dados realizado em descumprimento à legislação, mediante processo administrativo que assegure o contraditório, a ampla defesa e o direito de recurso; (Incluído pela Lei n° 13.853, de 2019) (...).

XI – solicitar, a qualquer momento, às entidades do poder público que realizem operações de tratamento de dados pessoais informe específico sobre o âmbito, a natureza dos dados e os demais detalhes do tratamento realizado, com a possibilidade de emitir parecer técnico complementar para garantir o cumprimento desta Lei; (Incluído pela Lei n° 13.853, de 2019) (...).

XVI – realizar auditorias, ou determinar sua realização, no âmbito da atividade de fiscalização de que trata o inciso IV e com a devida observância do disposto no inciso II do caput deste artigo, sobre o tratamento de dados pessoais efetuado pelos agentes de tratamento, incluído o poder público; (Incluído pela Lei n° 13.853, de 2019) (...).

XXI – comunicar às autoridades competentes as infrações penais das quais tiver conhecimento; (Incluído pela Lei n° 13.853, de 2019).

XXII – comunicar aos órgãos de controle interno o descumprimento do disposto nesta Lei por órgãos e entidades da Administração Pública federal; (Incluído pela Lei n° 13.853, de 2019) (...).

Importante frisar que, apesar da LGPD assegurar a autonomia técnica e decisória da ANPD, ela será vinculada diretamente à Presidência da República. Vinculação, esta, que tem sido criticada por alguns estudiosos, sob a alegação de que isso pode causar uma limitação de sua autonomia.

Por fim, resta claro que o *enforcement* da LGPD depende da ANPD, para controlar, fiscalizar e penalizar as infrações cometidas, pois é sua a competência estabelecida pela lei para tais atos.

Por ora, porém, outros órgãos vêm atuando como fiscalizadores, aplicando as sanções cabíveis, dentre eles, o Programa de Proteção e Defesa do Consumidor (PROCON), a Agência Nacional de Telecomunicações (ANATEL) e o próprio Ministério Público.

Todavia, por não possuir uma LGPD vigente e uma ANPD estruturada, o Brasil é classificado, hoje, como destino inadequado em termos de proteção de dados pessoais.[280]

---

[280] COMMISSION NATIONALE DE L'INFORMATIQUE ET DES LIBERTÉS (CNIL). *Data protection around the world*. Disponível em: https://www.cnil.fr/en/data-protection-around-the-world. Acesso em 15 jun. 2020.

5.5 O *Big data* como instrumento de fiscalização

Em tradução literal, as palavras *big data* significam "grande dado" e é exatamente esse o fundamento da ferramenta, utilizar, de forma eficaz, o imenso fluxo de informações em rede. Tal mecanismo proporciona o aprimoramento e o filtro dos dados que circulam em massa, bem como realiza o seu armazenamento e gerenciamento. O McKinsey Global Institute conceitua a ferramenta da seguinte maneira:

> Big data refere-se a conjuntos de dados cujo tamanho ultrapassa a capacidade típica de ferramentas de software de banco de dados para capturar, armazenar, gerenciar e analisar. Essa definição é intencionalmente subjetiva e incorpora uma definição em movimento de quão grande um conjunto de dados precisa ser para ser considerado big data – ou seja, não definimos big data em termos de ser maior que um determinado número de terabytes (milhares de gigabytes). Assumimos que, conforme a tecnologia avança ao longo do tempo, o tamanho dos conjuntos de dados que se qualificam como big data também aumentará. Observe também que a definição pode variar por setor, dependendo de quais tipos de ferramentas de software estão disponíveis e quais tamanhos de conjuntos de dados são comuns em um determinado setor. Com essas ressalvas, o big data em muitos setores hoje varia de algumas dezenas de terabytes a vários petabytes (milhares de terabytes). (Tradução nossa).[281]

Por sua vez, Taurion afirma que o *big data* é utilizado para tornar as decisões e o gerenciamento de atividades mais eficientes. O autor defende que o mecanismo serve "para descrever problemas no gerenciamento e processamento de informações extremas, as quais excedem a capacidade das tecnologias de informações tradicionais ao longo de uma ou várias dimensões".[282]

Nesse contexto, os pilares do *big data* podem ser denominados de 5 Vs:[283] volume, variedade, veracidade, velocidade e valor. Em síntese, cada um deles pode ser entendido como:

---

[281] MCKINSEY E COMPANY. *Big data*: the next frontier for innovation, competition, and producvity. 2011. Disponível em: https://www.mckinsey.com/~/media/McKinsey/Business%20Functions/McKinsey%20Digital/Our%20Insights/Big%20data%20The%20next%20frontier%20for%20innovation/MGI_big_data_exec_summary.ashx. Acesso em 01 jun. 2020.

[282] TAURION, Cesar. *Big Data*. Rio de Janeiro: Brasport, 2013. p. 30.

[283] ALECRIM, Emerson. *O que é o Big Data?* Disponível em: https://www.infowester.com/big-data.php. Acesso em 04 jun. 2018.

- *Volume*: trata-se da quantidade de dados com expressivo tamanho e de crescimento exponencial. Por estarem nessas condições, esses dados quase sempre são subutilizados.
- *Velocidade*: refere-se ao tratamento dos dados (obtenção, gravação, atualização, etc.), que deve ser feito em tempo hábil (preferencialmente, em tempo real). O tamanho do banco de dados não pode se tornar um fator limitante.
- *Variedade*: existem diversas informações circulando instantaneamente na rede, sendo imprescindível que essa variedade de informações seja tratada de forma conjunta, como parte de um todo. Caso contrário, se não for associado a outros, um determinado dado pode se tornar inútil.
- *Veracidade*: trata-se da verificação e confirmação de confiabilidade dos dados. Para isso, são necessários processos que garantam a consistência dos dados coletados. Tal ponto é crucial, uma vez que não podem ocorrer erros pela falta de interpretação fidedigna do que está sendo analisado nos bancos de dados.
- *Valor*: toda informação tratada e disponibilizada assume a condição de "patrimônio". Desse modo, passam a agregar em si um valor, a depender do tipo, relevância, entre outros fatores.

Nesse sentido, a proposta de solução tecnológica por meio do *big data* consiste em oferecer a possibilidade de uma abordagem ampla no tratamento de dados fornecidos por vários indivíduos naturais, órgãos de natureza técnica/administrativa, entidades sociais, empresas privadas e, até mesmo, redes sociais, a fim de assegurar à Administração Pública informações processadas e analisadas que contribuam para uma fiscalização exata e eficiente.

É cediço que as informações não resultarão na elaboração de um trabalho pormenorizado capaz de conceber um controle real e eficaz da gestão pública, se ficarem somente armazenadas em um banco de dados. Assim, a aplicação da ferramenta *big data*, na seara pública, poderá proporcionar transparência na gestão de recursos e de bens, assim como em todos os atos estatais, possibilitando a ocorrência da fiscalização de modo concomitante.

A utilização da ferramenta possibilita, ainda, o refinamento e cruzamento desses dados entre si, o que oportuniza o melhor aproveitamento das informações coletadas. Tal utilização só será possível a partir de fatores correlacionados: planejamento, execução e acompanhamento eficazes.

Ademais, por se tratar de um mecanismo que envolve um enorme fluxo de dados, a observância das diretrizes da LGPD é essencial. Por meio das limitações dessa Lei se impedirá o uso exacerbado e desproporcional de informações tratadas por instituições públicas ou privadas. Portanto, cabe às instituições que fazem utilização da ferramenta, se prepararem para a entrada em vigor da lei, se adequando e capacitando seus controladores para assegurar a proteção de dados pessoais.

5.6 Os impactos da LGPD no exercício do controle externo e o direito fundamental ao bom governo

A CF/88 determina, em seu art. 70 (conforme já salientado anteriormente), que a fiscalização contábil, financeira, orçamentária, operacional e patrimonial é dever estatal, devendo ser realizada pelos entes federativos e pelas entidades da administração direta e indireta, quanto à legalidade, economicidade, aplicação das subvenções e renúncias de receitas.

Tal controle, reiteramos, é denominado pela Carta Magna como controle externo, sendo exercido pelo Congresso Nacional com o auxílio do Tribunal de Contas.[284] Zymler o divide em duas vertentes: "o controle político, realizado pelas Casas Legislativas, e o controle técnico (...) exercido com auxílio do TCU".[285]

Nessa toada, tendo já abordado o controle externo, sua definição, características e fundamentações legais em capítulo anterior, trataremos, aqui, do controle externo técnico e da influência da Lei de Proteção de Dados nesta espécie de controle. Sob esse aspecto, cumpre observar que, para o exercício de sua competência constitucional, é fundamental que as Cortes de Contas tenham acesso às informações de seus jurisdicionados, seja através da prestação de contas dos gestores, seja através de auditoria, levantamento, monitoramento ou qualquer outro meio de fiscalização.

---

[284] Art. 71. O controle externo, a cargo do Congresso Nacional, será exercido com o auxílio do Tribunal de Contas da União (...). (BRASIL. Constituição da República Federativa do Brasil de 1988. *Diário Oficial da União*, Brasília, 05 out. 1988. Disponível em: http://www.planalto.gov.br/ccivil_03/constituicao/constituicaocompilado.htm. Acesso em 28 mar. 2020).

[285] ZYMLER, Benjamin. *Direito Administrativo e Controle*. 4. ed. Belo Horizonte: Editora Fórum, 2015. p. 166.

No que concerne à LGPD, importa considerar que um dos seus princípios determinantes encontra sintonia direta com a função de controle: a responsabilização e a prestação de contas, ou seja, o *accountability*. As Cortes de Contas são os principais órgãos responsáveis pelo julgamento das contas públicas e, como tais, possuem em seu sistema um dos mais ricos bancos de dados da Administração Pública.

Todavia, o fato de a LGPD se aplicar a qualquer pessoa natural (seja física ou jurídica, de direito público ou privado) que realize o tratamento de dados pessoais, poderia dar ensejo a questionamentos em relação à possibilidade, ou não, de que isso venha a impedir os órgãos de controle de exercer suas competências constitucionais e legais. Entendemos, contudo, que não existe essa possibilidade, uma vez que a função fiscalizatória das Cortes de Contas contará com a ressalva expressa no art. 4°, inciso III, da própria legislação em comento, que tem como fundamento o atendimento ao interesse público.

No entanto, assim como qualquer atuação da Administração Pública, o exercício da função, quando no tratamento de dados pessoais, deve observar e respeitar, obrigatoriamente, os princípios da finalidade e da necessidade, bem como os demais expressos no art. 6° da LGPD.

Finalmente, é importante pontuar, nessa ocasião, o que a doutrina conceitua como direito fundamental ao bom governo, uma vez que o respectivo direito se encontra interligado de forma direta com o controle, e este, por sua vez, depende de informações e dados, ou seja, transparência. Só é possível ter uma Administração Pública eficiente se houver uma responsabilização pelos atos praticados pelos agentes públicos ou qualquer pessoa que utilize do dinheiro público.[286]

Nesse sentido, Juarez Freitas conceitua que o direito ao bom governo

> trata-se do direito fundamental à Administração Pública eficiente e eficaz, proporcional cumpridora de seus deveres, com transparência, sustentabilidade, motivação proporcional, imparcialidade e respeito à moralidade, à participação social e à plena responsabilidade por suas condutas omissivas e comissivas.[287]

---

[286] MACIEL, Moises. Os Tribunais de Contas no exercício do controle externo face à nova Lei Geral de Proteção de Dados Pessoais. *Revista Controle – Doutrina e Artigos*, v. 18, n. 1, p. 20-45, 2020.

[287] FREITAS, Juarez. *Direito Fundamental à boa administração pública*. 3. ed. São Paulo: Malheiros, 2014. p. 21.

Entendimento esse compartilhado por Francisco Pedro Jucá,[288] quando explana que o direito ao bom governo se vincula à capacidade de identificar demandas necessárias, produzindo soluções e respostas úteis para cada uma delas. Nesse caso, as informações prestadas pelos jurisdicionados e/ou pela sociedade, através de denúncia aos Tribunais de Contas, são essenciais para sua atuação em prol do interesse público.

O direito ao bom governo tem como finalidade precípua um aprimoramento do desempenho da Administração Pública, pois "o objetivo do bom governo é alcançar uma Administração eficiente, eficaz e de real efetivação dos direitos fundamentais do cidadão, garantindo a realização dos serviços de interesse geral".[289]

Nesse sentido, se a LGPD trouxesse qualquer impedimento de acesso das Cortes de Contas aos dados que lhe são necessários para realizar o controle externo, estaria possibilitando o desgoverno, e não é essa a sua função, mas, apenas limitar ou traçar balizas legais necessárias para que o tratamento de dados pessoais seja realizado de acordo com sua finalidade.

5.6.1 O poder/dever de fiscalização e o cumprimento da LGPD

No Brasil, cumpre observar que a jurisprudência tem, como entendimento consolidado, que o princípio da supremacia do interesse público acaba por limitar os efeitos do princípio da privacidade, tendo em vista que o interesse coletivo deve estar acima dos interesses puramente privados.

Sendo assim, a atividade fiscalizatória, típica dos Tribunais de Contas, continuará resguardada pela CF/88, no entanto, as determinações constantes na LGPD, especialmente seus princípios, devem ser respeitados, pois existem para evitar o uso desarrazoado de tais informações. Portanto, cabe aos agentes públicos, sejam eles auditores, conselheiros ou qualquer servidor que venha a realizar o tratamento de dados pessoais, o uso desses dados apenas para finalidade para a qual eles foram fornecidos e/ou tomados, que, no caso em tela, consiste no exercício do controle externo da Administração Pública.

---

[288] JUCÁ, Francisco Pedro. Direito Fundamental a um bom Governo. *Revista Pensamento Jurídico*, São Paulo, v. 11, n. 12, jul./dez. 2017.

[289] MILESKI, Hélio Saul. *O Estado contemporâneo e a corrupção*. Belo Horizonte: Fórum, 2015. p. 149.

Corroborando com tal posicionamento, dentre as Normas de Auditoria Governamental (NAGS) que abarcam diretrizes fundamentais para o cumprimento das auditorias contábeis, operacionais e de cumprimento, encontramos dentre a NAG n° 3000, relativas aos Profissionais de Auditoria Governamental, especificamente:

> N° 3500 – Sigilo Profissional - A informação obtida pelos profissionais de auditoria governamental na execução de seus trabalhos não deverá ser revelada a terceiros, nem oralmente nem por escrito, salvo aos responsáveis pelo cumprimento de determinações legais, ou às EFs como parte dos procedimentos normais, ou em conformidade com a legislação pertinente.
>
> N° 3501 – O profissional de auditoria governamental deve manter, respeitar e assegurar o sigilo relativo às informações obtidas durante o seu trabalho, não divulgando, sob qualquer circunstância, para terceiros, sem autorização expressa do ente auditado, salvo quando houver obrigação legal ou judicial de fazê-lo. O dever de manter sigilo continua depois de terminados os trabalhos.
>
> N° 3502 – O sigilo profissional é regra mandatória no exercício da auditoria governamental. O profissional de auditoria governamental é obrigado a utilizar os dados e as informações do seu conhecimento exclusivamente na execução dos serviços que lhe foram confiados, salvo determinação legal ou judicial (...).[290]

No mesmo sentido, recentemente, em 26 de Agosto de 2019, foi publicada a Lei n° 13.866 (com entrada em vigor no mesmo dia), com a finalidade de alterar a Lei n° 8.443/92 (Lei Orgânica do TCU), determinando, expressamente (a fim de não deixar quaisquer dúvidas a respeito) que, o art. 55 da Lei n° 8.443, de 16 de julho de 1992, passa a vigorar acrescido do seguinte §3°: "Ao decidir, caberá ao Tribunal manter o sigilo do objeto e da autoria da denúncia quando imprescindível à segurança da sociedade e do Estado".

Assim, cumpre observar que as Cortes de Contas não se encontram liberadas do dever de proteção dessas informações sigilosas, pelo contrário, cabe às mesmas o dever de guardar e proteger os dados pessoais; dever, este, que decorre de sua função de auditoria, cuja competência encontra-se disposta na Constituição da República. Esse sigilo, por sua vez, se estende a todos os que atuam em tais órgãos e manuseiam, de alguma forma, tais informações.

---

[290] INSTITUTO RUI BARBOSA. *Normas de Auditoria Governamental (NAGS) – Aplicáveis ao Controle Externo Brasileiro*. Tocantins: IRB, 2011. Disponível em: https://irbcontas.org.br/biblioteca/normas-de-auditoria-governamental-nags/. Acesso em 28 mar. 2020.

A ressalva, nesse momento, será a de que uma ANPD terá a responsabilidade de fiscalizar todos os que realizam o tratamento de dados pessoais, seja pessoa natural ou pessoa jurídica, de direito público ou privado.

Em relação aos Tribunais de Contas e ao acesso a todos os dados que lhes são transmitidos, em decorrência do exercício de sua função, cumpre-lhes resguardar o devido sigilo, sem descurar das finalidades pelas quais estes lhes foram transmitidos, a fim de cumprir o seu papel de órgão fiscalizador para a efetiva entrega do bom governo. Neste passo, além da responsabilidade de fiscalizar os seus jurisdicionados e, mesmo, a "si próprio", em relação ao manuseio dos dados pessoais, caberá, ainda, a esses Órgãos de Contas, a realização de auditorias de levantamento para fins de resguardar o fiel cumprimento da LGPD e o consequente respeito à privacidade dos titulares dos dados. Isso sem mencionar o exercício da função pedagógica, por meio da orientação adequada de seus jurisdicionados e o contínuo monitoramento dos mesmos, no que concerne, também, à segurança dos dados tratados, ao armazenamento adequado dos mesmos e aos cuidados legais em relação ao compartilhamento desses dados, quando necessário.

No tocante à ANPD, insta, ainda, ressaltar, que, como órgão público, também estará sujeita à fiscalização por parte dos Tribunais de Contas, devendo prestar-lhes as devidas contas.

Dessa forma, reforçamos que a nova LGPD veio proteger os direitos do indivíduo diante desse crescimento desenfreado de informações que circulam em rede na sociedade. Não possui, contudo, o condão de prejudicar ou obstaculizar a atuação fiscalizatória das Cortes de Contas no exercício do controle externo (tampouco poderia), mas apenas possibilitar e favorecer um controle límpido, ético, legítimo, focado em seus objetivos, sem, contudo, desrespeitar o direito à privacidade e à intimidade de cada ser humano, fortalecendo, ainda mais, o trabalho realizado por estes Tribunais na sua busca por garantir a entrega de políticas públicas adequadas, a fim de resguardar o direito ao bom governo.

5.7 A tecnologia do *Blockchain*, a LGPD e o futuro do tratamento de dados pela Administração Pública

Inicialmente definida como código fonte original da bitcoin, e que em uma tradução literal pode ser chamada de "cadeia em blocos", essa tecnologia de registro distribuído, com vistas à descentralização das informações armazenadas, está intimamente interligada ao surgimento daquela criptomoeda. Sua definição original surgiu em 2008, através de um artigo publicado por Satoshi Nakamoto, intitulado *"Bitcoin: a peer-to-peer[291] eletronic cash system"*, que buscava uma forma de tornar a rede de computadores em algo sustentável. E, logo no abstract do artigo, encontramos a seguinte informação:

> Uma versão puramente peer-to-peer de dinheiro eletrônico permitiria que pagamentos on-line fossem enviados diretamente de uma parte para outra, sem passar por uma instituição financeira. As assinaturas digitais fornecem parte da solução, mas os principais benefícios são perdidos se um terceiro confiável ainda é necessário para evitar o gasto duplo. Nós propomos uma solução para o problema de gasto duplo usando uma rede peer-to-peer. A rede registra data e hora das transações transformando-as em uma cadeia contínua de prova de trabalho à base de hash, formando um registro que não pode ser alterado sem que toda a prova de trabalho seja refeita. A cadeia mais longa não serve somente como prova da sequência de eventos testemunhados, mas também como prova de que ela veio do maior pool de CPUs. Enquanto a maioria do poder das CPUs é controlado por nós, que não estão cooperando para atacar a rede, eles irão gerar a cadeia mais longa e superar os atacantes. A própria rede requer uma estrutura mínima. As mensagens são espalhadas em regime de melhor esforço e, os nós de rede podem sair e regressar à rede à vontade, aceitando a cadeia com a prova de trabalho mais longa como uma prova do que aconteceu enquanto eles estiveram fora da rede.[292]

Neste sentido, a definição que pode ser extraída, de *blockchain*, é a de que consiste em uma espécie de sistema descentralizado de armazenamento de dados, por meio do qual se distribuem as informações em computadores profusos, de maneira a dificultar as possibilidades de fraudes e *cyber* ataques.

Também conhecido como "protocolo de confiança", o sistema foca na descentralização para garantir a proteção. Dessa forma, as

---

[291] Uma arquitetura de rede de computadores cuja principal característica consiste na descentralização das funções convencionais, assim o computador de cada usuário realiza funções de servidor e cliente, concomitantemente, de modo a permitir compartilhamentos de serviços e dados sem precisar de um servidor central. Surgiu com o objetivo de transmitir arquivos e possibilitou o compartilhamento, em massa, de músicas e filmes. (CIRIACO, Douglas. O que é P2P? *Tecmundo*, 25 ago. 2008. Disponível em: https://www.tecmundo.com.br/torrent/192-o-que-e-p2p-.htm. Acesso em 28 mar. 2020).

[292] NAKAMOTO, Satoshi. *Bitcoin*: a peer-to-peer electronic cash system. Disponível em: https://bitcoin.org/bitcoin.pdf. Acesso em 28 mar. 2020.

transações dentro do *blockchain* acontecem de forma mais rápida, visto inexistirem intermediários.

No sistema de *blockchain* não há um proprietário, um titular, um dono que controla todas as informações. Neste sistema todos os envolvidos ficam interconectados e o poder de controle das informações é disseminado, difundido, descentralizado.

Outra característica que fortalece a segurança desta espécie de sistema reside no fato de que, em um *blockchain*, todas as transações realizadas podem ser acessadas por qualquer pessoa, posto consistirem em transações públicas e, portanto, disponíveis. Além disso, todas as transações são rastreáveis, já que públicas, e seus registros não são passíveis de edição e, portanto, invioláveis.

Todos os registros ficam salvos de forma cronológica, de maneira que qualquer alteração realizada se torna conhecida por todos, possibilitando que as máquinas conectadas bloqueiem a operação e impeçam que a alteração se concretize. Ainda no quesito segurança, os mineradores são anônimos e sua identidade é protegida por criptografia, de forma que não se sabe quem está por trás do processo.

Don e Alex Tapscott afirmavam que "a *blockchain* é um livro digital incorruptível de transações econômicas que pode ser programado para registrar não apenas transações financeiras, mas, virtualmente, tudo o que tenha valor".[293] Sua principal vantagem consiste no fato de não possuir um ponto central de armazenamento, o que permite levar à conclusão de sua incorruptibilidade, uma vez que não é possível modificar as informações contidas em um *blockchain*, se não for possível captar ou alcançar 51%, no mínimo, de toda a sua estrutura.

Em uma comparação com um banco de dados, onde o administrador é quem certifica e valida todos os dados ali armazenados, no *blockchain*, a validação precisa ser realizada pelo que se chama de "nós" deste bloco, tendo em vista a sua descentralização. Os nós são constituídos por cada computador disseminado pela web, que dão forma a essa espécie de sistema.

Assim, como o armazenamento dos dados ocorre de modo descentralizado, onde cada dispositivo possui uma cópia simultânea e confiável, qualquer alteração de informação necessita da validação técnica de todos esses usuários, de tal modo que o ataque realizado a apenas um dos dispositivos se mostra ineficiente e, até mesmo,

---

[293] TAPSCOTT, Don; TAPSCOTT, Alex. *Blockchain revolution*: como a tecnologia por trás do Bitcoin está mudando o dinheiro, os negócios e o mundo. São Paulo: Senai Editora, 2016.

inofensivo, diante da existência do "algoritmo de consenso", existente no *blockchain*.

Para compreender o que é o algoritmo de consenso, precisamos, primeiro, entender como funciona o *blockchain*: ele é formado por uma série de mineradores, que são pessoas ou grupos responsáveis por acrescentar novos blocos ao sistema, verificando as novas transações, ou seja, transmitindo e adicionando novos blocos de transações, necessitando, para tanto, encontrar uma função matemática compatível com o bloco anterior, que já foi transmitido – função conhecida por "*hash*". O *hash* consiste, portanto, em uma espécie de assinatura única que garante a integridade das informações.

Toda vez que um novo dado entra na rede, precisa ser armazenado em um bloco e o minerador, responsável por esse armazenamento, precisa efetivar os processos de validação a partir do algoritmo da sua rede (com base em regras pré-estabelecidas). Em sequência, os demais mineradores precisam aprovar e realizar cópias deste dado. Assim, o bloco vai tomando forma e, uma vez finalizado, é fechado e armazenado, definitivamente, em um *blockchain*. Isso é o que se chama de algoritmo de consenso.

A manutenção da "confiança" que garante a segurança desse sistema se dá mediante incentivo econômico dos mineradores, que recebem uma remuneração sempre que conseguem gerar um novo bloco para ser incluído na cadeia.

Em decorrência da confiança que o sistema oferece, diversos serviços como bancos, formalização de documentos oficiais como escrituras, contratos, além de diversos outros documentos que exigem, inclusive, a presença em cartório (emissão de registros, autenticações e reconhecimentos de firma, por exemplo), sem falar nos registros médicos (prontuários e prescrições) já vem sendo testados por meio do *blockchain*. O governo da Estônia é um exemplo que podemos citar de experimento desta espécie de tecnologia no setor de saúde.[294]

Uma pesquisa realizada pela Deloitte demonstrou que cerca de 40% dos entrevistados que fazem parte das principais empresas de tecnologia do mundo fazem uso, atualmente, de ferramentas de *blockchain* em sua produção. Além disso, 9 (nove) em cada 10 (dez) entrevistados acreditam que essa tecnologia se tornará a mais importante

---

[294] FERNANDES, Raphael. Governo da Estônia usa blockchain para guardar registros de pacientes. *Folha de S. Paulo digital*,15 abr. 2017. Disponível em: https://www1.folha.uol. com.br/mercado/2017/04/1875751-governo-da-estonia-usa-blockchain-para-guardar-registros-de-pacientes.shtml. Acesso em 17 jun. 2020.

nos próximos três anos. A pesquisa foi realizada no período de 6 de fevereiro a 3 de março de 2020 e demonstrou que 39% dos 1.488 executivos e profissionais, localizados em 14 países, já incorporou a tecnologia do *blockchain* às suas empresas, o que significa um aumento de 16% de uso neste último ano, totalizando 41%, de empresas a adotar essa espécie de tecnologia (considerando apenas empresas com mais de cem milhões de dólares de receita).

A Deloitte entrevistou, durante as pesquisas, executivos de países diversos, como Brasil, Canadá, China, Alemanha, Israel, México, África do Sul, Emirados Árabes, Reino Unido, Irlanda, Hong Kong e E.U.A., onde pôde constatar que 82% dos entrevistados afirmaram que irão priorizar, em suas novas contratações, funcionários com experiência em *blockchain*, e 83% entende que a adoção de *blockchain* representa, na atualidade, uma importante vantagem competitiva.

Lado outro, 54% considera o *blockchain* um exagero. Um aumento relativo, considerando os 43% que pensavam dessa forma em 2019 e os 39% em 2018.

De todo modo, a pesquisa realizada por essa grande empresa de auditoria constatou que a questão do momento é analisar como a tecnologia do *blockchain* poderá influenciar as lideranças em todo o mundo e suas respectivas ações.[295]

No Japão, a *Tokyo Eletric Power Company Holdings Inc* (TEPCO), uma empresa de energia, firmou parceria com a empresa Itochu Corporation, com o objetivo de construir um sistema baseado em *blockchain* para comercializar excedentes de eletricidade que, se lograr êxito, consistirá no primeiro caso de comercialização de energia excedente entre famílias, no Japão.[296]

Perceptível, portanto, como essa importante ferramenta vem ganhando força e conquistando um espaço cada vez maior no mundo atual.

Os gigantes da *big four* estão dentre os que têm se fortalecido como auditores, nesta indústria de criptomoedas e *blockchain*.

Hugh Madden, *Chief Executive Officer* (CEO) do BC *Group*, explicou, recentemente, que:

---

[295] DELOITTE. *Auditoria e consultoria empresarial*. Disponível em: https://www2.deloitte.com/. Acesso em 18 jun. 2020.

[296] OKI, Hisashi. Empresa de energia do Japão utiliza *blockchain* para negociar excedente de eletricidade. *Cointelegraph Brasil*,18 jun. 2020. Disponível em: https://cointelegraph.com.br/news/tokyo-power-company-to-use-blockchain-for-trading-electricity-surplus. Acesso em 18 jun. 2020.

A auditoria, como a clareza regulatória, fornece confiança a todas as partes interessadas de que as empresas estão operando de forma transparente e aderindo aos padrões esperados do setor. À medida que o negócio de ativos digitais continua a crescer e amadurecer, e os padrões regulatórios e de conformidade se tornarem mais robustos, os auditores continuarão a desempenhar um papel fundamental.[297]

A reportagem exibida pelo *Cointelegraph* informa, ainda, que, em 2019, a *Big Four* KPMG e a *Forbes Insights* direcionaram uma pesquisa procurando identificar a importância da auditoria e do *blockchain* para os executivos de finanças, através da qual concluíram que 79% desses profissionais esperam que os auditores forneçam informações sobre o impacto da *blockchain* nos negócios ou no concernente aos relatórios financeiros. A esse respeito, Erich Braun, líder de auditoria da KPMG, afirmou:

> Os emissores da SEC desejam projetar tecnologias de *blockchain* para apoiar o controle interno da entidade sobre relatórios financeiros. Ser capaz de demonstrar como essas tecnologias alcançam seus objetivos em um ambiente bem controlado é fundamental para uma estratégia bem-sucedida de *blockchain*. Se a tecnologia não for auditável, os imensos benefícios que ela traz, como aumento de eficiência e redução de custos, podem não ser alcançados.[298]

Arun Gosh, Líder de *blockchain* da KPMG, nos EUA, explicou que os projetos mais recentes desta *big four* consistem em definir estratégias de *blockchain*, integração de participantes e modelos de governança e operação, razão pela qual, em 2019, a empresa auxiliou a Microsoft, a Tomia e a R3 na criação de soluções de *blockchain* para o setor de telecomunicações, bem como para a preparação de redes 5G. Ele comentou, também, que o interesse no uso de *blockchain*, combinado com a IoT (*Internet of things* ou internet das coisas) e a *machine learning*, tem crescido nos últimos anos.

---

[297] WOLFSON, Rachel. Gigantes do 'Big Four' se fortalecem como auditores na indústria de criptomoedas e blockchain. *Cointelegraph Brasil*,29 mai. 2020. Disponível em: https://cointelegraph.com.br/news/the-big-four-are-gearing-up-to-become-crypto-and-blockchain-auditors. Acesso em 18 jun. 2020.

[298] WOLFSON, Rachel. Gigantes do 'Big Four' se fortalecem como auditores na indústria de criptomoedas e blockchain. *Cointelegraph Brasil*,29 mai. 2020. Disponível em: https://cointelegraph.com.br/news/the-big-four-are-gearing-up-to-become-crypto-and-blockchain-auditors. Acesso em 18 jun. 2020.

A Deloitte (outra *Big Four*), em conjunto com o Fórum Econômico, publicou, recentemente, um relatório a respeito da interoperabilidade de *blockchain*, por meio do qual revelou a importante descoberta de que, apesar das cadeias de blocos serem construídas para ecossistemas específicos do setor, essa tecnologia pode funcionar ainda melhor se todas estiverem vinculadas a uma única estrutura.

O analista chefe de criptografia da Weiss Rattings, Juan Villaverde, explicou que quanto mais as *big fours* começarem a alavancar o poder das *blockchains* públicas, mais impacto haverá em termos de adoção pública.[299]

A PwC, outra das *big four*, saiu na frente da EY, KPMG e Deloitte neste sentido, ao atualizar, em 2019, sua ferramenta de análise, permitindo validar operações com criptoativos. No entanto, ao invés de tentar quebrar a criptografia das compras, vendas e trocas, a ferramenta analisa dados residuais sobre os ativos das relações. Informações que fornecem várias pistas como datas e valores, além da possibilidade de analisar vestígios das verificações efetivadas pelos mineradores. Deste modo, a *big four* pretende auditar as moedas virtuais mediante a análise dos metadados, cruzando informações e levantando provas.

José Vital, sócio da PwC, em São Paulo, comenta que seria como se os auditores continuassem impossibilitados de ter acesso ao teor das transações em criptomoedas, todavia, através desta nova ferramenta, conseguissem checar os seus dados residuais (metadados): quem enviou; para quem foi enviado; em que data ocorreu o envio; quem foi o intermediário do envio, por exemplo.

Trata-se, como afirmou, de verdadeiras "pegadas digitais" que possibilitam a revisão das operações realizadas e viabilizam as auditorias contábil, fiscal e trabalhista, de maneira a validar a origem dos recursos aplicados. "Com isso, mesmo respeitando o sigilo e a privacidade, é possível parear as negociações no *blockchain* com os registros contábeis e societários".[300]

Para Vital, as moedas digitais e a tecnologia do *blockchain* representam um caminho sem volta, podendo até serem segurados por

---

[299] WOLFSON, Rachel. Gigantes do 'Big Four' se fortalecem como auditores na indústria de criptomoedas e blockchain. *In: Cointelegraph Brasil*, 29 mai. 2020. Disponível em: https://cointelegraph.com.br/news/the-big-four-are-gearing-up-to-become-crypto-and-blockchain-auditors. Acesso em: 18 jun. 2020.

[300] GREGÓRIO, Rafael. PwC lança ferramenta para auditar transações em criptomoedas. *Valor Investe*, São Paulo, 11 jul. 2019. Disponível em: https://valorinveste.globo.com/mercados/cripto/noticia/2019/07/11/pwc-lanca-ferramenta-para-auditar-transacoes-em-criptomoedas.ghtml. Acesso em 18 jun. 2020.

bancos centrais e pelos governos de alguns países, contudo, ele acredita se tratar de um movimento que não pode ser parado e que oferece oportunidades, não apenas no que concerne a serviços de auditoria, como, ainda, para consultoria tributária.

E a importância desta nova ferramenta não para por aí. O Fórum Econômico Mundial (WEF) reconheceu, recentemente, que a tecnologia de *blockchain* pode consistir em relevante auxílio para obstaculizar a corrupção.

Ashley Lannquist lidera o projeto do *blockchain* do WEF e em seu relatório destacou como o WEF, ao lado do Escritório do Inspetor Geral da Colômbia e o Banco Interamericano de Desenvolvimento, formaram "uma equipe multissetorial para investigar, projetar e testar o uso da tecnologia *blockchain* para identificar corrupção nos processos governamentais".[301]

De acordo com o relatório apresentado, transações consideradas obscuras abalam os setores públicos de diversos países, contudo, maior transparência e responsabilidade pública, ao lado de uma documentação e registros adequados, demonstram ser boas soluções para combatê-las. E o uso da tecnologia de *blockchain* é uma maneira de fazer isso.

O projeto do WEF selecionou a Colômbia como local de teste e desenvolveu um projeto para compras públicas, com vistas a ser testado em licitações públicas durante o ano de 2020:

> O projeto optou por se concentrar no processo de compras públicas, porque constitui um dos maiores processos de corrupção no mundo. A blockchain se beneficia dessas propriedades tecnológicas e desempenha um papel significativo no atendimento ao interesse público (Ashley Lannquist).[302]

Ainda demonstrando a importância desta ferramenta, uma reportagem da Coindesk publicou, em novembro de 2019, que a empresa de contabilidade e consultoria de negócios Armanino, nos EUA, lançou uma ferramenta baseada em *blockchain* que promete auditorias

---

[301] PIRUS, Benjamim. Fórum Econômico Mundial utiliza blockchain para combater corrupção na Colômbia. *Cointelegraph Brasil*,17jun. 2020. Disponível em: https://cointelegraph.com. br/news/wef-hopes-to-stamp-out-corruption-with-colombian-blockchain-trial. Acesso em 18 jun. 2020.

[302] PIRUS, Benjamim. Fórum Econômico Mundial utiliza blockchain para combater corrupção na Colômbia. *Cointelegraph Brasil*,17jun. 2020. Disponível em: https://cointelegraph.com. br/news/wef-hopes-to-stamp-out-corruption-with-colombian-blockchain-trial. Acesso em 18 jun. 2020.

financeiras em segundos. A ferramenta, chamada *"TrustExplorer 2.0"*, promete modificar a forma como a contabilidade é realizada nas empresas, fornecendo a possibilidade de auditorias em tempo real e, portanto, capazes de fornecer muito mais transparência. Além disso, através do uso de *blockchain*, a possibilidade de alteração ou corrupção torna-se muito menor: "como as entradas são distribuídas e lacradas criptograficamente, falsificá-las ou destruí-las para ocultar atividades é praticamente impossível. É semelhante à transação sendo verificada por um notário, apenas de maneira eletrônica".[303]

No Brasil, a tecnologia já chamou a atenção dos Tribunais de Contas, o guardião oficial da Responsabilidade Fiscal do país.

Em abril de 2019, o TCU anunciou que usaria a tecnologia *blockchain* para fiscalizar repasses no Brasil, e mencionou que essa nova ferramenta deveria ser vista como uma forma eficaz de prestação de contas no setor público, destacando características como a validade dos processos e a efetividade da conclusão de verificação de informações importantes, que a tornam confiável o suficiente para fazer parte de um sistema de prestação de contas no Brasil.

O projeto piloto anunciado pelo TCU envolvia uma parceria com a Agência Nacional do Cinema (ANCINE),[304] no entanto, por meio de decisão da 2ª Câmara, publicada no DOU em 02 de junho de 2020, o TCU anunciou que o projeto não seria adotado em virtude do seu elevado custo financeiro:

> Considerando que, em um primeiro momento, a opção pelo *blockchain* não pôde ser adotada, diante do elevado custo financeiro para a sua implementação, além da necessidade de ajustes nos respectivos sistemas para a sua devida operacionalização.[305]

Isso não implica concluir que o Tribunal de Contas não reconhece a importância do uso do *blockchain*, tanto que em maio de 2020 recomendou

---

[303] FOXLEY, William. Afirmação fornecida por Andries Vershelden em: nova ferramenta Blockchain promete auditorias verificáveis em 30 segundos. *Coindesk,* 2 nov. 2019. Disponível em: https://www.coindesk.com/accounting-firms-blockchain-tool-claims-to-perform-a-30-second-audit. Acesso em 18 jun. 2020.

[304] CARVALHO, Paulo. Tribunal de Contas da União usará tecnologia blockchain para fiscalizar repasses no Brasil.*Livecoins,*17 abr. 2020. Disponível em: https://livecoins.com. br/tribunal-de-contas-da-uniao-usara-tecnologia-blockchain-para-fiscalizar-repasses-no-brasil/. Acesso em 18 jun. 2020.

[305] BRASIL. Tribunal de Contas da União. Ata nº 16, de 26 de maio de 2020.*Diário Oficial da União*, Brasília, 02 jun. 2020. Edição 104. Seção 1. p. 50. Disponível em: http://www.in.gov. br/web/dou/-/ata-n-16-de-26-de-maio-de-2020-259636467. Acesso em 18 jun. 2020.

o uso do sistema de *blockchain* da Receita Federal, vinculado ao CPF, com vistas a reduzir fraudes no programa nacional intitulado "Bolsa Família", que consiste em usar CPFs cancelados para efetuar cadastros no programa. Uma prática fraudulenta já apontada, há tempos, pelo TCU, e que originou, inclusive, diversas operações policiais pelos municípios brasileiros.[306]

Para o TCU, o uso da tecnologia de *blockchain* pode ser útil no combate a esse tipo de fraude, em decorrência da imutabilidade dos dados e do compartilhamento seguro das informações.

No mesmo sentido, o Tribunal de Contas do Rio Grande do Norte publicou, recentemente, que fará uso da ferramenta de *blockchain* em processos de licitação, em uma iniciativa pioneira dentre os Tribunais de Contas Estaduais, no Brasil. Para tanto, criou uma comissão de auditores de controle externo, que, em 10 de março de 2020, se reuniu com técnicos do Projeto Governo Cidadão, buscando encontrar meios de otimizar o processo licitatório, a fim de torna-lo mais eficiente, transparente, ágil e, portanto, seguro.

O Sistema Online de Licitação (SOL) consiste em um aplicativo desenvolvido com base no *blockchain*, financiado com recursos do Banco Mundial, que será implementado na infraestrutura tecnológica do TCE do Rio Grande do Norte.

Por meio deste sistema, em parceria com o Governo da Bahia e do Rio Grande do Norte, o TCE terá acesso integral aos dados nele produzidos com a possiblidade de monitoramento em tempo real dos processos licitatórios.[307]

Para o auditor Márcio Loiola (coordenador da Comissão de Auditoria de Operações de Crédito Externos – COPCEX – do TCE do Rio Grande do Norte), a auditoria digital em tempo real consiste no futuro dos processos de aquisições, especialmente nos sistemas que fazem uso do *blockchain*.

Essa, porém, não foi a primeira vez que este Estado brasileiro lançou mão da tecnologia de *blockchain*. Em novembro de 2019, o Rio Grande do Norte foi o primeiro Estado do país a aceitar, como

---

[306] GUSSON, Cassio. Tribunal de Contas recomenda uso de blockchain para evitar fraudes no Bolsa Família. *Cointelegraph Brasil*,11 mai. 2020. Disponível em: https://cointelegraph. com.br/news/auditors-finds-flaws-in-bolsa-familia-and-determines-the-use-of-blockchain-by-the-federal-government. Acesso em 18 jun. 2020.

[307] BRASIL. Tribunal de Contas do Estado do Rio Grande do Norte. TCE vai implantar tecnologia usada em criptomoedas para otimizar processos licitatórios. *TCE – Notícia detalhada*, 10 mar. 2020. Disponível em: http://www.tce.rn.gov.br/Noticias/NoticiaDetalhada/3859. Acesso em 18 jun. 2020.

válida, uma assinatura registrada em *blockchain*, para fins jurídicos e administrativos.[308]

Por tudo isso podemos afirmar que, até o presente momento, o *blockchain* consiste na tecnologia mais segura do mundo, no entanto, precisamos recordar que a tecnologia avança de maneira vertiginosa e, assim, não podemos afirmar se essa segurança irá perdurar.

Além disso, como tudo tem dois lados, o *blockchain* também possui seus reveses. Para que o sistema possa funcionar, é necessário manter computadores ligados, de modo que o consumo de energia se torna consideravelmente elevado.

Sua segurança também vem atraindo criminosos que têm usado a tecnologia para compartilhar pornografia infantil, bem como comercializar drogas, armas e produtos ilegais.

Somado a tais questões, há a dificuldade de regulação deste sistema não só pela inexistência de um espaço físico concreto de aplicação (já que existe no ciberespaço) como pela possibilidade de relacionamentos multiculturais, abertos e múltiplos que ele permite, necessitando de uma norma transnacional que, ainda que proveniente da própria autorregulação (uma espécie de contrato entre os usuários do *blockchain*), ainda precisará contar com a força cogente da aplicabilidade por parte do Estado, sem a qual poderá ser ineficaz.

Apesar disso, comungo do entendimento de diversos especialistas na área, segundo o qual o *blockchain* consiste em um dos mais seguros sistemas atuais. Isso, porque, promete transparência e publicidade e diminui, consideravelmente, os procedimentos burocráticos, reduzindo até mesmo os custos de sua utilização. Além disso, o sistema de *blockchain* tem demonstrado grande potencial para uso em programas de *compliance* e governança corporativa, possibilitando dessa forma a promoção da integridade das empresas, o registro de dados públicos, a divulgação dos programas de conformidade, o fornecimento de cópias de documentações certificadas, sem burocracia, e outras situações que favorecem o sistema de gestão com a confiabilidade necessária e a redução de custos, sem falar de seu potencial contributivo na prevenção de fraudes.

Uma questão polêmica, contudo, no que concerne ao *blockchain*, surgirá com a vigência da LGPD, tendo em vista que tal lei determina a

---

[308] AMARO, Lorena. Tribunal de Contas do Rio Grande do Norte vai usar blockchain em processos licitatórios. *Criptofácil*, 11 mar. 2020. Disponível em: https://www.criptofacil. com/tribunal-contas-rio-grande-norte-vai-usar-blockchain-processos-licitatorios/. Acesso em 18 jun. 2020.

obrigatoriedade de os dados serem passíveis de alteração ou, inclusive, descarte (falaremos sobre isso mais adiante). Desse modo, o uso de *blockchain* para o armazenamento de todos os dados de uma empresa ou órgão público pode esbarrar no texto legal e acabar por infringir direitos fundamentais protegidos pela Constituição da República e que são objeto da LGPD.

Em artigo publicado no site do Serviço Federal de Processamento de Dados (SERPRO), a magistrada Renata Barros Souto Maior Baião explana:

> Pois bem. Já existem iniciativas que permitem o registro de informações referentes à identidade civil na blockchain. Isso significa que as informações pessoais registradas na blockchain ficam acessíveis de forma irrestrita a qualquer interessado? Não necessariamente! Tais dados podem ser anonimizados mediante o uso de criptografia assimétrica, de sorte que a sua autenticidade pode ser aferida mediante o confrontamento de chaves públicas e privadas, indicadas de acordo com a conveniência do titular do dado.
>
> E se o titular dos dados não quiser mais utilizá-los a partir daquele registro? Basta que inutilize a chave privada. Aliás, assim como ocorre com bitcoins, o extravio da chave privada equivale ao extravio irrecuperável do ativo.
>
> Além disso, para conferência da autenticidade do documento criptografado é necessário que o arquivo referente ao dado pessoal – ou outros dados sensíveis – permaneça inalterado, já que qualquer mudança ensejará, necessariamente, alteração no resultado criptográfico (*hash*) e a operação de conferência das chaves estará igualmente prejudicada.
>
> Assim, o *blockchain* apresenta um ambiente relativamente seguro para o armazenamento de informações pessoais e, mais, permite o gerenciamento do dado por meio de seu titular. Veja-se: o registro na rede jamais será modificado. Todavia, poderá tornar-se inacessível, inclusive por escolha do titular ao destruir a chave privada ou o arquivo original.[309]

De todo modo, estamos diante de uma tecnologia inovadora e que promete maior segurança no armazenamento de dados, além da transparência e privacidade necessários aos atos praticados pelo Poder Público, de modo que entendemos se tratar de importante instrumento

---

[309] BAIÃO, Renata Barros Souto Maior. Afinal, blockchain é incompatível com a LGPD? *In*: BRASIL. SERPRO – Portal do Governo Brasileiro. *Notícias e Artigos*, 10 jan. 2020. Disponível em: https://www.serpro.gov.br/lgpd/noticias/2019/blockchain-lgpd-dados-pessoais-brasil. Acesso em 15 jun. 2020.

a ser utilizado pela Administração Pública no que concerne aos dados por ela tratados.

De certa forma, o futuro da proteção de dados pode se encontrar no *Blockchain*, não apenas para a Administração Pública, mas para todos os setores.

CAPÍTULO 6

6.1 Caminhos possíveis para a proteção de dados: uma análise comparada de experiências legislativas internacionais

Não obstante termos nos dedicado ao longo dos quatro capítulos anteriores a demonstrar e explicar, desde os fundamentos até as primeiras prospecções, o que pode ser uma proteção de dados no Brasil, esses desafios têm sido enfrentados por países de todo o mundo. A população mundial conectada é cada vez maior, aumentando de forma correspondente a demanda por legislações e políticas capazes de garantir a segurança e a privacidade de seus usuários.

Portanto, este capítulo dedica-se a uma breve exposição de modelos legislativos e aplicações experimentadas por países que de algum modo se destacam na proteção de dados. O estudo pretende investigar os caminhos adotados em outros Estados para, talvez, avançar na construção de um sistema de proteções para o Brasil.

O capítulo não intenta uma investigação exaustiva dos avanços e dificuldades dos países que figuram como objeto de análise, posto que seria uma jornada pretensiosa. Pretende-se, tão somente, por meio de uma análise indutiva bibliográfica comparada, contrapor alguns institutos e regulações no intuito de oferecer ao leitor um breve panorama global. Visto que:

> A crescente atenção das autoridades com o assunto pode ser conferida em dados. Segundo a Organização das Nações Unidas (ONU), 57% dos países contam com legislação específica de proteção de dados, e 10% destes estão em fase de discussão de projetos – percentual que ainda inclui o Brasil até a sanção da nova Lei Geral de Proteção de Dados. Dos 107 países com legislação vigente, 66 são economias em desenvolvimento de modo que a entrada em vigor da norma brasileira de proteção de dados se dá com atraso em relação a diversos países.[310]

---

[310] BRITTO, Nara Pinheiro Reis Ayres; RIBEIRO, Alanna Muniz. Soft Law e Hard Law como Caminho para Afirmação do Direito à Proteção de Dados: uma análise da experiência

A partir disso, sem dúvidas é possível se chegar a duas induções prévias: a primeira e mais óbvia, de que se trata de uma questão transfronteiriça, na qual o Brasil, como todos os países tecnológicos, ainda levará tempo para encontrar uma solução (se é que poderá haver solução definitiva); a segunda, é de que estamos diante de um problema que necessitará de muito mais dos Poderes do Brasil, de forma que a regularização, apesar de importante, por si só pode não resolver o problema.

Ademais, verificar-se-á certos 'consensos' internacionais: institutos basilares à construção de um sistema de proteção à privacidade de dados. A análise de outros sistemas possibilita a visualização dos impactos das legislações e, talvez, forneça material para caminhos de aprimoramento no sistema brasileiro. Apesar de termos um sistema diferente dos países em análise, compartilhamos um fator comum: uma comunidade tecnológica global.

O presente capítulo será desenvolvido em cinco seções, cada qual analisando um conjunto legislativo específico e pontos que podem dialogar com o sistema brasileiro. O primeiro tópico será dedicado à UE e à forma como o Regulamento Geral tem afetado alguns países. A escolha se deve à óbvia influência que a legislação brasileira sofre do sistema europeu e, ainda, do destaque de alguns países europeus na busca por uma proteção geral de dados.

A segunda seção dedicar-se-á a investigar o sistema utilizado pelos EUA. A escolha se deve ao fato do país estar na lista dos países com maior população conectada e, ainda, por ser fonte de boa parte dos domínios usados pelo mundo. O país em questão optou por um sistema de proteção de dados decorrente da proteção à privacidade e não de um direito fundamental autônomo (modelo europeu). E, preferiu, ainda, um sistema de proteções específicas e setorizadas, como será melhor explorado oportunamente.

Na terceira e quarta seção optamos por analisar sistemas totalitários, a saber: Rússia e China, respectivamente. A escolha se deve pela ascensão de ambos os países, política e economicamente, no cenário global, principalmente a China. E, ainda, porque também estão na lista dos países com maior população conectada do mundo. A política de restrição de dados internos à comunidade global fica clara já na pesquisa bibliográfica, visto que – à época da elaboração deste livro – havia

---

internacional e brasileira. *In*: FERNANDES, Ricardo Vieira de Carvalho; CARVALHO, Ângelo Gamba Prata de. Tecnologia jurídica e digital. *II Congresso Internacional de Direito, Governo e Tecnologia*, 2018. p. 383-384.

CAPÍTULO 6 | 247

menos artigos e trabalhos científicos disponíveis para pesquisa aberta. Após atenta análise, verificar-se-á que ambos os países têm interesse por limitar o compartilhamento e a transferência de dados nacionais para o público internacional. Por fim, a última seção dedicar-se-á a um país menor em proporções que os outros selecionados, mas com exponencial desenvolvimento tecnológico: Israel. Tal país, apesar de todas as suas dificuldades políticas, se destaca pela tecnologia, demonstrando avanços na proteção de dados.

6.2 A União Europeia e a proteção de dados: o regulamento geral e os países sob sua Égide

Não obstante avanços muito significativos experimentados por alguns países da UE em termos de proteção, o RGPD influenciou em muito a legislação brasileira. Por ambos os motivos, é imperioso iniciar por uma sucinta exposição do que tem sido desenvolvido por alguns países que compõem a UE.

Interessante ressaltar que alguns países da Europa já contavam com disposições referentes à proteção de dados desde muito tempo. Como exemplo, cite-se a Alemanha, que reconhece a autodeterminação informativa como princípio fundamental desde 1983.[311] A partir do reconhecimento de um direito autônomo de autodeterminação informativa pelo Estado alemão, foi criada a primeira lei federal do país, em 1979.

Ademais, outros países elaboraram leis e regimentos internos alterados com o RGPD. Dentre esses, destaca-se a França, que já regulava, por exemplo, a circulação e proteção de dados por meio da Lei para República Digital (LRD) – 2016 e, anteriormente, pela Lei de Informática e Liberdades (LIL) – 1978. No plano constitucional, a Constituição Portuguesa (1976), a Constituição Espanhola, a Constituição da Hungria (1989) e a Constituição da Suécia (1990) são alguns exemplos de reconhecimento de um direito de autodeterminação informativa anterior ao Regulamento Geral.[312]

---

[311] MARTIAL-BRAZ, Nathalie. O Direito das pessoas interessadas no tratamento de dados pessoais: anotações da situação na França e na Europa. *In: Seminário Internacional – A efetividade do Direito em face dos gigantes da internet. – Brasil e França*, Brasília. 2016.

[312] MACHADO, Joana Moraes Souza; MELO, Auricélia do Nascimento. A Tutela da Privacidade: desdobramento da proteção internacional de dados. *In:* TEPEDINO, Gustavo; TEIXEIRA, Ana Carolina Brochado; ALMEIDA, Vitor (Coords.). *Da dogmática a efetividade do Direito*

Com isso, o marco de construção de um direito internacional à autodeterminação informativa se deu no âmbito interno dos países europeus e se expandiu até uma Regulação Geral entre eles. Deste modo:

> Um ano depois, em 1980, foi publicado o documento Guidelines on the Protection of Privacy and Transborder Flows of Personal Data, em que se estabeleceram diretrizes para a proteção e a coleta de dados, de maneira não impositiva, aos países-membros da Organização para a Cooperação e Desenvolvimento Econômico (OCDE). Desse modo, surge o primeiro instrumento relativo à proteção de dados classificado como soft law no campo do direito internacional.[313]

Por que isso é relevante? Pois após a criação do instrumento mencionado foi criada uma Convenção de Proteção pelo Conselho da UE (1985), a qual deu origem a um período de implementação pelos países da UE e, por fim, já em 2018, foi aprovado o RGPD da UE.[314] A importância deste documento está na sua aplicação direta nos países que compõem a UE e, também, em sua influência no direito internacional, vez que traz em um corpo único legal, diversas diretrizes relevantes à proteção do usuário/cidadão frente aos avanços tecnológicos da internet.

Ademais, percebe-se que como o Regulamento se origina de um contexto de amadurecimento dos Estados no qual o reconhecimento, por vezes, se deu em âmbito constitucional, a proteção de dados na Europa ganha uma roupagem diferenciada.

> Nesse sentido, percebe-se que a tutela dos dados pessoais na Europa é realizada por uma série de legislações baseadas em princípios, fazendo-se concluir que a privacidade nos dias de hoje é mais bem tutelada na Europa do que nos EUA, de onde foi importada.[315]

Civil: Anais do Congresso Internacional de Direito Civil Constitucional – IV Congresso do IBDCIVIL. Belo Horizonte: Fórum, 2017. p. 462.

[313] BRITTO, Nara Pinheiro Reis Ayres; RIBEIRO, Alanna Muniz. Soft Law e Hard Law como Caminho para Afirmação do Direito à Proteção de Dados: uma análise da experiência internacional e brasileira. In: FERNANDES, Ricardo Vieira de Carvalho; CARVALHO, Ângelo Gamba Prata de. Tecnologia jurídica e digital. II Congresso Internacional de Direito, Governo e Tecnologia, 2018. p. 386-387.

[314] BRITTO, Nara Pinheiro Reis Ayres; RIBEIRO, Alanna Muniz. Soft Law e Hard Law como Caminho para Afirmação do Direito à Proteção de Dados: uma análise da experiência internacional e brasileira. In: FERNANDES, Ricardo Vieira de Carvalho; CARVALHO, Ângelo Gamba Prata de. Tecnologia jurídica e digital. II Congresso Internacional de Direito, Governo e Tecnologia, 2018. p. 386-387.

[315] MACHADO, Joana Moraes Souza; MELO, Auricélia do Nascimento. A Tutela da Privacidade: desdobramento da proteção internacional de dados. In: TEPEDINO, Gustavo; TEIXEIRA, Ana Carolina Brochado; ALMEIDA, Vitor (Coords.). Da dogmática a efetividade do Direito

Com isso, o RGPD traduz uma legislação da qual se pode retirar princípios como os de finalidade, publicidade e necessidade, para proteção de dados. Vale relembrar que o legislador brasileiro intentou, em certa medida, incorporar esse teor principiológico na LGPD, como demonstrado nos capítulos anteriores deste livro.

Dentre as várias modificações que o RGPD trouxe, uma que chama atenção diz respeito ao direito ao esquecimento. Sobre isso, vale lembrar que, em 2014, o TJ da UE havia reconhecido tal prerrogativa em um caso conhecido como *Google Spain*. No caso em tela, o cidadão recebeu o direito a ter o seu nome desanexado do motor de busca de uma matéria. Entretanto, o Regulamento, posterior à decisão do Tribunal reconhece o Direito ao apagamento, o que não implica necessariamente em um direito ao esquecimento.

Senão vejamos, o direito ao apagamento trata-se de prerrogativa que o interessado tem de pedir que determinado dado seja apagado ou bloqueado, quando a produção ou a colheita daquele dado foi feita de forma ilegítima. Ou seja, é um direito a ser exercido quando o operador não cumpriu os requisitos para obter os dados, quais sejam: autorização do titular ou um dos outros casos previstos em lei.

O direito ao esquecimento, todavia, não trata de um dado ilegítimo. Neste caso, ao inverso daquele, trata-se, por vezes, de dados produzidos de forma legítima (ex.: matéria jornalística de interesse público) mas que, após o transcurso do tempo a parte interessada requer que seja ocultado, apagado ou desanexado.

O Regulamento europeu prevê, no art. 17, o direito ao apagamento e, entre parênteses, identifica o direito ao esquecimento, *in verbis:*

> Art. 17. Direito ao apagamento dos dados («direito a ser esquecido»)
> 1. *O titular tem o direito de obter do responsável pelo tratamento o apagamento dos seus dados pessoais, sem demora injustificada, e este tem a obrigação de apagar os dados pessoais, sem demora injustificada, quando se aplique um dos seguintes motivos:*
> (…)
> 3. *Os n° 1 e 2 não se aplicam na medida em que o tratamento se revele necessário:*
> *a) Ao exercício da liberdade de expressão e de informação;*
> (…) (Grifos nossos).

Civil: Anais do Congresso Internacional de Direito Civil Constitucional – IV Congresso do IBDCIVIL. Belo Horizonte: Fórum, 2017. p. 458.

250 MOISES MACIEL
OS TRIBUNAIS DE CONTAS E A NOVA LEI DE PROTEÇÃO DE DADOS PESSOAIS

Sendo assim, já que uma notícia veiculada na imprensa pode ser enquadrada no que dispõe o art. 17, 3, a, do Regulamento, não se sabe se será possível ao Tribunal Europeu decidir pelo esquecimento em caso concreto.

6.3 O *Common Law* e a proteção da intimidade: os Estados Unidos da América e os Tribunais

Nos EUA, não há proteção constitucional à intimidade. Entretanto, algumas constituições estaduais como a do Alaska (1972), a do Arizona (1912) e a da Carolina do Sul (1970) preveem proteção a esse direito. A ausência de previsão normativa constitucional não necessariamente significa que não haja uma regulação no país, tendo em vista o sistema de *commomlaw*.[316]

A questão do reconhecimento, ou não, de um direito à privacidade e intimidade já foi várias vezes debatido perante a Corte americana. No entanto, atualmente tem surgido questões mais complexas envolvendo o avanço da tecnologia. Como exemplo, foi apreciado, recentemente, um caso de rastreamento (monitoramento) de carros sem a autorização do proprietário, ato que a Corte julgou inconstitucional. Entretanto, a questão não se resolve tão facilmente quando o rastreamento ocorre por autoridades do governo.[317]

Os juristas invocam, em vez disso, disposições como a Quarta Emenda, que proíbe buscas e apreensões injustificadas do governo. Os tribunais consideram fatores como "se existe uma expectativa razoável de privacidade no caso de violações do governo". Como ela e outros comentadores sugerem, a falta de clareza constitucional aqui garante uma evolução contínua nos estatutos legais e perpétuos debates sobre privacidade da informação digital.[318] (Tradução livre).

---

[316] SILVA, Luciana Vasco. Direito de Privacidade no Direito Brasileiro e Norte Americano. *Revista Eletrônica da Faculdade de Direito de Franca*, v. 9, n. 2, p. 158-162, dez. 2014. p. 158.

[317] SILVA, Luciana Vasco. Direito de Privacidade no Direito Brasileiro e Norte Americano. *Revista Eletrônica da Faculdade de Direito de Franca*, v. 9, n. 2, p. 158-162, dez. 2014. p. 160.

[318] Texto original: *"Despite the ongoing evolution of privacy embodied in law over the years, the concept has yet to enjoy any explicit constitutional protection in the U.S. (Margulis, 1977, 2003). Jurists invoke instead such provisions as the Fourth Amendment, which forbids unwarranted government searches and seizures. The courts consider such factors as "whether one has a reasonable expectation of privacy in the case of government infringements" (Lee, 2007, p. 259). As she and other commentators suggest, the lack of constitutional clarity here ensures a continual evolution in legal statutes and perpetual debates concerning digital information privacy".* (WU, Yanfang *et al.* A

Não obstante questões como essas, outras ainda são mais polêmicas, pois interessam não só aos cidadãos dos Estados Unidos, mas à comunidade global que se utiliza de serviços prestados por empresas provenientes de lá. Como, por exemplo, o controverso projeto que tramitava no parlamento chamado *Cyber Protection Act* – Lei de Proteção Cibernética (LPC), que visava ao acesso do governo estadunidense a dados sem restrições ou revisão judicial. Ademais, o projeto não se restringia a dados dos cidadãos dos Estados Unidos, mas sim, a todos os dados sob tutela de empresas americanas – o que representa uma quantidade massiva de dados de pessoas de todo o mundo. Afinal, quem não usa o Google hoje em dia?

A legislação dos EUA, assim como a de outros Estados, busca conciliar interesses de vários setores, como o individual, o de agências governamentais e organizações comerciais, por exemplo. Segundo registros, a primeira lei a regular dados nos EUA foi a Lei de Relatórios de Créditos Justos – *Fair Credit Reporting Act* – FCRA (1970). A Lei previa determinados direitos aos consumidores impondo limites ao compartilhamento de dados e possibilitando correções de erros pelos interessados. Dessa Lei decorreram algumas diretrizes que serviram de modelo para outras leis posteriores.[319]

> Primeiro, trate do interesse individuais dos cidadãos mediante notificação e consentimento de um tipo específico de registro de dados pessoais. Segundo, estabeleça um procedimento administrativo para reparação individual administrada por uma agência especificada (para a FCRA, essa agência é a FTC, a Federal Trade Commission). Terceiro, aborde os interesses da aplicação da lei e da segurança nacional, definindo os termos e condições sob as quais os dados protegidos podem ser acessados. Isso inclui o escopo e finalidade do acesso solicitado mais o nível desejado de justificativa. Este último pode variar de um "mandado de quarta emenda" apoiado por causa provável, até uma intimação elaborada por um advogado ou policial, ou mesmo um simples pedido por escrito de uma agência administradora.[320] (Tradução livre).

---

comparative study of online privacy regulations in the U.S. and China. *Telecommunications Policy*, 2011. p. 604).

[319] COBB, Stephen. Data privacy and data protection: US law and legislation. *An ESET White Paper*, abr. 2016. Disponível em: https://www.researchgate.net/publication/309456653. Acesso em 15 jun. 2020.

[320] Texto original: *"FCRA established a model for future US data protection legislation. First, address the interest of individual citizens by providing notice of, and consent to, a specific type of personal data record. Second, establish an administrative procedure for individual redress administered by a specified agency (for FCRA, that agency is the FTC, the Federal Trade Commission). Third, address*

Interessante destacar como essas diretrizes se assemelham em quase todos os Estados democráticos. A Influência dessas estipulações pode ser identificada nas Diretrizes de privacidade de dados da OCDE (1980) – já mencionada na evolução histórica da proteção de dados e posteriormente inserida no RGPD da UE.

Aparentemente, há um certo consenso na comunidade internacional da necessidade de consentimento, finalidade, controle e publicidade do acesso a dados pessoais dos cidadãos – para citar alguns requisitos comuns – tanto para os Estados quanto para os entes privados que manuseiem tais informações. Ao menos na teoria, esses preceitos se fazem presentes em todos os Estados, Convenções e Regulações objeto de análise neste capítulo, diferindo-se em níveis e formas de aplicação, a depender do sistema de governo, política e interesses predominantes.

Como não há uma proteção de dados geral, começaram a ser produzidas leis para regulação de determinados setores comerciais específicos. Assim, os EUA contam com algumas legislações com este fim, cite-se, como exemplo: a Lei de Privacidade de Comunicações Eletrônicas – ECPA (1986); a Lei de Proteção ao Consumidor por Telefone (1991); a Lei de Privacidade (1974); a Lei de Portabilidade e Responsabilidade do Seguro de Saúde – HIPAA (1996); a Lei de Proteção à Privacidade de Vídeo (1988); dentre outras.[321]

Com isso, fica claro que apesar da legislação estadunidense prever proteções à privacidade em uma gama de situações, tais proteções estão longe de ser universais, havendo lacunas em categorias inteiras de dados. O que faz com que a crítica compare o sistema americano com o modelo de países europeus que adotaram a técnica inversa de proteção a todos os dados.[322]

Em contrapartida, diferentemente do Brasil, os estados que compõem os EUA têm uma autonomia diferenciada para legislar e aplicar leis. A Califórnia, por exemplo, desde 2003, tem uma lei de

---

the interests of law enforcement and national security by defining the terms and conditions under which protected data can be accessed. These include the scope and purpose of the requested access plus the desired level of justification. The latter can range from a "Fourth Amendment warrant" supported by probable cause, down to a subpoena drafted by an attorney or police officer, or even a simple written request from an agency administrator". (COBB, Stephen. Data privacy and data protection: US law and legislation. *An ESET White Paper*, abr. 2016. p. 2. Disponível em: https://www.researchgate.net/publication/309456653. Acesso em 15 jun. 2020).

[321] WU, Yanfang *et al*. A comparative study of online privacy regulations in the U.S. and China. *Telecommunications Policy*, 2011. p. 608.

[322] COBB, Stephen. Data privacy and data protection: US law and legislation. *An ESET White Paper*, abr. 2016. p. 4. Disponível em: https://www.researchgate.net/publication/309456653. Acesso em 15 jun. 2020.

regulação da privacidade online, a *Califórnia Online Privacy Protection Act* – Lei de Proteção à Privacidade Online da Califórnia. E já vigora em alguns estados uma lei de direito ao esquecimento.[323] A esse respeito, deve-se compreender que:

> Conforme a tradição de descentralização do federalismo norte-americano, a legislação de proteção de dados nos Estados Unidos da América (EUA) existe nos planos federal e estadual. O ordenamento federal está voltado a setores específicos da economia, principalmente os setores financeiro e de saúde; já as normas estaduais regulam, primordialmente, a proteção de dados do consumidor – isso em um cenário semelhante ao brasileiro, antes da aprovação da Lei Geral de Proteção de Dados.[324]

No entanto, a atuação dos estados federativos, na prática, tem um efeito diverso do brasileiro. Insta mencionar, por exemplo, que a proteção de dados na Califórnia é muito mais rigorosa que em outras unidades federativas.[325] No Brasil, ainda não há consenso se a matéria será comum aos legislativos dos entes, entretanto, a doutrina caminha em direção à competência exclusiva da União.

Afora o modelo federalista e jurisprudencial dos EUA, outro ponto de relevante distinção com os países europeus é que nos EUA, conforme pode ser extraído da análise dos precedentes mencionados, "[..] o *common law* americano incorporou o direito à proteção de dados como decorrência ao direito à privacidade e à intimidade, e não como um direito autônomo".[326]

Apesar da rigorosidade de alguns estados federativos dos EUA, algumas empresas parecem não conseguir conter a exposição de dados identificáveis que processam e armazenam. Não obstante, as

---

[323] SILVA, Luciana Vasco. Direito de Privacidade no Direito Brasileiro e Norte Americano. *Revista Eletrônica da Faculdade de Direito de Franca*, v. 9, n. 2, p. 158-162, dez. 2014. p. 162.

[324] BRITTO, Nara Pinheiro Reis Ayres; RIBEIRO, Alanna Muniz. Soft Law e Hard Law como Caminho para Afirmação do Direito à Proteção de Dados: uma análise da experiência internacional e brasileira. *In*: FERNANDES, Ricardo Vieira de Carvalho; CARVALHO, Ângelo Gamba Prata de. Tecnologia jurídica e digital. *II Congresso Internacional de Direito, Governo e Tecnologia*, 2018. p. 388.

[325] COBB, Stephen. Data privacy and data protection: US law and legislation. *An ESET White Paper*, abr. 2016. Disponível em: https://www.researchgate.net/publication/309456653. Acesso em 15 jun. 2020.

[326] BRITTO, Nara Pinheiro Reis Ayres; RIBEIRO, Alanna Muniz. Soft Law e Hard Law como Caminho para Afirmação do Direito à Proteção de Dados: uma análise da experiência internacional e brasileira. *In*: FERNANDES, Ricardo Vieira de Carvalho; CARVALHO, Ângelo Gamba Prata de. Tecnologia jurídica e digital. *II Congresso Internacional de Direito, Governo e Tecnologia*, 2018.

agências governamentais também se mostram inclinadas a "propensas violações".[327]

Com tudo isso, a legislação dos EUA recebe críticas da doutrina por não demonstrar uma correta aplicação de freios e contrapesos (*checkand balances*) entre os interesses de segurança púbica, a proteção do indivíduo e o comércio. Respostas a ameaças terroristas acabam dando causa à invasão da privacidade dos indivíduos e, por outro lado, atesta-se que o modelo europeu pode ter lacunas em garantir a segurança pública. Desta forma, não há, até o momento, uma resposta conclusiva sobre que sistema de proteção e controle seria adequado para uma comunidade global tecnológica.[328]

6.4 A Federação Russa: um modelo protecionista para a regulação de dados

A Federação Russa tem leis federais e estaduais referentes à proteção de dados, apesar de aquelas corresponderem à maior parte do regulamento existente no país. Ademais, há alguns regulamentos com a função de melhor explicar as leis.

No país em questão, a legislação não diferencia processador e operador e se aplica a qualquer indivíduo que exerça atividade com base em dados. Além disso, goza de um caráter protecionista, à medida que obriga que o armazenamento de dados dos cidadãos russos ocorra dentro do território, ou seja, as empresas devem ter uma base de dados dentro do território russo para estar dentro da legalidade. Não obstante haver uma série de regras para a cessão de dados a outros países.[329]

Outro ponto relevante é a obrigatoriedade das empresas que prestam serviços como de 'chat' ou 'e-mail', que armazenem todos os dados e, caso haja criptografia, que forneçam à polícia e à inteligência

---

[327] COBB, Stephen. Data privacy and data protection: US law and legislation. *An ESET White Paper*, abr. 2016. p. 4. Disponível em: https://www.researchgate.net/publication/309456653. Acesso em 15 jun. 2020.

[328] COBB, Stephen. Data privacy and data protection: US law and legislation. *An ESET White Paper*, abr. 2016. p. 4. Disponível em: https://www.researchgate.net/publication/309456653. Acesso em 15 jun. 2020.

[329] SIMÃO, Rui Jorge Costa. Proteção de dados pessoais – Federação Russa. República do Direito – Associação Jurídica de Coimbra. *Blog*, dez. 2019. Disponível em: https://www.republicadireito.com/blog/comunicacoes-3/comunicações. Acesso em 02 abr. 2020.

do país, os códigos de acesso a tais dados, sempre que solicitado.[330] Cite-se que esse conjunto legal:

> (...) oferece aos serviços de segurança de varredura novos poderes de vigilância aos cidadãos, exigindo que os provedores de telecomunicações mantenham registros de todas as comunicações on-line por seis meses (e metadados por três anos), para decodificar todas as comunicações criptografadas e para fornecer qualquer uma dessas informações mediante solicitação. Isso se basearia em um sistema de vigilância on-line abrangente já em operação – o Sistema de Atividades Operacionais de Investigação.[331] (Tradução livre).

Ou seja, medidas como essa e outras diferem em muito os avanços da Rússia em relação ao restante dos países. Isso porque, da roupagem protecionista decorre um certo cerceamento de direitos de expressão consolidados em todos os outros países sob análise deste trabalho. Verifica-se, com isso, o quanto é relevante princípios e regras que sirvam de balizas à atuação do poder público nessa seara.

A análise do modelo russo é relevante para consolidar a ideia de que em um Estado democrático é essencial limites ao poder público. A análise comparada reforça os argumentos trazidos no decorrer dos capítulos deste livro, do quanto é imperioso que a proteção de dados tenha como escopo os princípios da necessidade, publicidade e finalidade, não só para a utilização de dados pela iniciativa privada, mas também pelo poder público.

Atualmente, diversos mecanismos legais permitem que as autoridades bloqueiem e filtrem sites sem a necessidade de consulta ao judiciário. Essa legitimidade decorre da Lei Federal 149-FZ. Com isso foi criada uma espécie de lista negra (*blacklist*) de sites proibidos

---

[330] SIMÃO, Rui Jorge Costa. Proteção de dados pessoais – Federação Russa. República do Direito – Associação Jurídica de Coimbra. *Blog*, dez. 2019. Disponível em: https://www.republicadireito.com/blog/comunicacoes-3/comunicações. Acesso em 02 abr. 2020.

[331] Texto original: "It also gives security services sweeping new powers of surveillance over citizens, requiring telecommunications providers to hold records of all phone or online communication for six months (and meta data for three years), to decode all encrypted communication, and to provide any of this information on request. This would build on a pervasive online surveillance system already in operation – the System for Operative Investigative Activities (SORM)". (MOSCOW. Digital Rights in Russia: analysis of the deterioration to freedom of expression online. *Article 19, Free Word Centre*. British Embassy. Moscow: UK, 2017. p. 6).

na Rússia.[332] Em março de 2017, tal lista incluía mais de dois milhos de sites e mais de 50 mil domínios".[333]

Existem, ainda, outras regulações na Federação Russa, tais como:

Lei Federal nº 276-FZ, que altera a Lei Federal de Informação, Tecnologias da Informação e Proteção de Informações (Federal Lei nº 149-FZ, de 27 de julho de 2006) – regulamenta o acesso a recursos de informação e redes de informação e telecomunicações restritas na Rússia, bem como software e hardware para acesso restrito no território do Estado.

Lei Federal nº 241-FZ, que altera a Lei Federal de Informação, Tecnologias da Informação e Proteção de Informações (Federal Lei nº 149-FZ, de 27 de julho de 2006) – regula o uso de serviços de mensagens instantâneas.

Lei Federal nº 187-FZ sobre segurança de infraestrutura crítica de informações para fins de seu funcionamento diante de ataques a computadores – descreve o sistema estadual de detecção, prevenção e eliminação de consequências de ataques de computadores a recursos de informação (art. 5).

Lei Federal nº 87-FZ, que altera a Lei Federal de Informação, Tecnologias da Informação e Proteção da Informação (Federal Lei nº 149-FZ, de 27 de julho de 2006) – estabelece uma autoridade executiva federal responsável por controlar e supervisionar o campo da mídia de massa, comunicação de massa, informação, tecnologias e comunicação.

Lei Federal Nº 149-FZ sobre Informação, Tecnologias da Informação e Proteção da Informação – regulamenta o exercício do direito de buscar, receber, transmitir, produzir e disseminar informações, aplicação das tecnologias da informação e garantir a proteção da informação.

Código Criminal, capítulo 28. Crimes na esfera da informação do computador: art. 272. Acesso ilegal a informações sobre computadores; art. 273. Criação, uso e disseminação de vírus de computador nocivos;

---

[332] MOSCOW. Digital Rights in Russia: analysis of the deterioration to freedom of expression online. *Article 19, Free Word Centre.* British Embassy. Moscow: UK, 2017. p. 14.

[333] Texto original: "In March 2017, the blacklist included over two million websites on over 50 thousand domains". (MOSCOW. Digital Rights in Russia: analysis of the deterioration to freedom of expression online. *Article 19, Free Word Centre.* British Embassy. Moscow: UK, 2017. p. 14).

art. 274. Violação de regras para a operação de computadores, sistemas de computador ou suas redes.[334] (Tradução livre).

Do exposto é possível intuir a tendência de um sistema totalitário passar a tomar medidas para que seus dados estejam apenas sob sua soberania. A quantidade de legislações e a matéria de que tratam pode ser um bom indicativo do controle de dados russo.

À semelhança da Rússia, a China também tem adotado legislações que determinam que os bancos de dados passem a se localizar no território do país. Trata-se de uma tentativa de limitar o acesso da comunidade global a informações concernentes aos países em questão. Disso decorre uma tentativa de censura tanto interna, visto que tais países limitam o acesso de seus cidadãos a informações consideradas inconvenientes, quanto externa, posto dificultarem o acesso da comunidade global a eles.

6.5 A China: a proteção de dados em um Estado Tecnológico

A China se destaca sobremaneira por sua ascensão no âmbito internacional, no contexto político e econômico. Fazendo parte do rol dos maiores PIB's do mundo, o país demonstra claro desenvolvimento tecnológico e industrial e corresponde a uma das maiores populações online do mundo.

Além disso, chama a atenção por se manter em um modelo de Estado totalitário. Aparentemente, a estabilidade político-econômica do país e outros mecanismos utilizados pelo poder unipartidário parecem servir para manter certa aceitação ao modelo liderado pelo Partido Comunista da China (PPC).[335]

No que concerne à regulamentação da proteção de dados, a China não se resume a um regulamento único, mas é formada por um conjunto complexo de normas e regulamentos. Cite-se:

> O sistema legislativo, o quadro jurídico e a regulamentação da proteção de dados na China são complicados. A principal diferença entre o direito chinês e o direito europeu é o fato de que a China tem uma abordagem

---

[334] MOSCOW. Cyber Policy Portal. Russian Federation. *United Nations Institute for Disarmament Research*. Disponível em: https://cyberpolicyportal.org/en/states/russianfederation. Acesso em 22 mai. 2020.

[335] LYRIO, Mauricio Carvalho. *A ascensão da China como potência*: fundamentos políticos internos. Brasília: FUNAG, 2010. p. 239.

mais holística e é, por isso, relativamente não concreta. Como resultado, as leis chinesas precisam ser concretizadas por setores e regras específicas, disposições de execução e normas nacionais.[336]

O que pode significar que as leis não necessariamente se aplicam de forma direta. Vale mencionar que até recentemente a proteção de dados se dava a partir da interpretação de algumas leis de Direito e Responsabilidade Civil para proteção da imagem e privacidade. Ou seja, ainda não havia legislação específica para a matéria.

Só em 2017 passou a vigorar a LPC, sendo a primeira lei nacional a regular diretamente a segurança e a proteção cibernética no país, após o que passaram a ser produzidos diversos regulamentos e diretrizes para reger o setor. Ademais, a decisão de fortalecimento das proteções online, vigente desde 2012, e o Padrão Nacional de Tecnologia de Segurança da Informação que compõe as diretrizes para a proteção de dados dentro do Sistema de Informação dos Serviços Públicos e Comerciais integram a espinha dorsal, juntamente com a LPC, da regulação de dados na China.[337]

No que concerne à LPC, a Lei traz diversas definições e regulações para a proteção de dados. Dentre elas, define regras para o compartilhamento de dados, limita o compartilhamento de determinados dados com servidores fora da soberania da Lei e estipula cinco níveis de proteção, a depender do tipo de dado a ser tratado.[338]

Ocorre que, com um sistema político totalitário, a legislação não protege o cidadão de algumas interferências estatais como a censura, por exemplo. Atualmente, há um grande monitoramento dos cidadãos chineses por parte do governo e, apesar da legislação, a proteção à privacidade é considerada frágil.

---

[336] Texto original: *"The legislative system, the legal framework and the regulation of data protection in China is complicated. The main difference between Chinese and European Law is the fact that in China, laws have a more holistic approach and are, for this, relatively in concrete. As a result, Chinese laws have to be concretized by sector specific rules, implementing provisions and national standards"*. (CHEN, Jihong; HAN, Lu; KIPKER, Dennis-Kenji. An introduction into the new Chinese data protection legal framework. *Datenschutz und Datensicherheit – DuD*, p. 604, jan. 2020).

[337] BIGG, Carolyn; CHEUNG, Venus. Data protection laws of the world: China.*DLA Piper*, p. 2-6, 2019. p. 2. Disponível em: www.dlapiperdataprotection.com. Acesso em 22 mai. 2020.

[338] BIGG, Carolyn; CHEUNG, Venus. Data protection laws of the world: China.*DLA Piper*, p. 2-6, 2019. p. 4-6. Disponível em: www.dlapiperdataprotection.com. Acesso em 22 mai. 2020.

CAPÍTULO 6 | 259

Uma estimativa sugere que 30.000 censores do governo monitoram o conteúdo de blogs, salas de bate-papo, e-mails e páginas da web, contribuindo para uma rede de vigilância conhecida como o Grande Firewall da China. Esses aplicadores da Internet facilitam a remoção de postagens antigovernamentais, blogs e sites internacionais considerados desfavoráveis.[339] (Tradução livre).

Não é simples a análise de tal sistema. Deve-se considerar que a LPC, de 2017, estabelece princípios próximos aos da LGPD europeia para a atuação estatal, tais como a legalidade, a justificação e a necessidade.[340] No entanto, aparentemente, na prática, a aplicação das normas se difere em muito, pois não garante a privacidade dos cidadãos perante o Estado de forma efetiva.

Não obstante tais conclusões, uma outra ainda impera: a liberdade de expressão na era digital está umbilicalmente ligada a limitações do Estado no controle dos dados de seus cidadãos. De forma que, ao estipular o princípio de autodeterminação informativa como direito fundamental, alguns países da Europa colocaram um limitante para o império do Estado na esfera digital, podendo ser, talvez, um mecanismo interessante – e importante – para os Estados democráticos.

No que se refere às sanções, existe um conjunto de leis possíveis para aplicação, a depender do caso em questão. As sanções podem ensejar desde uma ordem, um aviso, até multa ou detenções mais severas, e podem ocorrer no âmbito administrativo, civil e penal. Além disso, os sujeitos que sofreram com determinados abusos podem, ainda, pleitear ressarcimentos na esfera da responsabilidade civil.[341]

6.6 A evolução da proteção de dados em Israel

Por fim, nosso último país em análise se localiza no Oriente Médio e se destaca pela quantidade de legislações para proteção de dados. Israel

---

[339] Texto original: *"In China, the rapidly expanding Internet has made people's privacy in creasingly less secure. One estimate suggests that 30,000 government censors monitor the content of blogs, chat rooms, e-mails, and web pages, contributing to a surveillance network known as The Great Firewall of China (ZITTRAIN, 2008). These Internet enforcers facilitate the removal of anti-government postings, blogs, and international sites that are deemed to be unfavorable"*. WU, Yanfang *et al.* A comparative study of online privacy regulations in the U.S. and China. *Telecommunications Policy*, 2011. p. 605).

[340] CHEN, Jihong; HAN, Lu; KIPKER, Dennis-Kenji. An introduction into the new Chinese data protection legal framework. *Datenschutz und Datensicherheit – DuD*, p. 54, jan. 2020.

[341] BIGG, Carolyn; CHEUNG, Venus. Data protection laws of the world: China.*DLA Piper*, p. 2-6, 2019. p. 6. Disponível em: www.dlapiperdataprotection.com. Acesso em 22 mai. 2020.

é um país um tanto peculiar. Há um incontestável desenvolvimento tecnológico interno com consequente intensidade de fluxo de dados. Não bastasse a complexidade da própria demanda tecnológica, há, ainda, contrapontos como o fato de constituir-se como Estado Democrático e ter diversos problemas com o terrorismo. E, por fim, cabe mencionar que a proteção de dados é composta por Leis Básicas (algo próximo do conceito de Constituição), um conjunto de leis, regulamentos e jurisprudências, formando um contexto no mínimo, complexo.

As Leis Básicas são inspiradas no Antigo Testamento em constituem um conjunto de documentos que funcionam como o equivalente a uma Constituição moderna – apesar de não serem a mesma coisa. Nessas Leis estão instituídos – como a tradução do nome sugere – direitos básicos. Dentre esses, a Lei Básica de Dignidade e Liberdade humana reconhece a privacidade como direito fundamental. Cite-se:

> O direito à privacidade é reconhecido como um direito humano fundamental sob a Lei Básica quase constitucional: Dignidade e Liberdade Humanas, que estabelece que: 'toda pessoa tem direito à privacidade e à confidencialidade de sua vida' e 'não deve haver infração da confidencialidade das conversas, correspondências e escritos de uma pessoa.[342] (Tradução livre).

Com base no reconhecimento desse direito, desde 1981 há a Lei de Proteção à Privacidade no país e, até hoje, essa é a principal fonte legal de proteção de dados. Interessante destacar que Israel está entre os primeiros países do mundo a reconhecer o direito à privacidade.[343]

Não obstante as mencionadas Lei Básica e Lei de Proteção à Privacidade, o país ainda conta com uma diversidade de regramentos para a matéria de proteção de dados. Dentre elas:

- Regulamentos de proteção da privacidade sobre determinações de bancos de dados contendo dados não divulgáveis (1987);

---

[342] Texto original: "The right to privacy is recognized as a fundamental human right under the quasi-constitutional Basic Law: Human Dignity and Liberty, which provides that: 'every person is entitled to privacy and to the confidentiality of his life' and 'there shall be no infringement' of the confidentiality of a person's conversations, correspondence and writings'". (ARNON, Yagal; NOVOGRODER-SHOSHAN, Yoheved. *Israel*. Europa: European Lawyer Reference Series, 2017. p. 387).

[343] LEVUSH, Ruth. Online Privacy Law: Israel. *Library Congress*, dez. 2017. Disponível em: https://www.loc.gov/law/help/online-privacy-law/2017/israel.php. Acesso em 22 mai. 2020.

- Regulamentos de proteção da privacidade sobre condições de posse e proteção de dados e procedimentos para transferência de dados entre organismos públicos (1986): os "regulamentos de posse de dados";
- Regulamentos de proteção da privacidade sobre condições para inspeção de dados e procedimentos para apelação contra a recusa de uma solicitação de inspeção (1981): o "Regulamento de inspeção de dados";
- Regulamentos de proteção da privacidade sobre Taxas (2000);
- Regulamento de Ofensas Administrativas: Multa Administrativa – Proteção da Privacidade (2004);
- Regulamentos de proteção da privacidade sobre transferência de informações para bancos de dados fora dos limites do estado (2001): os "regulamentos de transferência de dados";
- Proteção da ordem de privacidade: determinação de órgãos públicos (1986);
- Proteção da ordem de privacidade: determinação da autoridade investigadora (1998); e
- Ordem de proteção da privacidade: estabelecimento da unidade reguladora (1999).[344] (Tradução livre).

Afora que, além dos regulamentos mencionados, outros regem setores específicos como para dados genéticos (2000), psicológicos (1977) ou médicos (1996).[345]

Sendo assim, a Lei de Proteção à Privacidade funciona como uma norma geral que estabelece diretrizes para a aplicação dos demais regulamentos e da qual decorre os direitos basilares da proteção de dados em Israel. Destaque-se que essa Lei regula o uso – armazenamento, manuseio, etc. – de dados por pessoas físicas ou jurídicas. Entretanto, o direito à proteção é aplicável apenas à pessoa física. Ademais, "(...) a Lei de Privacidade não exige que o indivíduo seja um residente ou cidadão de Israel".[346] (Tradução livre). Ou seja, a privacidade como direito fundamental é garantida a toda pessoa física, seja ela nacional ou não.

---

[344] ARNON, Yagal; NOVOGRODER-SHOSHAN, Yoheved. *Israel*. Europa: European Lawyer Reference Series, 2017. p. 387.

[345] ARNON, Yagal; NOVOGRODER-SHOSHAN, Yoheved. *Israel*. Europa: European Lawyer Reference Series, 2017. p. 387.

[346] Text original: "The Privacy Law does not require that the individual be a resident or citizen of Israel". (ARNON, Yagal; NOVOGRODER-SHOSHAN, Yoheved. *Israel*. Europa: European Lawyer Reference Series, 2017. p. 389).

Apesar de todo este aparato legal, o país também tem suas inconsistências. Uma dessas diz respeito a incoerências dentro do próprio texto da Lei de Proteção à Privacidade, pois se por um lado garante a confidencialidade dos dados pessoais, por outro não define limites para responsabilização de agentes públicos no uso dessas informações. Assim vejamos:

> Um estudo cuidadoso do texto jurídico revela sua ambiguidade. Por exemplo, a Seção 2 impõe responsabilidade criminal por uma violação intencional da confidencialidade, enquanto a Seção 19 isenta essa responsabilidade nos casos em que os dados possam ser apreendidos por ordem da polícia, inteligência militar (Aman), Serviço de Segurança Geral ("ShinBet "ou" Shabak") ou do Instituto de Inteligência e Operações Especiais (Mossad).[347] (Tradução livre).

Desse modo, verifica-se que o contexto político pode ser medida a influir na forma de o Estado regular a proteção de dados. Isso, porque, em um contexto de forte terrorismo, é questionável o desejo pela plena privacidade. Ou seja, dentro do próprio texto, talvez se demonstre a contradição mencionada entre a consolidação de um Estado Democrático e os problemas com o terrorismo, que colocam em risco a segurança pública.

> Em 1982, imediatamente após a aprovação da Lei de Proteção à Privacidade, 1982, a Lei de Telecomunicações de Israel (telefone e transmissão) foi aprovada.

> A Seção 13 concedeu aos oficiais da polícia, Mossad, forças de defesa israelenses, Shabak e a prisão, o direito de modificar o equipamento das operadoras de telecomunicações e de mudar suas instalações e serviços com a finalidade de realizar vigilância secreta.

> Essa declaração vaga ocultava a possibilidade real de obter acesso ilimitado a dados pessoais e conversas telefônicas e, posteriormente, à transmissão de dados na Internet. A lei ainda permanece e a versão

---

[347] Text original: "A careful study of the legal text reveals its ambiguity. For example, Section 2 imposes criminal liability with regard to an intentional breach of confidentiality while section 19 provides an exemption from such responsibility in cases when data might be seized by order of the police, military intelligence (Aman), General Security Service ("Shin Bet" or "Shabak") or the Institute for Intelligence and Special Operations (Mossad)". (AEGEES. *Confidentiality and Personal Data Privacy in Israel*. Dez. 2018. Disponível em: https://medium.com/@aegees.community/confidentiality-and-personal-data-privacy-in-israel-70a27d48d08c. Acesso em 22 mai. 2020).

mais recente remonta a 2012. Curiosamente, padrões semelhantes estão contidos na American Communications Assistance for Law Enforcement Act ('CALEA') nos EUA.[348]

Verifica-se, com isso, diversas questões envolvendo a proteção de dados e a segurança pública em Israel. As leis protegem a privacidade e ao mesmo tempo fornecem meios para que as autoridades públicas consigam, pelas vias judicial e extrajudicial, acesso ilimitado a dados. Entretanto, devido aos frequentes terroristas, a população reagiu de forma complacente a algumas leis que têm como escopo dar acesso ao Poder Público na esfera privada.[349]

Além disso, alguns críticos da regulamentação israelita argumentam que os regimentos já estão ultrapassados. De forma que algumas empresas e outros setores têm se movimentado para fomentar uma atualização mais benéfica ao desenvolvimento tecnológico capitalista. Segundo algumas críticas, por se tratar de uma legislação desatualizada, isso impede que o Estado efetive uma melhor proteção de dados e permite, por exemplo, que os cidadãos recebam spam em excesso.[350]

Por fim, apesar de todas as questões mencionadas, Israel encontra-se entre os países considerados com efetiva proteção de dados pela UE, desde 2011.[351] De modo que tais problemas não anulam em todo a proteção de dados pessoais nesse país. Decorre da análise, que a garantia da privacidade está umbilicalmente vinculada à efetividade de outros institutos, tais como a segurança pública e a democracia. Não há como pensar a proteção de dados como um regramento à parte das questões de Estado, é preciso uma análise conjunta para que a proteção se efetive e, ao mesmo tempo, contribua para o bom governo.

---

[348] AEGEES. *Confidentiality and Personal Data Privacy in Israel*. Dez. 2018. Disponível em:https://medium.com/@aegees.community/confidentiality-and-personal-data-privacy-in-israel-70a27d48d08c. Acesso em 22 may. 2020.

[349] AEGEES. *Confidentiality and Personal Data Privacy in Israel*. Dez. 2018. Disponível em:https://medium.com/@aegees.community/confidentiality-and-personal-data-privacy-in-israel-70a27d48d08c. Acesso em 22 may. 2020.

[350] KABIR, Omer. *Israel's Privacy Laws Dawdling Will Be Catastrophic, Says Law Researcher*. Disponível em: https://www.calcalistech.com/ctech/articles/0,7340,L-3766594,00.html. Acesso em 22 mai. 2020.

[351] AEGEES. *Confidentiality and Personal Data Privacy in Israel*. Dez. 2018. Disponível em:https://medium.com/@aegees.community/confidentiality-and-personal-data-privacy-in-israel-70a27d48d08c. Acesso em 22 mai. 2020.

6.7 Os impactos da proteção de dados nos órgãos e instituições superiores de fiscalização

Pelo exposto no presente capítulo é possível acertar que, apesar da nova LGPD brasileira ainda ter entrado em vigor apenas recentemente, diversos outros países já vêm se movimentando a fim de tomar as providências necessárias para uma regulamentação efetiva dos dados pessoais. E, dentre todas as legislações já aprovadas, o Regulamento da UE, sem sombra de dúvidas, é o que mais tem impactado e influenciado outras legislações, tendo ocorrido, inclusive, com a própria Lei de Proteção de Dados brasileira.

No site do SERPRO encontramos um gráfico que demonstra quão impactante foi, e ainda tem sido, o Regulamento Geral da UE em todo o mundo. Por meio deste gráfico podemos perceber que países asiáticos (como o Japão) e sul-americanos (Uruguai e Argentina, por exemplo) foram considerados adequados às normas da UE (requisito exigido pelo RGPD para permissão de compartilhamento de dados com os países da UE).

Diversos outros países estão a caminho desta adequação, sendo considerados como "países parcialmente adequados", dentre eles, Canadá, EUA e Alasca. O Brasil aparece, no gráfico, como um dos países que já possui regulamentação sobre a proteção de dados e sobre a ANPD, todavia, ainda existem muitos outros sem quaisquer leis específicas a respeito do tema. Neste aspecto, citamos: a Groelândia; alguns países da América Central, como El Salvador; diversos países sul-americanos, como a Venezuela, o Equador, a Guiana e a Bolívia, por exemplo; e a maioria dos países Africanos; além de alguns países do Oriente Médio, como a Arábia Saudita, o Irã e o Afeganistão,[352] o que, nos tempos atuais, é deveras preocupante.

Com apenas dois anos de vigência, o Regulamento da UE já aplicou 237 multas resultando em um total de 467.569.168 euros. Os motivos mais relevantes consistem em falhas em suas bases jurídicas e em segurança da informação: 27 multas, totalizando 19.257.894 euros, foram aplicadas por falha nas bases legais (infrações ao art. 6º do RGPD) e 22 multas, totalizando o valor de 6.526.027 euros, decorreram de infrações ao art. 32 do RGPD (falhas na segurança).

---

[352] BRASIL. Serviço Federal de Processamento de Dados (SERPRO). *Proteção de dados pessoais ao redor do mundo*. Disponível em: https://www.serpro.gov.br/lgpd/menu/arquivos/mapa-sobre-protecao-de-dados-no-mundo. Acesso em 27 mai. 2020.

Importante citar, neste momento, alguns dados que demonstram o impacto direto causado por esta norma. Dentre os países sob a égide do RGPD, os que sofreram as multas mais elevadas foram: o Reino Unido, a França e a Itália; já os países que receberam maior quantidade de multas foram: a Espanha (sofreu 80 multas), a Romênia (com 27 multas) e a Alemanha (25 multas). No que concerne aos segmentos que mais sofreram punição, podemos citar a aviação, os hotéis, os segmentos de serviços, as operadoras, os buscadores e, por fim, os órgãos públicos.[353]

Além disso, o SERPRO, em decorrência de sua política de segurança, toma o cuidado de informar, em sua página na Internet, o seu compromisso de não divulgar os dados e de não os repassar a terceiros, ressalvados os casos de consentimento prévio e expresso do titular, ou de disposição legal autorizativa.

Em se tratando dos Tribunais de Contas, reiteramos que é cediço que possuem uma posição dúplice, no que se refere à proteção de dados. Isso porque, considerando o seu dever de observar uma política interna de proteção forte e eficaz, quanto aos dados que precisam tratar no exercício de sua função fiscalizadora, eles exercem uma posição passiva. Lado outro, porém, exercem uma posição ativa, no que tange à fiscalização dos seus jurisdicionados quanto aos dados por eles tratados, bem como quanto ao seu dever de orientá-los e monitorá-los, a fim de lhes apresentar as melhores práticas neste exercício, possibilitando que exerçam uma gestão eficiente e comprometida com a fiel observância dos direitos fundamentais do cidadão.

De todo modo, o momento requer que os nossos olhares estejam voltados aos dados pessoais e à necessidade de sua proteção, e essa responsabilidade, como vimos, não recai apenas nas empresas, nas organizações sociais, mas também e, inclusive, nos órgãos públicos; e, como acabamos de comentar, nas próprias instituições fiscalizadoras. Neste ponto, importa analisar o que esses órgãos fiscalizadores têm buscado fazer nos que se refere à proteção dos dados pessoais e da devida adequação às leis existentes.

É fato que o RGPD possui um amplo alcance de aplicabilidade, tendo em vista que, além de englobar todos os países que fazem parte da UE, acaba por atingir, também, indiretamente, os demais países que com ela celebram negócios, tendo em vista a exigência de que todos os

---

[353] BRASIL. Associação Nacional dos Profissionais de Privacidade de Dados (ANPPD). *Levantamento do panorama europeu neste biênio.* Disponível em: https://www.linkedin.com/company/anppd/. Acesso em 27 mai. 2020.

que busquem compartilhar dados com a UE comprovem possuir normas com o mesmo nível de proteção de dados (senão melhor).

Com base nestas considerações, buscamos analisar, neste último tópico, as providências que têm sido tomadas pelo Tribunal de Contas Europeu, pela Autoridade Europeia de Proteção de Dados (AEPD), pelo Comitê Europeu de Proteção de Dados (CEPD), bem como pela Organização Internacional das Instituições Superiores de Auditoria (INTOSAI), em relação à proteção de dados e às determinações do RGPD nos últimos anos.

6.7.1 A autoridade Europeia para a proteção de dados (AEPD)

A AEPD foi criada em 2004, em Bruxelas, com a principal função de garantir que todas as instituições e organismos da UE respeitem o direito à privacidade dos cidadãos no processamento dos dados pessoais.

Com essa finalidade, ela controla todo o tratamento de dados pessoais e aconselha as instituições e organizações da UE a respeito dos aspectos do tratamento, das políticas a serem observadas e das disposições legais que devem ser obedecidas. Além disso, trabalha com as Autoridades Nacionais de todos os países que compõem a UE, em busca de assegurar uma coerência na proteção dos dados processados.

Também é função da AEPD monitorar as novas tecnologias que podem, de alguma forma, impactar a proteção de dados, encontrando-se, ainda, incluído em sua competência, o processamento das queixas apresentadas no que se refere à proteção dos dados e a condução de inquéritos neste sentido.

Em 2019, ao publicar o seu Relatório anual, a AEPD, por meio das palavras de Wojciech Wieviórowski (autoridade atual), afirmou que:

> 2019 pode ser descrito como um ano de transição, na Europa e no mundo. Foi o ano em que o mundo finalmente acordou para a realidade da crise climática e exigiu ações de governos e indivíduos. A AEPD contribuiu para o debate, lançando um debate sobre o papel que as tecnologias emergentes podem desempenhar para exacerbar e aliviar o problema. Foi o ano em que Hong Kong se levantou para se proteger do lado sombrio da tecnologia, abrindo os olhos do mundo para os perigos da complacência e do determinismo tecnológico. As máscaras dos manifestantes se tornaram um símbolo de desafio em todo o mundo contra o uso de técnicas de vigilância e o debate tomou o centro do palco na Europa, com líderes e formuladores de políticas da UE

focados em avaliar a legalidade e a moralidade do uso de tecnologias de reconhecimento facial.
Foi também um ano de grandes mudanças para a UE. Um novo Parlamento, uma nova Comissão e até uma nova (embora muito familiar!) AEPD tomaram posse, trazendo consigo novas prioridades e perspectivas. Com um foco claro no desenvolvimento de uma resposta eficaz aos desafios digitais no topo da agenda da UE, é claro que a AEPD e os nossos colegas do Conselho Europeu de Proteção de Dados (EDPB) estão há alguns anos ocupados!

Agora que a nova legislação sobre proteção de dados na UE está em vigor, nosso maior desafio para 2020 é garantir que essa legislação produza os resultados prometidos. Isso inclui garantir que as novas regras sobre e Privacy permaneçam firmemente na agenda da UE. A conscientização sobre os problemas que envolvem a proteção e a privacidade de dados e a importância de proteger esses direitos fundamentais são sempre altos e não podemos permitir que esse momento diminua.

Para a AEPD, isso inclui um esforço contínuo para manter os mais altos padrões de práticas de proteção de dados em todas as instituições, órgãos, escritórios e agências da UE. De olho nas eleições do Parlamento Europeu, em maio de 2019, a AEPD e outras autoridades da UE em matéria de proteção de dados (DPAs) trabalharam duro para aumentar a conscientização sobre os perigos da manipulação on-line, dentro e fora das instituições da UE, ajudando a garantir que as eleições passassem sem incidentes. Seguimos com uma investigação sobre o uso da empresa *NationBuilder* pelo Parlamento para gerenciar seu site de eleições, garantindo que os dados dos cidadãos sejam adequadamente protegidos nas mãos de uma instituição da UE.

Outra investigação da AEPD, sobre acordos contratuais entre as instituições da UE e a Microsoft, trouxe à tona a questão da soberania digital da UE. É sem dúvida um domínio que a AEPD e a UE em geral continuarão a explorar nos próximos anos, uma vez que a Europa procura desenvolver uma abordagem única e independente da revolução digital.[354]

O relatório supramencionado apresenta, ainda, o que considera ser "um novo capítulo para proteção de dados" e, em meio à comemoração do primeiro aniversário do RGPD da UE, informa que a principal preocupação, neste ano, se concentrou em colocar essas novas regras em prática, pelo qual continuou a fornecer e a apoiar o secretariado do

---

[354] UNIÃO EUROPEIA. Autoridade Europeia para a Proteção de Dados. *Relatório Anual 2019 – Resumo Executivo*. Disponível em: https://op.europa.eu/webpub/edps/2019-edps-annual-report-executive-summary/en/. Acesso em 28 mai. 2020.

EDPB (composto pelas 28 autoridades de proteção de dados da UE) e, ainda, contribuiu para diversas outras iniciativas.

Dentre as iniciativas comentadas, ele cita:

- o primeiro parecer conjunto da AEPD e do EDPB, que tratou do processamento de dados de pacientes pela rede e-Saúde da UE;
- outros pareceres conjuntos para o Parlamento Europeu (PE), referentes à resposta da UE às *US Cloud Act*, que confere às autoridades policiais dos EUA, o poder de solicitar a divulgação de dados por prestadores de serviços deste país, independentemente de onde esses dados se encontrem armazenados.[355]

Além disso, no que se refere à AEPD, consta que intensificou suas atividades de fiscalização, realizando inspeções remotas nos sites das instituições da UE, culminando por destacar diversas áreas onde essas instituições precisavam melhorar.

Uma das ocasiões em que a AEPD foi mais ativa, no decorrer de 2019, foi nas investigações a respeito das atividades de processamento de dados das instituições europeias, por meio de quatro investigações, cujo objetivo residia na melhoria das práticas de proteção de dados, bem como na garantia dos mais altos níveis de segurança para os seus titulares.

Um desses resultados decorreu da investigação sobre o uso de produtos e serviços da Microsoft pelas instituições da UE, que concluiu pela necessidade da criação coletiva de contratos padronizados que possam ser utilizados em substituição à mera aceitação de termos e condições apresentada por esses provedores.

A AEPD atua, agora, também na supervisão das atividades operacionais da proteção de dados da Europol (na luta contra graves crimes internacionais e terrorismo), e possui, ainda, responsabilidades semelhantes na Eurojust (agência responsável por apoiar a coordenação e a cooperação entre autoridades judiciais da competência dos Estados--membros da UE em questões referentes ao crime organizado grave).

Neste passo, considerando a segurança pública como uma importante preocupação política para toda a UE, a AEPD busca garantir maior segurança sem precisar restringir indevidamente os direitos

---

[355] UNIÃO EUROPEIA. Autoridade Europeia para a Proteção de Dados. *Relatório Anual 2019 – Resumo Executivo*. Disponível em: https://op.europa.eu/webpub/edps/2019-edps-annual-report-executive-summary/en/. Acesso em 28 mai. 2020.

individuais de proteção de dados, visando a garantir maior eficácia operacional às suas funções e, consequentemente, à proteção dos direitos fundamentais, dentre eles, o direito à privacidade dos dados pessoais. E com esses objetivos a AEPD presta aconselhamento e orientação à Comissão Europeia, ao Parlamento e ao Conselho Europeu, no que concerne à segurança nas fronteiras, atuando ao lado das Autoridades Nacionais de proteção de dados e demais instituições da UE, sempre com vistas a uma segurança contínua dos seus sistemas de informação.

No relatório anual mencionado neste tópico (divulgado em sua página na internet), a AEPD informa que, em 19 de dezembro de 2019, foram publicadas as Diretrizes sobre avaliação da proporcionalidade, contendo orientações práticas, com vistas a simplificar os desafios enfrentados na avaliação da necessidade e da proporcionalidade de determinadas propostas de políticas, buscando garantir a adequada proteção dos direitos fundamentais. Ainda, conforme o relatório em comento, o foco da AEPD, durante este ano, foi o desenvolvimento e o compartilhamento de conhecimentos tecnológicos.

Assim, dando seguimento à sua busca pela proteção efetiva dos dados pessoais, foi desenvolvida pela Autoridade Europeia uma ferramenta que se tornou conhecida pela sigla WEC (em inglês), que significa *Website Evidence Collector*, e consiste em um software livre que permite a coleta de evidências automatizadas do processamento de dados pessoais.

Além disso, os trabalhos voltados ao desenvolvimento da *Internet Privacy Engineering Network* (IPEN), "que reúne especialistas de diversas áreas para incentivar o desenvolvimento de soluções de engenharia para problemas de privacidade",[356] não cessaram.

No que se refere ao compartilhamento internacional de dados, a Autoridade Europeia informa que vem realizando parcerias para integrar a proteção de dados nos acordos internacionais, em busca de assegurar uma proteção mais consistente internacionalmente. Além disso, trabalhou, também, na revisão do contrato "*PrivacyShield*",[357]

---

[356] UNIÃO EUROPEIA. Autoridade Europeia para a Proteção de Dados. *Relatório Anual 2019 – Resumo Executivo*. Disponível em: https://op.europa.eu/webpub/edps/2019-edps-annual-report-executive-summary/en/. Acesso em 28 mai. 2020.

[357] *PrivacyShield* ou Escudo de Privacidade, consiste em uma estrutura de proteção projetada pelo Departamento de Comércio dos EUA e pela Comissão Europeia e Administração Suíça, com vistas a fornecer um mecanismo que atenda aos requisitos de proteção de dados nas transferências entre a UE, a Suíça e os E.U.A. (PRIVACY SHIELD OVERVIEW. *Privacy Shield Program Overview*. Disponível em: https://www.privacyshield.gov/Program-Overview. Acesso em 29 mai. 2020).

para a transferência de dados entre a UE e os Estados Unidos e, ainda, para a audiência relacionada ao caso *Schrems*, no TJ da UE.[358] Caso este, inclusive, que originou o "Acordão *Schrems*", proferido em outubro de 2015, pelo TJ da UE, e importou em uma relevante mudança nas relações comerciais celebradas entre a UE e os Estados Unidos, em decorrência da declaração de invalidade da decisão "Porto Seguro" (que permitia a livre circulação de dados pessoais da UE para empresas norte americanas).

O denominado "Escudo de proteção da privacidade UE-EUA" ou "*PrivacyShield*" consistia, assim, em uma espécie de novo enquadramento legal para as transferências e o compartilhamento de dados pessoais. Foi aprovado em fevereiro de 2016, entre a UE e os EUA, tendo se tornado, com isso, a nova base legal para transferência de dados pessoais entre os cidadãos europeus e as empresas norte-americanas.

Apesar de duramente criticado por não preencher os requisitos exigidos no Acórdão *Schrems*, para a efetiva proteção dos dados pessoais a serem compartilhados, o "*PrivacyShield*" permitiu que empresas norte-americanas declarassem atender aos requisitos do RGPD para transferências de dados fora da UE. Todavia, diferenças entre a regulamentação da proteção de dados na UE e nos EUA geraram preocupações e ressalvas, mormente se consideramos o fato de que os EUA não asseguram à proteção de dados, o status de direito fundamental, e ainda precisam adequar muitas de suas normas em relação ao que vem sendo apresentado em diversos países do mundo neste sentido.

Por esse motivo, na análise do acordo, a Autoridade Europeia recomendou que fossem desenvolvidas garantais adicionais em termos de necessidade e proporcionalidade, considerando que o mesmo não contém a proteção necessária para salvaguardar os dados pessoais dos cidadãos europeus.

Importa salientar, ainda, que o *PrivacyShield* não consistia em um mecanismo de conformidade com o RGPD, mas em um instrumento que permitia que as empresas viessem a atender aos seus requisitos, no que concerne ao compartilhamento e à transferência de dados para outros países. Por meio do *PrivacyShield*, as empresas americanas

---

[358] Caso que envolveu Maximillian Schrems, um ativista austríaco, fundador da ONG *Europe versus Facebook* – criada para divulgar e questionar práticas consideradas controversas, no que se refere à proteção de dados pessoais, no Facebook– que descobriu que a rede social armazenava e fazia uso de mais de 50 tipos de dados pessoais (inclusive os já apagados) de seus usuários, decidindo denunciar ao *Irish Data Protection Commision* – DPC (Comissão Irlandesa para proteção de dados), pelo qual enviou 22 reclamações, demonstrando diversos descumprimentos de regras por parte da rede social, dentre eles, o fato da rede não apagar dados.

concordavam em aderir aos padrões da União Europeia, referentes à proteção de dados e privacidade, para fins de compartilhamento e transferência de dados pessoais.

Todavia, até mesmo pelos motivos já elencados anteriormente, o Tribunal de Justiça da União Europeia invalidou[359] o acordo por entender que, em alguns pontos, a lei dos EUA entra em contradição com o RGPD e um dos motivos decisivos para essa decisão do TJUE consistiu no fato de que o Governo dos Estados Unidos possibilita a utilização de dados pessoais em casos de ameaça à segurança nacional e, ainda, pelo fato de não vislumbrarem soluções perante um organismo independente que possa defender o direito dos titulares dos dados.

O Tribunal Europeu entendeu, por estas razões, que não há certeza absoluta de que os dados pessoais, nos Estados Unidos, são privados e, devido a isso, invalidou o acordo que possibilitava o compartilhamento e a transferência entre EUA e UE.

Como alternativa, informou, em sua decisão, que as chamadas "cláusulas contratuais tipo" ou "cláusulas contratuais padrão" continuam a ter validade e deverão ser aprovadas e assinadas por ambas as partes e por uma Autoridade de Supervisão competente, devendo observar as características regulamentadas pela União Europeia. Caso contrário, tais transferências só poderão se realizar mediante explícito consentimento do titular dos dados, ou quando indispensável para a execução de um contrato, o que demonstra necessidade extrema de revisão de todos os acordos existentes com fornecedores americanos, a fim de averiguar se estão em conformidade com o RGPD.

Segundo uma pesquisa realizada pelo IAPP,[360] aproximadamente cinco mil empresas, nos Estados Unidos, assinaram o contrato *PrivacyShield*e cerca de 60% das empresas que transferem dados da União Europeia usam esse "escudo de privacidade" sendo, portanto, fortemente impactadas por essa decisão.

Além dos esforços supramencionados, a Autoridade Europeia promoveu diversos debates éticos a respeito da proteção de dados em seminários e conferências internacionais.

---

[359] UNIÃO EUROPEIA. Court of Justice of the European Union. Judgment. *In: Case C-311/18 – The Court of Justice invalidates Decision 2016/1250 on the adequacy of the protection provided by the EU-US Data Protection Shield.* 16 jul. 2020. Disponível em https://curia.europa.eu/jcms/upload/docs/application/pdf/2020-07/cp200091en.pdf.Acesso em 03 nov. 2020.

[360] ESTADOS UNIDOS DA AMÉRICA. International Association of Privacy Professionals (IAPP). IAPP-EY Annual Governance Report 2019. Disponível em https://iapp.org/resources/article/iapp-ey-annual-governance-report-2019/. Acesso em 03 nov. 2020.

6.7.2 O Comitê Europeu para a Proteção de Dados

Ao lado da AEPD, a UE conta, ainda, com o CEPD, criado em 2018, também com sede em Bruxelas, com a missão de assegurar que o RGPD e as Diretivas pertinentes serão aplicados de maneira uniforme em todos os países da UE, bem como na Noruega, no principado alemão de Liechtenstein e na Islândia.

O CEPD é um organismo independente e, dentre suas funções, encontramos a de disponibilizar orientações gerais como diretrizes, recomendações de boas práticas e outras, no sentido de tornar mais claras e compreensíveis as normas contidas no RGPD. Buscam, também, assegurar, a coerência na interpretação do RGPD, por meio de conclusões por ele adotadas e transmitidas para todas as entidades regularizadoras. E, ainda, aconselha a Comissão Europeia nos assuntos pertinentes à proteção de dados pessoais, além de incentivar as autoridades nacionais de proteção a colaborar por meio do compartilhamento de boas práticas.

Esse Conselho realiza reuniões regulares em Bruxelas, com vistas a debater e a decidir sobre temas vinculados à proteção de dados. Suas decisões são tomadas em reuniões plenárias que contam com a participação dos representantes superiores das autoridades nacionais de proteção.[361]

6.7.3 A proteção de dados e o Tribunal de Contas Europeu

Órgão independente de Controle Externo, com a importância de ser o "Guardião das finanças da UE", o Tribunal de Contas Europeu goza de vasto acesso a inúmeros dados pessoais decorrentes do exercício de suas funções nas auditorias financeiras, de conformidade e de desempenho. Por este motivo, reconhece a necessidade de um funcionamento transparente, mediante a fácil disponibilização das informações a respeito não só da sua gestão, mas, também, de todas as suas atividades, através de uma política de privacidade robusta. Neste sentido, e com a finalidade de observar o cumprimento do dever de transparência, torna público todos os resultados dos seus trabalhos de auditoria mediante a informação de que:

---

[361] UNIÃO EUROPEIA. *Comité Europeu para a proteção de dados (CEPD)*. Disponível em: https://europa.eu/european-union/about-eu/institutions-bodies/european-data-protection-board_pt. Acesso em 28 mai. 2020.

A política do TCE em matéria de 'proteção das pessoas singulares no que diz respeito ao tratamento de dados pessoais pelas instituições' baseia-se no Regulamento (UE) n° 2018/1725, que abrange todos os sítios Internet das instituições da UE no domínio europeu.

No final da década de 70, com o financiamento do orçamento da Comunidade Europeia (precursora da UE), a partir de recursos próprios e a ampliação dos poderes do PE em relação ao controle orçamentário, surgiu a necessidade de um auditor externo com independência real e fática que pudesse auxiliar o Parlamento e o Conselho europeu no exercício do controle democrático de suas finanças. Essa tarefa era realizada, desde 1958 (quando da fundação da Comunidade Europeia), por uma pequena comissão de fiscalização, sem quaisquer poderes ou recursos que pudessem garantir uma auditoria adequada a um orçamento em rápida e constante expansão.

Heinrich Aigner, presidente da Comissão de Controle Orçamentário do PE, foi quem deu o maior impulso para a criação do que, hoje, conhecemos por Tribunal de Contas Europeu. Ele defendia, desde 1973, a criação de um órgão de auditoria externa com alcance comunitário.

Em 1975, por meio do Tratado de Bruxelas, de 22 de julho, foi instituído o Tribunal de Contas Europeu, cujas funções começaram a ser exercidas apenas em outubro de 1977. Hans Kutscher, Presidente do TJ à época, declarou que este Tribunal corresponderia à consciência financeira da Comunidade Europeia. No entanto, apenas em 01 de novembro de 1993, com a entrada em vigor do Tratado de Maastricht, é que este Tribunal de Contas se tornou uma instituição da UE de pleno direito e, como tal, passou a gozar do mesmo patamar da Comissão, do Conselho e do PE, tendo sua autoridade e independências reforçadas.

Em 1999, as funções do Tribunal de Contas da UE foram reforçadas com a vigência do Tratado de Amsterdam, que reafirmou a sua independência e alargou os seus poderes de auditoria, além de destacar o papel deste tribunal na luta contra as fraudes, possibilitando-lhe a interposição de recursos perante o TJ, a fim de proteger as suas prerrogativas em relação às outras instituições europeias.

Pouco mais adiante, em 2003, o tratado de Nice confirmou o princípio que determina a composição do TCE por um membro de cada Estado componente da UE, salientando, ainda, a importância da cooperação deste Tribunal com todas as demais Instituições de Controle e, seis anos depois, com a entrada em vigor do Tratado de Lisboa (01.12.2009), seu "status" de instituição da UE foi reforçado.

É possível afirmar que a evolução da estrutura do Tribunal de Contas Europeu se deu paralelamente à própria UE. De nove membros e 120 funcionários efetivos, em 1977, este órgão de contas conta, hoje, com 27 membros, em cinco câmaras, e quase 900 funcionários efetivos, nos serviços de auditoria, bem como nos setores administrativos de todos os Estados-membros.[362]

No que se refere à sua atuação específica, portanto, o orçamento e as políticas públicas da UE são o ponto de partida para os seus trabalhos de auditoria e, com o escopo de estar na vanguarda dos desenvolvimentos, em matéria de gestão financeira e de auditoria do setor público, o TC da UE vem desempenhando importante papel, tanto na elaboração, quanto na aplicação das normas internacionais, por meio, por exemplo, da INTOSAI (cuja importância e finalidades abordaremos no próximo tópico).

Conforme informações contidas em sua página na Internet, o Tribunal de Contas Europeu aguarda, nos próximos anos, a expectativa desafiadora de ajudar a melhorar a prestação de contas de toda a UE e, com vistas a promover essa confiança por meio de uma auditoria independente, disponibiliza as estratégias a serem adotadas no biênio 2018-2020, especificamente no que tange à tecnologia quanto à exploração de dados, a auditoria digital e a fonte aberta.

Nesta senda, no que concerne ao uso da tecnologia, o Tribunal de Contas Europeu reconhece as consideráveis possibilidades oferecidas pela evolução tecnológica em relação ao trabalho de auditoria:

> Os mega dados e os dados abertos permitem opções como a correlação, o trabalho em rede ou análises de texto em massa. O recurso a instrumentos de visualização de dados pouco dispendiosos possibilita extrair informações em apoio às constatações de auditoria e comunicá-las de melhor forma nos relatórios. As novas tecnologias serão plenamente utilizadas nas auditorias do Tribunal.[363]

E, neste ínterim, se compromete a fazer uso da tecnologia em seus trabalhos, observando a transparência necessária para a manutenção de um diálogo com os cidadãos, posto ter, como objetivo, a promoção da

---

[362] UNIÃO EUROPEIA. Tribunal de Contas Europeu. *História*. Disponível em: https://www.eca.europa.eu/pt/Pages/History.aspx. Acesso em 02 jun. 2020.

[363] UNIÃO EUROPEIA. Tribunal de Contas Europeu. *Promover a confiança através da auditoria independente – Estratégia do Tribunal de Contas Europeu para 2018-2020*. 2017. p. 9. Disponível em: https://www.eca.europa.eu/Lists/ECADocuments/STRATEGY20182020/STRATEGY2018-2020_PT.pdf. Acesso em 29 mai. 2020.

confiança na UE, razão pela qual no relatório de estratégias 2018-2020 encontramos a afirmação de que "[e]m derradeira análise, a UE não é uma questão de números, mas sim, de pessoas".[364]

Com essa finalidade, alguns esforços empreendidos no Tribunal de Contas Europeu, em matéria de informática, podem ser vistos por meio de serviços com base em computação na nuvem, e da Rede de Tecnologia e Inovação para a Auditoria (TINA), bem como de uma Equipe Laboratorial Interdisciplinar de Inovação (ECALab), com vistas a pesquisar e a explorar novas tecnologias, como a inteligência artificial, por exemplo, que tem fornecido apoio aos auditores.

A respeito da computação em nuvem, o relatório do Tribunal de Contas Europeu informa que, em 2019,

> foi alcançado um marco importante com a transição para serviços baseados na computação em nuvem, que permitiu disponibilizar de forma generalizada um sistema de fácil utilização para dar resposta a vários pedidos feitos pelos utilizadores finais (no domínio da informática, recursos humanos, instalações, segurança, etc.). Um novo plano de ação para a segurança informática alcançou muitos dos seus objetivos, como uma resolução mais eficaz e regular das vulnerabilidades de softwares, a prevenção do acesso não autorizado aos serviços de computação em nuvem, a revisão da governação da segurança da informação e a melhoria das capacidades de controlo da segurança. Por último, em 2019, foi aplicado um ambicioso programa tecnológico destinado a fornecer dispositivos e sistemas que permitam a todo o pessoal beneficiar de uma forma mais flexível de trabalhar, por exemplo, teletrabalho, teleconferência e trabalho móvel.[365]

A ECALab do Tribunal de Contas Europeu explora diversas tecnologias por meio de prospecção de textos e inteligência artificial e, em 2019, começou a fornecer apoio a uma série de tarefas de auditorias.

No que se refere ao TINA, ainda buscando o aprimoramento de suas técnicas e a adequação de sua tecnologia, o Tribunal de Contas Europeu lançou, em 2019, na Conferência sobre "Megadados e dados abertos", em Luxemburgo, e organizada pelo ECALab, a "Rede de Tecnologia e Inovação para Auditoria", ou TINA.

---

[364] UNIÃO EUROPEIA. Tribunal de Contas Europeu. *Relatório Anual de Atividades*.2019. Disponível em: https://www.eca.europa.eu/Lists/ECADocuments/AAR19/AAR19_PT.pdf. Acesso em 28 mai. 2020.

[365] UNIÃO EUROPEIA. Tribunal de Contas Europeu. *Relatório Anual de Atividades*.2019. p. 61. Disponível em: https://www.eca.europa.eu/Lists/ECADocuments/AAR19/AAR19_PT.pdf. Acesso em 28 mai. 2020.

Além disso, o Tribunal de Contas Europeu já vem disponibilizando, há certo tempo, as "Orientações sobre a coleta de dados" (*Guidelines Data*), com informações interessantes para a salvaguarda adequada de um tratamento de dados pessoais, em consonância com os direitos dos seus titulares e conforme as diretrizes e padrões internacionais, particularmente as emitidas pela *Information Systems Auditand Control Association* (ISACA).[366]

Com base nessas orientações, o Tribunal de Contas Europeu emitiu algumas medidas preventivas, como a utilização de criptografia (especialmente durante o transporte dos dados para os Tribunais de Contas), a realização de testes com arquivos de amostragem e a definição de controles de integridade, a fim de impedir que os dados se quebrem (ou rompam) durante o tratamento. E, tem orientado, também, que o tratamento dos dados se faça de maneira mais breve possível, solicitando tão somente o necessário, posto reconhecer que o tempo, bem como os esforços envidados no planejamento da coleta dos dados, auxiliam na redução dos riscos do tratamento.

Ainda no que concerne ao uso de dados pessoais, o *Guidelines* aconselha o uso da técnica de "tokenizar" os dados, o que significa substituir esses dados por um valor (um token) devidamente calculado a partir dele (uma criptografia, por exemplo). Neste caso, os dados "tokenizados" poderão ser analisados da mesma forma que os originais *"because the same token Always replaces the same data. For example, we could finds ever al beneficiaries with thes ameaddress, without knowing what the addressis"*.[367]

Outra orientação importante consiste na análise e estudo dos sistemas de TI do auditado, com vista a reconhecer os dados desejados e, deste modo, ter condições de solicitá-los sem quaisquer ambiguidades e mediante a razoável certeza de que são confiáveis e não estão corrompidos ou adulterados. Para tanto, aconselha verificar se a versão do auditado é igual ou mais antiga que a do Tribunal, a fim de assegurar sua compatibilidade, e, ainda, aconselha cautela, quanto a acessar o sistema do auditado, recomendando que o próprio extraia os seus dados.

---

[366] Em português: Associação de Auditoria e Controle de Sistemas de Informação – associação internacional que suporta e patrocina o desenvolvimento de metodologias e certificação para o desempenho de atividades de auditoria e controle em sistemas de informação.

[367] UNIÃO EUROPEIA. Tribunal de Contas Europeu. *Guidelines Data*, p. 3,2013. Disponível em: https://www.eca.europa.eu/Lists/ECADocuments/GUIDELINES_DATA/Data-collection-Guidelines-EN-Oct2013.pdf. Acesso em 29 mai. 2020.

Rumo à auditoria digital, portanto, o Tribunal de Contas Europeu busca utilizar todo o potencial tecnológico para o fornecimento de maiores e melhores informações no processo de prestação de contas. Para tanto, foi criado um *Comité Diretor Digital*, composto por cinco membros, a fim de orientar esse processo de transformação. E, em 2019, foi lançado um projeto-piloto como primeira grande iniciativa, com vistas a automatizar a auditoria financeira mediante a utilização, em simultâneo, das ferramentas tradicionais e digitais.

Neste sentido, percebemos o papel efetivo do Tribunal de Contas Europeu na busca por orientar e assegurar à coletividade, as informações necessárias para o acompanhamento dos atos praticados pelas autoridades públicas, em observância aos princípios da transparência e da responsabilidade, no exercício da função pedagógica que compete a esses Tribunais, sem descurar de empreender os esforços necessários para o aproveitamento das novas tecnologias que surgem, exponencialmente, para a promoção de uma fiscalização cada vez mais eficiente em prol de resguardar os interesses da coletividade, bem como os seus direitos em relação a políticas públicas adequadas e o respeito à dignidade da pessoa humana com a efetiva entrega do que se entende por bom governo.

No que compete aos arquivos resultantes de fiscalizações, encontramos, na página eletrônica do Tribunal de Contas Europeu, as informações de que "[o] acesso aos documentos do TCE é regido pela Decisão n° 12/2005 do TCE, com a redação que lhe foi dada pela Decisão n° 14/2009, relativa ao acesso público aos documentos do Tribunal" e o relatório das atividades de 2019.

6.7.4 A privacidade de dados na INTOSAI

A INTOSAI consiste na organização profissional das instituições superiores de controle das Nações Unidas. Constituída por 191 membros efetivos (o Tribunal de Contas Europeu é a única entidade supranacional) e quatro organizações internacionais, sua política de privacidade declara que o tratamento dos dados por ela realizado está de acordo com o RGPD da UE e a Lei Austríaca de Proteção de Dados, e que as informações mais importantes em relação a esses processamentos poderão ser encontradas no site da Organização[368] ou no site oficial da

---

[368] UNIÃO EUROPEIA. Tribunal de Contas Europeu. *Instituições Superiores de Controlo (ISC)*. Disponível em: https://www.eca.europa.eu/pt/Pages/SupremeAuditInstitutions.aspx. Acesso em 01 jun. 2020.

autoridade de proteção de dados,[369] observando os princípios legais da publicidade e da transparência.

Essas bases informativas da INTOSAI encontram-se divididas conforme a área de interesse, nas quais podemos encontrar, por exemplo, informações de que, apesar dos endereços IP serem considerados dados pessoais, via de regra, essa espécie de dados não é necessária para o acesso e a "navegação" no site da INTOSAI, assegurando, ainda, que os dados coletados (para fins de estatística de acesso) não serão transmitidos a terceiros e os cookies serão excluídos assim que o navegador for fechado.

Ainda no que concerne às orientações fornecidas pelo "sítio" da INTOSAI na rede mundial de computadores, podemos encontrar, também, explicações acerca dos direitos dos titulares, conforme arts. 15 a 21 do RGPD, bem como a informação de um endereço eletrônico(e--mail) para reclamações a respeito do tratamento de dados realizado, comunicando, por fim, que quaisquer reclamações a respeito desses tratamentos poderão ser dirigidas, ainda, à autoridade de proteção de dados ou *"Datenschutzbehörde"*, conforme transcrevemos, a seguir, em espanhol, um dos idiomas oficiais da INTOSAI.[370]

> *Declaración de Política de Privacidad* – La protección de sus datos personales es una cuestión central para nosotros.
> Por lo tanto, procesamos sus datos exclusivamente sobre la base de las disposiciones legales y de acuerdo al Reglamento Básico Europeo de Protección de Datos (*RBEPD*) o LaLey de Protección de Datos de Austria (LPD). En la presente información sobre protección de datos le informamos sobre los aspectos más importantes del procesamiento de datos en el marco de nuestro sitio web.
> En el sitio web oficial de la autoridad de protección de datos (www. dsb.gv.at) también se puede encontrar información detallada sobre la protección de datos.
> (…)
> *Análisis de la Web* – Nuestro sitio web utiliza AWStats, un software de código abierto para el análisis estadístico del acceso de los visitantes. Para ello, la dirección PI, el navegador y las páginas a las que se accede se procesan estadísticamente con el fin de mejorarla presencia en la web. Los datos no serán transmitidos a terceros.

---

[369] AUSTRIA. *Autoridade de proteção de Dados*. Disponível em: www.dsb.gv.at. Acesso em 01 jun. 2020.

[370] Conforme informações disponibilizadas no próprio site da INTOSAI, seus idiomas oficiais são o árabe, o inglês, o francês, o alemão e o espanhol.

CAPÍTULO 6 | 279

(...)
Almacenamiento de datos personales dentro del marco de la asisitenica a eventos/conferencias/seminarios públicos de la INTOSAI – Al presentar una inscripción para participar en eventos/conferencias/seminarios, usted otorga a la INTOSAI su consentimento expreso para que los datos personales revelados puedan ser utilizados y processados com el fin de organizar y documentar el evento em cuestión y proporcionar información sobre el mismo, así como para futuros eventos similares de la INTOSAI.

Los siguientes datos (si se especifican) se procesarán a efectos de organización y documentación, así como de información sobre el evento encuestión:
Saludo, grado académico, nombre y apellido, título, institución, dirección de correo electrónico, número de teléfono, dirección postal, código postal, ciudad y país.
Transferencia de datos personales a terceros
Sus datos de participación (si se especifican, por ejemplo, saludo, grado académico, nombre y elapellidos, título, institución, dirección de correo electrónico) se divulgarán a los demás participantes en forma de una lista de participantes.
Como destinatario de esta lista de participantes, se le informa expresamente de que queda prohibida toda divulgación de estos datos por su parte a otras personas.
Si, en casos concretos, la INTOSAI debe hacer una reserva de habitación o sufragar los gastos de alojamiento, sus datos (nombre y apellido, cual quier otro dato necesario para la reserva) se transmitirán al hotel o al proveedor de alojamiento para estos fines.
Sus datos no serán transferidos a terceros más allá de ello.
(...)
Sus derechos – Se le informa que puede revocar y restringir su declaración de consentimiento en cualquier momento.
También tiene derecho a la información (art. 15 RBEPD a la corrección (art. 16 RBEPD), a la restricción (art. 18 RBEPD), a la transferibilidad de los datos (art. 20 RBEPD), a la objeción (art. 21 RBEPD) y a la eliminación (art. 17 RBEPD) de sus datos (excepto en el caso de cualquier requisito/ obligación legal o acuerdo/contrato intergubernamental que estipule que los datos deben almacenarse de manera adecuada).

Ainda com vistas a observar e a se adequar ao disposto no RGPD, informações disponibilizadas no site da INTOSAI esclarecem que o conteúdo do banco de dados das Entidades de Fiscalização Superiores (EFS) ou SAIs, bem como o armazenamento desses dados, não se dá para fins de compartilhamento e, tampouco, para avaliação ou julgamento de tais dados, mas apenas para fortalecer a comunicação, a cooperação e a troca de informações, incentivar a identificação de questões de interesse comum, fornecer apoio à capacitação e à melhoria contínua das Entidades de Fiscalização Superiores (SAIs), maximizar o uso de serviços de conhecimento pelas SAIs e stakeholders, demonstrar o valor e os benefícios dessas entidades, tudo isso, a fim de promover a confiança pública e apoiar os esforços no sentido de garantir a transparência necessária:

> La *Base de Datos* con Información de las EFS miembros de la INTOSAI que brinda datos actualizados y especializados en relación con información relevante sobre las EFS de todo el mundo, tales como: estructura organizacional, rasgos administrativos, mandato y atribuciones legales, y operación, así como información sobre sus métodos de comunicación e informes, entre otros.
>
> Esta Base de Datos hace accesible la información recopilada a través de una herramienta electrónica de fácil uso y que se pone a disposición de los miembros de la INTOSAI y del público en general.
>
> Es importante precisar que la presente base de datos no está orientada a evaluar ni juz garla práctica auditora, productos, organización y relaciones con otros miembros de la INTOSAI; por el contrario, sus objetivos son:
> • fortalecer la comunicación, la cooperación y el intercambio de información,
> • alentar la identificación de temas de interés común,
> • apoyar la creación de capacidades y la mejora continua de las EFS,
> • maximizar el aprovechamiento de los servicios de conocimiento de la INTOSAI por parte de las EFS y las partes interesadas,
> • coadyuvar a la demostración del valor y beneficio de las EFS, apoyando así a promover la confianza pública, y
> • abonar a los esfuerzos de apertura y transparencia de las EFS y de la INTOSAI, favoreciendo con ello suposición y reputación.[371]

No concernente às Normas Internacionais das Entidades Fiscalizadoras Superiores – ISSAI (sigla em inglês) ou EFS – disponibilizadas pela INTOSAI e devidamente traduzidas e divulgadas pelo TCU, aqui no Brasil, a ISSAI 100 objetiva estabelecer os princípios fundamentais aplicáveis a todos os trabalhos de auditoria do setor público, independentemente do seu contexto, e as ISSAI 200, 300 e 400 tratam dos

---

[371] INTOSAI – Organização Internacional das Instituições Superiores de Auditoria. *Background Information*. Disponível em: www.intosai-database.org.mx. Acesso em 20 mai. 2020.

princípios fundamentais relativos aos três tipos de auditorias, abarcando as particularidades de cada uma delas, bem como o seu escopo de realização, constituindo um verdadeiro marco para a credibilidade, a qualidade e o profissionalismo dessas auditorias do setor público.

O XXIII Congresso Internacional das Entidades Fiscalizadoras Superiores (INCOSAI), sediado na Rússia no ano passado (2019), culminou com a publicação da "Declaração de Moscou", um documento elaborado pelas delegações das EFS presentes, cujo escopo reside em traçar as diretrizes para o futuro do controle externo em todo o mundo, a fim de fomentar o progresso contínuo da auditoria governamental e o desenvolvimento das capacidades das EFS. Por meio desta declaração foi ressaltada a necessidade de novas abordagens frente aos desafios que vêm surgindo.

O que foi chamado de "universo de governança em transformação" decorrente de diversas mudanças ocorridas nos tempos atuais, dentre elas, os avanços tecnológicos, impactam, também, na fiscalização e nas políticas públicas, razão pela qual se reconhece a necessidade de que a INTOSAI e as EFS se comprometam a oferecer respostas eficazes a todas essas oportunidades, mediante a apresentação de novas abordagens de auditoria e de um repensar no papel das EFS no processo de *accountability* governamental:

> A aceleração constante do processo de acúmulo de dados e o rápido avanço em tecnologia e comunicação são ao mesmo tempo desafios e oportunidades para melhorar a qualidade da auditoria (fiscalização) pública, desenvolver sua eficiência, promover seu direcionamento estratégico, e assim, aumentar o valor das EFS para suas partes interessadas e ampliar a confiança nas instituições públicas ao redor do mundo.[372]

Neste contexto, dentre as diretrizes apresentadas na Declaração de Moscou, importa citar a cultura de disponibilização e abertura dos dados públicos, os códigos-fonte e algoritmos e a análise de dados na fiscalização, incluindo estratégias tais quais o desenvolvimento de equipes experientes nesta análise, além da introdução de novas técnicas na prática da fiscalização pública.

---

[372] MOSCOW. *Declaração de Moscow* (*Moscow Declaration*). (Trad. Denise Gomel (TCE/PR) e Nelson Nei Granato Neto (IRB/TCE-PR)). 2019. Disponível em: https://irbcontas. org.br/wpcontent/uploads/2020/04/Declara%C3%A7%C3%A3o_de_Moscou_2019_ tradu%C3%A7%C3%A3o_livre.pdf. Acesso em 29 mai. 2020.

A Declaração encoraja as EFS a formar "auditores do futuro" com capacidade de trabalhar com análise de dados, com ferramentas de inteligência artificial e com métodos avançados de análise quantitativa. Dentre todo o arrazoado no documento citado, as principais afirmações no que tange à elaboração dos direcionamentos futuros da auditoria pública se encontram no reconhecimento do uso de análise de dados por parte das EFS, como inovação necessária para transformar esses dados em fonte de recursos, fomentando a eficiência, a devida prestação de contas e a transparência da Administração Pública.

Isso porque não é complexo reconhecer que as EFS possuem uma posição estratégica com acesso a uma forte gama de dados que, por sua vez, podem ser (através de técnicas de análise de *"big data"*) sintetizados em diversos departamentos, níveis de governo e regiões, possibilitando a descoberta de vários problemas governamentais. Sem falar que a possibilidade de associação de abordagens durante a coleta oportuniza atualizações regulares dos dados recolhidos, culminando por favorecer um real acompanhamento de problemas críticos ou de áreas de maior risco que, de certa forma, favorece na resposta rápida e, portanto, no aumento da eficácia das atuações.

Assim, consoante o disposto na declaração, as EFS podem encurtar o tempo de trabalho em campo, ao fazer uso de pesquisas analíticas em *"big data"* logo na fase preliminar das auditorias. Isso ensejará em acompanhamentos e monitoramentos mais regulares, e estimulará o estreitamento da cooperação entre as EFS e as organizações internacionais, por meio do qual a INTOSAI poderá listar experiências no uso de *"big data"*, a fim de desenvolver orientações.

Na busca por essa otimização, a declaração apresenta, por fim, o que considera habilidades necessárias para o que chama de auditores do futuro:

- Mentalidade estratégica: análise de viabilidade, pensamento orientado por hipóteses, identificação de relações causais, orientação por metas, previsão, planejamento estratégico, pensamento sistêmico, priorização;
- Habilidades de análise de dados: trabalho com conjuntos e bases de dados, visualização de dados, apresentação de dados complexos;
- Habilidades sociais: comunicação eficaz, inteligência emocional, construção e manutenção da confiança baseada no profissionalismo, liderança, habilidades para construir consensos.[373]

---

[373] MOSCOW. *Declaração de Moscow* (*Moscow Declaration*). (Trad. Denise Gomel (TCE/PR) e Nelson Nei Granato Neto (IRB/TCE-PR)). 2019. Disponível em: https://irbcontas.

Com esse objetivo em vista, buscando fortalecer seu potencial analítico, as EFS são instruídas, ainda, a estabelecer unidades de análise para problemas específicos, tais como a compreensão e o gerenciamento de riscos, por exemplo.

No Brasil já temos uma cultura de captação dos dados implementada, mas ainda é necessário um aprofundamento das análises desses dados em busca de produzir informações mais específicas e pontuais que possam auxiliar nas fiscalizações. A capacitação constante de todo corpo técnico dos Tribunais de Contas, com foco especial na avaliação de políticas públicas e análise de dados, é um diferencial apontado pela Declaração de Moscou, que favorece o aperfeiçoamento da Administração Pública, culminando em benefícios importantes para toda a sociedade.

---

org.br/wpcontent/uploads/2020/04/Declara%C3%A7%C3%A3o_de_Moscou_2019_tradu%C3%A7%C3%A3o_livre.pdf. Acesso em 29 mai. 2020.

CONSIDERAÇÕES FINAIS

Diante de todo o exposto, e tomando por base a ideia central desta obra, que consiste em demonstrar a importância do efetivo e responsável exercício do controle externo por parte dos Tribunais de Contas, com vistas a fomentar e a fiscalizar o cumprimento responsável da Lei Brasileira de Proteção de Dados Pessoais, no âmbito da Administração Pública direta e indireta, bem como partindo da hipótese de que a atuação competente desses órgãos de controle possui o importante condão de preservação da força desta lei e de seus propósitos, apresentamos, sem o objetivo de esgotar o tema (não só por sua abrangência mas, também, por se tratar de algo ainda em evolução e, como tal, passível de mudanças e de um amadurecimento de ideias), as considerações finais.

Com vistas a tornar mais fácil e límpido o trabalho do leitor, optamos por fazer de forma categorizada, observando a ordem dos capítulos, a fim de encetar o assunto abordado em cada um deles, em uma sequência lógica de raciocínio.

Neste aspecto, optamos por inaugurar a presente obra abordando o tema da Governança e do Controle, apresentando a importância de uma governança transparente e responsável, comprometida com o fortalecimento de valores éticos e o envolvimento e engajamento de todos, para a efetiva melhoria da gestão pública e a consequente garantia dos direitos fundamentais do cidadão.

A boa governança possibilita maior eficácia em ações que buscam inibir práticas abusivas e, através do Controle Externo realizado pelos Tribunais de Contas, é que as funções da governança são fomentadas.

Tendo isso em vista, chamamos a atenção para a eficácia das auditorias operacionais realizadas por este órgão de Controle, mormente no que concerne ao seu impacto quanto ao melhor desempenho das instituições, em relação às tomadas de decisões, aos custos, às ações corretivas e a tantos outros aspectos que demonstram sua relevante contribuição para o avanço da governança pública.

No que se refere aos Tribunais de Contas, importa reiterar que seu papel não se resume à fiscalização, compreendendo, também, as funções judicantes, sancionadora, consultiva, informativa, corretiva, normativa e de ouvidoria e, dentre estas, muitas se destacam em relação ao uso, ao tratamento, ao armazenamento, enfim, à segurança dos dados pessoais, mormente no que se refere à sua função pedagógica e orientativa, que auxilia sobremaneira na propagação de boas prática, contribuindo para elucidar as dúvidas que possam surgir em relação à segurança dos dados.

Neste sentido, concluímos o primeiro capítulo demonstrando a importância deste órgão, não apenas no que toca à proteção dos dados sob o seu poder, como, ainda, quanto à fiscalização dos seus jurisdicionados, com vistas a lhes assegurar orientações adequadas e seguras, auxiliando por evitar as sanções legais decorrentes do mau tratamento dos dados pessoais.

Na sequência, analisando a evolução tecnológica, compreendemos o crescimento das redes sociais e o uso progressivo (em larga escala e por diversas vezes indiscriminado) dos dados da pessoa, até a propositura e publicação da nossa LGPD, que um novo constitucionalismo emerge, na busca pela regulação adequada deste espaço cibernético ainda tão vulnerável. Um constitucionalismo que se convencionou chamar de constitucionalismo digital, no qual a privacidade deve ser vista como um direito essencial e, deste modo, blindada da exposição exagerada e de suas funestas consequências.

Um ponto de equilíbrio entre o direito ao conhecimento (amplificado, expandido pela quebra de barreiras temporais e geográficas decorrentes da internet) e a eficaz proteção à vida privada e à intimidade do ser humano é algo prementemente necessário, e a LGPD pode auxiliar nesta busca, por sua vez, orientada e apoiada por meio da ação pedagógica e fiscalizadora dos Tribunais de Contas, com vistas a assegurar a observância da confidencialidade, da integridade, da disponibilidade, da autenticidade e, finalmente, da legalidade dos procedimentos realizados pela Administração Pública.

Para tanto, mister se faz uma Governança de Dados com papéis e responsabilidades bem definidos e observados, considerando que nem toda informação consiste, especificamente, em dados, razão pela qual não se deve confundir essa espécie de Governança com a Governança de T.I., consoante distinções que apresentamos no corpo desta obra, de modo que a Governança de T.I. consiste em parte integrante da Governança de Dados, que pode interferir exponencialmente no sucesso dos seus resultados; em contrapartida, a Governança de dados não se resume à T.I.

De todo o modo, uma governança de dados competente permite a identificação de problemas no tratamento e contribui para o amadurecimento das técnicas, bem como para a maior eficiência na redução de perdas de oportunidades e desperdício de recursos, sem falar na mitigação dos vazamentos, cujo custo altíssimo impacta fortemente na gestão. Uma boa governança de dados, portanto, traz resultados positivos para o processo decisório da empresa e agrega valor à mesma, por possibilitar o exercício de análises preditivas que permitem a antecipação de tendências de mercado com uma assertividade cada vez maior e mais pontual.

Com forte influência no Regulamento Geral da UE, cuja força já vem sendo demonstrada no decorrer desses dois anos de aplicação, a LGPD consiste em uma norma autoexplicativa, com objetivos expressamente definidos, princípios e bases claros e previamente expressos e uma força sancionadora ainda maior do que as previstas no regulamento da UE, razão pela qual a adequação às suas normas requer urgência, tendo em vista que os dados pessoais já vêm sendo considerados Direitos Fundamentais, em razão da proteção constitucional à vida privada e à intimidade, elementos necessários para a garantia de um verdadeiro Estado Democrático de Direito.

Por sua vez, as novas tecnologias vêm construindo uma democracia cada vez mais global ou universal, cujos limites necessitam restar bem evidenciados, mas, também, por outro lado, superados, em observância ao Direito à Fraternidade e sua proposta de compartilhamento, pacto entre iguais, em um ressignificar da pessoa humana e sua dignidade, sob uma perspectiva coletiva.

Nessa busca pela reconstrução de princípios constitucionais, o Constitucionalismo Digital pode trazer contribuições relevantes quanto aos relacionamentos sociais no ambiente digital, possibilitando uma interpretação constitucional atualizada, sem descurar dos valores normativos constitucionais, em uma espécie de reintegração dos direitos fundamentais aplicados à rede mundial dos computadores, com o escopo de garantir uma governança justa no ciberespaço. Uma governança aberta e inclusiva, mas que, paradoxalmente, respeite as individualidades e a privacidade de cada um.

No que concerne a esse dever, entendemos por sua observância necessária, mesmo em situações excepcionais como a que vivemos atualmente, com o abalo da, então, "aparente" normalidade, gerado pela crise sanitária instaurada. O exercício dos poderes da Administração Pública, nestes casos, não deve ser afastado, desde que observe a finalidade de fazer cessar o dano e, ainda, que seja exercitado com a devida transparência e responsabilidade na prestação de contas, possibilitando a ciência de todos e a consequente eficácia no exercício do controle externo, interno e social. Impende lembrar que a situação é "excepcional", de maneira que não podemos nos conformar, a ponto de aceita-la como normalidade, o que ensejaria na perpetuação do poder, ultrapassando os limites do direito, incorrendo em verdadeiro abuso e, consequentemente, seu nefasto impacto no Estado Democrático de Direito.

Nada impede que, diante do perigo instaurado à saúde coletiva, sejam tomadas medidas de forte enfrentamento, mas desde que estejam comprometidas com a ética e com o Estado de Direito, de maneira a serem apresentadas com a devida observância à proporcionalidade e dentro dos limites da razoabilidade, tendo sempre em vista a sua circunstância excepcional e, como tal, temporária, ou seja, até cessar a excepcionalidade.

De todo modo, acreditamos que a tecnologia de *blockchain* é o futuro da segurança de dados em todo o mundo. Reconhecemos a possibilidade do seu uso para fins escusos, mas entendemos que os requisitos de transparência, imutabilidade e outros mais, decorrentes desta ferramenta, sobrelevam os riscos oriundos do seu mau uso, e que uma conscientização para incentivar o uso ético dessa tecnologia pode ajudar, exponencialmente, na proteção dos dados pessoais.

Analisando a regulamentação da proteção de dados no direito comparado, nos deparamos com a força demonstrada pelo Regulamento Geral da UE e sua consequente eficiência prática. Em decorrência da força sancionadora comprovada do RGPD na UE, muitas empresas e órgãos públicos vêm procurando se adequar às suas disposições, razão pela qual buscamos conhecer melhor a proteção de dados nesta região, a fim de identificar boas práticas que favoreçam a eficácia da lei brasileira, sem impedir os avanços da tecnologia, que muito têm favorecido à sociedade moderna.

O que se busca é sabedoria no trato dos dados pessoais, bem como de tudo o que a internet nos proporciona, a fim de assegurar o bem-estar da coletividade, mediante estrita observância de seus fins, sem olvidar da finalidade, da adequação, da transparência e, como consequência, da responsabilidade perante a devida prestação de contas, não apenas aos titulares dos dados, como também a toda coletividade.

É cediço que, se bem utilizada, a tecnologia pode ser um forte instrumento garantidor, para a entrega de um governo eficaz, com eficiência esperada, pois possibilita maior celeridade nos processos.

O manuseio e tratamento dos dados pessoais é legal e legítimo para os Tribunais de Contas e para Administração Pública em geral, desde que respeitados os limites da privacidade e intimidade do indivíduo, sem os quais não há que se falar em direito, mas em abuso.

Importa compreender quais são os limites éticos para esse tratamento e como fazê-los prosperar em prol da proteção dos dados pessoais.

Neste sentido, entendemos que o uso de sistemas de *blockchain* pode contribuir sobremaneira nessa busca por um tratamento de dados adequado e legítimo, com respeito à privacidade e à devida garantia de segurança para os seus titulares.

Por fim, inferimos que, definitivamente, o momento atual não sugeria postergação da vigência da lei. A entrada em vigor da LGPD no Brasil deveria acontecer por dois motivos: em primeiro lugar, porque a proteção de dados é premente em um momento em que os relacionamentos virtuais crescem exponencialmente, necessitando não apenas de instrumentos legais balizadores, mas também limitadores, como já tem sido feito em diversos outros países; e, em segundo lugar, porque precisamos nos adequar e nos conformar (no sentido de adotar a forma) ao Regulamento Geral da UE. Não podemos correr o risco de nos tornar um dos países sem legislação protetiva de Direitos Humanos e fundamentais, posto que isso traria efeitos negativos consideráveis para o nosso País e em seus relacionamentos, por exemplo, com os países que fazem parte da UE.

A hora presente é de proteção dos dados, de maneira que possam ser utilizados para o benefício da coletividade, sem expor a privacidade e a intimidade do seu titular. Nesse sentido, a atuação dos Tribunais de Contas fiscalizando os tratamentos realizados pela Administração Pública, por meio do Controle Externo, além do próprio tratamento conferido ao seu corpo técnico para fins de fiscalização, através do exercício do Controle Interno, de modo transparente e responsável, e em consonância com os princípios legais, principalmente os da finalidade, da necessidade e da adequação, sem esquecer de suas funções pedagógicas, fornecendo as explicações e orientações necessárias para a boa utilização e o correto arquivamento dos dados pessoais, demonstra que as responsabilidades do órgão julgador, assim como se deu em toda a coletividade, vem crescendo com a vigência da LGPD, que, uma vez observada, poderá possibilitar o bom uso da tecnologia para a oferta mais célere e pontual de políticas públicas, colaborando para uma Administração Pública mais eficaz, em observância aos direitos fundamentais da coletividade e, dentre eles, o direito fundamental ao bom governo.

REFERÊNCIAS

AEGEES. *Confidentiality and Personal Data Privacy in Israel*. Dez. 2018. Disponível em: https://medium.com/@aegees.community/confidentiality-and-personal-data-privacy-in-israel-70a27d48d08c. Acesso em 22 mai. 2020.

AGAMBEN, Giorgio. *Estado de exceção*. (Trad. Iraci Poletti). Rio de Janeiro: Boitempo, 2004.

AGAMBEN, Giorgio. *Homo sacer*: o poder soberano e a vida nua I. 2. ed. (Trad. Henrique Burigo). Belo Horizonte: UFMG, 2010.

ALBERS, Marion. A complexidade da proteção de dados. *Direitos Fundamentais & Justiça*, Belo Horizonte, ano 10, n. 35, p. 19-45, jul./dez. 2016.

ALECRIM, Emerson. *O que é o Big Data?* Disponível em: https://www.infowester.com/big-data.php. Acesso em 04 jun. 2018.

ALLEASY. *Gestão de vulnerabilidades x proteção das empresas: qual importância?* 3 fev. 2020. Disponível em: https://www.alleasy.com.br/2020/02/03/gestao-de-vulnerabilidades-x-protecao-das-empresas-qual-importancia/. Acesso em 04 jun. 2020.

AMARO, Lorena. Tribunal de Contas do Rio Grande do Norte vai usar blockchain em processos licitatórios. *Criptofácil*, 11 mar. 2020. Disponível em: https://www.criptofacil.com/tribunal-contas-rio-grande-norte-vai-usar-blockchain-processos-licitatorios/. Acesso em 18 jun. 2020.

ARAN, Roberto. Pontos de vista. *In: Consumidor Moderno*, 2020. Disponível em: https://www.consumidormoderno.com.br/2020/03/02/lgpd-estrategia-empresa-adaptar/. Acesso em 04 jun. 2020.

ARAÚJO, Priscila Maria Menezes de; BANDEIRA, Natália Ferreira Freitas. *Na pandemia, é possível flexibilizar as balizas da proteção de dados pessoais? Reflexões sobre o aplicativo chinês Alipay Health Code, que classifica os usuários de acordo com suspeitas*. 01 abr. 2020. Disponível em: https://www.jota.info/opiniao-e-analise/artigos/na-pandemia-e-possivel-flexibilizar-as-balizas-da-protecao-de-dados-pessoais-01042020. Acesso em 03 abr.2020.

ARENDT, Hannah. Reflections on little rock. *Dissent*, n. 6 (1), New York, 1959.

ARNON, Yagal; NOVOGRODER-SHOSHAN, Yoheved. *Israel*. Eurpa: European Lawyer Reference Series, 2017.

ARTESE, Gustavo. Privacidade e proteção de dados pessoais: a diluição do consentimento e a responsabilidade demonstrável (*accountability*). *Revista Fórum de Direito na Economia Digital – RFDED*, Belo Horizonte: Ed. Fórum, ano 1, p. 141-162, jul./dez, 2017.

AUSTRIA. *Autoridade de proteção de Dados*. Disponível em: www.dsb.gv.at. Acesso em 01 jun. 2020.

BAIÃO, Renata Barros Souto Maior. Afinal, blockchain é incompatível com a LGPD? *In:* BRASIL. SERPRO – Portal do Governo Brasileiro. *Notícias e Artigos*, 10 jan. 2020. Disponível em: https://www.serpro.gov.br/lgpd/noticias/2019/blockchain-lgpd-dados-pessoais-brasil. Acesso em 15 jun. 2020.

BARATTA, Alessandro. Nomos e Tecne. Materiali per uma cultura pós-moderna del diritto. *In:* MELOSSI, Dario (Org.). *Studi sulla questione criminale.* Bologna: Carocci Spa, 2006.

BARBOSA, Rui. Exposição de Motivos de Rui Barbosa sobre a Criação do TCU. *Revista do TCU.* Disponível em: http://revista.tcu.gov.br/ojs/index.php/RTCU/article/view/1113/1171 Acesso em 13 jun. 2018.

BELLI, Luca. Seus dados são o novo petróleo: mas serão verdadeiramente seus? *O Globo – Opinião,* artigo, 01 jun. 2017. Disponível em: https://oglobo.globo.com/opiniao/seusdadossaonovopetroleomasseraoverdadeiramente-seus-21419529. Acesso em 09 mar. 2020.

BENJAMIN, Walter. Über den Begriff der Geschichte. *In:* BENJAMIN, Walter. *Erzählen:* schriften zur theorie der narration und zur literarischen prosa. Frankfurt am Main: Suhrkamp, 2007.

BÍBLIA DE ESTUDO DE GENEBRA. *Gn 11:1-10 – A Torre de Babel.* 2. ed. Barureri, SP: Sociedade Bíblica do Brasil; São Paulo: Ed. Cultura Cristã, 2009.

BIGG, Carolyn; CHEUNG, Venus. Data protection laws of the world: China. *DLA Piper,* p. 2-6, 2019. Disponível em: www.dlapiperdataprotection.com. Acesso em 22 mai. 2020.

BINENBOJM, Gustavo. *Uma teoria do Direito Administrativo:* direitos fundamentais, democracia e constitucionalização. 2. ed. rev. e atual. Rio de Janeiro: Renovar, 2008.

BOBBIO, Norberto. *A Era dos Direitos.* Rio de Janeiro: Elsevier, 1992.

BRASIL. Assembleia Geral da ONU. *Declaração Universal dos Direitos Humanos.* Nações Unidas, 1948.

BRASIL. Associação Nacional dos Profissionais de Privacidade de Dados (ANPPD). *Levantamento do panorama europeu neste biênio.* Disponível em: https://www.linkedin.com/company/anppd/. Acesso em 27 mai. 2020.

BRASIL. Câmara dos Deputados. Legislação Informatizada – Lei n° 13.709, de 14 de agosto de 2018 – Veto. Dispõe sobre a proteção de dados pessoais e altera a Lei n° 12.965, de 23 de abril de 2014 (Marco Civil da Internet). *Diário Oficial da União,* Brasília, 15 ago. 2018. Disponível em: https://www2.camara.leg.br/legin/fed/lei/2018/lei-13709-14-agosto-2018-787077-veto-156214-pl.html. Acesso em 15 jun. 2020.

BRASIL. Código Civil Brasileiro. Lei n° 10.406, de 10 de janeiro de 2002. Institui o Código Civil. *Diário Oficial da União,* Brasília, 11 jan. 2002. Disponível em: http://www.planalto.gov.br/ccivil_03/leis/2002/l10406.htm. Acesso em 04 jun. 2020.

BRASIL. Código de Defesa ao consumidor. Lei n° 8.078, de 11 de setembro de 1990. Dispõe sobre a proteção do consumidor e dá outras providências. *Diário Oficial da União,* Brasília, 12 set. 1990, retificado em 10 jan. 2007. Disponível em: http://www.planalto.gov.br/ccivil_03/leis/l8078.htm. Acesso em 04. jun. 2020.

BRASIL. *Comitê Central de Governança de Dados.* 2020. Disponível em: https://www.gov.br/governodigital/pt-br/governanca-de-dados/comite-central-de-governanca-de-dados. Acesso em 01 jun. 2020.

REFERÊNCIAS | 293

BRASIL. Comitê Central de Governança de Dados. *Resolução n° 2, de 16 de março de 2020*. Publicado em 20.03.2020 no D.O.U. Seção 1. p. 62. Disponível em: http://www.in.gov.br/web/dou/-/resolucao-n-2-de-16-de-marco-de-2020-249025238. Acesso em 01 jun. 2020.

BRASIL. Congresso Nacional. *Medidas provisórias – Em tramitação*. Disponível em: https://www.congressonacional.leg.br/materias/medidasprovisorias//mpv/141753. Acesso em 19 mai. 2020.

BRASIL. Constituição da República Federativa do Brasil de 1988. *Diário Oficial da União*, Brasília, 05 out. 1988. Art. 71, II. Disponível em: http://www2.camara.leg.br/atividadelegislativa/legislacao/Constituicoes_Brasileiras/constituicao1988.html. Acesso em 22 mai. 2020.

BRASIL. Constituição da República Federativa do Brasil de 1988. *Diário Oficial da União*, Brasília, 05 out. 1988. Disponível em: http://www.planalto.gov.br/ccivil_03/constituicao/constituicaocompilado.htm. Acesso em 05 mar. 2020.

BRASIL. *CTIR GOV*: Centro de tratamento e Resposta a Incidentes Cibernéticos de Governo. Disponível em: https://www.ctir.gov.br/estatisticas/. Acesso em 03 jun. 2020.

BRASIL. Decreto n° 8.638, de 15 de janeiro de 2016. Institui a Política de Governança Digital no âmbito dos órgãos e das entidades da administração pública federal direta, autárquica e fundacional. *Diário Oficial da União*, Brasília, 18 jan. 2016. Disponível em: http://www.planalto.gov.br/ccivil_03/_Ato2015-2018/2016/Decreto/D8638.htm. Acesso em 01 mar. 2020.

BRASIL. Decreto n° 9.584, de 26 de novembro de 2018. Altera o Decreto n° 8.638, de 15 de janeiro de 2016, para instituir a Rede Nacional de Governo Digital. *Diário Oficial da União*, Brasília, 27 nov. 2018. Disponível em: http://www.planalto.gov.br/ccivil_03/_Ato2015-2018/2018/Decreto/D9584.htm. Acesso em 01 mar. 2020.

BRASIL. Decreto n° 8.777, de 11 de maio de 2016. Institui a Política de Dados Abertos do Poder Executivo federal. *Diário Oficial da União*, Brasília, 12 mai. 2016. Disponível em: http://www.planalto.gov.br/ccivil_03/_Ato2015-2018/2016/Decreto/D8777.htm. Acesso em 01 mar. 2020.

BRASIL. Decreto n° 10. 046, de 9 de outubro de 2019. Dispõe sobre a governança no compartilhamento de dados no âmbito da administração pública federal e institui o Cadastro Base do Cidadão e o Comitê Central de Governança de Dados. *Diário Oficial da União*, Brasília, 10 de out. 2019. Disponível em: http://www.planalto.gov.br/ccivil_03/_Ato2019-2022/2019/Decreto/D10046.htm#art34. Acesso em 04 mar. 2020.

BRASIL. *Guia da política de governança pública*. Brasília: Casa Civil da Presidência da República, 2018.

BRASIL. *Guia de boas práticas*: Lei Geral de proteção de dados (LGPD). abr. 2020. Disponível em: https://www.gov.br/governodigital/pt-br/governanca-de-dados/guia-lgpd.pdf. Acesso em 04 jun. 2020.

BRASIL. Instituto Brasileiro de Governança Corporativa. *Código das melhores práticas de governança corporativa*. 5. ed. São Paulo: Instituto Brasileiro de Governança Corporativa – IBGC, 2015.

BRASIL. Lei Complementar n° 101, de 04 de maio de 2000. Estabelece normas de finanças públicas voltadas para a responsabilidade na gestão fiscal e dá outras providências.

Diário Oficial da União, Brasília, 05 mai. 2000. Disponível em: http://www.planalto.gov.br/ccivil_03/leis/lcp/lcp101.htm. Acesso em 20 mai. 2020.

BRASIL. Lei de Acesso à Informação. Lei n° 12.527, de 18 de novembro de 2011. Regula o acesso a informações previsto no inciso XXXIII do art. 5°, no inciso II do §3° do art. 37 e no §2° do art. 216 da Constituição Federal; altera a Lei n° 8.112, de 11 de dezembro de 1990; revoga a Lei n° 11.111, de 5 de maio de 2005, e dispositivos da Lei n° 8.159, de 8 de janeiro de 1991; e dá outras providências. *Diário Oficial da União*, Brasília, 18 nov. 2011. Disponível em: http://www.planalto.gov.br/ccivil_03/_ato2011-2014/2011/lei/l12527.htm. Acesso em 04 jun. 2020.

BRASIL. Lei n° 13.709, de 14 de agosto de 2018. Lei Geral de Proteção de Dados Pessoais (LGPD) – Redação dada pela Lei n° 13.853 de 2019. *Diário Oficial da União*, Brasília, 15 ago. 2018. Disponível em: http://www.planalto.gov.br/ccivil_03/_ato2015-2018/2018/lei/L13709.htm. Acesso em 20 mai. 2020.

BRASIL. Marco Civil da Internet. Lei n° 12.965, de 23 de abril de 2014. Estabelece princípios, garantias, direitos e deveres para o uso da Internet no Brasil. *Diário Oficial da União*, Brasília, 24 abr. 2014. Disponível em: http://www.planalto.gov.br/ccivil_03/_ato2011-2014/2014/lei/l12965.htm Acesso em 02 jun. 2020.

BRASIL. Medida Provisória n° 928, de 23 de março de 2020. Altera a Lei n° 13.979 de 06 de fevereiro de 2020, que dispõe sobre as medidas para enfrentamento da emergência de saúde pública de importância internacional decorrente do Coronavírus responsável pelo surto de 2019, e revoga o art. 18 da Medida Provisória n° 927, de 22 de março de 2020. *Diário Oficial da União*, Brasília, 23 mar. 2020. Disponível em: http://www.planalto.gov.br/ccivil_03/_ato2019-2022/2020/Mpv/mpv928.htm. Acesso em 03 abr. 2020.

BRASIL. Medida Provisória n° 959 de 29 de abril de 2020. Estabelece a operacionalização do pagamento do benefício emergencial de preservação do emprego e da renda e do benefício emergencial mensal de que trata a Medida Provisória n° 936, de 1° de abril de 2020, e prorroga a vacatio legis da Lei n° 13.709, de 14 de agosto de 2018, que estabelece a Lei Geral de Proteção de Dados Pessoais – LGPD. *Diário Oficial da União*, Brasília, 29 abr. 2020. Disponível em: http://www.planalto.gov.br/ccivil_03/_ato2019-2022/2020/mpv/mpv959.htm. Acesso em 03 abr. 2020.

BRASIL. Ministério da Economia. *Interoperabilidade*. Disponível em: https://www.governodigital.gov.br/transformacao/compras/orientacoes/interoperabilidade. Acesso em 05 mar. 2020.

BRASIL. Ministério da Educação (MEC). *Portaria n° 374 de 03 de abril de 2020.* Dispõe sobre a antecipação da colação de grau para os alunos dos cursos de Medicina, Enfermagem, Farmácia e Fisioterapia, exclusivamente para atuação nas ações de combate à pandemia do novo Coronavírus – COVID-19. Disponível em: https://abmes.org.br/legislacoes/detalhe/3085/portaria-mec-n-374. Acesso em 20 mai. 2020.

BRASIL. Ministério da Justiça. Proteção de dados pessoais ganha plataforma de debate público na rede. *Cultura Digital – Blog*, 30 nov. 2010. Disponível em: http://culturadigital.br/blog/2010/12/10/protecao-de-dados-pessoais-ganha-plataforma-de-debate-publico-na-rede/. Acesso em 09 mar. 2020.

BRASIL. Ministério do Meio Ambiente. *Interoperabilidade. O que é interoperabilidade?* Disponível em: https://www.mma.gov.br/informma/item/869-interoperabilidade-o-que-%C3%A9. Acesso em 05 mar. 2020.

REFERÊNCIAS | 295

BRASIL. Presidência da República. Medida Provisória n° 954, de 17 de abril de 2020. Ementa. *Diário Oficial da União*, Brasília, 17 abr. 2020. Disponível em: http://www.planalto. gov.br/CCIVIL_03/_Ato2019-2022/2020/Mpv/mpv954.htm. Acesso em 29 mai. 2020.

BRASIL. Senado Federal. *Nota de esclarecimento – Vigência da LGPD.* Disponível em: https://www12.senado.leg.br/assessoria-de-imprensa/notas/nota-de-esclarecimento-vigencia-da-lgpd. Acesso em 26 ago. 2020.

BRASIL. Serviço Federal de Processamento de Dados (SERPRO). *Proteção de dados pessoais ao redor do mundo.* Disponível em: https://www.serpro.gov.br/lgpd/menu/arquivos/mapa-sobre-protecao-de-dados-no-mundo. Acesso em 27 mai. 2020.

BRASIL. Superior Tribunal de Justiça. *REsp n° 1348532/SP.* Autuado em 09.10.2012. Rel. Min. Luis Felipe Salomão. 4ª T. Publ. DJe em 30.11.2017.

BRASIL. Supremo Tribunal Federal. *Súmula n° 42.* Disponível em: http://www.stf.jus.br/portal/jurisprudencia/menuSumarioSumulas.asp?sumula=2143 Acesso em 04 jul. 2018.

BRASIL. Supremo Tribunal Federal. *MS n° 5.490*, DJU 25.09.58.

BRASIL. Supremo Tribunal Federal. *RE n° 132.747*, DJU 07.12.95. p. 42.610.

BRASIL. Supremo Tribunal Federal. *MS n° 31439 MC.* Rel.: Min. Marco Aurélio. Julg. 19.07.12. DJe 7.8.2012. Disponível em: www.stf.jus.br/portal/jurisprudencia/menuSumarioSumulas.asp?sumula=2149. Acesso em 20 jun. 2018.

BRASIL. Supremo Tribunal Federal. *Pleno, RMS n° 23.452/RJ.* Relator Ministro Celso de Mello, DJ de 12.05.2000.

BRASIL. Supremo Tribunal Federal. *Petição n° 4.656.* Rel.: Min. Carmen Lúcia – Decisão Plenária. Disponível em: http://portal.stf.jus.br/processos/detalhe.asp?incidente=3749362. Acesso em 15 jun. 2020.

BRASIL. Supremo Tribunal Federal. *RE n° 576.920*, DJE n° 119 de 14.05.2020. Rel. Min. Edson Fachin.

BRASIL. Supremo Tribunal Federal. *Supremo começa a julgar compartilhamento de dados de usuários de telefonia com o IBGE.* 06 mai. 2020. Disponível em: https://portal.stf.jus.br/noticias/verNoticiaDetalhe.asp?idConteudo=442823&ori=1. Acesso em 04 jun. 2020.

BRASIL. Supremo Tribunal Federal. *ADPF n° 403.* Rel. Min. Edson Fachin e ADI n° 5527. Rel. Min. Rosa Weber. Disponível em: https://portal.stf.jus.br/noticias/verNoticiaDetalhe. asp?idConteudo=444384&ori=1 Acesso em 04 jun. 2020.

BRASIL. Supremo Tribunal Federal. *Ação direta de inconstitucionalidade n° 6.351/DF – Distrito Federal.* Relator: Ministro Alexandre de Moraes. Disponível em: http://portal.stf.jus.br/processos/detalhe.asp?incidente=5881853. Acesso em 20 mai. 2020.

BRASIL. Supremo Tribunal Federal. *Relatores consideram inconstitucional quebra de sigilo de comunicação em aplicativos de mensagens.* 28 mai. 2020. Disponível em: http://portal.stf.jus. br/noticias/verNoticiaDetalhe.asp?idConteudo=444384&ori=1. Acesso em 03 jun. 2020.

BRASIL. Supremo Tribunal Federal. Voto do Relator. *ADPF n° 403/SE.* Relator: Min. Edson Fachin. Disponível em: http://www.stf.jus.br/arquivo/cms/noticiaNoticiaStf/anexo/ADPF403voto.pdf. Acesso em 03 jun. 2020.

BRASIL. Supremo Tribunal Federal. *ARE n° 652777*. Disponível em: http://www.mpf. mp.br/pgr/noticias-pgr/transparencia-stf-decide-que-divulgacao-oficial-deremuneracao-de-servidor-nao-fere-a-constituicao. Acesso em 15 jun. 2020.

BRASIL. Tribunal de Contas da União. *Referencial Básico de governança aplicável a* **órgãos** *e entidades da administração pública*. Versão 2. Brasília: TCU, Secretaria de Planejamento, Governança e Gestão, 2014.

BRASIL. Tribunal de Contas da União. *Referencial para avaliação de governança em políticas públicas*. Brasília: TCU, 2014.

BRASIL. Tribunal de Contas da União. Ata n° 16, de 26 de maio de 2020. *Diário Oficial da União*, Brasília, 02 jun. 2020. Edição 104. Seção 1. p. 50. Disponível em: http://www. in.gov.br/web/dou/-/ata-n-16-de-26-de-maio-de-2020-259636467. Acesso em 18 jun. 2020.

BRASIL. Tribunal de Contas da União. *Manual de auditoria operacional*. 3. ed. Brasília: TCU, Secretaria de Fiscalização e Avaliação de Programas de Governo (SEPROG), 2010.

BRASIL. Tribunal de Contas do Estado de Mato Grosso. *Aprender, compartilhar e multiplicar – síntese das apresentações do 1° Laboratório de Boas Práticas de Controle Externo*. In: LIMA, Luiz Henrique; CASTRO, Risodalva Beata de (Orgs). Cuiabá: Ed. PubliContas, 2018.

BRASIL. Tribunal de Contas do Estado do Rio Grande do Norte. TCE vai implantar tecnologia usada em criptomoedas para otimizar processos licitatórios. *TCE – Notícia detalhada*, 10 mar. 2020. Disponível em: http://www.tce.rn.gov.br/Noticias/NoticiaDetalhada/3859. Acesso em 18 jun. 2020.

BRITO, Carlos Ayres. Os Tribunais de Contas como instrumento de fortalecimento da democracia brasileira. *Palestra proferida no TCE-PI*, informação extraída da página do escritório do Dr. Ayres Britto. Disponível em: https://www.ayresbritto.com. br/2016/09/30/ayres-britto-diz-que-tribunais-de-contas-impedem-desgoverno/. Acesso em 08 jun. 2020.

BRITO, Carlos Ayres. O Regime Constitucional dos Tribunais de Contas. *Fórum*. Disponível em: https://www.editoraforum.com.br/noticias/o-regime-constitucional-dos-tribunais-de-contas-ayres-britto/. Acesso em 08 jun. 2020.

BRITTO, Nara Pinheiro Reis Ayres; RIBEIRO, Alanna Muniz. Soft Law e Hard Law como Caminho para Afirmação do Direito à Proteção de Dados: uma análise da experiência internacional e brasileira. *In*: FERNANDES, Ricardo Vieira de Carvalho; CARVALHO, Ângelo Gamba Prata de. Tecnologia jurídica e digital. *II Congresso Internacional de Direito, Governo e Tecnologia, 2018*.

CAMARGO, Bibiana Helena Freitas. Abordagem constitucional dos tribunais de contas: uma análise acerca da evolução de suas competências para alcance da avaliação qualitativa. *Revista Controle*, Fortaleza, v. 18, n.1, p. 342-376, jan./jun. 2020.

CAMARGO, Gustavo X. Cumprimento da LGPD será fiscalizado por toda a sociedade, entenda. *Radar Proteste*, 2019. Disponível em: https://conectaja.proteste.org.br/cumprimento-da-lgpd-sera-fiscalizado-por-toda-a-sociedade-entenda/. Acesso em 04 jun. 2020.

CANELA JUNIOR, Osvaldo. *A efetivação dos Direitos Fundamentais através do Processo Coletivo*: o âmbito de cognição das políticas públicas pelo Poder Judiciário. 2009. 151f. Tese (Doutorado) – Curso de Direito, Universidade de São Paulo, São Paulo, 2009. p. 36.

Disponível em: http://www.teses.usp.br/teses/disponiveis/2/2137/tde03062011114104/ publico/Versao_simplificada_pdf.pdf. Acesso em 25 jun. 2018.

CANO, Rosa Jiménez. Roomba, o aspirador de pó espião. *Jornal El País*, San Francisco, Estados Unidos, 27 jul. 2017. Disponível em: https://brasil.elpais.com/brasil/2017/07/26/ tecnologia/1501047333_849632.html. Acesso em 06 fev. 2020.

CARVALHO, Paulo. Tribunal de Contas da União usará tecnologia blockchain para fiscalizar repasses no Brasil. *Livecoins*, 17 abr. 2020. Disponível em: https://livecoins.com. br/tribunal-de-contas-da-uniao-usara-tecnologia-blockchain-para-fiscalizar-repasses-no-brasil/. Acesso em 18 jun. 2020.

CASTELLS, Manuel. *A sociedade em rede*. 6. ed. São Paulo: Paz e terra, 2013.

CAVALCANTI, Francisco de Queiroz Bezerra. Da necessidade de aperfeiçoamento do controle judicial sobre a atuação dos Tribunais de Contas visando a assegurar a efetividade do sistema. *Revista do TCU*, Brasília, v. 1, n. 108, p.7-18, jan./abr. 2007. Quadrimestral.

CHEN, Jihong; HAN, Lu; KIPKER, Dennis-Kenji. An introduction into the new Chinese data protection legal framework. *Datenschutz und Datensicherheit – DuD*, jan. 2020.

CIRIACO, Douglas. O que é P2P? *Tecmundo*, 25 ago. 2008. Disponível em: https://www. tecmundo.com.br/torrent/192-o-que-e-p2p-.htm. Acesso em 28 mar. 2020.

COBB, Stephen. Data privacy and data protection: US law and legislation. *An ESET White Paper*, abr. 2016. Disponível em: https://www.researchgate.net/publication/309456653. Acesso em 15 jun. 2020.

COMMISSION NATIONALE DE L'INFORMATIQUE ET DES LIBERTÉS (CNIL). *Data protection around the world*. Disponível em: https://www.cnil.fr/en/data-protection-around-the-world. Acesso em 15 jun. 2020.

CRAVO, Victor. O Big Data e os desafios da modernidade: uma regulação necessária? *Revista de Direito, Estado e Telecomunicações*, Brasília, v. 8, n. 1, p. 177-192, mai. 2016.

CUNTO, Raphael de; GALIMBERTI, Larissa; LEONARDI, Marcel. Direitos dos titulares de dados pessoais. *In*: BRANCHER, Paulo Marcos Rodrigues; BEPPU, Ana Claudia (Coord.). *Proteção de dados pessoais no Brasil*: uma nova visão a partir da Lei n° 13.709/2018. Belo Horizonte: Fórum, 2019.

DANTAS, Miguel Calmon; CONI JUNIOR, Vicente. Constitucionalismo Digital e a Liberdade de reunião virtual: protesto e emancipação na sociedade da informação. *Revista de Direito, Governança e Novas Tecnologias*, Brasília, v. 3, n. 1, p. 44-65, jan./jun. 2017.

DELOITTE. *Auditoria e consultoria empresarial*. Disponível em: https://www2.deloitte. com/. Acesso em 18 jun. 2020.

DI PIETRO, Maria Sylvia Zanella. *Direito Administrativo*. 30. ed. Rio de Janeiro: Forense, 2017.

DINIZ, Gleison Mendonça; LIMA, Edilberto Carlos Pontes. Avaliação de políticas públicas pelos Tribunais de Contas: Fundamentos, Práticas e a Experiência Nacional e Internacional. *In*: SACHSIDA, Adolfo (Org.). *Políticas públicas*: avaliando mais de meio trilhão de reais em gastos públicos. Brasília, 2018. Disponível em: https://www.ipea. gov.br/portal/index.php?option=com_content&view=article&id=34343&Itemid=433. Acesso em 08 jun. 2020.

DONEDA, Danilo. *Da privacidade à proteção de dados pessoais*. Rio de Janeiro: Renovar, 2006.

ECGI. European Corporate Governance Institute. *Index ofcodes*, 2013. Disponível em: http://www.ecgi.org/codes/all_codes.php. Acesso em 21 mai. 2020.

ESPANHA. Coreia do Sul: contra o coronavirus, tecnologia – as inovações do país asiático garantem a sua bem-sucedida campanha contra a epidemia de COVID-19. *Jornal El País*, 15 mar. 2020. Disponível em: https://brasil.elpais.com/internacional/2020-03-15/coreia-do-sul-contra-o-coronavirus-tecnologia.html. Acesso em 06 abr. 2020.

FAGUNDES, M. Seabra. *O controle dos atos administrativos pelo poder judiciário*. 4. ed. Rio de Janeiro: Ed. Forense, 1967.

FARIA, Glauco. Lenio Streck: aplicar a Constituição, hoje, é um ato revolucionário. *Rede Brasil Atual*, 12 ago. 2018. Disponível em: https://www.redebrasilatual.com.br/cidadania/2018/08/lenio-streck-aplicar-a-cf-hoje-e-um-ato-revolucionario. Acesso em 03 abr. 2020.

FERNANDES, Raphael. Governo da Estônia usa blockchain para guardar registros de pacientes. *Folha de S. Paulo digital*, 15 abr. 2017. Disponível em: https://www1.folha.uol.com.br/mercado/2017/04/1875751-governo-da-estonia-usa-blockchain-para-guardar-registros-de-pacientes.shtml. Acesso em 17 jun. 2020.

FERNANDES, Victor Oliveira. Constitucionalismo digital e direitos: para que servem as leis gerais da internet? *ANJ – Associação Nacional de Jornais*, 11 mai. 2020. Disponível em: https://www.anj.org.br/site/leis/97-midia-nacional/28611-constitucionalismo-digital-e-direitos-para-que-servem-as-leis-gerais-da-internet.html. Acesso em 04 jun. 2020.

FONSECA, Reynaldo Soares da. *A conciliação à luz do princípio constitucional da fraternidade*: a experiência da Justiça Federal da Primeira Região. 2014. 120 f. Dissertação (Mestrado em Direito) – Pontifícia Universidade Católica de São Paulo, São Paulo, 2014.

FOUCAULT, Michel. *A Arqueologia do saber*. Rio de Janeiro: Forense Universitária, 2013.

FOUCAULT, Michel. *Vigiar e punir*. 20. ed. Petrópolis: Ed. Vozes, 1999.

FOXLEY, William. Afirmação fornecida por Andries Vershelden em: nova ferramenta Blockchain promete auditorias verificáveis em 30 segundos. *Coindesk*, 2 nov. 2019. Disponível em: https://www.coindesk.com/accounting-firms-blockchain-tool-claims-to-perform-a-30-second-audit. Acesso em 18 jun. 2020.

FRANÇA. Organisation for Economic Co-operation and Development (OECD). *OECD Guidelines on the Protection of Privacy and Transborder Flows of Personal Data*. 2002. Disponível em: http://www.oecd.org/sti/ieconomy/15590254.pdf. Acesso em 07 mar. 2020.

FREIRE, Gustavo Henrique de Araújo. Sobre a ética da informação. *In*: FREIRE, Gustavo Henrique de Araújo (Org.). *Simpósio Brasileiro de ética da informação*. Ética da Informação: conceitos, abordagens, aplicações. João Pessoa, 2010.

FREITAS, Juarez. *Direito Fundamental à boa administração pública*. 3. ed. São Paulo: Malheiros, 2014.

FRIED, Charles. Privacy. Yale Law Journal, v. 77, p. 475, 482, 1968 *apud* ALBERS, Marion. A complexidade da proteção de dados. *Direitos Fundamentais & Justiça*, Belo Horizonte, ano 10, n. 35, p. 19-45, jul./dez. 2016.

REFERÊNCIAS | 299

G1 MUNDO. Entenda o caso de Edward Snowden, que revelou espionagem dos EUA. *Globo – Notícia*, 02 jul. 2013. Disponível em: http://g1.globo.com/mundo/noticia/2013/07/entendaocasodeedwardsnowdenquerevelouespionagem-dos-eua.html. Acesso em 06 mar. 2020.

GASPARINI, Diógenes. *Direito Administrativo*. 13. ed. rev. e atual. São Paulo: Saraiva, 2008.

GILL, Lex; REDEKER, Dennis; GASSER, Urs. Towards Digital Constitutionalism? Mapping Attempts to Craft an Internet Bill of Rights. *Research Publication*, n. 2015-15, nov. 9, v. 7641, p. 05, 2015. Disponível em: http://ssrn.com/abstract=2687120. Acesso em 04 jun. 2020.

GOMIDES, José Eduardo; SILVA, Ana Carolina. O surgimento da expressão "governance", governança e governança ambiental: um resgate histórico. *Revista de Ciências Gerenciais*, v. XIII, n. 18, 2009.

GONZÁLEZ, Mariana. 5 desafios da proteção de dados pessoais com a LGPD. *Idblog*, 2018. Disponível em: https://blog.idwall.co/desafios-protecao-de-dados-pessoais-lgpd/. Acesso em 04 jun. 2020.

GREGÓRIO, Rafael. PwC lança ferramenta para auditar transações em criptomoedas. *Valor Investe*, São Paulo, 11 jul. 2019. Disponível em: https://valorinveste.globo.com/mercados/cripto/noticia/2019/07/11/pwc-lanca-ferramenta-para-auditar-transacoes-em-criptomoedas.ghtml. Acesso em 18 jun. 2020.

GUSSON, Cassio. Tribunal de Contas recomenda uso de blockchain para evitar fraudes no Bolsa Família. *Cointelegraph Brasil*, 11 mai. 2020. Disponível em: https://cointelegraph.com.br/news/auditors-finds-flaws-in-bolsa-familia-and-determines-the-use-of-blockchain-by-the-federal-government. Acesso em 18 jun. 2020.

HESSE, Konrad. *Elementos de Direito Constitucional da República Federal da Alemanha*. Porto Alegre: Sergio Antonio Fabris, 1998.

HIRATA, Alessandro; LIMA, Cíntia Rosa Pereira de. A efetiva proteção dos dados pessoais face às tecnologias denominadas Big Data. *In*: TEPEDINO, Gustavo *et al*. (Coord.). *Anais do VI Congresso do Instituto Brasileiro de Direito Civil*. Belo Horizonte: Fórum, 2019.

HOBBES, Thomas. *Leviatã. Matéria, forma e poder de um Estado eclesiástico e civil*. (Trad. João Paulo Monteiro e Maria Beatriz Nizza da Silva). 3. ed. São Paulo: Abril Cultural, 1983. (Coleção Os Pensadores).

HOUAISS, Antônio; VILLAR, Mauro de Salles; FRANCO, Francisco Manuel de Mello. *Dicionário Houaiss da Língua Portuguesa*. Rio de Janeiro: Objetiva, 2007.

IBM SECURITY. *Howmuchwould a data breachcostyour business?* Disponível em: https://www.ibm.com/security/data-breach. Acesso em 20 mai. 2020.

INSTITUTO RUI BARBOSA. *Normas de Auditoria Governamental (NAGS) – Aplicáveis ao Controle Externo Brasileiro*. Tocantins: IRB, 2011. Disponível em: https://irbcontas.org.br/biblioteca/normas-de-auditoria-governamental-nags/. Acesso em 28 mar. 2020.

INTOSAI – Organização Internacional das Instituições Superiores de Auditoria. *Background Information*. Disponível em: www.intosai-database.org.mx. Acesso em 20 mai. 2020.

JUCÁ, Francisco Pedro. Direito Fundamental a um bom Governo. *Revista Pensamento Jurídico*, São Paulo, v. 11, n. 12, jul./dez. 2017.

KABIR, Omer. *Israel's Privacy Laws Dawdling Will Be Catastrophic, Says Law Researcher.* Disponível em: https://www.calcalistech.com/ctech/articles/0,7340,L-3766594,00.html. Acesso em 22 mai. 2020.

KASPERSKY. *O que é ransomware?* Disponível em: https://www.kaspersky.com.br/resource-center/definitions/what-is-ransomware. Acesso em 03 jun. 2020.

KISSLER, Leo; HEIDEMANN, Francisco G. Governança pública: novo modelo regulatória para as relações entre Estado, mercado e sociedade? *Revista de Administração Pública*, v. 40, n. 3, p. 479-499, 2006.

LADLEY, John. *Data Governance:* how to design, deploy and sustain na effective data governance program. The Morgan Kaufmann Series on Business Intelligence: Morgan Kaufmann, 2012.

LAMELLAS, Paulo. A importância da Avaliação de Impacto a Proteção de Dados e Privacidade. *Neotel – Segurança Digital*, 12 dez. 2019. Disponível em: https://www.neotel.com.br/blog/2019/12/18/a-importancia-da-avaliacao-de-impacto-a-protecao-de-dados-e-privacidade/. Acesso em 04 jun. 2020.

LEVUSH, Ruth. Online Privacy Law: Israel. *Library Congress*, dez. 2017. Disponível em: https://www.loc.gov/law/help/online-privacy-law/2017/israel.php. Acesso em 22 mai. 2020.

LONSDALE, Jeremy. Introduction. 2011. *In:* WILKINS, Peter; LING, Tom (Eds.). Performance auditing: contributing to accountability in democratic government. Cheltenham, England: Edward Elgar, 2011. p. 1-21. *apud* FLEISCHMANN, Roberto Silveira. Auditoria operacional: uma nova classificação para os resultados de seus monitoramentos. *Rev. Adm. Pública*, Rio de Janeiro, v. 53, n. 1, p. 23-44, fev. 2019. Disponível em: https://www.scielo.br/scielo.php?pid=S003476122019000100023&script=sci_arttext#B20. Acesso em 08 jun. 2020.

LOPES, Bergson Rêgo. *Gestão e Governança de dados:* promovendo dados como ativo de valor nas empresas. Rio de Janeiro: Brasport Livros e Multimídia Ltda, 2013.

LOUREIRO, Maria Rita; TEIXEIRA, Marco Antônio Carvalho; MORAES, Tiago Cacique. Democratização e reforma do Estado: o desenvolvimento institucional dos tribunais de contas no Brasil recente. *Revista de Administração Pública*, n. 43(4), p. 739-772, 2009.

LYRIO, Mauricio Carvalho. *A ascensão da China como potência:* fundamentos políticos internos. Brasília: FUNAG, 2010.

MACHADO, Joana Moraes Souza; MELO, Auricelia do Nascimento. A Tutela da Privacidade: desdobramento da proteção internacional de dados. *In:* TEPEDINO, Gustavo; TEIXEIRA, Ana Carolina Brochado; ALMEIDA, Vitor (Coords.). *Da dogmática a efetividade do Direito Civil:* Anais do Congresso Internacional de Direito Civil Constitucional – IV Congresso do IBDCIVIL. Belo Horizonte: Fórum, 2017.

MACIEL, Moises. *Tribunais de Contas e o Direito Fundamental ao Bom Governo.* Belo Horizonte: Fórum, 2019.

MACIEL, Moises. Os Tribunais de Contas no exercício do controle externo face à nova Lei Geral de Proteção de Dados Pessoais. *Revista Controle – Doutrina e Artigos*, v. 18, n. 1, p. 20-45, 2020.

MARTIAL-BRAZ, Nathalie. O Direito das pessoas interessadas no tratamento de dados pessoais: anotações da situação na França e na Europa. *In: Seminário Internacional – A efetividade do Direito em face dos gigantes da internet – Brasil e França*, Brasília. 2016.

MARTINS, Ives Gandra da Silva. *Roteiro para uma Constituição*. Rio de Janeiro: Ed. Forense, 1987.

MARTINS, Leonardo. *Cinquenta anos de jurisprudência do Tribunal constitucional alemão*. Montevidéu: Fundação Konrad Adenauer, 2005.

MARTINS, Lucas Moraes. Estado de Exceção Permanente: o campo e a experiência biopolítica. *Revista Sequência*, Florianópolis, n. 71, p. 177-196, dez. 2015.

MAYBIN, Simon. Sistema de algoritmo que determina pena de condenados cria polêmica nos EUA. *Reportagem apresentada no site BBC – NEWS/Brasil*, 31 out. 2016. Disponível em: https://www.bbc.com/portuguese/brasil-37677421. Acesso em 15 jun. 2020.

MATIAS-PEREIRA, J. *Governança no setor público*. São Paulo: Atlas, 2010.

MCKINSEY, C.; KORN/FERRY, I. *Panorama de Governança Corporativa no Brasil*. 2001. Disponível em: http://www.ecgi.org/codes/documents/kf_mck_ governan.pdf. Acesso em 21 mai. 2020.

MCKINSEY E COMPANY. *Big data*: the next frontier for innovation, competition, and producvity. 2011. Disponível em: https://www.mckinsey.com/~/media/McKinsey/Business%20Functions/McKinsey%20Digital/Our%20Insights/Big%20data%20The%20next%20frontier%20for%20innovation/MGI_big_data_exec_summary.ashx. Acesso em 01 jun. 2020.

MEIRELLES, Hely Lopes. *Direito Administrativo Brasileiro*. 25. ed. São Paulo: Malheiros, 2000.

MENDES, Gilmar Ferreira; COELHO, Inocêncio Mártires; BRANCO, Paulo Gustavo Gonet. *Curso de Direito Constitucional*. 3. ed. rev. atual. São Paulo: Saraiva, 2008.

MENDES, Laura Schertel. *Privacidade, proteção de dados e defesa do consumidor*: linhas gerais de um novo direito fundamental. São Paulo: Saraiva, 2014.

MENDONÇA, Heloísa. Rosie, a robô que detecta quando deputados usam mal o dinheiro público: ferramenta financiada coletivamente na rede já forçou parlamentar a devolver verba gasta com cerveja. *El Pais – Brasil*, São Paulo, 24 jan. 2017. Disponível em: https://brasil.elpais.com/brasil/2017/01/23/politica/1485199109_260961.html. Acesso em 02 jun. 2020.

MENDOZA, Miguel **Ángel**. O que é e como executar um Plano de Recuperação de Desastres (DRP)? *Welivesecurity*, 17 mai. 2018. Disponível em: https://www.welivesecurity.com/br/2018/05/17/o-que-e-e-como-executar-um-plano-de-recuperacao-de-desastres-drp/. Acesso em 04 jun. 2020.

MILESKI, Helio Saul. *O controle da Gestão Pública*. 3. ed. Belo Horizonte: Fórum, 2018.

MILESKI, Helio Saul. *O Estado contemporâneo e a corrupção*. Belo Horizonte: Fórum, 2015.

MILESKI, Helio Saul. Comentário ao artigo 73. *In*: CANOTILHO, José Joaquim Gomes; MENDES, Gilmar Ferreira; SARLET, Ingo Wolfgang (Coords.). *Comentários à Constituição do Brasil*. São Paulo: Saraiva/Almedina, 2013.

MOSCOW. Digital Rights in Russia: analysis of the deterioration to freedom of expression online. *Article 19, Free Word Centre*. British Embassy. Moscow: UK, 2017.

MOSCOW. Cyber Policy Portal. Russian Federation. *United Nations Institute for Disarmament Research*. Disponível em: https://cyberpolicyportal.org/en/states/russianfederation. Acesso em 22 mai. 2020.

MOSCOW. *Declaração de Moscow (MoscowDeclaration)*. (Trad. Denise Gomel (TCE/PR) e Nelson Nei Granato Neto (IRB/TCE-PR)). 2019. Disponível em: https://irbcontas. org.br/wpcontent/uploads/2020/04/Declara%C3%A7%C3%A3o_de_Moscou_2019_tradu%C3%A7%C3%A3o_livre.pdf. Acesso em 29 mai. 2020.

NAKAMOTO, Satoshi. *Bitcoin*: a peer-to-peer eletronic cash system. Disponível em: https://bitcoin.org/bitcoin.pdf. Acesso em 28 mar. 2020.

NETWORKS, Telium. *LGPD*: 6 falhas de segurança de dados que você não deve cometer. 14 set. 2018. Disponível em: https://telium.com.br/blog/6-falhas-de-seguranca-de-dados-que-voce-nao-deve-cometer. Acesso em 04 jun. 2020.

NISSENBAUM, Helen. A Contextual Approach to Privacy Online. *Dædalus: Journal of the American Academy of Arts & Sciences*, p. 32-48, Fall 2011.

NÓBREGA, Marcos. *Os Tribunais de Contas e o controle dos programas sociais*. Belo Horizonte: Fórum, 2011.

OKI, Hisashi. Empresa de energia do Japão utiliza *blockchain* para negociar excedente de eletricidade. *Cointelegraph Brasil*, 18 jun. 2020. Disponível em: https://cointelegraph. com.br/news/tokyo-power-company-to-use-blockchain-for-trading-electricity-surplus. Acesso em 18 jun. 2020.

OLIVEIRA, Aroldo Cedraz de. *O controle da administração pública na era digital*. Belo Horizonte: Fórum, 2016.

ORGANIZAÇÃO DAS NAÇÕES UNIDAS (ONU). *Declaração Universal dos Direitos Humanos*. Rio de Janeiro, 05 ago. 2009. p. 17. Disponível em: https://nacoesunidas.org/ wp-content/uploads/2018/10/ DUDH.pdf. Acesso em 12 mar. 2020.

ORGANIZAÇÃO DOS ESTADOS AMERICANOS (OEA). *Convenção Americana de Direitos Humanos*. 1969. Pacto San Jose da Costa Rica. Disponível em: http://www.direitoshumanos. usp.br/index.php/OEA-Organiza%C3%A7%C3%A3o-dos-Estados-Americanos/ convencao-americana-de-direitos-humanos-1969-pacto-de-san-jose-da-costa-rica.html. Acesso em 05 mar. 2020.

PARLAMENTO EUROPEU E CONSELHO DA UNIÃO EUROPEIA. *Regulamento (UE) n° 2016/679*. Regulamento Geral de Proteção de Dados (RGPD), 27 abr. 2016. Disponível em: https://eurlex.europa.eu/legalcontent/PT/TXT/?uri=uriserv:OJ.L_.2016.119.01.0001.01. POR&toc=OJ:L:2016:119:FULL. Acesso em 20 mai. 2020.

PIRUS, Benjamim. Fórum Econômico Mundial utiliza blockchain para combater corrupção na Colômbia. *Cointelegraph Brasil*, 17 jun. 2020. Disponível em: https://cointelegraph. com.br/news/wef-hopes-to-stamp-out-corruption-with-colombian-blockchain-trial. Acesso em 18 jun. 2020.

PLATTNER, Marc F. Reflections on Governance. *Journal of Democracy*, v. 24, i. 4, p. 17-28, 2013. Disponível em: http://muse.jhu.edu/journals/jod/summary/v024/24.4.plattner. html. Acesso em 21 mai. 2020.

PRIVACY SHIELD OVERVIEW. *Privacy Shield Program Overview*. Disponível em: https:// www.privacyshield.gov/Program-Overview. Acesso em 29 mai. 2020.

RAMOS, André de Carvalho. *Curso de Direitos Humanos*. 4. ed. São Paulo: Saraiva, 2017.

RESTA, Eligio. *Il Diritto fraterno*. 1. ed. Bari: Laterza, 2002.

RESTA, Eligio. Le strutture del capitalismo e l'impresa nella società contemportane. Un'etica della propreità. *Congresso Internazionale*, Milano, p. 18-22, mar. 1993.

REUTERS. Coreia do Sul registra menos de 50 novos casos; país aumentou multa para quem descumprir confinamento. *In*: Bem-estar: Coronavírus, *G1 Globo*, 06 abr. 2020. Disponível em: https://g1.globo.com/bemestar/coronavirus/noticia/2020/04/06/coreia-do-sul-registra-menos-de50novoscasospaisaumentoumultaparaquemdescumpr irconfinamento.ghtml. Acesso em 06 abr. 2020.

REVISTA VEJA. *Rede de traição*: após vazamento de dados, suspeita de dois suicídios, 24 ago. 2015. Disponível em: https://veja.abril.com.br/tecnologia/rede-de-traicao-apos-vazamento-de-dados-suspeita-de-dois-suicidios/. Acesso em 06 fev. 2020.

RODOTÀ, Stefano. Perché è necessario un Internet Bill of Rights. *Civilistica.com*, Rio de Janeiro, ano 4, n. 2, p. 1-6, 2015.

RODOTÀ, Stefano. *A Vida na Sociedade da Vigilância*. Rio de Janeiro: Renovar, 2007.

RODOTÀ, Stefano. *Tecnopolitica – La democrazia e le nuove tecnologie della comunicazione*. Roma-Bari: Laterza & Figli Spa, 2004.

RODRIGUES JR, Otávio Luiz. *Direito Civil contemporâneo*: estatuto epistemológico, constituição e direitos fundamentais. 2. ed. rev. atual. e ampl. Rio de Janeiro: Forense Universitária, 2019.

ROMM, Tony; DWOSKIN, Elizabeth; TIMBERG, Craig. U.S. government, tech industry discussing ways to use smartphone location data to combat coronavirus. *Washington Post*, 17 mar. 2020. Disponível em: https://www.washingtonpost.com/technology/2020/03/17/white-house-location-data-coronavirus/. Acesso em 03 abr. 2020.

ROWLANDS, I. Data Management in Motion. *In*: DATA MANAGEMENT CONFERENCE LATIN AMERICA. *Anais eletrônicos*, São Paulo: DAMA Brasil, 2016, 25 slides. Disponível em: http://www.dmc-latam.com/palestrantes/ian-rownlands/. Acesso em 20 mai. 2020.

SANTANIELLO, Mauro *et al*. The language of digital constitutionalism and the role of national parliaments. *International Communication Gazette*, v. 80, n. 4, p. 320–336, 2018.

SCHMIDT, Eric; COHEN, Jared. *A nova era digital*: como será o futuro das pessoas, das nações e dos negócios. (Trad. Ana Beatriz Rodrigues e Rogério Durst). Rio de Janeiro: Intrínseca, 2013.

SCHMITT, Carl. *Teologia Política*. Belo Horizonte: Del Rey, 2006.

SCHREIBER, Anderson. PEC n° 17/19: uma análise crítica. *Carta Forense*, 18 jul. 2019. Disponível em: http://www.cartaforense.com.br/conteudo/colunas/pec-1719-uma-analise-critica/18345. Acesso em 09 mar. 2020.

SEVEN. *O passado da Tecnologia #5*: o computador. Disponível em: http://obviousmag.org/archives/2005/12/o_passado_da_te_5.html. Acesso em 09 mar. 2020.

SILVA, Evander de Oliveira da. A Magna Carta de João sem-terra e o devido processo legal. *Jusbrasil*, 2014. Disponível em: https://evanderoliveira.jusbrasil.com.br/artigos/152036542/amagna-carta-de-joao-sem-terra-e-o-devido-processo-legal. Acesso em 12 mar. 2020.

SILVA, Flavia Martins André da. Direitos fundamentais. *DireitoNet*, 16 mai. 2006. Disponível em: https://www.direitonet.com.br/artigos/exibir/2627/Direitos-Fundamentais. Acesso em 04 ago. 2019.

SILVA, José Afonso da. *Curso de Direito Constitucional positivo*. 27. ed. São Paulo: Melhoramentos, 2004.

SILVA, José Afonso da. *Curso de Direito Constitucional positivo*. 29. ed. São Paulo: Malheiros, 2007.

SILVA, Luciana Vasco. Direito de Privacidade no Direito Brasileiro e Norte Americano. *Revista Eletrônica da Faculdade de Direito de Franca*, v. 9, n. 2, p. 158-162, dez. 2014.

SILVA, Ricardo Barretto Ferreira da *et al*. Accountability e responsabilização sobre proteção de dados. *In*: BRANCHER, Paulo Marcos Rodrigues; BEPPU, Ana Claudia (Coord.). *Proteção de dados pessoais no Brasil*: uma nova visão a partir da Lei n° 13.709/2018. Belo Horizonte: Fórum, 2019.

SIMÃO, Rui Jorge Costa. Proteção de dados pessoais – Federação Russa. República do Direito – Associação Jurídica de Coimbra. *Blog*, dez. 2019. Disponível em: https://www.republicadireito.com/blog/comunicacoes-3/comunicações. Acesso em 02 abr. 2020.

SOLOVE, Daniel. The new vulnerability: data security and personal information. *In*: CHANDER, Anupam; GELMAN, Lauren; RADIN, Margaret Jane. *Securing privacy in the internet age*. Stanford: Stanford Law and Politics, 2008.

SPIECKER, Indra. O Direito à proteção de dados na internet em caso de colisão. *Direitos Fundamentais & Justiça*, Belo Horizonte: Ed. Fórum, ano 12, n. 38, p. 17-33, jan./jun. 2018.

STRONG SECURITY. *Criptografia de dados*: importância para a segurança da empresa. 2018. Disponível em: https://www.strongsecurity.com.br/blog/criptografia-de-dados-importancia-para-seguranca-da-empresa/. Acesso em 04 jun. 2020.

STUMPF, Ricardo Dantas. O porquê de governança de dados em organizações de controle. *Revista do TCU*, n. 137, set./dez. 2016.

TAPSCOTT, Don; TAPSCOTT, Alex. *Blockchain revolution*: como a tecnologia por trás do Bitcoin está mudando o dinheiro, os negócios e o mundo. São Paulo: Senai Editora, 2016.

TAURION, Cesar. *Big Data*. Rio de Janeiro: Brasport, 2013.

TECNOLOGIA & MEIO AMBIENTE. Algoritmos usados em milhares de hospitais dos EUA têm viés racial. *Revista ISTO É*, 24 out. 2019. Disponível em: https://istoe.com.br/algoritmos-usados-em-milhares-de-hospitais-dos-eua-tem-vies-racial/. Acesso em 15 jun. 2020.

TELECOM, Marketing Alctel. *Como a segurança de rede resolve a vulnerabilidade do sistema de dados?* 2020. Disponível em: https://www.alctel.com.br/blog/seguranca-de-rede-como-resolver-a-vulnerabilidade-do-sistema-de-dados/. Acesso em 04 jun. 2020.

TELLES, Heloisa Husadel. O Direito da Fraternidade – Breve estudo. **Âmbito** *Jurídico*, 06 nov. 2019. Disponível em: https://ambitojuridico.com.br/cadernos/direito-constitucional/o-direito-da-fraternidade-breve-estudo/. Acesso em 04 jun. 2020.

THE ECONOMIST. *The world's most valuable resource is no longer oil, but data*. The data economy demands a new approach to antitruste rules. Disponível em: https://www.economist.com/leaders/2017/05/06/the-worlds-most-valuable-resource-is-no-longer-oil-but-data. Acesso em 09 mar. 2020.

THE ECONOMIST. *O recurso mais valioso do mundo*. By Redação in Tecnologia, 2 jan. 2018. Disponível em: https://ofuturodascoisas.com/o-recurso-mais-valioso-do-mundo/. Acesso em 09 mar. 2020.

TOLEDO, José Roberto de. Dados grávidos. *O Estado de São Paulo (O Estadão)*, 12 mar. 2012. Disponível em https://politica.estadao.com.br/noticias/eleicoes,dados-gravidos-imp-,847149. Acesso em 06 fev. 2020.

UNIÃO EUROPEIA. *Regulamento Geral de Proteção de Dados*. Art. 25. Disponível em: https://gdpr-info.eu/. Acesso em 15 jun. 2020.

UNIÃO EUROPEIA. Autoridade Europeia para a Proteção de Dados. *Relatório Anual 2019 – Resumo Executivo*. Disponível em: https://op.europa.eu/webpub/edps/2019-edps-annual-report-executive-summary/en/. Acesso em 28 mai. 2020.

UNIÃO EUROPEIA. *Comité Europeu para a proteção de dados (CEPD)*. Disponível em: https://europa.eu/european-union/about-eu/institutions-bodies/european-data-protection-board_pt. Acesso em 28 mai. 2020.

UNIÃO EUROPEIA. *Comitê Europeu para a Proteção de Dados*. Disponível em: https://edpb.europa.eu/about-edpb/about-edpb_pt. Acesso em 03 abr. 2020.

UNIÃO EUROPEIA. Tribunal de Contas Europeu. *Guidelines Data*, p. 3, 2013. Disponível em: https://www.eca.europa.eu/Lists/ECADocuments/GUIDELINES_DATA/Data-collection-Guidelines-EN-Oct2013.pdf. Acesso em 29 mai. 2020.

UNIÃO EUROPEIA. Tribunal de Contas Europeu. *Promover a confiança através da auditoria independente – Estratégia do Tribunal de Contas Europeu para 2018-2020*. 2017. Disponível em: https://www.eca.europa.eu/Lists/ECADocuments/STRATEGY20182020/STRATEGY2018-2020_PT.pdf. Acesso em 29 mai. 2020.

UNIÃO EUROPEIA. Tribunal de Contas Europeu. *Instituições Superiores de Controlo (ISC)*. Disponível em: https://www.eca.europa.eu/pt/Pages/SupremeAuditInstitutions.aspx. Acesso em 01 jun. 2020.

UNIÃO EUROPEIA. Tribunal de Contas Europeu. *História*. Disponível em: https://www.eca.europa.eu/pt/Pages/History.aspx. Acesso em 02 jun. 2020.

UNIÃO EUROPEIA. Tribunal de Contas Europeu. *Relatório Anual de Atividades*. 2019. Disponível em: https://www.eca.europa.eu/Lists/ECADocuments/AAR19/AAR19_PT.pdf. Acesso em 28 mai. 2020.

BRASIL. Tribunal de Justiça. *Processo nº C-212/13, (4ª Secção)*. 11 dez. 2014. Disponível em: https://eur-lex.europa.eu/legal-content/PT/TXT/?uri=CELEX%3A62013CJ0212. Acesso em 15 jun. 2020.

UNIÃO EUROPEIA. *Manual de Auditoria e Desempenho*. 2015. p. 7. Disponível em: https://www.eca.europa.eu/Lists/ECADocuments/PERF_AUDIT_MANUAL/PERF_AUDIT_MANUAL_PT.PDF. Acesso em 08 jun. 2020.

UNIVERSIDADE DE SÃO PAULO (USP). Declaração de direitos do homem e do cidadão, 26 de agosto de 1789. Art. 15: A sociedade tem o direito de pedir contas a todo agente público pela sua administração. *In: Biblioteca Virtual de Direitos Humanos*. Disponível em: http://www.direitoshumanos.usp.br/index.php/Documentos-anteriores-%C3%A0-cria%C3%A7%C3%A3o-da-Sociedade-das-Na%C3%A7%C3%B5es-at%C3%A9-1919/declaracao-de-direitos-do-homem-e-do-cidadao-1789.html Acesso em 21 mai. 2020.

VIAL, Sandra Regina Martini. *Direito fraterno na sociedade cosmopolita*. Disponível em: https://core.ac.uk/download/pdf/79069559.pdf. Acesso em 03 jun. 2020.

VIDOR, D. Martins. *LGPD*: saiba tudo sobre segurança e sigilo de dados. 2019. Disponível em: https://www.plugar.com.br/lgpd-saiba-tudo-sobre-seguranca-e-sigilo-de-dados/. Acesso em 04 jun. 2020.

VIEIRA, Tatiana Malta. Proteção de dados pessoais na sociedade de informação. *Revista de Direito Inform, Telecomun – RDIT*, Belo Horizonte: Ed. Fórum, ano 2, n. 2, jan./jun. 2007.

VIEIRA, Tatiana Malta. *O direito à privacidade na sociedade da informação*: efetividade desse direito fundamental diante dos avanços da tecnologia da informação. 2007. 297 f. Dissertação (Mestrado em Direito) –Universidade de Brasília, Brasília, 2007.

WARREN, Samuel; BRANDEIS, Louis D. The Right to Privacy. *Harvard Law Review*, v. IV, n. 5, 15 december, 1890. Disponível em: http://groups.csail.mit.edu/mac/classes/6.805/articles/privacy/Privacy_brand_warr2.html. Acesso em 29 jan. 2020.

WARREN, Samuel; BRANDEIS, Louis D. The Right to Privacy. *Harvard Law Review*, v. 4, n. 5, p. 193-220, 15 dez. 1890. Disponível em: http://links.jstor.org/sici?sici=0017811X%2818901215%294%3A5%3C193%3ATRTP%3E2.0.CO%3B2-C. Acesso em 13 abr. 2020.

WILLEMAN, Marianna Montebello. *Accontability democrático e o desenho institucional dos Tribunais de Contas no Brasil*. Belo Horizonte: Fórum, 2017.

WILLEMAN, Marianna Montebello. A lei geral de proteção de dados e seus impactos no setor público. *Debate realizado pela ESA OAB/RJ*. Disponível em: https://www.youtube.com/watch?time_continue=44&v=c4bN3OPfm9I. Acesso em 18 jun. 2020.

WODZINSKI, M. *et al.* Building na Impactful Data Governance Program One Stepat a Time. *In*: STUMPF, Ricardo Dantas. O porquê de governança de dados em organizações de controle. *Revista do TCU*, n. 137, set./dez. 2016. p. 106. Disponível em: https://www.brighttalk.com/webcast/10477/142503/building-an-impactful-data-governance-program-onestep-at-a-time. Acesso em 26 fev. 2020.

WOLFSON, Rachel. Gigantes do 'Big Four' se fortalecem como auditores na indústria de criptomoedas e blockchain. *Cointelegraph Brasil*, 29 mai. 2020. Disponível em: https://cointelegraph.com.br/news/the-big-four-are-gearing-up-to-become-crypto-and-blockchain-auditors. Acesso em 18 jun. 2020.

WU, Yanfang *et al.* A comparative study of online privacy regulations in the U.S. and China. *Telecommunications Policy*, 2011.

ZYMLER, Benjamin. *Direito Administrativo e Controle*. 4. ed. Belo Horizonte: Editora Fórum, 2015.